叶剑英
在1976

范 硕 著

人民出版社

1966 年 11 月 26 日，叶剑英在北京天安门广场陪同毛泽东接见外地来京的师生。

1967年2月14日和16日，叶剑英在中南海怀仁堂由周恩来主持的中央政治局碰头会上，同谭震林、陈毅、李富春、李先念、徐向前、聂荣臻等与林彪、江青一伙乱党、乱政、乱军的罪恶行径进行了坚决斗争。图为中南海怀仁堂外景；1967年2月叶剑英在北京住地。

1970年，叶剑英在福建前线视察海防。

1970年8、9月间，叶剑英出席在庐山召开的中共九届二中全会。图为叶剑英同朱德、聂荣臻在庐山。

1970 年 11 月，叶剑英到福建调查陈伯达的问题。图为叶剑英同随行人员在厦门鼓浪屿合影。

1971年1月，叶剑英在广东梅县视察煤矿。

1971年6月，叶剑英在北京出席军事科学院第一次党代会。图为叶剑英、粟裕、向仲华在大会主席台上。

1971 年 1 月 11 日，叶剑英游览广东肇庆七星岩，并录旧作《游七星岩》：借得西湖水一圜，更移阳朔七堆山。堤边添上丝丝柳，画幅长留天地间。

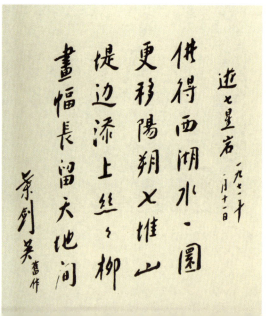

1971 年 1 月 21 日，叶剑英在武汉东湖。

1971 年 4 月，叶剑英陪同西哈努克亲王、莫尼克公主在无锡太湖。

1971 年 4 月，叶剑英在无锡梅园同新闻记者合影。

1971年10月23日，叶剑英陪同基辛格游览北京颐和园。

1972年2月25日，叶剑英陪同美国总统尼克松参观故宫珍宝馆。

1974 年，叶剑英在北京住地同亲属合影。

1975 年 5 月，叶剑英在北京住地。

1975年，周恩来病重，中央成立了以叶剑英为首的医疗领导小组。8月上旬，周恩来作了一次电灼治疗，取得较好疗效。8月13日，叶剑英致信问候周恩来，信中说："继续革命，国步艰难，千万为党珍重，为国珍重。"图为该信的手迹。

1976年1月10日，叶剑英在北京医院向周恩来遗体告别。

1976 年 6 月 6 日，叶剑英会见法国三军参谋长梅里将军。

1976 年 9 月 27 日，叶剑英会见美国前国防部长詹姆斯·施莱辛格。

1976年10月6日，叶剑英同华国锋等根据中共中央政治局多数同志的意见，执行党和人民的意志，采取断然措施，毅然粉碎"四人帮"。随即在北京玉泉山9号楼举行中央政治局会议，商讨粉碎"四人帮"后面临的重大问题。图为叶剑英在玉泉山；玉泉山9号楼。

1977 年 5 月 14 日，叶剑英 80 寿辰在北京住地留影。

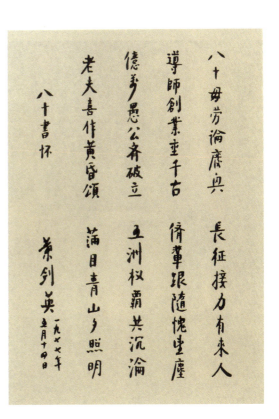

叶剑英诗《八十书怀》的手迹。

聂荣臻诗《祝剑英八秩大寿》。

徐向前为叶剑英80寿辰赋诗。

1976 年 10 月 24 日，首都百万军民在天安门广场集会，庆祝粉碎"四人帮"的伟大胜利。图为叶剑英在天安门城楼上。

目　录

一

一月。"鸟儿问答",叶剑英欣赏毛泽东诗词。周恩来不幸逝世。邓小平再次挨批。

二

钓鱼台"四人帮"亮相。"王、张、江、姚"合伙破坏悼周活动。最恨最怕的是叶老帅。

五

五月。叶剑英韬晦上西山。聂荣臻、王震酝酿除妖。

六

江青"最恨手里缺少杀人刀"。叶剑英坚决顶住不交枪。争夺兵权大战愈演愈烈。

七

七月。张闻天、朱德逝世。唐山大地震，天灾人祸泛滥。叶剑英与客对谈《出师表》。

八

九月。毛泽东弥留之际召见叶剑英。保存遗体，矛头指向华国锋。叶剑英盯住"文""武"两线动向。

九

众志成城挽危局。叶剑英不负众望挺身而出。与华国锋、汪东兴取得共识。

十

魔高一尺，道高一丈。王洪文"坐探"西山。叶剑英论"佛禅"，作赋吟诗。

十一

三人同心。叶剑英、华国锋、汪东兴想到一块了。几经密议,制定战略决策,决意为民除害。

十二

十月。风雷激荡。叶剑英等决定先发制人,"以快打慢"。

十三

十月六日。一切就绪。叶剑英和华国锋坐镇怀仁堂。王、张、姚"自投罗网",束手就擒。江青无奈,只好交出钥匙。

十四

玉泉山。政治局紧急会议宣布特大喜讯。山河重光,举国欢腾。

十五

忆往事,论功过,自有人评说。

序

王 震

时光飞逝，秋风又起，转眼间，剑英同志离开我们整整三个年头了。人逢忌辰多哀思。三年前，我含着泪向他作最后告别，悲痛至极，肝肠欲裂。两年前，在他逝世一周年的时候，我去广州烈士陵园参加剑英同志的灵骨安放仪式，宛如昨日。那时，我强忍着眼泪，注视着青灰色纪念碑上的浮雕胸像和邓小平同志题写的"叶剑英"三个光辉大字，默默地诵读着中央委员会为他撰写镌刻在红褐色卧碑上的碑文：

> 叶剑英同志是中国人民解放军的缔造者、中华人民共和国的开国元勋之一，我们党、国家和军队的卓越领导人。他由一个正直的民主主义者转变为彻底的共产主义者，在漫长的充满艰难险阻的革命道路上，在复杂斗争的转折关头，面临危难，无私无畏，表现了非凡的革命胆略，为中国人民的解放事业和社会主义建设事业奉献了毕生精力，建立了丰功伟绩。他盛德若愚，雄才经纶，谦虚谨慎，风范长存。"矢志共产宏图业，为花欣作落泥红。"这两句诗概括了他光辉的一生。

这210个字辞约旨丰的碑文，承载着人们多少深情哀思！它以凝练而精确的语言，表述了这位伟大的无产阶级革命家、政治家、军事家的光辉业绩和高尚品德，给人留下了深刻的印象。

今天重温这段文字，剑英同志平凡而伟大的一生又展现在眼前。从青年投身革命一直到老年鞠躬尽瘁，剑英同志的一生经历过多少惊涛骇浪，可他总能拨开迷雾，把握方向，力挽狂澜。他在70余年的革命生涯中，为党为人民所做的重大贡献，不胜其数。为世人广为称颂的，举其要者，如策应南昌起义和参加领导广州起义；长征路上截获张国焘企图分裂和危害党中央的密电，报送毛泽东，挽救党和红军；参加和平解决西安事变，逼蒋抗日，促进国共两党再次合作；建国后加强国防现代化建设，尤其"文化大革命"中抵制和推倒林彪、江青两个反革命集团，最后一举粉碎"四人帮"等等，这些大事都直接与党和人民的命运攸关，因而不只是有口皆碑，更是铭刻在人们的心头。逝水移川，永不磨灭。

从与剑英同志长期接触中，我深深感到他是一位伟人，也是一位凡人。记得，我在中央苏区未见到他以前，以为这位智勇双全、久享盛名的"参座"一定是上了年纪的首长。不料见了面，他竟是那样年轻，富有朝气，又是那样朴素，谦恭和蔼，使人深感可亲可敬。人们都愿意和他谈心交心，倾诉衷肠。不论在领导军委总参谋部，还是在主办红军学校期间，他都与官兵同甘共苦，全心全意为人民服务，并善于发挥大家的积极性和创造性。他坚持艰苦办校，贯彻古田会议精神和毛泽东倡导的"一切从实际出发"的训练方针，亲自编写教材，亲自主讲，组织野外演习。他循循善诱，言传身教，强调业精于勤，学以致用，养成好作风。经过他培养训练出来的干部回到部队以后，马列主义水平、朱毛作风和军事素质大为提高，作战勇敢，能攻善守，讲究战术，颇受好评。那段时间，我在他的直接领导下，受教良深，留下了美好的记忆。我永远也不会忘记他那种严于治军、严于治校和联系实际、联系群众的好思想好作风，剑英同志一生办过很多军事院校，受到毛泽东、朱德、周恩来同志多次赞扬。他是一位有远见卓识的政治家、战略家，也是杰出的军事理论家、教育家。

剑英同志学识渊博，文武兼备，才华横溢，但他大智若愚，虚怀若谷，不尚清谈。有几件事我一直记在心里。

抗日战争进入相持阶段，我奉命率领三五九旅保卫延安，驻扎南泥湾屯垦，生产自给。国民党顽固派掀起反共高潮，南面的胡宗南部要来进犯。我们党坚持抗日民族统一战线的政策。毛主席指示，国民党大举进攻，我军先要退，要退避三舍，并且指出一舍、二舍、三舍在哪个方位。我听了，不甚了了，就问"三舍"典故的含义以及防御战的部署。毛主席让我去找"参座"，我去请教剑英同志。他很谦虚，耐心地解释，退避"三舍"典故出自《左传》："晋楚治兵，遇于中原，其辟君三舍……"向我讲起晋文公重耳与楚成王在城濮交兵，晋军退避三舍的故事，说春秋时行军三十里为一舍，三舍就是九十里，毛主席的示意不在退多少里，而在团结抗战，要我们主动退让，后发制人取胜。为此，他又亲自指示预定战地。我们部队搞野外演习，剑英同志来到现场观察指导，边看边做笔记，要求很严，演习结束后，再做现场讲评，鼓励部队，讲得很是幽默风趣。当时在场的官兵和美军观察组都交口称赞，至今还保留着他在练兵场上讲话的照片，我每次看到它，都激动不已。解放战争后期，蒋介石集中兵力重点进攻陕甘宁边区，中央决定把中央和军委机关一分为三。叶剑英和杨尚昆同志奉命组成中央后方委员会，转移到晋西北临县三交的山沟里。剑英同志领导着后委机关，默默无闻地担负起中央后方的保障任务和作了大量参谋工作，每天向统帅部通报敌我态势，成了中央的"耳目"，堪称最佳参谋部。这件事，他自己很少谈起，更不夸功，至今仍鲜为人知。

从革命战争年代到建国后的和平时期，数十年来，剑英同志一直给予我亲切的关怀和教导，耳提面命，受益殊深。他不仅是一位难得的好领导，而且是我终身难忘的良师益友。他的雄才大略、高风亮节，为我们树立了光辉榜样，是永远也学习不尽的。

古语说，"板荡识诚臣""艰难显奇才"。在那动荡的"文化大革命"岁月，更显出剑英同志的大智大勇、临危不惧的英雄本色。在处境极其艰难复杂的条件下，叶剑英同志浑身是胆，铁骨铮铮，同林彪、江青两个反革命集团进行了不屈不挠的多种形式的斗争。他像保护眼珠一样保卫着我们的党和军队，为稳定军队、捍卫长城作出了巨大贡献。在九届二中全会上坚定地站在毛泽东、周恩来、朱德一边，粉碎了林彪一伙的政变阴谋。在所谓"大闹京西""大闹怀仁堂"事件中，他怒斥奸党，拍案而起，折断掌骨，被诬为"二月逆流"，实际上如邓小平同志后来所说的，是"二月正流"。尤其在1976年周总理去世之后，毛主席病重，"四人帮"步步进逼，企图篡夺党和国家的最高领导权。那时全国人民的眼睛都望着北京，望着中央，担心党和国家的前途和命运，我和一些老同志也是焦急忧虑，都去找他密商大计。剑英同志真不愧有一生唯谨慎、大事不糊涂的气度，表现坚贞刚毅、冷静机智。至今流传着他和我摆手势打哑谜的故事。当时他胸有成竹，却不动声色。后来才明白事关重大，情态繁复，要获得妥善解决，既要合理合法，又要慎之又慎，万无一失。毛主席逝世以后，形势更加严峻了。剑英同志审时度势，顺应党心民心，挺身而出，同中央政治局其他几位同志当机立断，干净利落地粉碎了江青反革命集团，结束了"文化大革命"这场历时十年的灾难，从危难中挽救了党。使毛主席重新请回邓小平同志参加主持中央领导工作的愿望最终得以实现。在这场艰巨复杂的斗争中，剑英同志经过较长时间的观察和酝酿准备，团结一切可以团结的同志，精心筹划，周密组织，看准时机，一举成功，表现了非凡的革命胆略和高超的斗争艺术，确确实实起到了决定性的作用。剑英同志的这一功绩将永垂青史。

《叶剑英在1976》这本书正是写的这件事。它以"文化大革命"最后一年在中国大地上所发生的重大政治事件为背景，以老一辈无产阶级革命家叶剑英的活动为主线，详尽而生动地记述了粉碎"四人帮"斗争的始末。使当时险象环生、跌宕曲折的斗争场面再现在我们面前。可以说，这是一本抗击"四人帮"的"群英谱"，叶帅等许多老一辈无产阶级革命家的光辉形象和广大人民群众的革命活动跃然纸上，令人敬佩、感奋；这又是一部"群丑图","四人帮"一伙的丑恶嘴脸和罪恶行径尽数曝光,令人愤恨、沉思。这本书从正反两个方面,向我们提供了大量翔实史料,并作了必要的论证,这对于了解"文化大革命"史特别是"四人帮"的覆灭过程,彻底肃清其流毒,探讨斗争的经验教训,进行深入反思,具有一定的史学价值。因此我向读者推荐这本书。

引　子

战国时期的思想家、教育家荀子有句名言："天行有常，不为尧存，不为桀亡。"

然而，中国的1976年却是不平常的一年。尽管时间已经过去整整四十个年头，至今提起这一年，神州大地的炎黄子孙们犹然心存余悸，未免有点后怕。何以故？因为这一年是龙年，又是农历"闰八月"的所谓凶年。但人们怕的还不止于此，更多的是那个不祥的字号——"文化大革命"。

1976年，是"文化大革命"第十年，是这场"史无前例"大浩劫的最后阶段、最后一年，也是"四人帮"闹腾得最厉害的一年。

这一年是中国农历的丙辰年。按照十二属相，辰属龙，故曰龙年。

中国人喜欢龙。在"龙"的传人中流传着许多关于"龙"的神话。何物为龙？有说是蛇的化身，巨鳄之演化，野猪之变形，还有说是松柏之常青……其实，有书可考的，首推《山海经》，其中《海内东经》有云："雷泽有雷神，龙身而人头。"雷神，古吴楚地称为"丰隆"，快读为"龙"声。"龙"即是雷电的拟声。雷电在先民眼中是声势威赫的庞然大物，想象为张牙舞爪、呼风唤雨的伟大神物，这便是"丰隆"——龙。实际上所谓"龙"不过一种雷声与闪电的物象景观。华夏的帝王们都把自己打扮成真龙天子，吹说黄帝乃中央之龙，颛顼、帝喾、尧、舜等四龙分治四方。

炎黄子孙皆为龙子龙孙。神话终归是神话。而在现代辞书上多解释龙为天上的星宿:"天宫东方之星,尽为苍龙之宿。"龙属鳞虫之长,是一种有鳞有须、变化莫测的神异动物。古人描述它的特性有数端:一、生于深山大泽中;二、与云相属,能升天;三、与水相依,能潜渊;四、从风能长吟;五、不吃不睡不息,常与风雨为伍。总之,龙能腾云驾雾,上天下海,兴云布雨,有天威神力。龙颜大悦,便利万物,造福人类;龙霆震怒,便冷众生,降祸人间。星移斗换,紫气东来,十二年一个轮回。1976这一年又轮到中华民族的图腾年,或许该由龙来统治。人们传说,"四人帮"横行肆虐,上下折腾,开罪了"苍龙",于是把巨大的灾难,连连降到中国人民头上。

叶剑英元帅是怀疑龙的传说的,他向人们谈起过,龙年并不一定都是凶年。他相信荀子在《天论》中说的另外两句话:"应之以治则吉,应之以乱则凶。"

马克思曾引述德国诗人海涅的话说:"我播下的龙种,收获的却是跳蚤。"历史已经作了总结:1976这个龙年,展现在人们面前的果然是充满大凶大吉、大悲大喜的极不寻常的一年,中国大地上"收获"的只是闹腾得不得了的几个"跳蚤"。

一

"试看天地翻覆"

1976 年。元旦。

北国风光，天寒地冻，满目冰霜。

无线电波伴着似乎被冻得凝结了的气流，向千家万户传递着气势磅礴的声浪：

> 久有凌云志，重上井冈山。千里来寻故地，旧貌变新颜。到处莺歌燕舞，更有潺潺流水，高路入云端。

> 过了黄洋界，险处不须看。风雷动，旌旗奋，是人寰。三十八年过去，弹指一挥间。可上九天揽月，可下五洋捉鳖，谈笑凯歌还。世上无难事，只要肯登攀。

这是毛泽东 1965 年 5 月重上井冈山时填的一首《水调歌头》。

广播员用庄重的语调朗诵完这一首《重上井冈山》之后，变换着一种稍微轻松一点的音调播出同一位诗人在同年写的另一首词《念奴娇·鸟儿问答》：

> 鲲鹏展翅，九万里，翻动扶摇羊角。背负青天朝下看，都是人间城郭。炮火连天，弹痕遍地，吓倒蓬间雀。怎么得了，哎呀我要飞跃。

> 借问君去何方？雀儿答道，有仙山琼阁。不见前年秋月朗，订了三家条约。还有吃的，土豆烧熟了，再加牛肉。不须放屁，试看天地翻覆。

诗朗诵的电波在北京后海南沿的上空荡漾，钻进柳荫街一座紧闭着银灰色铁门的深宅大院里。这是叶剑英的住地——小翔凤 5 号。

柳荫街又称"元帅街""将军街"，住着徐向前、叶剑英和一些老将军。5 号院被高大的青砖瓦墙深深地包裹着。古老的宅第显得幽静、典雅、庄重，带有神秘的色彩。

年近八旬的叶帅，此刻穿着深蓝色便装，在宽大的办公室里凝神地听着毛泽东第一次公开发表的这两首词。他太熟悉毛泽东的诗词了。因为他自己也是一位诗人。自古以来，大凡诗人与诗人之间、志同道合者，其灵感总是相通的。早在延安时期，他就习惯于吟诵传抄毛泽东的诗词，而且奉之为上品。新中国成立后，1957年1月，《诗刊》第一次公开发表了毛泽东的18首诗词，叶剑英读后很兴奋，虽然许多篇是他早已熟悉的，但他仍然反复吟诵，爱不释手。这次发表的这两首词，也同样吸引着他。

"绝妙好词！绝妙好词！"他一遍一遍地听着，一句一句咀嚼着，琢磨着，品评着，一赞三叹。

他顺手翻开刚刚送来的《人民日报》。读着第一首词，仿佛又回到40年前的中央苏区；读着第二首词，觉得更有韵味，读着读着不由得"啊"了一声，随口说道："这首词写在1965年秋！十年了。"

是的，无独有偶，叶剑英在大连也写过一首诗，那就是几乎在同一时间、同样历史背景写下的七律《远望》：

> 忧患元元忆逝翁，红旗缥缈没遥空。
>
> 昏鸦三匝迷枯树，回雁兼程溯旧踪。
>
> 赤道雕弓能射虎，椰林匕首敢屠龙。
>
> 景升父子皆豚犬，旋转还凭革命功。

这首诗不论在意境还是格调上，确实可与毛泽东的《鸟儿问答》相媲美。当时，叶剑英写在一张小纸条上，不知怎的，由董老辗转传到北京，后来发表在1965年10月16日的《光明日报》上。毛泽东72岁寿辰之际，毛岸青和邵华去祝寿，毛泽东当即挥毫，一字不错地背抄此诗，赠送儿子儿媳，还特意将原诗名《望远》改为《远望》，并加"在大连棒棰岛"几个字。这样，诗的背景更清楚，原诗名的动宾结构变成偏正结构，突出"望"的主体风韵，读起来更加响亮。

1976年12月28日，毛岸青和邵华特将父亲录写的《远望》原件送给叶剑英，并附信云：

> 父亲对伯伯是很尊敬的，对伯伯的诗也是十分喜爱的。1966年元旦前，我们去看望父亲，父亲挥笔书写了伯伯《远望》一诗，以教育鼓励我们革命。父亲是那样喜爱伯伯的这首诗，不仅把诗中句句都入脑海，而且连什么时候，刊登在哪个报纸上都记得……

后来，叶剑英在将此诗收入自己的诗集时，改诗名《望远》为《远望》，并将诗集命名为《远望集》，封面用的是毛泽东的手迹。

毛泽东喜爱古典诗词，推崇古代诗词大家，但在通常情况下很少评论当代诗人，而对叶剑英可以说是个例外。他十分欣赏叶剑英的诗词和诗才。叶剑英的古典文学造诣很深，旧体诗词功底也很厚。1965年，中国另一位元帅诗人陈毅向毛泽东讨教改诗时，他复信给陈毅说："剑英善七律，董老善五律，你要学律诗，可向他们请教。"他在信中自谦"没有学过律诗"。其实，毛泽东是颇工于此道的。

1975年5月3日，毛泽东与在京中央政治局委员谈话，谈到"长沙水""武昌鱼"和"孙权搬家南京"的典故，突然想起辛弃疾的《南乡子》，问叶剑英记得否，叶剑英未加思索，当场吟道：

> 何处望神州？满眼风光北固楼，千古兴亡多少事，悠悠，不尽长江滚滚流。年少万兜鍪，坐断东南战未休，天下英雄谁敌手？曹刘，生子当如孙仲谋。

毛泽东听了很满意，指着叶剑英说："此人有文化。"接着，他读道："天下英雄谁敌手，曹刘，当今惜无孙仲谋。"然后又指叶剑英说，"他看不起吴法宪。黄吴李邱不是曹刘，刘是刘震，曹是曹里怀，就是吴法宪不行。"后来，毛泽东与为其侍讲古典文学的北大教授芦荻谈话中，还说过叶剑英的诗醇醇劲爽、形象亲切、律对精严。

叶剑英是一位满腹经纶又虚怀若谷的人。尽管受过毛泽东的赞誉，但他从不以诗人自居，平素作诗，只是兴之所至，抒发情怀，随写随丢，连个底稿也不留，当然不会想到毛泽东竟然亲录他的这首诗赠教子女。他高兴地托人将原件送到荣宝斋装裱起来，留作纪念。

回忆起这件往事，叶剑英望着毛泽东亲录的《远望》，对照新发表的《鸟儿问答》，细细品味一阵子。

"文章合为时而著，歌诗合为事而作。"毛泽东这两首词为什么在今天、在写作十年之后发表呢？又偏偏选在1976年元旦？想到这里，这位元帅诗人有点茫然了。

他重新翻看《人民日报》、《红旗》杂志、《解放军报》社论——《世上无难事，只要肯登攀》：

> 这两篇光辉的作品，以高度的革命现实主义和革命浪漫主义相结合的艺术形式，描绘了国内外"天地翻覆"、"旧貌变新颜"的大好形势，歌颂了革命人民"可上九天揽月，可下五洋捉鳖"的英雄气概，揭示了马列主义必胜，修正主义必败的历史规律。

大好形势？难道现实是这样的吗？他继续往下看：

> 看吧，"到处莺歌燕舞"。经过无产阶级文化大革命和批林批孔运动，经过无产阶级专政理论学习运动和评论《水浒》，我们的党朝气蓬勃，我们的人民意气风发，我们的国家欣欣向荣，无产阶级专政空前巩固。社会主义新生事物像绚丽的鲜花，开遍了祖国大地。各族人民广泛持久地学习马克思主义、列宁主义、毛泽东思想，对社会主义社会的阶级、阶级斗争和路线斗争的认识逐步加深，提高了限制资产阶级法权、在无产阶级专政下继续革命的觉悟……

到处莺歌燕舞？又是批林批孔，又是评《水浒》？路线斗争？欣欣向荣？……？一连串的问号。

> 这一切事实，有力地驳斥了"今不如昔"的谬论。这是毛主席无产阶级革命路线的伟大胜利，是无产阶级文化大革命和批林批孔运动的伟大胜利。

读到这里，叶剑英顿了一顿，感到太吃力了。当然不能说"今不如昔"，但是眼前的现实未免令人担心。这么大一个国家，这么多人口，今天"批"这个，明天"评"那个，光是"抓革命"而不"促生产"，怎么得了？所幸的是，去年有了转机，邓小平主持中央日常工作后，出现了稳定和希望。这是周恩来等人坚持长期斗争的结果，是漫漫长夜中透出的一线曙光。可惜，毛泽东不能容忍系统地纠正"文化大革命"的错误，在"四人帮"的推动下，又发动了所谓"批邓、反击右倾翻案风"运动，使形势急转直下。不久前，广东家乡来人说，许多人外流逃港。一出北京城，许多地方缺吃少穿，又走回头路……芸芸众生，饥寒交迫，要再这样下去，可真要"今不如昔"了。这怎么叫"到处莺歌燕舞"，"谈笑凯歌还"？

再往下看，"社论"继续写道：

毛主席教导我们："千万不要忘记阶级斗争。"

毛主席最近又教导我们："安定团结不是不要阶级斗争，阶级斗争是纲，其余都是目。"

多年来的历史经验告诉我们：否定或修改以阶级斗争为纲，在理论上和实践上就必然会犯错误……最近教育战线那种刮右倾翻案风的奇谈怪论，就是代表资产阶级反对无产阶级的修正主义路线的突出表现……

阶级斗争是要抓的，但是安定团结呢？又是"纲"又是"目"，怎样摆？什么是右倾翻案风的奇谈怪论？啊，明白了，"醉翁之意不在酒啊"。叶剑英读到这里恍然大悟：元旦"社论"是唱"孔明草船借箭"这出戏啊。这是在借毛主席的诗词来打邓小平。如今周恩来病危，重炮轰鸣，一起落在小平身上。这是谁的手笔呢？大概又是那个被"四人帮"称为"金棍子"的姚文元的一篇杰作。

想到这里，叶剑英实在读不下去了。已经定了调子，开始动作，何须再读呢？什么"重上井冈山"？什么"鸟儿问答"？他们玷污了毛泽东的好词！"不须放屁"！这笔账一定要记在"四人帮"的头上！一定要和他们算的！

强弩之末

就在叶剑英独自思考毛泽东的两首诗和元旦"社论"的时候，中国的普通百姓也在收听中央电台反复播放的同样的声音，思考着同样的问题。当时人们的见解和结论也许不尽相同。但是至少有两个人的想法是和叶剑英一致的。

一位是住在北京宽街的邓小平。他是"右倾翻案风"的"风源"，正在挨批。

另一位便是身患绝症、躺在三〇五医院不久于人世的周恩来。

多年来，特别是从"文化大革命"以来，每当叶剑英遇到难解之事，总是首先要到周恩来那里去请教。如今他病倒了，生命垂危，叶剑英既忧虑又焦急，希望他的病情能够好转。

这天晚间，远山寒色，近树悲声。稀疏的灯光在朔风中发抖。叶剑英驱车来到三〇五医院。在静静的病房里，周恩来斜倚在病床上，正在聚精会神地听护士给他读毛泽东的两首词。叶剑英静静地站在病榻前，一直等着读完。本来想说的满腹心事，但看到周恩来消瘦的脸上，显露出癌症晚期痛苦而又勉强作出的笑容，便不忍心再开口了。

值班人员告诉他，总理很高兴听主席这两首词。

叶剑英走过来，握着总理的手，劝他好好静养，小声说："还有元旦社论呢。太长了，您不要听了！"说罢把社论的内容扼要地讲述了一番。

周恩来听罢，微睁着无神的双眼，摇摇头，嘴角上掠过一丝苦笑。

叶剑英完全理解周恩来的心情。有谁比他更关心全国人民的甘苦，有谁比他更清楚全国面临的严重政治经济危机，有谁比他更深切地尝受过"批林批孔""评《水浒》"的苦楚，有谁比他更愤恨"四人帮"祸国殃民的罪行！他知道自己病入膏肓，已经到了生命的最后时刻，但他依然担心着党和国家的命运，尤其最近刮起的反击"右倾翻案风"，使他更是忧心如焚。难道他寄予厚望的邓小平真的要再一次被罢黜，退出政治舞台吗？难道中国的大好江山真的要葬送在江青等人的手里吗？果真如此，他怎能不抱憾终生呢？

大概正是由于受到这种复杂而深沉的思绪支配，周恩来长时间的痛楚地望着叶剑英，似乎有千言万语要叮嘱。此刻他根本无意，也无力去评论毛泽东的诗词和那篇元旦献辞了。

当时，不论是病危中的周恩来，还是被批判的邓小平，可以说在多数老同志中，对1976年元旦新发表的毛泽东两首词和三家报刊"社论"的认识，对即将开始的新的一年国内形势的估计，同叶剑英一样，都是忧多于喜。想想看，从十年前的1966年，狂飙从天降，神州大地经过大疯狂、大动乱的火血洗礼之后，又继之以连年不断的反复折腾、人祸天灾，给人们带来了多么巨大的苦难！除了极少数发"文革"财、当"文革"官的既得利益者外，绝大多数人陷落在政治、经济、文化、教育等各条战线濒临破产的深渊，在痛苦中挣扎着。人们经过无数的惊愕、恐惧、忧虑和彷徨之后，开始用"怀疑一切"的眼光来审视十年走过的道路，从"迷信""盲从"中解脱出来。"文化大革命"的神圣外衣和虚幻光环已经被剥落了。"四人帮"的丑恶嘴脸已在光天化日之下尽行暴露。广大群众对他们的倒行逆施强烈不满，深恶痛绝。但眼前，在新的一年到来之际，人们最关心的、在中国出现的一个最大的危机，是周恩来身患绝症和邓小平的重新受批，而年老多病的毛泽东被江青等人包围、蒙骗，继续推行着极左的一套。"哀莫大于心死"。正在上演的全国性悲剧，已经达到高潮，大幕将要落下，可是剧作者还要坚持演下去。毛泽东的两首词发出了新的信号。

关于这一点，美国记者罗斯·特里尔在他所著的《毛泽东传》最后一章《强弩之末》中写道：

　　1975年已接近尾声，毛靠在他书房外的安乐椅上，面无血色，像蜡一样，双目无神，一副无精打采的样子，脆弱得就像德累斯顿的瓷器，几乎无知觉了。

一天黄昏的时候，朱丽叶·尼克松·艾森豪威尔和她的丈夫戴维来拜访毛。毛被两位年轻姑娘扶住，挣扎着移动双脚，步履蹒跚，自己站稳了，两位女护士后退一步。在照相机频频作响和电视摄像机的耀眼灯光闪亮前，他就握住了美国人的手，然后，两位姑娘又把他挽回到沙发椅上。

"它没什么。"毛对朱丽叶和戴维谈起了一首斗志昂扬的词，这首词正是在那个时期他最典型的再版物。"我是在1965年写的。"但这首《水调歌头·重上井冈山》却是极左派的一颗手榴弹。

如果1975年1月左翼刮来的是一阵微风，那么1976年1月左翼刮的就是狂风了。与一年前相比，毛更难驾驭这股势力。但他密切关注着风向，这是一位行将就木的老人在作最后一搏。

人们口头上到处喊着"文化大革命的辉煌成果"，似乎这样装腔作势地讲得足够多，才能肃清大多数中国人私下认为的文革是一场灾难的想法。这种方式是被狂妄的积极分子们煽动起来的，因为毛促使他们认为"可上九天揽月，可下五洋捉鳖"。

这是否是一场小孩的争论？或者，这是不是毛要把某人赶出政治局，像他以前做这种事一样，准备在新闻界发动一场论战？元旦时，毛做了回答。

"党内将会有斗争"，他对朱丽叶·艾森豪威尔轻声说。

由于毛势力的不稳固，他又拼凑出新的阵容来作一次努力，试图重振文革贬值的成就。因此，文革序曲一样的《重上井冈山》和《鸟儿问答》的出台并不是偶然的。

这位美国记者的判断是有道理的。发表《重上井冈山》《鸟儿问答》这两首"文革序曲"，的确是"四人帮"投给邓小平的"一颗手榴弹"。毛泽东虽然身患重病，极端虚弱，但不能容忍邓小平纠正"文化大革命"的错误，尤其不能容忍听凭人们否定"文化大革命的辉煌成果"。因此，他同意"四人帮"抛出"文化大革命"前夕写的这两首词，继续宣扬"莺歌燕舞"的大好形势，告诫人们"世上无难事，只要肯登攀"，要以"九天揽月""五洋捉鳖"的精神，在新的一年里，夺取更大的胜利。

生死两茫茫

中国有句民谣说，"二月二龙抬头"。这一年初，龙头还未抬，还未到"惊蛰"节气，蛇、蛙、蚯蚓等许多动物就爬出来了。

1月9日0点。天上一颗巨星悄然隐去，尚留下几颗寒星闪烁，它们不忍离开被妖魔折腾得太疲倦的人间。突然，无线电波伴着凛冽的寒风和哀乐播发了中共中央、全国人大常委会、国务院的讣告：

> 中国共产党中央委员会委员、中央政治局委员、中央政治局常委、中共中央副主席、中华人民共和国国务院总理、中国人民政治协商会议全国委员会主席周恩来同志，因患癌症，于一九七六年一月八日九时五十七分在北京逝世，终年七十八岁。

自从周恩来病危以来，年近八十高龄的叶剑英已经连续几夜没睡了。他寝食不安，几乎所有时间都用来陪伴这位和自己多年并肩战斗的战友。1月7日夜，周恩来一再催促守护在身旁的叶剑英等同志回去休息。11时，当吴阶平等医生再一次来到床边时，处于弥留之际的周恩来从昏迷中醒来，微微睁开双眼，声音微弱地说："我这里没有什么事了，你们还是去照顾别的生病的同志，那里需要你们。"这是周恩来生前所说的最后几句话。

"我不入地狱，谁入地狱?!"周恩来完成了他为国为民、艰难负重、奋斗终身的伟大使命，告别了亲人和战友，离开人世。

巨星陨落，江河呜咽，整个中国在寒风和哀乐中震颤!

叶剑英失声痛哭，肝胆欲裂。他忙着参与丧事料理，还要同"四人帮"苦苦周旋，已经是精疲力竭。回到后海南沿的小翔凤 5 号，他满目愁容，坐在那里发呆。服务员小卢刚好这一天被批准加入中国共产党，她高兴地过来招呼首长喝茶用餐，并报告这个好消息。叶剑英茶饭不进，望了她一眼，感叹地说："卢子，你知道吗？今天总理离开了我们……"小卢一听，立刻痛哭起来。身边的同志看到叶帅连日来心神憔悴，过度悲伤，为他身体担忧，劝他去休息。但刚刚放倒身子，阖一阖眼，又被哀乐惊醒了。他披起大衣，霍地从床上下来，坐在写字台前，望着墙上的周恩来遗像，陷入了沉思。"至哀反无泪。"他此刻已经没有眼泪了。他打开墨盒，握着狼毫，饱蘸墨汁，想写一点哀辞。然而，一向文思敏捷、辞情奔放的诗人，停了半晌，却一个字也写不出来。欲哭无泪，欲诗无词。叶剑英心事如麻：总理含恨走了。邓小平的最大支持者在关键时刻退出了历史舞台。江青一伙又发起新的进攻。如此长期折腾下去，国家和军队将怎么办？中央内部会发生什么样的变化？中国的历史长河将流向何方？惨雾愁云又重新笼罩着神州大地，短暂的黎明又被黑夜吞没。叶剑英心如潮涌，直似千军万马奔腾而来。政治家的头脑不能集中思考，诗人的笔不听指挥了。

在周恩来逝世、举国悲痛的时刻，江青等人却觊觎上了国务院总理的"宝座"。早在 1971 年"九一三事件"之后，他们认为林彪摔死了，少了一个争权的对手，毛泽东又重病在身，不久人世，只要搞掉周恩来，"龙廷宝座"就唾手可得。于是摇身一变，由林彪的同伙变成了"反林英雄"，继承林氏衣钵，招兵买马，连连发难。1974 年则达到顶峰。这一年是准备召开全国第四届人民代表大会的一年。"四人帮"经过密谋，煞费苦心，到处送黑材料，煽风点火，在全国掀起"批林批孔"运动的高潮，三箭齐发，把矛头对准周恩来和叶剑英等人。10 月 4 日，当毛泽东根据周恩来等人的推荐，提议邓小平任国务院第一副总理时，"四人帮"眼看未来总理的位置又无指望，非常不满，便派出王洪文背着周恩来和政治局，飞往湖南长沙，向在那里养病的毛泽东"告御状"。王洪文把周恩来、叶剑英等人比作 1970 年在庐山召开的九届二中全会上的林彪一伙，造谣说他们背着毛泽东要抢班夺权。

王洪文说："北京现在大有庐山会议的味道。我来湖南没有告诉周总理和政治局其他同志。我们四个人开了一夜会，商定我来汇报。趁周总理休息的时候走的。我是冒着危险来的。"

他把北京形势说成是政变在即、一触即发的险局。随之，又在毛泽东面前吹嘘张春桥如何有远见、有能力，姚文元怎样博学，江青又如何关心主席健康，目的就是要告倒周总理，阻挠邓小平出任第一副总理，好让他们一伙"组阁"。其实，他们连国务院总理、副总理、人大常委会委员长、副委员长的人选都安排好了，还找了一些部长个别打招呼，封官许愿，就等毛泽东点头来"组阁"了。这时正是召开第四届全国人民代表大会的前夕。

毛泽东不愧是个成熟的政治家，他一眼看穿了"四人帮"的诡计，当即严厉地批评王洪文有意见当面谈，这么搞不好！要跟小平同志搞好团结。"你要注意江青，不要跟她搞在一起。你回去后找总理、剑英谈谈。"11 月 12 日，毛泽东又在对江青的一封来信的批示中直接指出江青有"组阁"的野心，说："不要由你组阁（当后台老板）。"江青、王洪文被迫写检讨，"四人帮"组阁的阴谋宣告失败。但他们并未死心，仍然在暗中进行夺权篡位的准备。现在他们盼望的一天终于来到了。他们知道，周恩来虽然逝世了，但他在人民中的巨大威望和影响不会消失。于是，他们千方百计贬低他，压制人们的悼念活动。

"新陈代谢是宇宙不可抗拒的规律，要庆祝辩证法的胜利！"

"悼念总理也要警惕阶级斗争新动向！"

"化悲痛为力量，坚持批邓大方向！"

以中央名义下达通知：不许摆设灵堂！不许臂戴黑纱！不许佩戴白花！不许提向周总理学习的口号！不许去天安门广场！

不顾人们的愤懑，"四人帮"规定的条条禁令，有增无已：悼念周恩来的宣传报道不让组织，周恩来的照片不让见报，周恩来的生平不让广播，悼念周恩来的诗文不让发表，连周恩来生前喜爱的《长征组歌》也下令停播……与此同时，却大肆播放样板戏。就在周恩来逝世的第二天晚上，他们以招待外宾为借口，强令中央乐团演出。外宾、观众纷纷退票，表示抗议。他们又从音乐学院强拉师生到剧场填空。江青亲自坐镇戏院欣赏节目。有的演员悲痛万分，自动停止演出，他们还下令追查。为了宣传悼念周总理，叶剑英将自己收存的几张周恩来早年在广州和上海的珍贵照片送给人民日报社，并指示报纸最近一个时期要多登一些反映周总理革命生涯的图片和文章。报社随即批送印刷厂制版付印。姚文元等知道后，大发雷霆，勒令报社从版面上将照片全部撤下来，不但停止印刷，而且要毁掉已经制好的版面。

然而，人心是压不服的，你越禁，我越做。哀乐照样播，灵堂照样设，诗词照样写，黑纱照样戴，人们涌进商场，数万米的黑布抢购一空。几乎所有的单位都设了灵堂，几乎所有的人都佩戴黑纱。在山西太原城，一位边远农村的小脚老大娘走了十几里的路，颤颤巍巍来到灵堂，哭着说："我要进去，给总理磕个头！"

叶剑英在后海小翔凤住地，同他的工作人员和家人一起，佩戴黑纱，悼念总理。他陷入巨大的悲痛中，不忍心再翻报纸、看电视，因为一看到周恩来的形象就潸然落泪。他徘徊在住所，迎着寒风，站在干涸水池的弯弯拱桥上面，望着灰蒙蒙的假山，踏着满院的枯树落叶，默默地吟诵着古诗词："十年生死两茫茫，不思量，自难忘……"他走出门外，眼前是一片霜天雪地，那后海厚厚的冰层引起他喟然长叹："冰冻三尺非一日之寒，这恼人的冰雪何日才能消融啊！"

大权不能旁落

1月10日至11日，党和国家领导人及各界代表一万余人，纷纷前往北京医院向周恩来的遗体告别。在一片哀乐声中，叶剑英瞻仰着周恩来的遗容，想起这位比自己年轻一岁的战友竟早走一步，心情更加沉痛。半个多世纪以来，他们在艰苦卓绝的斗争中、在险象环生的恶劣环境中，患难与共。往事如云，不堪回首……

那是第一次国内革命战争的峥嵘岁月。1924年初，在巴黎负责主持国民党驻欧支部工作的共产党人周恩来，返回大革命策源地广州，担任中共广东区委委员长兼区委宣传部部长。就在这同一时期、同一地点，叶剑英作为追随孙中山的民主主义革命者，也正以建国粤军第二师参谋长的身份，活跃在广州军界和政界，满腔热情地支持和参加国共合作的伟大事业。这样，两位志同道合的年轻革命者在统一战线的旗帜下，走到一起来了。从此，在平定商团叛乱、执教黄埔军校和两次讨伐陈炯明的东征中，他们并肩战斗在一起。

北伐战争后期，蒋介石发动"四一二"反革命政变，叶剑英与蒋介石彻底决裂，提出了加入共产党的要求。但是当时党内有些人认为叶是国民党的高级军官，需要继续考验。一位老共产党员特意找到在武汉的周恩来，汇报了叶剑英的情况。周恩来根据自己几年来与叶剑英的接触和对他的观察，当即表示说，这个人我了解，可以吸收进党。就这样，在关键时刻，周恩来以一个卓越共产党领导人的慧眼和魄力，支持和帮助了叶剑英，使他得以在白色恐怖中投入党的怀抱。

以后，在中央苏区的反"围剿"作战中，在二万五千里长征中，叶剑英一直作为毛泽东、周恩来、朱德的助手，活跃在最高统帅部。在党的统一战线的岗位上，在西安的七贤庄，在南京的梅园，在长沙大火之夜，在南岳游干班的讲坛上，在重庆的红岩村和曾家岩，在国民党特务的跟踪和监视中，叶剑英一直在周恩来领导下，共同战斗，生死相依，建立了深厚的友谊。新中国成立以后，叶剑英不论远在南国，还是近在京都，都继续得到周恩来的亲切关怀和直接领导。

最难忘的是"文化大革命"开始时的日日夜夜。

在这场悲剧性的历史浩劫开头几年，周恩来竭尽全力领导着国务院，在极其艰难的环境中，苦撑危局。刘少奇在八届十一中全会上被错误"炮打"，周恩来被指定主持中央的日常工作。叶剑英则相继担任中央军委副主席、中央书记处书记、军委秘书长，奉命主持军委日常工作。当时"文化大革命"的实际领导权由林彪、江青、陈伯达、康生一伙把持着，并且很显然得到了毛泽东的支持。这就形成了一个非常错综复杂的局面。周恩来在主持中央党政日常工作时，在职权所能及的范围内，对叶剑英主持的军委工作，特别是对他所采取的稳定军队、保护干部的一系列措施，给予了有力的领导和支持。

在不断扩大的内乱中，叶剑英在周恩来的支持下，挺身而出，同林彪、江青一伙进行针锋相对的斗争。而每斗争一次，都遭到了林彪、江青一伙更大的仇恨和打击，随之而起的是造反派更猛烈的声讨浪潮。在首都工人体育馆召开的两个十万人大会上，在因"大闹京西""大闹怀仁堂"事件，叶剑英被打成"二月逆流"骨干的日子里，每次都是周恩来以高超巧妙的斗争艺术，保护叶剑英过关，作叶剑英的"挡风墙"（当然，有时毛泽东也出面讲讲话）。

随着陈伯达问题被揭露，"九一三事件"后，周恩来审时度势，不失时机地促成形势的转变，推进了拨乱反正的历史进程。叶剑英重新被赋予重任，主持军委日常工作。这就再次形成了周恩来与叶剑英一个主政、一个掌军的局面，从这时开始直到周恩来去世，叶剑英始终得到周恩来莫大的信赖和支持，积极开展政治、军事、外交等各方面的工作，继续与江青反革命集团进行斗争，发挥了更大的历史作用。

"人生贵相知。"在艰难的岁月里，周恩来与叶剑英不仅是领导者与被领导者的关系，而且是肝胆相照的挚友。

崇高的共产主义理想，艰巨的中国革命和建设事业，把周恩来和叶剑英紧紧联结在一起。从青年时代结识，到老年谢世分手，几十年来，在战火纷飞、枪林弹雨的疆场上，在艰难困苦、险象环生的统一战线岗位上，在错综复杂、危难紧急的党内斗争漩涡里，二人风雨同舟，患难与共。他们在斗争中结成的友谊，从表面看来，是"君子之交淡如水"，实际上是"心有灵犀一点通"，固若金石，美如青荧，经得起任何考验。共产党人的坚强党性，使他们互相体谅，互相支持，有团结有批评，但绝无半点派性。

在周恩来最后的日子里，叶剑英在完成总理交给的一项项重任的同时，拿出最大精力来关照周恩来的病情。1972年5月，癌细胞已侵袭周恩来躯体，他开始尿血，病情逐步加重，后经诊断患了膀胱癌。据总理身边一位老秘书说，当时中央有人从中干扰，不让毛泽东知道详细病情。后来医生感到严重了，就去找叶帅。叶剑英利用一次陪同毛泽东接见外宾的机会，亲手捧着周恩来的一瓶血尿送给毛泽东看，直接向他陈述了总理的严重病情。周恩来自己给毛泽东写了病情报告（医疗组也写了报告）。毛泽东心情沉重，点点头，同意检查、治疗，并指示：由剑英、颖超、汪东兴和张春桥领导医疗组工作。周恩来住进医院后，叶剑英亲自听取医疗组汇报，参与制定治疗方案。他还到处打听治疗膀胱癌的秘方、偏方，一有所获，立即指示医疗小组检验服用。周恩来每次做重要手术，叶剑英几乎都要守候在手术室门外，直至手术完毕，问清情况才离开医院。

叶剑英有时亲自钓鱼，钓到大鱼，特地嘱咐身边工作人员把鱼送到医院，让周恩来尝鲜。叶剑英在京的时候，一天早晚两个电话打到医院，询问病情。他的大女儿楚梅回忆，有一次，她扶侍老人家洗完脚，正准备上床睡觉，叶帅突然想起周总理刚做过大手术，马上下床亲自给邓颖超打电话。问怎样了？病情有什么变化？他外出了，也念念不忘周恩来的病情，常常从南海之滨打电话到北京病房里，询问总理吃得怎么样、睡得怎么样？……

最使叶剑英痛心的是，住院期间周恩来做过多次手术，在身体极端虚弱的情况下，仍要承受"四人帮"一伙的纠缠和迫害。他们发动了"批林批孔"还不够，又蓄意制造"风庆轮事件""反经验主义""评论《水浒》""反击右倾翻案风"等一系列事端，到病榻前连连发难，干扰他的休息治疗。邓颖超常常含着泪水请求他们让自己的丈夫多休息一会儿，叶剑英也多次忠告，都不被理睬。

1974年10月下旬，叶剑英坐在病榻前，望着日益消瘦的周恩来，心里十分难过。他希望陪他多坐一会儿，但又担心坐久了，会影响他的休息。入院以来做过两次大手术的周恩来仍在苦心焦虑地思考研究四届人大的筹备工作。为此，他曾连续十多天分别找人谈话，分批约政治局成员开会，商议四届人大，酝酿国家机构人事安排问题。他像战争年代一样，同叶剑英推心置腹，细细交谈。叶剑英完全理解他的心情，坚决支持邓小平出任第一副总理主持中央和国务院的工作，并且请总理放心，即使日后有人捣乱，也不怕，因为有几百万军队作后盾。周恩来瘦削的面孔露出了笑容，频频点头，安然入睡了。

一觉醒来，他又觉得不踏实，又同叶剑英商量，事关重大，一定要面见毛主席敲定。当他就要抱病飞往长沙的前夕，医务人员发现他的大便有隐血，需要立即进行检查治疗。叶剑英经过慎重考虑，感到目前中央正面临着筹备召开四届人大的关键时刻，为了党和国家的最高利益，防止"四人帮"乘机作乱，现在以不提及此事为好，坚持总理如期南行。他征得治疗小组的同意并与之研究保护治疗的方案之后，向随行的医务人员千叮万嘱，想尽一切办法，无论如何也要保证周恩来安全回来。结果，周恩来以重病之躯远行千里，取得了毛泽东的支持，再一次挫败了"四人帮"的"组阁"阴谋。

然而，进入1975年，周恩来的病情急剧恶化。从这一年3月20日周恩来致毛泽东的信中，可以看出四届人大以后他不断加重的病况：

> 今年开会（指四届人大——作者注）后，大便中潜血每天都有，大便也不畅通。因此利用三月间隙，进行食钡检查，始发现大肠内接近肝部分有一肿瘤，类似核桃大，食物成便经此肿瘤处蠕动甚慢，通过亦窄。若此肿瘤发展，可堵塞肠道。灌钡至横结肠，在肿瘤下，抽出钡液无血；灌钡至升结肠，在肿瘤上抽不出钡液，待与大便齐出有血。在食钡检查时，食道、胃和十二指肠、空肠、小肠均无病变，更无肿瘤。而这一大肠内的肿瘤位置，正好就是四十年前我在沙窝会议（指1935年8月在四川省毛儿盖附近的沙窝召开的中共中央政治局会议——作者注）后得的肝脓疡病在那里穿肠成便治好的，也正是主席领导我们通过草地而活到现在的。由于病有内因，一说即明。好了的疮疤，现在生出了肿瘤，不管它良性还是恶性，除了开刀取出外，别无其他治疗方法。政治局常委四同志（王、叶、邓、张——周恩来原注）已听取了医疗组汇报，看了爱克斯光照片和录像电视，同意施行开刀手术，并将报请主席批准。

在这封信中周恩来感念毛泽东的关心，写道：

> 我因主席对我的病状关怀备至，今天又突然以新的病变报告主席，心实不安，故将病情经过及历史原因说清楚，务请主席放心。去年两次开刀后，我曾托王、唐两同志转报主席。我决不应再逞能了。但如需再次开刀，我还受得了。现在要好好地作此准备，问主席好！

叶剑英深知周总理病情日益加重，非常着急，但又无可奈何。他知道周恩来在病中曾向美国客人读过曹操《龟虽寿》的诗，他自己也十分喜爱这首诗。此时望着周恩来，只有默默吟诵"神龟虽寿，犹有竟时……"自我安慰了。

随着周恩来病情的日益加重，叶剑英前来探视的次数也增多了。从这一年下半年起，几乎每天都能看到他的身影出现在周恩来的病床前。有时遇到处理重大问题，需要请示，来得就更频繁了。开始时，他一坐下来便不走，常常一谈就小半天。有时跟医护人员打招呼，不论是谁，不论是送水送药，不按铃不许进。大家都明白，这是在汇报党务、政务和军情大事，遵守纪律，不敢打搅。后来叶剑英遵照医嘱，每次谈话逐渐减少到两小时、一小时、半小时。再后来，不但不能长谈，而且谈不成了，只见叶剑英伏到床边，贴到周恩来的耳朵上小声汇报，而周恩来的声音越来越微弱，以至微微点首，以目示意，很少讲话了。直到周恩来只有痛苦的表情，而无力发声时，叶剑英还是坚持天天来，有时一天数次，来了就默默地紧贴周恩来的床边坐下，轻轻握住他的手，注视着他的面孔。这时，周恩来好像得到了极大的安慰，只要不是癌症剧痛袭来，他总是睁开眼睛，努力作出笑容，嘴角颤动着，报之以同样的目光。这目光凝结着多少难忘的回忆，蕴藏着多少厚重的友谊，倾诉着多少复杂的思绪啊！此时短暂的目光交汇，胜过千言万语！万般心腹事，尽在不言中。周围的医生、护士和工作人员看到这两位老革命家那副神态、那份情谊，没有不受感动的。邓颖超有一次见到钱之光，谈起周恩来最后的日子里，叶剑英精心地安排治疗，细心地照料一切，感动得流下眼泪了。

有一次，叶剑英从病房出来，找到两位周恩来身边的工作人员，严肃地交待任务，让他们准备好纸和笔，24小时都在总理身边，一刻也不能离开。他轻声地说："总理最后可能要说什么，有些什么事要交待，你们一定要记下来……"他要去外地不放心，临行前，特地安排三〇一医院的医生研究新送来的药方，并留信给周恩来，说："继续革命，国步艰难，千万为党珍重，为国珍重！"

1975年年底，在周恩来做过第十三次手术之后，医生悄悄告诉叶剑英："总理病情恶化，再也无法抢救了。"

叶剑英与吴阶平、卞志强、张佐良等医生昼夜保持着密切的联系。他要求他们作出最后努力，尽到医疗方面的责任，想办法延长总理的生命，哪怕能延长一小时一分钟都是宝贵的。他说："总理太重要了。多活一天对党、对国家、对人民都有重大意义，哪怕一分一秒都有重大意义啊！"

在生命的最后时刻，周恩来用微弱的声音低声唱起了《国际歌》："英特纳雄耐尔就一定要实现！"而叶剑英细心准备他交待的后事，却没有留下一个字。当那两位工作人员将空白的纸交还叶剑英时，他望着洁净的白纸，无限感慨，眼里顿时涌起泪花，喃喃地说："总理一生顾全大局……"

　　叶剑英站在灵前，含着热泪，默默地注视着这位领袖和战友，思念自己和他相处的那些日日夜夜。连续不断的哀乐声，接踵而过的告别人群，提醒他不得不离开。猛然间，一个微弱而清晰的声音在耳旁回荡：

　　"要注意斗争方法，无论如何，大权不能落在他们手里……"

　　这是周恩来对叶剑英等的最后嘱咐。叶剑英知道这句遗言的分量，也完全懂得这里说的"他们"指的是谁。他向周恩来行了最后一个鞠躬礼，继续思考着如何更讲究策略，以便同这帮居心叵测的"他们"周旋下去。

二

钓鱼台"四人帮"亮相
"王、张、江、姚"合伙破坏悼周活动
最恨最怕的是叶老帅

点名"四人帮"

挑明了吧，周恩来、叶剑英说的这个"他们"不是别人，正是"四人帮"。

1月10日上午9点，当中央政治局委员前来向周恩来总理遗体告别的时候，人们吃惊地看到，江青站在总理遗体前既不低头！也不脱帽！

叶剑英忍不住气愤，问江青刚才向总理告别的时候，为什么不摘帽？

江青脖子一仰，蛮有理由地回答：我感冒了，正发高烧，不能受凉啊！

"四人帮"到北京医院应应卯，便扬长而去，急急忙忙躲进钓鱼台，加紧策划夺权的"大事"去了。

提起钓鱼台，人们不免好奇。

这里原本是七八百年前金代权贵的钓鱼处。在北京城西北隅，最初名鱼藻池。元、明、清各朝扩建为王公贵族游乐之所。到了清代乾隆二十八年（1763年），又在此修建行宫，引香山水，扩建后又造钓鱼台座，乾隆皇帝亲题"钓鱼台"三字匾。乾隆之后，这里名为行宫，实为皇帝过路时"打尖"休息的地方。辛亥革命后，钓鱼台失于修葺，长期荒废。新中国成立后，旧园面貌一新，又新建了国宾馆，有乾隆题匾"澄漪亭""潇碧轩""养源斋"等处主体建筑。园内假山玲珑，曲径通幽，流水淙淙，古木参天。登上望海楼，远眺西山，俯瞰玉渊潭，一幅天然的园林画卷尽收眼底。

1959年建成钓鱼台国宾馆，占地42万平方米（其中湖水面积5万平方米），规模宏大，布局和谐，专门用来迎候外国元首。玉渊潭水流经过馆内，营造3个人工湖、18座小石桥，湖水曲折迂回于亭台楼馆和林木石桥之间，碧波粼粼，荷花艳艳，垂柳青青，杨叶葱葱，格外引人入胜。沿岸四周建有宾馆楼15座，全是两层楼的别墅，既有现代设备，又有民族风格，中西合璧。

现在的钓鱼台之所以名声远扬，不仅因为它是几百年前的皇家行宫遗迹，也不单因为它是高规格园林式国宾馆，还有一条很重要的原因，即在十年内乱期间，它是中央"文革"小组所在地，曾为"四人帮"长期霸占，祸及全国。好端端的一个佳境胜地，变成了阴谋集团进行篡权活动的巢穴。"四人帮"在国宾馆每人各有一栋楼。张春桥住在9号楼；王洪文开始住在9号楼二层的侧楼，当了副主席之后，转"侧"为"正"，迁入16号楼；姚文元从上海把家接来北京，另有住处，也在钓鱼台办公；江青住10号楼（原住11号），这是与12号、18号同样规格的接待来访的国家首脑的总统楼，办公另设地点于17号楼。这些点缀在湖边溪畔的高级别墅，与假山奇石相接，与喷泉流水相伴，曲房人邃。

四周高耸的围墙挡住了秀丽景色，也挡住了人们的视线，这里成为"四人帮"兴风作浪、篡党夺权的"大本营"和"统帅部"。

关于"四人帮"，历史已有定论。但在当时，一些人对"他们"毕竟认识不足，缺乏警惕。叶剑英等老一辈革命家对"四人帮"反党行为的认识也有一个从不知到知，从知之不多到知之甚多的过程。粉碎"四人帮"不久，叶剑英接见一位外国来宾时谈到过这种情况，他说，现在有充分材料证明，江青是叛徒，审讯她的人还在。"文化大革命"时期，她当上了中央"文革"小组的副组长。江青经常消灭其罪证，掩盖历史，凡是知道她历史的，大多被她关起来或杀掉，对于有碍于她上台的障碍也都要清除掉，特别是老同志。张春桥是特务，连叛徒的资格都没有，中学时就参加过法西斯组织。有个大特务曾在济南窝藏他，后又放他去延安。姚文元的老子姚蓬子也是个大特务。王洪文是彻底的蜕化变质分子。在一次会议上，叶剑英又说，"四人帮"是一伙资产阶级野心家、阴谋家、两面派，是一伙彻头彻尾的极右派，是一伙新老反革命结成的黑帮。

其实，江青、张春桥、姚文元在"文化大革命"中早已结成一伙，自"九大"后进入中央政治局就形成了一个小圈子、小帮派。在党的十大以后，王洪文进入中央政治局，王、张、江、姚结成一帮，用叶剑英的话来说，就是搞"党内有党"。起初称他们是"上海帮"，后又叫"四联帮"，最后还是毛泽东于 1974 年 7 月 17 日当着中央政治局委员们的面，给他们正式命名为"四人帮"。

"旗子""点子""棍子""牌子"

说"四人帮"是"上海帮"，以地域为名，自然不太确切，但考察他们的发迹历史，却都与上海大有"渊源"。也许正因如此，毛泽东也曾叫他们是"上海帮"。

自古以来，凡结派拉帮者必有首领，如青帮、洪帮均有"帮主"。"四人帮"以谁为首呢？按照最初中央文件正式排列的顺序是"王、张、江、姚"（反党集团），这是以他们原来的职务高低为序的，按其实际地位和罪行来看，江青实属第一位，应为"帮主"。叶剑英说过："'四人帮'的头面人物是江青。"后来的中央文件称"江青反革命集团"，可见以江青为首。但是"核心"人物是张春桥，他是名副其实的"军师"。人们说"江青的旗子，张春桥的点子，姚文元的棍子，王洪文的牌子（中央副主席）"这是不无道理的。

江青，本名李云鹤，出生于山东诸城，30 年代在上海滩当演员，以蓝苹为艺名成名。其后，她推行"样板戏"，批判《海瑞罢官》，炮制《部队文艺工作座谈会纪要》等，都是以上海为"基地"，勾结张春桥、姚文元等人搞起来的。

1938 年 11 月 19 日，她与毛泽东在凤凰山窑洞里结婚，除了夫妻间的恩爱和体贴之外，确也夹杂着个人强烈的占有欲和权力欲，准备有朝一日"崭露头角"。对于这一点，她在 1972 年同美国一位女教授、记者谈话时，吹嘘自己的"革命史"和"罗曼史"，毫不隐讳地承认，她与毛泽东结婚后，"能持续引人关注的毕竟是权力"。那位美国记者根据她的自述，写了一本《江青同志》的传记，说她早就"不甘于默默无闻"，而要成为

"名闻天下的领袖人物","让后代人纪念她,以名垂青史为奋斗目标"。只是由于党中央、毛泽东有约束,而受到多年"压抑",她才没能早日"露峥嵘",实现宏图大愿。

所幸"文化大革命"来了,她终于冲破"封锁",不仅抛头露面,而且曾一度得到毛泽东的信任和重用。她利用六七十年代人们对毛泽东个人崇拜的狂热和自己是"第一夫人"的特殊身份,趁毛泽东晚年多病之机,先后勾结康生、谢富治、陈伯达、张春桥、姚文元、王洪文等大大小小的野心家、阴谋家,并与"张、姚、王"结成"四人帮",兴风作浪,幻想有朝一日,爬上权力的最高峰。陈伯达对江青有过一段评语:"她善于隐蔽,善于向人暂时献媚,乘'文革'动乱之机,使用一切奸计,凡是阻碍她的,触怒她的,不论什么人,不论什么小事,她都视为大逆,都想加以消灭。"

再说张春桥。此人是江青的"老乡",山东巨野人氏,后来化名"狄克",进入左翼作家阵营。新中国成立后,先为解放日报社社长兼总编辑,后靠摇笔杆子当上柯庆施的政治秘书。直至炮制《破除资产阶级的法权思想》文章被毛泽东看中。其后在"文革"中解决"安亭事件",发动"一月革命",从上海市委第一书记上调到中央。他把江青当成自己"三级跳"的一块跳板,实现政治野心的一个"保护伞"。他在上海两次度过"炮打"危机,全靠江青拉一把,才免于遭难。江青则奉这位"前进的作家"为"智囊"。外界普遍认为,张春桥是"四人帮"的"主心骨",是"摇鹅毛扇子"的"军师"。自从林彪摔死、陈伯达下台后,张春桥成为仅次于毛泽东、周恩来、康生、江青的"响当当"人物。

姚文元,祖籍浙江省诸暨县,自幼受他诗人、左翼作家父亲姚蓬子的熏陶,也学着舞文弄墨。新中国成立后,从1949年到1954年这六年时间,他总共在报纸上发表过8篇"豆腐干"文章,而且都登在"读者之声""读者来信"栏目里。后来,他靠对胡风的"反戈一击"和撰写《录以备考——读报偶感》《评新编历史剧"海瑞罢官"》等文而"闻名"于文坛,钻进政界,获得了张春桥的一手"栽培"和"提拔"。他先在《解放日报》,后又到上海市委政策研究室，不久便扶摇直上，当上了市委第二书记、革委会第一副主任，仅在张春桥之下。江青称姚文元是"无产阶级金棍子"。他确是以笔代"棍"，控制舆论阵地，操纵大小文痞，南征北伐，从批胡风、批海瑞到批"三家村""四条汉子"，直至"批林批孔批周公"，横扫寰宇，永不休战，为打"帮"天下，立下汗马功劳。

王洪文呢，也不是上海人，而是生长在吉林省长春市。他的一个政治资本是当过兵，参加过抗美援朝。从部队复员后在上海国棉十七厂当保卫干事，靠"文革"起家，当上了上海革命造反司令部司令。在"安亭事件"中，他与张春桥结下"火线友谊"，成为冲锋陷阵的一员猛将。大概鬼使神差，毛泽东在打倒刘少奇，错选林彪为接班人之后，竟然选择王洪文。王洪文感激党，感激毛主席，更要感激康生，因为是"康老"向毛泽东推荐了这位年轻的上海著名"工人领袖"。1972年9月7日，这位年仅37岁的"造反英雄"突然被79岁的伟大领袖毛泽东亲切召见，变成集"工农兵于一身"的全面优秀的"工农兵干部"，进驻北京钓鱼台宾馆，与张春桥、姚文元为邻，平起平坐起来。

一开始，王洪文蒙头转向，晕晕乎乎，不知自己的"使命"是什么。毛泽东给他的任务，一是读书，二是开会。他实在不堪其苦，给上海市委的"三驾马车"领班马、徐、王和众位"小兄弟"通话发牢骚："到北京后，太寂寞了！有时一整天开会，又累得很！这几天，一连出席七机部的会、河南的会、湖南的会。下午3时去，夜里3时回来。我看不进书。调到上面来，真不习惯，巴不得早一点回上海……"大有"田园将芜胡不归"之慨。想不到，没过多久，时来运转。十大之后，他一跃升为中共中央副主席，名次仅在周恩来之后，且在康生之前，成了中国的第三号人物，是取林彪而代之的、毛泽东选定的又一个"接班人"。

不过，没过几天，王洪文因为"长沙告状"事件，便很快"失宠"。1975年春，邓小平复出。王洪文销声匿迹，返回上海，搞所谓"调查研究"。然而，他毕竟是个跻身政界的"要人"，不甘心作"花花太岁"。他竟放风,要同"老家伙"们在年龄上来个"竞赛",他咬牙切齿地说:"再过十年后看!"未等十年,几个月以后,在张春桥的暗示下,他又飞回北京,全力投入"反击右倾翻案风"运动。这个上海的"造反司令",不论是兴时还是背时,总是尊重张春桥,把他奉为"尊师",对于江青则更是毕恭毕敬。

张春桥深知王洪文的底细:一个徒有外表,而胸无半点墨汁的"绣花枕头"。尽管如此,这位"军师"还是把他和姚文元当作自己的左膀右臂。第一,王洪文被毛泽东捧起来的显赫职位仍未丧失,在江青那里仍未"失宠",在政治局仍有很硬的一票;第二,王洪文造反起家,他在上海的势力未可低估,且大有扩充之势,篡党夺权的"第二武装"还要靠他掌握;第三,王洪文虽然少喝了几年墨水,但他有"集工农兵于一身"的金字招牌,又年轻力壮,很有点活动能力,许多出头露面打头阵的事还要靠他去筹办。只此三项,张春桥仍得倚重于这个后生小子。

离开姚文元则输文,失去"笔杆子";离开王洪文则输武,失去"枪杆子"。没有这"两杆子",则"革命"一事无成。

"四人帮"就是这样一个互相勾结、互相利用的反革命集团。张、姚、王三人把江青奉为"女皇"和"靠山",因为她背后靠着天字第一号的更大"靠山"。他们吹捧她,服从她,侍奉她,利用她的特殊地位和身份来达到各自的卑鄙目的。江青曾大言不惭地说:"不要怕,人家说我们搞小集团,你们的领袖就是我!"她自奉为"左派",说:"中国的左派领袖,就是鄙人。"

"伪朋"登台

那么,这个"左派领袖"统治的反革命集团又是怎样走上中国政治舞台中心的呢?叶剑英在"文革"初期曾针对这种极左思潮,重新学习了列宁的《共产主义运动中的"左派"幼稚病》，感到许多"左"的言辞和行为，同列宁当年批判的"左派"幼稚病如出一辙。他的学习体会曾得到陈毅元帅的赞赏。但这两位元帅在这种泛滥的大潮面前，只能作些抵制，而无力制止。

这股极左思潮渊源于中国革命历次出现的"左"倾错误，有它的社会基础和思想根源。正如中央《关于建国以来党的若干历史问题的决议》所分析的，新中国成立后，毛泽东长期以来在头脑里盘旋的"左"倾思想促进了这种极左思潮的形成，而这种思潮又导致毛泽东错误地发动和领导了"文化大革命"（当然，还有其他复杂的社会历史原因）。

江青反革命集团就是利用了毛泽东的错误，披着马列主义的外衣，以"坚定的无产阶级左派"和"最高的理论权威"自居，拼凑一个反革命思想体系，所谓"张春桥思想""姚文元道路""江青文艺理论"……妄图以此来取代马列主义、毛泽东思想。上海的一些捧臭脚的文人，把"张春桥思想"（代表作《论对资产阶级的全面专政》）吹捧为对阶级关系变化的"新发现"，是批判资产阶级法权的"新贡献"，是人民公社向两级所有制过渡的"新观点"，"超过了"列宁主义，"发展了"毛泽东思想，是"第四个里程碑"。其实，他们大肆鼓吹、发挥"无产阶级专政下继续革命"的一整套理论，如"阶级斗争不断激化论""打碎国家机器论""全面专政论""民主派即走资派论""文艺黑线专政论""批'唯生产力'论"等等。把上层建筑和经济基础、生产关系和生产力、政治和经济、革命和生产、理论和实践、敌我矛盾和人民内部矛盾等马克思主义对立统一的辩证关系糟蹋得不成样子。唯心主义横行，"形而上学猖獗"，达到了惊人的地步。他们口口声声骂别人是"修正主义"，而他们自己贩卖的这一套才是真正的修正主义。这些貌似"革命"的极左理论，全面篡改马列主义、毛泽东思想，是极端反动的理论和纲领，它颠倒是非，混淆敌我，操纵舆论，蒙骗群众，使无政府主义、极端个人主义等大肆泛滥，党内个人专断和个人崇拜现象滋长起来，民主和法制遭到严重破坏，全国出现了大动乱。

还有一点值得注意，江青反革命集团内部没有成文的组织章程和细则，但又不是个松散的联盟。既不是青、洪帮一类的封建帮会，也不完全是希特勒的法西斯和蒋介石的"复兴社""励志社"之类的组织，但却取其"精华"，一身二任，兼而有之。它在共产党内不同于历史上出现过的一般的反党集团。"四人帮"的成员，包括江青在内，既无战功，又无政绩，他们在拉不动军队的情况下，主要依靠地方上"文化大革命"期间建立起来的帮派体系。这个体系以造反派为基础，规模庞大，遍及全国。当时，我国社会上还存在着剥削阶级残余和形形色色妄图推翻社会主义制度的敌对分子，党内外还有各类的投机分子和大小野心家、阴谋家。这些人本来就迎风蠢动，"文化大革命"一开始，沉渣泛起，争相麇集。尤其在林彪死后，纷纷投向"四人帮"。"四人帮"正好利用这些社会残渣余孽，在北京、上海、辽宁各地建立秘密联络点，组成所谓"辽、海、两校一线牵"的情报网，串连各地各系统的帮派骨干分子，到处搜罗同党，安插亲信，八方联系，上下呼应。他们在帮派体系内部，煽动派性，吹捧江青，把江青奉为"领袖"，宣誓效忠。依靠这种封建的人身依附关系，封官许愿，层层交底，实行所谓的"帮派统治"。这就是"四人帮"赖以生存的所谓"群众基础"。

宋代大文豪欧阳修作过一篇《朋党论》，说"朋党之说，自古有之"，惟须分辨其为君子与小人，"大凡君子与君子，以同道为朋，小人与小人以同利为朋，此自然之理也。"但他又认为"小人无朋，惟君子有之。"为什么呢？文章有一段精辟的议论："小人所好者利禄也，其所贪者，货财也。当其同利之时，暂相党引以为朋者，伪也。及其见利而争先，或利尽而交疏，则反相戕害。虽其兄弟亲戚，不能相保。"所以，他说"小人无朋"，称其暂为朋者为"伪朋"。

叶剑英在广东梅县东山中学读书时，受过这篇文章的影响，在为《毕业同学录》撰写的序言中，也有类似的话："声华之友，以利相交，见利则争先，利尽交疏。道义之友，团结不懈，成则为周武三千，败则为田横五百，可常可变，可生可死。"

"四人帮"的帮派体系就是属于这种由"小人"组成的以"利禄"为中心的"伪朋"。现在有一个问题很值得反思：这样一个"伪朋"和"反党集团"，何以在当年成了那样大的气候？一群小人得志，何以一跃而登上中央大雅之堂，横行肆虐，祸及全国达十年之久呢？除了他们的政治野心、主观能动性等因素之外，在客观上最主要的是"文化大革命"给他们提供了历史舞台。

　　关于这一点，叶剑英曾经谈起过马克思写的《路易·波拿巴的雾月十八日》。这本书有一个著名的论点："人们自己创造自己的历史，但是他们并不是随心所欲地创造，并不是在他们自己选定的条件下创造，而是在碰到的、既定的、从过去承继下来的条件下创造。"那么，小拿破仑即路易·波拿巴是在什么样的条件下，仿效他的伯父拿破仑一世而创造自己的历史的呢？马克思同当时其他作家的评论相反，公开声明自己的观点："我则是说明法国阶级斗争怎样造成了一种条件和局势，使得一个平庸而可笑的人物有可能扮演了英雄的角色。"这就是说，在1851年法兰西的阶级斗争的条件下，小拿破仑创造了自己的历史。

　　鉴古知今。从这里我们可以得到启示——发生在中国六七十年代的阶级斗争和"文化大革命"造成了一种"条件"和"局势"，使江青一伙"平庸而可笑"的小人"扮演了英雄的角色"。没有"文化大革命"就没有"四人帮"。

　　历史上有许多现象极其类似，但绝不相同。江青不是波拿巴，更不能说波拿巴上台乞求于他的伯父拿破仑的"亡灵"，而江青的上台则是借助于她丈夫毛泽东的权威。这种类比，稍不小心，会导致历史性的错误。(顺便说一句，江青在某些方面效法吕雉、武则天，同这两位皇后更有相像之处。一些外国作家、记者已有不少这些方面的评论，如美国的罗斯·特利尔在《江青正传》中就作过类似的对比)不过，马克思当年评论波拿巴这个"丑角之王"的若干论点，对我们剖析江青这个"历史小丑"及其追随者的形象和灵魂，不无可供借鉴之处。

"不可不防"

毛泽东不愧是一个马克思主义者,即使在他错误发动和领导的"文化大革命"中,他还多次要求全党认真学习马克思、恩格斯、列宁的著作,还始终认为自己的某些错误是符合马克思主义的。这虽然是他的悲剧所在,但他在后期毕竟发现了江青一伙的阴谋,不仅要拆散他们结成的"四人帮",而且要把他们赶出钓鱼台,同时也警告别人不要住钓鱼台,以防被他们拉入同伙。

从大寨走进国务院的农民副总理陈永贵,刚到北京,江青一伙就把他拉进了钓鱼台。陈永贵一看自己一个人住进一栋楼,这么高级,楼上楼下,又宽又大,觉得与毛主席艰苦朴素的教导不符,后来一打听,才知道是国宾馆,大寨家乡的人来访都进不了门,更觉得不对头,心里犯了思量:这不是把我同群众隔开了吗?于是提起笔来,给毛泽东写信,要求自己三分之一在大寨,三分之一在全国,三分之一在中央,最后特意提出要搬出钓鱼台。未想到毛泽东当晚就批回来了。那信上写着几个笔走龙蛇的大字:"钓鱼台没有鱼。"

第二天开政治局会议,毛泽东见到陈永贵,握住他的手说:"你的信写得好啊!钓鱼台没有鱼可钓!"并且当面告诉工人出身步入最高政坛的新秀吴桂贤也要搬出钓鱼台。在场的叶剑英听了这话,暗自高兴,心里明白:钓鱼台没有鱼是假,搬出钓鱼台是真。他联想到毛远新来北京也曾住钓鱼台,毛泽东知道后,不高兴地说:"不要去"。从"搬出钓鱼台"这件事,叶剑英进一步观察到毛泽东对"四人帮"的态度。

陈永贵、吴桂贤要搬出钓鱼台的消息,对于"四人帮"来说不啻为一次六级地震。江青找到陈、吴,极力挽留,说:"你们搬出去,我们怎么办?"

"这是主席批准的,不关你们的事,你们照样住。"江青大为光火。

还没有等她反击，王洪文就一马当先了。过了两天，他故意在钓鱼台钓了一条大鱼，逢人便讲："谁说钓鱼台没有鱼?"

……

且说连日来，"四人帮"聚集在钓鱼台，多次密议，中心是分析周恩来逝世后的形势，研究如何趁机实行全面夺权。

江青这几天兴致特别高。昨天夜里吃过安眠药，今天一觉醒来，已是日高三丈。在两个女服务员扶侍下，梳洗更衣，用过西式早餐之后，走进17号楼的办公室，坐在黑色的大靠背椅上，顺手打开待阅的文件夹。首先映入眼帘的是一份《人民日报》的《情况汇编》清样，第一个内容又是周恩来的治丧……她一看见周恩来三个字，气就不打一处来，眉头紧锁，当即用力扣上夹子，摔到桌上。

晚饭过后，华灯初上。"四人帮"聚集在17号江青的办公室，团团围绕坐在长长的桌旁。

室内辉煌的吊灯、黯淡的角灯，与红色的地毯相映，放出一种柔和的光，更显得幽静典雅。

江青首先发话:

"文元，怎么搞的? 报刊、广播里还在不停地宣传那个人?"

"已经是三令五申了"，姚文元说，"群众情绪很反感，大面上要过得去，反正悼念一阵风就吹过去了。"

"那不行! 不能叫他活着压我，死了还压我! 悼念的规模声势越小越好!"

"这样吧，反正离送葬的日子没几天了，要尽量压缩向遗体告别和送葬的人数!"张春桥从中解围，接着建议说:"死者逝矣，当务之急是要顶住活的，要盯住国务院。要把大权拿到手。悠悠万事，惟此惟大!"

江青一听，正合心意。她对张春桥已经由言听计从到迷信的程度。凡是遇到难题，不是报告党中央和毛泽东，而是报告这位军师。

在军师的提议下，话题很快回到如何抢夺国务院总理的位置上来。他们各有各的算盘:张春桥以为邓小平不行了，按顺序自然轮到他;姚文元想，自己年轻，在毛泽东心目中是个"状元"，总理人选自然也有一份，不当总理也当委员长；王洪文则巴望当上人大委员长，最小也要抢过周恩来的"总理"或党中央"第一"副主席；而江青已经不满足于总理和委员长的位置，她的如意算盘是他们三个不论是谁当总理和委员长，最后党中央主席的位置一定是她的。四人虽然各怀鬼胎，在争夺权位上也有过"分赃不满"和小小的摩擦及矛盾，但在夺权的"大方向"上是一致的。

室内那个大座钟响了三响，离天亮只有两个时辰了。

江青打了个哈欠，站起身，而后一本正经地说：

"现在我们眼前还有两个敌人，一个是四川的，一个是广东的，要一个一个对付！眼下最要紧的，无论如何，不能让悼念活动冲击批邓大方向！不能等开完追悼会再批邓，现在就要抓紧进行，这是当前最大的政治！"

王洪文附和说："江青同志分析得太正确、太精辟了，如果让悼念干扰了批邓，那就会继续让他们发泄对"文化大革命"的不满，到头来，把矛头对准主席，对准我们。"他接着说："批邓这件事我早就作了安排。我已让新闻系统派出17名记者到福建、浙江、四川等省去了，廖志高就是邓小平线上的人，要把他打倒！"

"廖志高只是福建的还在走的走资派。实际上，从上到下有一大批人。邓小平通过胡乔木等人正在严密控制哲学社会科学部。对其他部门，他也网罗一些人，加紧控制。所以，要立即采取措施，坚持批邓，反击右倾翻案风！我这就去找人布置！"姚文元不甘落后。

"先别走！"张春桥有点着急了，"坚持批邓，目的是要把他拉下马，他不下来，就有可能当总理，那就一切都完了！光在外面批不够，在施加外力的同时，还得有点内功。"

江青这时端起架势，故作神秘地说："我向你们交个底吧，邓小平，他总理是当不成了。因为，我已经找康老到主席那里告了他的状，小豆子远新又去刮了许多风，看来主席是下决心了。现在只要坚持批邓，反击右倾翻案风，再烧一把火，就会马到成功。"

但张春桥还有一块心病，继续提醒说："邓小平要继续批下去，可能是个死老虎了，除了他以外，还有一个人威胁更大，不可不防！"

"谁？"

"叶剑英！"

搬掉"绊脚石"

叶剑英这个名字对于他们说来是个"不祥之物"，最头痛。自从"九一三事件"之后，这个"二月逆流的黑干将"竟然交了"天时地利人和"的好运，居然被平反，东山再起。

毛泽东、周恩来到处吹风，旧事重提，说他在长征路上智斗张国焘立了大功，挽救了党和红军。在一次政治局会议上，毛泽东拉周恩来坐右边，拉叶剑英坐左边，拉着两个人的手对"四人帮"说："你们为什么对这两个人过不去？他们不能反，一反就犯错误的。"叶剑英被左打右打，不但打不倒，反而得到毛泽东一再保护，受到重用，当了党中央副主席。这还不打紧，最厉害的是他接过了林彪的兵权，主持军委日常工作。此人文韬武略，满腹经纶，办事稳健，德高望重，在三军之内有很高权威和影响。"四人帮"把他看作是周恩来的"亲信""老家伙们"的"靠山"。他们要插手军队，第一道关就要突破叶剑英。

抓军权是"四人帮"梦寐以求的大事情。江青在军队没有职务，千方百计想捞个"官衔"，除了解放战争时期的"政治协理员"和一身绿军装外，一无所获。张春桥也曾尽一切可能，试图掌握军队，效果比江青好得多。他先当上了南京军区政委，后又混上了总政治部主任。有那么段时间，他在所有的衣服当中最喜欢军装。几乎所有公开露面的机会，都穿上总后勤部送来的那套绿装。但他懂得，穿上军服并不代表就成了真正的将军，而要得到"老兵们"承认，指挥军队，那就难于上青天了。正因为这个缘故，为了捞到军权，"四人帮"费尽心机，使尽手段，除了公开几次大的斗争和较量之外，不知又搞了多少"小动作"，想把叶剑英扳倒，但无奈他是个"死顽固"，软硬不吃，不肯就范。

早在"文化大革命"之初，康生就找江青私下商议，说在延安整风时，他曾制造了一个叶剑英身边有"特嫌"的案件，想把这个旧军队的"参座"整倒，但没有达到目的。这次"大革命"可不能放过。康生怕自己出面太露骨，又伙同江青和陈伯达制造了个所谓"电台"事件，唆使人造谣说，叶剑英家里私自安装了一部电台，"里通外国"。他们假事真做，造谣中伤，把这件事一直折腾到周恩来那里。总理知道此事是恶意陷害，就予以抵制，无奈他们抓住不放，逼他下令派北京卫戍区的"技术专家"到叶剑英家里彻底清查。结果什么也未"抄"出来，反挨了总理的严厉批评。

此招不灵，又使新招。江青伙同康生等制造一个"莫须有"的罪名，将叶剑英的 7 个子女（包括女婿、儿媳）先后投入监狱或流放外地，连保姆也不放过。可是，随着时间的推移，孩子们经审查无罪，一个一个都恢复了自由。就这样，在"史无前例"中，叶剑英遭到种种迫害，闯过了九九八十一难，不但七斗八斗没有斗倒，反而站得更稳了。

于是，江青改变了策略，变"打"为"拉"。一个星期天的下午，她要秘书突然打电话给叶帅办公室，说是首长大驾光临，光顾帅府。叶剑英猜到这是"黄鼠狼给小鸡拜年"，赶紧招呼办公室和孩子们要"让开大路，回避两厢"，只留下刚从福建"劳改"回来的小女儿"接驾"。

江青一进门，摆出一副十分恭敬和百倍亲热的姿态，又是问候，又是抱歉，说早就想来看望老帅。及至见了"坚壁清野"的场面和主人不冷不热的态度，心里才凉了半截。只好强作欢颜，搭讪着问："不是孩子们都回来了吗？今天特意来看看，怎么没见呢？"叶剑英故意介绍被劳动"惩罚"的小女儿，诉说在福建农场如何得到"首长关怀"，接受"教育改造"的。江青心里明白，这是"抗议"和"示威"。因为那一年开过"批林批孔"

大会，江青当众宣布，要叶剑英的孩子下放劳动。叶剑英回来见到心爱的女儿，无可奈何地说："小英，爸爸连累了你，对不起你！"正在学校读书的小英忍痛说："爸爸，没有什么，我愿意去！"从此小英离开学校下放到远地的农场。半年回来一次探亲。听了叶剑英的介绍，江青十分尴尬，只得说："那好嘛，劳动劳动也好嘛！"坐了一回冷板凳，江青心里又恨又悔，只好早早打道回宫了。

对于这一段令人辛酸的往事，叶剑英的小女儿文珊，曾经作过这样的忆述：

> 在那动荡的、"史无前例"的灾难岁月里，林彪一伙处心积虑想把爸爸搞垮，诬蔑他是"二月逆流"的黑干将，硬说他的孩子们都有问题，横加罪名，把我的哥哥、姐姐、姐夫们一共7个人投进了监狱，甚至连家中的保姆也被抓了进去。我那时只有十七岁，为了保护我，爸爸把我送到当时任北京卫戍区司令的傅崇碧叔叔那里，当了一名通讯兵。谁知这事让江青知道了，她把傅司令叫去大喊大叫说："叶剑英的女儿怎么能守总机呢?! 在这样的机密部门工作，走漏了消息怎么办? 要把她抓起来！"当晚傅司令打电话给爸爸，说我跟班长吵架了，团结不好，让家里速来人把我接回去。我离开的第三天，就发生了所谓的"杨、余、傅事件"，傅崇碧叔叔被抓起来了。我当时也不能再在北京呆下去了，于是远离爸爸去福建当兵。记得当时爸爸对我说："很可能是傅崇碧救了你。"几年以后，当爸爸得知傅司令被放出来了，立即让我去探望他，他告诉了我事情的真相。并说："你爸爸把你交给了我，我不能让他们把你抓起来，所以制造了一个借口，把你转移出去了。"
>
> …………
>
> …………
>
> 1974年，"四人帮"加紧了篡党夺权的步伐，又搞了所谓"批林批孔"运动，把矛头指向了周总理和爸爸。元月25日在体育馆召开

的"批林批孔"动员大会上，江青突然发难说："要叶剑英的女儿响应号召，到下边去劳动改造。"这样我不得不中断学习，去福建的一个农场劳动。临走时，爸爸很难过，他觉得是因为他而株连了我不能继续学业，我安慰爸爸说："哥哥姐姐们都蹲了监狱，这回也该轮到我了，没什么了不起！"

……………

……………

江青也许早就忘了这段迫害叶剑英及其子女的往事，她在继续寻找机会接触叶剑英，试着讨好拉拢他。一次在钓鱼台国宾馆会见外宾，江青一看机会来了，卖弄起自己的照相技术，缠住叶剑英非要亲自拍照不可。叶剑英碍着外宾在场，不好伤她的面子，只好从命。这位"高级摄影师"拿出看家本领照完相，又精心修版放大，派专人送给了叶剑英。这是她"拿手好戏"的重演。当年她给林彪照过标准相，使林彪受宠若惊。她满以为叶剑英也会像林彪似的"感恩不尽"，然后如法炮制，把叶剑英的照片也送到报社和画报社，广泛刊登，大肆宣扬，显示她对这位老师的"亲切关怀"，以便制造流言，捞取资本。

可她万万没有料到，叶剑英早就看穿了她的诡计，把那张大幅照片扔进了办公桌最底层的抽屉里。孩子们不解，问起缘由，他幽默地说："那位'旗手'以为我会感激涕零，掉几滴眼泪，再买个镜框挂起来呢！没想到丢在这里，让耗子去啃吧！"

江青等了好久，杳无回音，有点失望了，心想这个人真难对付啊！当年林彪总是仰承自己的鼻息，叶剑英为什么敢跟她死作对呢？但她仍然不服输，鼓起勇气，还想再试一试。

一个星期天，她又打来电话，请叶帅到北海公园"仿膳"用餐，说是特意准备了宫廷特制糕点。警卫参谋接到电话，报告正在打乒乓球的叶剑英，劝首长去赴约。叶剑英知道江青的用心，又以身体不适为由，加以拒绝。

好难剃的脑袋！"敬酒不吃吃罚酒"。江青"龙颜大怒"，改变了策略，决心一打到底，彻底收拾这个"花岗岩头脑"的"老顽固"。她打出的第一枪就是"批林批孔"，又批"走后门"，同时捎带上叶剑英。不料又未打中。在北京召开的两次"批林批孔"大会上，江青和她的两个干将以所谓"批林批孔要联系实际"为名，抓住某些领导干部子女走后门入学、当兵问题大作文章，对主持军委工作的叶剑英大肆影射攻击。叶剑英不仅在会上保持沉默，会后也不布置军队进一步开展"批林批孔"。面对江青等人的步步进逼，他采取了巧妙的斗争方式，直接写信给党中央和毛泽东作"检讨"，表明自己的态度。毛泽东看到叶剑英的信后，很快作出批示，对江青一伙的做法提出了尖锐的批评。毛泽东在信上写道："剑英同志：此事甚大，从支部到北京，牵涉几百万人，开后门来的也有好人，从前门来的也有坏人。现在形而上学猖獗，片面性。批林批孔，又夹着走后门，有可能冲淡了批林批孔。小谢、迟群讲话有缺点，不宜下发。我的意见如此。"毛泽东扣发了江青等人准备在全国播放的"一·二五"批林批孔大会上的讲话录音。江青一伙知道内情后，恨透了叶剑英。张春桥污蔑他说："用检讨办法来告状，这也是一大发明。"

　　"四人帮"回顾这段历史，特别是对1975年邓小平复出，叶剑英全力扶助他进行"全面整顿"，都感到不寒而栗！

　　"叶剑英是个铁杆保皇派，过去死保周恩来，一个主政，一个主军，老家伙们的天下靠他两个支撑着，现在又死保邓小平，有文有武，妄想维持他们的天下。不除掉此人，我们就抓不到军队，没有军队，什么也干不成！"

　　这就是"四人帮"经过长时间密议，最后得出的一致看法。

　　但是，怎样才能搬掉这块绊脚石呢？

　　魔鬼们也有魔法不灵的时候。

三

二月
"联络员"进了中南海
华国锋取代邓小平，叶剑英被"称病挂职"
"四人帮"横扫"老家伙"

"我也起不来了"

民心不可欺，民意不可违。

人民群众悼念周恩来总理的活动，并没有因为"四人帮"的阴谋破坏而中止。于是借口中央实行"丧仪改革"，种种限制接踵而至。然而，群众的悲愤激情有如长江大河的怒涛，奔腾向前，一发不可阻挡。

1月11日下午，天阴沉沉的，不见一丝阳光。京城处处皆白花，风吹热泪撒万家。从北京医院到八宝山，十里长安街上，百万人冒着凛冽的寒风，伫立在街道两旁，扶老携幼，翘首以望，想最后看一眼自己的总理。中国历史上从来没有过如此规模巨大而又秩序井然的送葬队伍。灵车轻轻驶过。"周总理啊，我们离不开您啊！"长安街上的哭声惊动天地。人们的抽泣、恸哭、哀号组成了一曲绝响的哀乐。这是对周总理的怀念，也是对"四人帮"的抗议！

从1月11日至14日，群众的悼念活动达到了高潮。由于"四人帮"开始将周恩来的遗体移放到北京医院后院一间狭小的"太平间"里，后来虽然在劳动人民文化宫举行吊唁仪式，而吊唁的人数又由六万压到四万，许多人失去了与总理最后告别的机会。14日傍晚，群众的吊唁活动结束了，许多人还在等候着，6时30分，邓颖超由人搀扶着走进灵堂，手捧着周总理的骨灰盒，面向大家深情地说："我现在手里捧着周恩来同志的骨灰，向在场的所有同志表示感谢。"话音未落，全场失声痛哭，一齐向邓大姐涌去。人们继续悼念周总理，纷纷涌向了天安门广场。广场顿时成了灵堂。这是一片由无数花圈交织而成的海洋。成千上万的人来到纪念碑前脱帽默哀。与此同时，全国各地悼念周恩来的花圈、挽联、誓词、诗文、白花、素纸，伴着人们的泪雨，从白茫茫的天空飘飘洒洒飞落下来，覆盖了神州大地。

"四人帮"利用手中掌握的舆论工具和政权力量，极力干扰、破坏首都和全国各地的悼念活动。连新华社1月11日所发的首都人民向周恩来遗体告别的报道也一压再压，一砍再砍。其中记述当天下午首都人民扶老携幼，泪洒长安街，为周恩来灵车送行的一段文字竟被砍得一干二净，只字不留！当年砍去的这一段文字是这样写的：

> 下午，周恩来的遗体要送往八宝山去火化了。灰暗的天空压着沉沉的云层，整个北京城是那样肃穆宁静。从北京医院到八宝山，人们伫立在几十里大街的两旁，冒着严寒等候一个小时又一个小时……傍晚，悲壮的哀乐送来了总理的灵车。人民抑制不住悲痛，在寒风中哭泣着，内心底里呼喊着：'周总理啊，我们离不开您啊！'总理灵车在泪雨纷纷的行列中缓缓行驶。灵车啊，你停一停，让我们再看一眼周总理亲切慈祥的面容！司机啊，你刹住车，让我们再向总理诉一诉衷肠！夜深了，风紧了，总理灵车已经过去了几个小时，但伫立在数十里长街两旁的人群，依然在默默地等待着，等待归来的灵车。但是，只见灵车回，不见总理归。止不住的滚滚热泪再一次洒满几十里长街……这是古今中外从没见到过的送灵场景啊！

不仅如此，连百万群众十里长街哭送灵车的照片也不准刊登！仅1月13日这一天，姚文元就一连三次向新华社下达指示，压制悼念周总理和宣传周恩来丰功伟绩的报道及消息，提出"国内消息、综合消息，字太大，要缩小。总理不要突出"。人民日报的负责人执行"四人帮"的旨意，缩小周总理的生平照片，减少国内外的悼念消息，根本不发表国内悼念周总理的文章。

"四人帮"大概预知悼念的风暴就要来临，抢先在1月14日的《人民日报》头版头条发表了《大辩论带来大变化》的长文。文章开头写道："近来全国人民都在关心着清华大学关于教育革命的大辩论。"结尾又说："连日来，大批热情洋溢的信件纷纷寄来。广大工农兵表示，要以实际行动支持清华的革命斗争。"全文只字不提悼念周总理，他们妄图以此把斗争锋芒引向反击右倾翻案风，既反对邓小平，又反对周恩来。人们被激怒了，一个又一个抗议电话，接二连三地打进报社。报社被包围，大门被砸撞，《人民日报》的牌子被涂改成"造谣日报"。报社的负责人惊慌失措，找到了姚文元，送给他一封封抗议信，只见信封上写着"人民日报社'谣文源'收"，"人民日报社'戈培尔'收"等字样，信封里装着被黑笔画着大叉叉的《大辩论带来大变化》。

姚文元又气又怕，双手翻看着报社送来的群众来信和整理的《一些人对十四日（人民日报）报道版面的意见和攻击》的材料。他心虚又壮着胆向报社的负责人说，这些反革命分子越反对这篇文章越说明这篇文章发得好，打在了他们的痛处。他顺手将那份"意见和攻击"的材料的标题改成《一种值得注意的动向》，编发《情况特刊》清样，上报中央，并指示《人民日报》从16日到月底半个月内连续发表"教育大革命"一类的文章，指定专人来写，发表在头版重要位置上。

1月17日：发表清华大学党委召开现场会的报道：《开门办学好，教育质量高》；

1月18日：发表上海机床厂七·二一工人大学坚持教育革命的文章：《扬眉吐气的七年》；

1月19日：发表介绍上海老、中、青三结合领导班子的消息：《朝气蓬勃，团结战斗》；

1月20日：……

《人民日报》社有正义感的编辑们抵制这类文章的发表，新闻研究所特编了一期悼念周总理、宣扬周总理丰功伟绩的《报纸动态》专刊清样送给姚文元。1月29日，姚文元气势汹汹地打电话责问："你们要翻案吗？要反革命吗？"并下令负责人追查……

"四人帮"继续操纵舆论工具大肆"反周批邓"，日甚一日。叶剑英等老同志目睹这种局面，欲出面制止，却无可奈何。广大群众擦干了默默的眼泪，收起了无言的黑纱，发出了"民心不可侮，党心不可欺""反周民必反，批邓民不依”的呐喊。

1月15日下午3时，五千多人的追悼会在人民大会堂举行。会议由王洪文主持，邓小平代表中共中央致悼词。

为了作悼词，还有一个斗争的小插曲。江青等害怕邓小平亮相，与广大干部、群众见面，于是举出种种“莫须有”的理由，极力排除邓小平。理由是：现在全国都在反击右倾翻案风，邓小平作悼词不合适。相反，叶剑英却认为邓小平是堂堂正正的党中央副主席，又是国务院第一副总理，代替总理主持工作，又有国际威望，理应由他来作悼词，没有什么不合适的。狡猾的张春桥来个顺水推舟，索性同意邓小平作悼词，他思谋的是，邓小平就要被打倒了，他作了“悼词”，给周恩来抹了黑，悼念活动也就搞不起来了。而叶剑英考虑的则是，邓小平当时的困难处境，极力主张由邓小平来致悼词，趁这个机会让他和广大人民群众见面。在关键时刻，在政治上给他以极大的支持。果不其然，当人们从电视荧光屏上看到邓小平一出场，那些为邓小平命运担忧的心一下子都放下来了。

今天，我们怀着极其沉痛的心情，悼念中国共产党的优秀党员、伟大的无产阶级革命家、杰出的共产主义战士、中国人民久经考验的卓越的党和国家领导人周恩来同志。

周恩来同志的逝世，对于我党我军和我国人民，对于我国的社会主义革命和建设事业，对于国际反帝、反殖、反霸的事业和国际共产主义运动的事业，都是巨大的损失。

周恩来同志忠于党，忠于人民，为贯彻执行毛主席的无产阶级革命路线，争取中国人民解放事业和共产主义事业的胜利，英勇斗争，鞠躬尽瘁，无私地贡献了自己毕生的精力。在毛主席的领导下，周恩来同志对建设和发展马克思主义的中国共产党，对建设和发展战无不胜的人民军队，对夺取新民主主义革命的胜利，创建社会主义的新中国，对巩固工人阶级领导的以工农联盟为基础的各族人民的大团结，发展革命统一战线，对争取社会主义革命和建设事业的胜利，……都作出了不可磨灭的贡献，建立了不朽的功绩。全党全军全国人民衷心地爱戴他，尊敬他。

周恩来同志在国际事务中，坚决贯彻执行毛主席的革命外交路线，坚持无产阶级国际主义。他对加强我党同各国马列主义政党和组织的团结，反对现代修正主义的斗争，促进国际共产主义运动的发展，对加强我国人民同各国人民特别是第三世界各国人民的团结，在和平共处五项原则的基础上争取同一切国家建立和发展关系，联合国际上一切可以联合的力量，进行反对帝国主义、社会帝国主义的斗争，同样作出了不可磨灭的卓越的贡献，赢得了世界人民的尊敬。

周恩来同志的一生，是为共产主义事业光辉战斗的一生，是坚持继续革命的一生。他是我们全党全军全国人民学习的榜样。

邓小平那严肃的表情、沉痛的声调，感染了会场内外的广大人民群众。叶剑英肃穆伫立在那里，和广大听众一样，止不住泪如雨下。他多么希望从此邓小平能接替总理，领导大家干下去啊！

然而，善良的愿望，常常受到恶意的挑衅。人民群众越是爱戴邓小平，"四人帮"越是怕得要命，下死劲地要把他拉下来。

英国作家迪克·威尔逊对当时的形势，有一个估计。他写道："邓小平的悼词具有重要意义，因为这次是他以后几年里最后一次重要的公开露面……'四人帮'的宣传机器立即急忙开动起来。它宣称，四个现代化的后面有一整套修正主义的计划。"

就是这样，"四人帮"按照他们的预谋，在粗暴干预人民群众悼念周恩来总理的活动同时，变本加厉地诬陷迫害邓小平。一天也不能让他再接替周恩来主持中央日常工作，左右政局了。他们在打击邓小平的时候，一刻也没有忘记仍在主持军委日常工作、掌握兵权的叶剑英。这两个人是在周恩来逝世后阻挡他们篡党夺权的最大障碍，被他们当作"眼中钉""肉中刺"，必欲除之而后快。

在"四人帮"的指使下，上海、辽宁等地召开各种会议，煽动反击"右倾翻案妖风"。与此同时，中央积极筹备召开所谓"批邓打招呼会"。王洪文私自准备在会上作"反击右倾翻案风"的长篇报告，吹风说："邓小平是还乡团长，华国锋、叶剑英、李先念等人是还乡团的分队长……"姚文元在亲自审发的新华社内参稿件中公然点名攻击叶剑英。"四人帮"还继续在他们的爪牙中间，树立"帮"的观念，取消党的观念，只承认"帮"中央，不承认党中央。他们篡改党的理论基础，加紧拼凑他们的"思想体系"。

上海市委紧锣密鼓，又是开会，又是找人座谈，又是出《情况汇报》，制造舆论，要求张春桥当总理。王洪文也不示弱，在另一期《情况汇报》上则反映上海人民的"心声"："张春桥当总理我们一百个放心，王洪文当总理我们更放心。"他一下子变得忙碌起来，收起钓鱼竿和猎枪，谢绝跳舞和游乐，专心致志地准备自己的"施政纲领"。他让秘书和"秀才班子"给他准备讲话稿，从1月23日到2月3日先后印了三次修改稿，以便有朝一日在《人民日报》上登几个整版！

当时，叶剑英和许多人都希望毛泽东能够出面制止"四人帮"的种种行径。然而，从周恩来逝世到追悼会结束，始终没有听到这位巨人的声音，没有看到他的身影。难道没有人向他报告吗？这的确是个谜。若干年后，毛泽东身边的工作人员揭开了这个"谜"：那时两位老战友都处于严重的病痛中。1975年10月下旬，周恩来再次接受手术，病况日重。与此同时，毛泽东也病魔缠身，双目失明，又刚做完"老年性白内障"手术，全身乏力，呼吸困难，讲话只能从喉咙内发出一些含糊不清的字句，行动更加困难，两条腿不能走路，只能靠人搀扶着挪动几步，就得赶快躺下休息。两位老人都长期卧在病榻上，也都知道彼此的病情，心有所想，却无力相见了。周恩来逝世后的当天上午10时，中央办公厅工作人员向毛泽东报告这一噩耗，几乎一夜未睡的毛泽东听后许久一言未发，只是点点头表示知道了。对于周恩来的逝世，他早已料到，长期的伤感，使他眼泪枯竭，无法表露自己内心的痛苦和悲伤。中央考虑到毛泽东病重，便未安排他参加有关周恩来逝世后的一切活动。后来，毛泽东一字一句地看完中央有关周恩来丧事的报告，竟泣不成声。张玉凤问他，去参加总理的追悼会吗？毛泽东用手拍拍略微跷起的腿，痛苦而又吃力地说："我也起不来了。"接着又说："那几个（指董必武等）的追悼会，我也没能去。"随后，他在送审报告上端端正正画了一个圆圈。周恩来逝世后，毛泽东非常沉痛，情绪十分不好，烦躁，不愿讲话，时而哭，时而要赶人，借助刚刚治好的一只眼睛，不停地阅读，似乎要从书本和文件上摆脱内心的痛苦……

持正相倚

乌云密布，狂风大作。

正当中国高层的政治局风云骤变的严峻时刻，在北京地安门东大街的一个院子里，有两位年过七旬的老人默默地对坐在沙发上。

此刻，他们显然还沉浸在极度悲痛之中，周恩来的逝世，给他们心灵上造成了巨大的创伤。他们有一种无可弥补的失落感，好像一下子失去了主心骨，内心里感到空荡荡的。

他们时而交谈几句，时而立起身来，走出门外，边走边谈。这个宽敞的四合院，同样显得空落落的。灰色的围墙，绿色的大门，挡住了他们的视线。外面的街道名曰"宽街"，实际并不宽，在它通往地安门的马路上，时时传来嘈杂的声音，更使他们心烦意乱。

沉默，沉默，长时间的沉默。

"你对当前的形势怎么看？"两个人几乎同一时间提出了同一问题。

他们都预感到一场更大的政治风暴就要来临，也都在思考着这场风暴的结局和应急之策。

这两位老人不是别人，正是邓小平和叶剑英。在中国漫长的革命岁月中经过生死考验建立起深度信任感的两位老战友。对邓小平来说，在周恩来逝世、"四人帮"加紧篡党夺权的危难时刻，更需要倚重这位对党忠诚、才智过人的老帅。叶剑英呢，虽然比邓年长七岁，但他深知邓小平的为人和才干，非常尊重这位几起几落的战友。

无论邓小平在位期间，还是被打倒时，叶剑英始终没有减弱对他的敬重感和信任感。他们共同战斗，互相支持，配合默契。即使在"文革"中邓小平短暂的"复出"期间也是如此。

1973年3月，邓小平被解除"流放"，从江西回到北京。叶剑英主动去看望他，嘘寒问暖，并亲自给他安排医生、护士和司机，解决生活上的困难，为他创造良好的工作条件。然后去毛泽东那里，建议说："小平同志回来了，我提一个要求，让他来参加和主持军委工作。"毛泽东又找周恩来商议，决定恢复邓小平的国务院副总理职务，并参加军委工作。

这一年12月12日，毛泽东亲自主持召开中央政治局会议，他在会上提出了大军区司令员相互对调的建议。他说："我和剑英同志请邓小平同志参加军委，当委员。是不是当政治局委员，以后开二中全会报告追认。"接着他提议讨论一个军事问题，即全国各个大军区司令员互相调动，并指着叶剑英说："你是赞成的，我赞成你的意见。我代表你讲话。"毛泽东还说，他找了周恩来，周恩来也赞成。最后，毛泽东向叶剑英说："你把大军区司令员、政治委员都找来吧，参加议军。"

12月15日，毛泽东又一次同政治局有关同志和几个大军区负责人谈话，他介绍邓小平说："我们现在请了一位总参谋长。他呢，有些人怕他，但是办事比较果断。他一生大概也是三七开。你们的老上司，我请回来了，政治局请回来了，不是我一个人请回来的……"他还送给邓小平两句话，"柔中寓刚，绵里藏针"，外面和气一点，内部是钢铁公司。

毛泽东的话音刚落，在座的老同志都为请回邓小平这位总参谋长欢欣鼓舞。

叶剑英听了更是十分高兴。他深深知道，"得贤则昌，失贤则亡。"在张春桥等人觊觎总参谋长要职已久，迫不及待的关键时刻，这个任命的意义有多么重大！他到邓小平住处，同他商议军机大事，研究加强军队革命化、现代化建设的措施，并组织总部领导和机关人员向他汇报军委工作和部队的情况。

12月22日，中央军委发布命令，令北京与沈阳、南京与广州、济南与武汉、福州与兰州军区司令员相互对调。在21日召集这些军区司令员开会宣布中央和军委的决定时，毛泽东主席作了重要讲话，他指着邓小平介绍说："邓小平现在是中央政治局委员、军委委员了。他呢，我喜欢他，有些人有点怕他。打起仗来呢，此人还是一个好人啊！"并亲自指挥司令员们唱《三大纪律八项注意》。叶剑英也在会上讲了话，说明工作调动的重要性和必要性，要求大家认真贯彻党中央、中央军委和毛泽东的指示，在规定的时间内到职上任。各军区司令员们坚决执行命令，很快都按军委的要求奔赴新的工作岗位。

邓小平的复出并担任要职，对"四人帮"来说是个晴天霹雳，他们又怕又恨，阴谋再次打倒他。

1974年1月，南越当局突然向我西沙群岛发起进攻。当时，担任军委副主席、主持军委日常工作的叶剑英，受命于毛泽东、周恩来，同邓小平一起负责组织指挥西沙自卫反击战。这时邓小平虽然尚未正式任命军委总参谋长职务，但叶剑英对他非常尊重。在紧张的几天几夜作战过程中，他和邓小平亲自守候在军委总参谋部作战值班室里，一起听取参谋人员的汇报，审阅和批复前线发来的请示报告，周密分析研究敌情，根据战局的发展变化，及时下达作战命令，并随时向毛主席、周总理汇报。每当参谋人员汇报前线战况或传达毛、周的指示时，叶剑英怕邓小平听不清，便凑到他的耳边讲给他听；每当下达作战命令时，叶剑英都事先听取邓小平的意见，然后签署。在指挥这场重大的自卫反击作战中，邓小平全力支持叶剑英。叶剑英一边指挥作战，一边抵御"四人帮"射来的"批林批孔"冷箭。他们排除王洪文、张春桥、江青等人的干扰，共商对策，共同指挥，迅速击退了南越入侵军队，全部收复了敌占岛屿，取得了重大胜利。

叶剑英和邓小平一方面领导军队建设、指挥作战，巩固国防，另一方面坚持同"四人帮"进行各种形式的斗争。1974年7月，在一次中央政治局会议上，毛泽东批评江青不要开两个工厂，一个是钢铁工厂，一个是帽子工厂。江青当着众人的面，表示"不开"了，她故意把矛头引向邓小平，说："钢铁工厂送给小平同志吧！"众人没有搭理她。毛泽东继续批评江青等人说："她算上海帮呢！你们要注意呢，不要搞成四人小宗派呢！……"并当众宣布："她（指江青）并不代表我，她代表她自己。"叶剑英听了，觉得毛泽东对"上海帮"批得非常痛快。散会以后，他一再问邓小平听清楚了没有。一路上继续交谈对"上海帮"的看法。回到小翔凤，兴奋得一夜睡不着觉。第二天，不住地哼着《伏尔加船夫曲》：

哎哟嗬，哎哟嗬，齐心合力把纤拉！

哎哟嗬，哎哟嗬，拉完一把又一把！

穿过茂密的白桦林，踏开世界的不平路！

哎嗒嗒哎嗒，哎嗒嗒哎嗒，

穿过茂密的白桦林，

踏开世界的不平路！

……

1974年10月4日，毛泽东提议邓小平担任国务院第一副总理，实际上是要他在周恩来生病期间，由他来主持中央工作。这使"四人帮"更为不满，于是加紧攻击，要把他赶下台。经过密议，他们有计划有准备地在中央政治局对邓小平进行多次挑衅和攻击。最突出的是，无端制造所谓"风庆轮"事件，攻击国务院和交通部"崇洋媚外""搞卖国主义"。在政治局会议上，江青等人以此为题，向邓小平发动突然袭击和围攻，逼他表态。邓小平义正词严，据理驳斥。江青、张春桥、王洪文等竟然辱骂他"又跳出来了"。邓小平愤然离开会场。在这场风波中，叶剑英完全站在邓小平一边。邓小平实事求是的态度、坚强的党性原则使叶剑英敬佩不已。

"钢铁公司"对"钢铁公司"

1974 年 11 月，在"四人帮"阴谋"组阁"失败之后，邓小平到长沙去看望在那里养病的毛泽东，汇报前一段时期的工作。他还没有谈到"四人帮"，毛泽东倒先点破了，主动提及 10 月 17 日政治局会议上的"风波"，对邓小平公开抵制江青一事颇为欣赏，说：

"你开了一个钢铁公司！"

邓小平坦率地说："我实在忍不住了，他们在政治局搞了七八次了。"

毛泽东说："我赞成你！他们强加于人，我也是不高兴的。"

"我主要是感觉政治局的生活不正常。最后我到江青同志那里去谈了一下。"邓小平风趣地说，"我这是钢铁公司对钢铁公司！"

毛泽东连声说："这个好。"

这次谈话结束时，邓小平表示，一定挑起重担，把工作做好。

叶剑英得知这次谈话内容后，欣喜异常，他相信中国的事情会有转机，对前途充满了信心。

1975 年 1 月 5 日，邓小平被正式任命为中共中央军委副主席兼中国人民解放军总参谋长，在党的十届二中全会上又被选为中共中央副主席、中央政治局常委。四届人大批准了周恩来所作的政府工作报告，选出了以朱德为委员长的全国人大常委会组成人员，任命周恩来为总理、邓小平等为副总理的国务院组成人员。会后，周恩来病重住院，在毛泽东的支持下，邓小平代总理主持中央的党政日常工作。叶剑英被任命为国防部长，继续主持中央军委日常工作。

邓小平受命于危难之时，根据毛泽东、周恩来的指示，在叶剑英等许多同志的支持和协助下，以非凡的革命胆略和雷厉风行的作风，坚决果断，克服巨大阻力，着手全面整顿，纠正"文化大革命"的错误。

最使叶剑英敬佩的是邓小平敢于"捅马蜂窝"。4月间，他就江青、张春桥、姚文元蓄意制造的以打击老干部为目的的所谓"反经验主义"问题，采取向毛泽东请教的方式提出自己的看法。毛泽东同意邓小平的观点，认为"反经验主义"干扰了他倡导的学习理论运动，多次批评江青等人。故而，邓小平继4月27日中央政治局开会批评江青等人"反经验主义"之后，又于5月27日和6月3日主持政治局会议，集中解决"四人帮"的问题。

5月27日，在人民大会堂东大厅举行的会议上，邓小平针对江青等人搞所谓"第十一次路线斗争""批林批孔又批走后门"和"反经验主义"三件事，提出质问和批评。他说，主席提出三个问题，钻出三件事。倒是要问一问，为什么？……你们批周总理、批叶帅，无限上纲，提到对马列的背叛，当面点了那么多人的名。来势相当猛。别的事不那么雷厉风行，这件事就那么雷厉风行！……

江青玩弄故技，反唇相讥，污蔑这是搞"围攻"和"突然袭击"。邓小平毫不退让，拍着桌子，据理力争。

邓小平反复申明，这次会议是根据毛泽东的批示和讲话精神召开的。要安定团结，要"三要三不要"（即"要搞马列主义"，不要搞修正主义；要团结，不要分裂；要光明正大，不要搞阴谋诡计。"），首先政治局的同志要做到。主席多次批评宗派主义、搞"四人帮"。他问我们讨论得怎么样，有没有结果？要我们好好讨论。邓小平针对"四人帮"攻击"4月27日会上的讲话过了头"，是"突然袭击、围攻"等，激动地说："我看，连百分之四十也没有讲到。有没有百分之二十，也难讲。谈不上突然袭击，过头了……"

6月3日继续开会，一开始就冷场。长时间的沉默。叶剑英打破僵局，作了长篇发言。

他说，政治局讨论主席的批示和指示，是非常正确的，"三要三不要"。接着他谈了三点体会：

第一点，要学马列。他说，3月1日出现"反经验主义"。全国报纸跟着来了，用"反经"代替"反修"。主席提出批评，不要只提一个（经验主义），放过另一个（教条主义）。我党真懂马列的不多，有些人自以为懂了，其实不大懂，自以为是，动不动就训人，这也是不懂马列的一种表现。主席批评得很尖锐。这个问题很重要，马列弄通可是难。一定要学习。非常必要。不学好就没有武器。今后中央要带头学。

第二点，要团结，不要分裂。他严厉批评，借口所谓"对付林彪"搞小宗派，而大搞"四人帮"。他说，团结的方法：一手是批评，一手是团结。过去一个时期不正常。如果保持非法的小组织存在，搞"四人帮"，就有害团结，分裂党。

第三点，要请示报告，严守纪律。他指名道姓地说，几乎重大的问题都不请示。主席、小平同志的批评是完全对的。你们搞所谓"十一次路线斗争"，事先未请示；"批走后门"，也是事先未请示；"批经验主义"，又是不请示，要主席来纠正。要正确对待个人和组织的关系问题，严守纪律。以后凡是重大问题，都要提交政治局讨论。过去的错误，要引起严重注意。为什么不请示？使主席有感觉？事先不请示，事后来纠正。不要干扰主席，这是最大的干扰。他最后激动地说："什么是背叛马列主义？搞得村村点火，处处冒烟！"

在叶剑英发言之后，王洪文被迫假惺惺地检讨说，一年多来，总理生病，我主持工作，政治局发生的问题，主要由我来负责。他还摆出貌似公允的姿态，谈到1974年11月，江青、张春桥等与邓小平发生争论时，只听江、张意见，没听小平的意见，有片面性。表面上接受批评，但对会上提出的"形势一塌糊涂"和"十一次路线斗争"仍有保留，说："决不能因为批评江青，而否定十一月会议，会议大方向没有错。"这实际上是继续对抗批评。不过，经过这次会议，王洪文主持中央日常工作的空名也由此结束了。

最后，江青在强大的批评压力下，摆出"弱者"的姿态，承认自己在

4 月 27 日的会议上，"自我批评不够，又有新的不恰当的地方"。"还要加深认识。"她强调客观说："上次会，有体温。我得消化一下。还得看一点东西。再作进一步检讨。"可是，事后她到处造谣说，邓小平开会斗了她几个月。

这次会议之后，毛泽东听说批了江青，对人说，好呀！这个会开得好呀！就是要斗她一斗，她是从来不接受批评的。

不久，邓小平向毛泽东汇报政治局开会批评"四人帮"的情况。

毛泽东点点头说："我看有成绩。把问题摆开了。"

邓小平说："最后他们否认有'四人帮'。"

毛泽东说："他们过去有功劳，现在就不行了，反总理、反邓小平、反叶帅……在政治局，风向快要转了。"他鼓励邓小平说，"没有大问题。你要把工作干起来。"

邓小平坚定地表态："这方面我还有决心就是了。反对的人总有，一定会有。"

毛泽东笑笑说："那好，木秀于林，风必摧之。"

邓小平感到担子很重，说："工作开始时，主席给我这个工作岗位，我说主席是把我放在刀尖上了"。

毛泽东再次说："这是叶帅提议的，我赞成的。"

这就是邓小平复出以后，在毛泽东支持下，主持政治局批评"四人帮"的大致情形，这也是"文化大革命"以来，中央政治局第一次与"四人帮"交锋，敢于在"太岁"头上动土。江青、王洪文等慑于毛泽东和政治局的压力，被迫采取"以守为攻"的策略，交出书面"检讨"。毛泽东虽然没有最后下决心解决"四人帮"问题，但仍然肯定了会议的成绩。

邓小平全面主持工作后，大刀阔斧地对国民经济和文化教育、文学艺术、科学技术等各条战线进行全面整顿，并狠抓落实政策，解放了一大批革命领导干部。停滞下降的经济得到迅速回升。全国打破了万马齐喑、严重混乱的局面，开始复苏回升，出现了热气腾腾的新气象。叶剑英全力支持邓小平，并同他一起对军队进行切实的整顿。

6月24日至7月15日，叶剑英和邓小平主持召开了中央军委扩大会议。会议开了22天，中心议题是整顿军队的思想作风和解决组织问题。叶剑英、邓小平先后在会上作了重要讲话。他们从国际国内形势出发，深刻阐明了整军备战的重大意义，提出了军队要整顿的任务和要求。

邓小平强调军队抓编制、抓装备、抓战略，加强组织性、纪律性，加强军政团结、军民团结，切中时弊地指出，军队建设中要克服"肿、散、骄、奢、惰"，军队领导班子中要解决"软、懒、散"的问题。自上而下调整好领导班子。他语重心长地说："现在确实有些值得注意的现象，我们担忧啊！"

叶剑英在发言中说："军队要高度集中统一，决不允许资产阶级派性存在。要使广大干部战士认识资产阶级派性的反动性和危害性，警惕阶级敌人浑水摸鱼，乘机进行反革命破坏。"他在发言中非常气愤地揭露江青等人插手军队、妄图搞乱军队的阴谋诡计，提醒大家注意，有人到处送书、送材料、写信，要抵制。以后不经军委的同意，任何人不得这样做。

会上，徐向前和聂荣臻元帅也都作了重要讲话，一致赞同邓、叶的意见。叶剑英还深入到小组听同志们发表意见，一个军区一个军区、一个军种一个军种分别找人谈话，打"预防针"，把毛泽东揭露批评"四人帮"的事透露给他们。他针对当时总部机关、军兵种和各大军区有些高级将领与"四人帮"关系密切，有些人对"四人帮"面目认识不清，若即若离的状况，打招呼说，有个别中央领导人不通过组织，自己发指示搞运动，这是不正常的。决不容许任何野心家插手军队，搞阴谋活动。他还十分关切地要求大家谨慎从事，少说话，不"授人以柄"。要注意形势，坚定立场，稳住部队，充分发挥骨干作用。这对到会同志是一副"清凉剂"，使大家心里有了底。

紧接着，经党中央、毛泽东主席批准，征求邓小平同意，以叶剑英、聂荣臻等组成六人领导小组（叶任组长），对各总部、各军兵种、各大军区、北京卫戍区、国防科委等二十几个单位的领导班子进行了调整。同时，对北京及附近战略要地的部队部署，也进行了调整。叶剑英根据邓小平的意见，非常强调要建立一个精干的、敢字当头的、强有力的领导班子，形成坚强的领导核心，要调整和改组那些"怕"字当头的"软班子"、干劲不足的"懒班子"。对那些搞资产阶级派性的，要限期改正；不改的，要坚决调离。采取上下结合的办法，一个一个地坚决调整了领导班子，这对于抵制"四人帮"插手军队，稳定全国局势以致后来粉碎"四人帮"，起到了重要的作用。

在这次会议之后，又召开了国防工业重点企业会议，进一步研究军工企业的整顿问题。邓小平、叶剑英、李先念到会讲话，再次强调建立"敢"字当头的领导班子，保证企业的正常生产秩序，警惕大大小小的野心家，使生产全面好转。

邓小平发起的在全国范围内各条战线的全面整顿，从思想上唤起了全国人民的觉醒，从组织上清理了一大批坏人。"四人帮"对此怀恨在心，特别是在周恩来逝世之后，邓小平、叶剑英等失去了一个强有力的后盾，"四人帮"认为时机已到，千方百计要把邓小平、叶剑英拉下马。

邓小平和叶剑英两人都清楚地意识到这一点。他们并不怕"四人帮"，但最令人担心的是年老多病的毛泽东被蒙蔽。虽然毛泽东曾严厉批评过"四人帮"，并要"解决"，但只把他们看作是党内的"小宗派"，认为"问题不大"，没有最后下定决心彻底解决，消除后患。这是问题的一方面，还有另一方面，更为严重的是，毛泽东为维护他亲自发动的"文化大革命"的"正确""合理"，因而不能容忍纠正这方面的错误。

政治厄运比他们预料的还要糟，而且提前到来了。

从1975年下半年起，"四人帮"就酝酿继"反经验主义"之后，利用"评《水浒》"来攻击周恩来和邓小平。8月，姚文元抓住毛泽东同北大中文系教师芦荻谈论《水浒》一事大作文章，给毛泽东写信提议，"充分发挥这部（反面教材）的作用"。于是经过毛泽东批准，在全国范围内又开展了轰轰烈烈的"评《水浒》"的运动。其主题就是批判"架空晁盖"（暗喻毛泽东），批否定"文化大革命"的"投降派"。甚至用身材黑矮的"孝义黑三郎"（宋江）的漫画来影射邓小平。江青一改受到政治局批评后"意志消沉"的姿态，立即反扑。她来到大寨，召集一百余人谈话，借评《水浒》为自己挨批搞反攻倒算，说："最近，有那么一些人，把主席批评我的一封信，江某人向政治局传达的，政治局没有讨论，给传出去了。""我这个人天天挨骂，修正主义骂我，共产党员还怕被骂吗？"江青竟要求在全国农业学大寨的大会上放她的讲话录音，印发她的讲话稿。后来，这件事反映到中央，毛泽东严厉批道："放屁，文不对题。""稿子不要发，录音不要放，讲话不要印。"

"联络员"进中南海

"四人帮"看到自己在毛泽东那里连连挨批，日渐"失宠"，又利用毛泽东的侄子毛远新"告御状"，向毛泽东"吹阴风"。

毛远新何许人也？他是毛泽东大弟弟毛泽民和朱旦华于1941年2月生下的儿子，一个三十出头的年轻人。1943年毛泽民在新疆牺牲后，朱旦华带着年幼的儿子来到延安。她改嫁时，把毛远新托付给毛泽东。毛泽东把他当作自己的孩子一样看待。新中国成立后在中南海常带他游泳，教他读书，耐心教导他，激励他上进。中学毕业后，毛远新考上了哈尔滨军事工程学院。"文化大革命"之初，红卫兵们印发了1964年夏《毛主席和侄子毛远新的谈话》，他的大名才借助毛泽东的威望，飞扬四海。

从哈尔滨军事工程学院毕业后，毛远新成了响当当的造反派，先是辽宁省宣传部门的负责人，后来登上了沈阳军区副政委和辽宁省"革命委员会"副主任的高位。他起初像崇拜神一样崇拜伯父毛泽东，同时，也像尊重生母那样尊敬江青,他称江青为"妈妈",江青则叫他的乳名"小豆子"。

1973年,毛新远帮助江青发动了学校中的"反回潮"运动,把反潮流"英雄"张铁生一类的新造反派推荐给江青,这使江青大为赞赏。他坐镇辽宁,同时遥控吉林和黑龙江两省。有人封他是"东北的太上皇"。江青自从与毛泽东分居后,一直担心无法接近和操纵病中的毛泽东,为了填补这个"空白",她相中了毛远新。也为了隔离丈夫前妻所生子女接近毛泽东,当然更为了瞒上欺下、操纵局势的政治需要,她精心策划,于1975年9月把毛远新送到毛泽东病榻前。

毛远新住进毛泽东原住处丰泽园的一个院落。不久,便充当了一名特殊的"联络员"。当时82岁的毛泽东病情日重,老态龙钟,别说巡视大江南北,到天安门城楼"挥手",就连说话吐字、饮食走路都日益困难,出席会议、接见客人也越来越少,确实需要一个联络员。于是毛远新成了最佳人选。但是,"联络员"这个称号并不是毛泽东封的,毛泽东也未表示过不再接见政治局委员和其他中央领导同志。毛远新进入中南海之后,在毛泽东的卧室另装了一部电话,归"联络员"专用,一头连接毛泽东,一头连接政治局。凡事都由他来上下传达了。这位联络员以毛泽东主席的名义列席政治局会议,每次发言都成为会议的中心调子,每次传达毛泽东指示之后,他都有自己的解释,这又超出了"联络员"的职责范围。尽管毛泽东曾批评他,不准他和江青来往,但他和"妈妈"始终保持着密切的联系。

对于这个"联络员"进中南海并在毛泽东身边工作,当时许多政治局委员不以为意。这种党内生活的不正常状况是从来没有过的。叶剑英虽然反感,但却无力制止。正如他后来所说,毛主席病重以后,除了"四人帮"之外,又来了一个"联络员",政治局的情况由他上传,毛主席的指示由他下达。当时政治局的同志为照顾大局,为了毛主席的健康,对这种不正常的情况一直采取克制的态度。

"最新指示"

1975 年 11 月。北京已进入冬季，冻手冻脚。中南海游泳池旁的毛泽东卧室内，已经生起暖气，但是年迈多病的室主人仍然感到身体不适，不能出外活动。

11 月 2 日上午 10 时，毛泽东醒来，听到室外风声阵阵，轻轻移动身子，干咳数声。

在这里服侍他的有秘书和医护、服务人员，但亲人之中除毛远新外，再没有别人。儿子、女儿、儿媳和孙儿都在很远的地方，只有经过"批准"，才能来探视。那个久已分居的夫人，早已在钓鱼台，即使回中南海，也有她单独的住处，而且也是不经"批准"，不为要钱和找别扭，绝不前来的。

"外面很冷吗？……又是狂风大作？……"

声音很小、很慢，且含混不清。毛远新听惯了，也听懂了，但他不想在自然气候上谈论太多，而是想遵照江青"妈妈"早已吩咐过数次的话题，谈谈政治气候。

"主席，今天外面的风不大，但令人感到有另外一股风。"

"什么风啊？"

毛泽东虽然听力下降，但头脑依然清醒、敏锐。

"这股风，我在省里工作时就感觉到了，主要是否定'文化大革命'。"

毛泽东一听是"文化大革命"，立刻警觉起来。这是他一生中所做的两件大事的最后一件，而且是他晚年的"得意之作"。虽然他已觉察有些问题，但毕竟功大于过，不失为惊天动地"史无前例"的"反修防修"的成功之举。即使有错，也要由他自己来承认，不许别人指责，更不许别人纠正！他挪动了一下身躯，半卧半坐，让毛远新细说下去，认真倾听起来。

"联络员"难得有这样的机会，于是将准备已久的"状纸"，逐条地和盘托出：

"第一，对'文化大革命'怎样看？主流、支流，十个指头，三七开还是倒三七，肯定还是否定？

"第二，对批林批孔运动怎么看，主流、支流，似乎迟群、小谢讲了走后门的错话干扰，就不讲批林批孔的成绩了。口头上也说两句，但阴暗面讲了一大堆。

"第三，对刘少奇、林彪的路线还需不需要继续批？刘少奇的路线似乎也不大提了。

"工业现代化主要强调加强企业管理、规章制度，但工交战线主要矛盾是什么？

"农业、财贸战线也有类似问题，教育革命主流、成绩是什么？……文艺革命主流、支流……等等。总之，文化大革命中批判了刘少奇、林彪的路线，批判了十七年中各条战线的修正主义路线还应不应该坚持下去？"

毛泽东听到这里，已经感到问题严重，他还想了解风势的来头、规模有多大。

"这股风刮得厉害吗？"

"这股风似乎比 72 年批极左还凶些。"

毛泽东自然清楚 1972 年这股风指的是周恩来。他听说比那次还凶，就习惯地紧蹙眉头，双目贯注，让毛远新继续说下去。

"我很注意小平同志的讲话，""联络员"压低声音，神情紧张地说出了关键的话："我感到一个问题，他很少讲'文化大革命'的成绩，很少提刘少奇的修正主义路线。"

"主席讲的三项指示，其实只剩下一项指示，即生产上去了。……外面担心中央，怕出反复。"

毛泽东的心跳加速，脸发涨，开始喘粗气。

他不能容忍歪曲他的三项"最高指示"：要学习理论，弄通马列主义，反修、防修；要安定团结；要把国民经济搞上去。邓小平怎么可以只抓生产，而不抓其他，这是不要阶级斗争，实质还是否定"文化大革命"。这个问题，他早已有所察觉，不久前康生带病前来"告状"，就说邓小平"否定'文化大革命'"，是"右倾翻案"。此后他又接二连三地吹风，提供"情报"……别人讲，他还有些怀疑，而病入膏肓的"康老"前来"忠告"，则不得不考虑了。为此，毛泽东最近已找过邓小平谈了两次。邓小平有自己的想法，是个表里一致的人，是从不隐瞒自己观点的"钢铁公司"。毛泽东相信自己的侄儿谈的情况，有些是对的。不过，他对邓小平仍抱一线希望，希望他能回心转意，回到"正确路线"上来。为此，昨天晚上，又找他来谈了，不知态度有什么变化……

毛泽东想到这里，自言自语地说："有两种态度，一个呢，是对'文化大革命'不满意，另一个呢，是要算账，算'文化大革命'的账。究竟是哪一种呢？"他还要看一看。

毛泽东命令式地对毛远新说：

"你找邓小平、汪东兴、陈锡联谈一下，就说是我让你找他们。当面讲，不要吞吞吐吐，开门见山，把意见全讲出来！"谈完之后，他又考虑了一下，说："这样吧，你先找小平、锡联、东兴几个开个小会吧，把你的意见全讲出来，讲完了再来。"

"联络员"奉"最新指示"，立即办理。

不料，在当晚的会议上，邓小平仍然坚持自己的观点，并不认错。

"联络员"开过会后，向毛泽东作了汇报。

过了两天，11月4日晚，毛泽东又找毛远新去布置中央政治局开会。

毛泽东定了调子："对'文化大革命'，总的看法：基本正确，有所不足，现在要研究的是在有所不足方面，看法不见得一致……"

"联络员"领会了意图，核对式地请示："这次会议争取在对'文化大革命'这个问题上能初步统一认识，对团结有利。目的是通过讨论，团结起来，搞好工作。是这样吧？"

毛泽东点头："对。"然后特意嘱咐说："这个不要告诉江青，什么也不讲。"

"联络员"却火速将毛泽东的"最新指示"透露给江青等人。"四人帮"就好像掉在深潭里的人抓住了稻草，庆幸自己从政治危机中再一次得救。于是，在钓鱼台连夜开会，商议怎样在邓小平身上再"踏上一只脚"，让他彻底垮台，"永世不得翻身"！

中央政治局根据"联络员"传达毛泽东的指示，召开紧急会议，对邓小平进行错误的批评。

"四人帮"自然成了批邓的急先锋。

按照毛泽东的本意，仍然希望在"文化大革命"问题上能够统一认识，来个"三七开"（七分成绩，三分错误）。毛泽东提出由邓小平主持做一个决议，肯定"文化大革命"的成绩。邓小平在原则问题上是不肯让步的。他说，我是桃花源中人，"不知有汉，无论魏晋"，表示由他来写这个决议是不适宜的，婉言拒绝了。

中央政治局停止了邓小平的工作。

几乎就在同一时间，由清华大学开始转向全国，掀起了一场更大的政治风波。11月初，在江青一伙的推动和操纵下，清华大学党委召开常委扩大会议，传达毛泽东对刘冰等四人信件的批示。那份批件上用铅笔写着："清华大学刘冰等人来信告迟群和小谢。我看信的动机不纯，想打倒迟群和小谢。他们信中的矛头是对着我的。"以后毛泽东又批评："我在北京，写信为什么不直接给我，还要小平转。小平偏袒刘冰。清华所涉及的问题不是孤立的，是当前两条路线斗争的反映。"

"四人帮"抓住"鸡毛当令箭"，以传达这个批示为起点，开始了所谓"反击右倾翻案风"和所谓"教育革命大辩论"。

北京市委负责人亲自坐镇指挥，分管教育工作的副总理张春桥责令周荣鑫作检查。清华先召开了有1300多人参加的党委扩大会议和全校大会，批判周荣鑫和刘冰等，把矛头对准邓小平。公开提出："邓小平是刘冰的总后台，刘冰是邓小平在清华的代理人。"霎时间，"反击右倾翻案风"的大字报铺天盖地，美丽的清华园顿时成了"批邓"的战场。"四人帮"迅速组织干部和群众去参观。

1975 年 11 月下旬，中央政治局根据毛泽东的指示，在北京召开了有130 多名党政军机关负责的老同志参加的"打招呼"会议，宣读了由毛远新整理、毛泽东批准的《打招呼的讲话要点》。"讲话要点"传达了毛泽东关于刘冰信件的上述讲话，并且提出："这是一股右倾翻案风。"说："有些人总是对'文化大革命'不满意，总是要算'文化大革命'的账，总是要翻案。"紧接着，11 月 26 日，中共中央向各省市自治区党委第一书记、各大军区党委第一书记、中央和国家机关各部党委的负责人、军委各总部和各军兵种党委第一书记，发出《关于转发〈打招呼的讲话要点〉的通知》，通报了"打招呼"会议情况，转发了《打招呼的讲话要点》，要求在党委常委中传达讨论。

于是"打招呼"成了最流行的政治术语。全国上下都在"打招呼"，人人都忙于"打招呼"，"听招呼"。

"打招呼"成了"批邓"的代名词，在全国吹响了"批邓"的号角。

周恩来逝世以后，"四人帮"肆无忌惮地掀起了更大的"批邓"风暴。在周恩来治丧期间，一天也没有停止"反击右倾翻案风"，而且步步加紧。

邓小平和叶剑英二人眼看急剧恶化的形势，感到太突然了，简直不可理解。叶剑英望着邓小平，气愤地说："这伙人欺人太甚，步步进逼，他们趁总理去世，主席有病，越闹越厉害，下一步还不知道搞出什么鬼名堂，我们要赶快采取对策！"

"没有什么好怕的！我早就作了思想准备，无非是第二次被打倒，最坏是罗迈下场！遗憾的是还有好多事没有做完，经济没有根本好转，许多老同志还没有解放。"邓小平说。

"现在最大的问题是主席听不得我们的意见，江青几个人唆使毛远新在他那里告阴状。"

"是的。也不完全是。去年底，我几次到主席那里单独谈，有一天晚间，我还特意问主席，这一段工作的方针政策怎么样？他还作了肯定。后来主席让毛远新找我谈，说我翻'文化大革命'的案，我提出自己的看法，再三解释也没有用！"

这些话，如果出自别人之口，叶剑英也许不相信。就在近两年，他还不止一次地听到毛泽东讲过邓小平"人才难得""政治思想强"，要他做军委副主席、第一副总理兼总参谋长。再说邓小平重新主持工作以来，事事都请示毛泽东同意才办，成绩卓著，深得人心，这是有目共睹的事，怎么会一下子来个180度大转弯呢？看来，根本问题是对"文化大革命"的评价。邓小平已经明确表态，在这个根本问题上没有调和的余地。叶剑英最担心的是若邓小平下来，"四人帮"就会趁机篡夺国务院的大权。

"怎么办呢？"叶剑英商量着问："要不要我们再去找主席呢？"

"已经找过了，没有用了。"邓小平已经作了思想准备，"我这个人的脾气你是知道的，决不会在原则问题上让步！"

"只要有一线希望，我们还是应该力争！"

"政治局实际上已经停止了我的工作，我估计，主席的决心已经下定，就要'换马'了。"

叶剑英心情变得沉重起来，如果真出现这种局面，怎么办呢？

"我估计，'换马'也不是简单的事，要换的话，无非两个前途：一个是下台，另一个是'一批二保'，至少还要继续留用一段，因为有些事情，主席不会全交给他们，他不会放心的。"

邓小平同意这种估计："我作了最坏的准备，但我相信，我们的事业会后继有人。我们的党是有希望的。"他停下来，沉思一会儿，严肃地说，"我不在位了，不要紧，只要你老帅在，还有其他老同志在，就不怕那几个跳梁小丑闹事！"

叶剑英听后，当即表示说："看形势的发展吧，我也可能保不住了。

但是无论如何，只要我们还有一口气，就要斗下去!"

邓小平看到老师如此坚强，由衷地高兴起来，又提醒说："不过，要讲究斗争方法，这是总理临终前的嘱咐。"

一号文件

事情果然不出所料，患病中的毛泽东也正在为国务院总理的人选大伤脑筋。他经过反复观察思考，既不满意于同他一起战斗多年、曾被他器重的邓小平，更不放心被他多次批评为有野心的"四人帮"。最后他出人意料地选中了另外一个人。

这个人就是华国锋。1976年1月21日，毛远新向毛泽东汇报，谈到华国锋、纪登奎等提出国务院请主席确定一个主要负责同志牵头，他们做具体工作。毛泽东回答说："就请华国锋带个头，他自认为是政治水平不高的人。小平专管外事。"从这以后，华国锋便开始主持国务院工作了。

2月2日，中央发出"一号文件"，通知全党：

经伟大领袖毛主席提议，中央政治局一致通过，由华国锋任国务院代总理。

对于当时这一决定的政治背景，一位外国传记作家写道：

妄图操纵患病的毛泽东的"四人帮"，当然不是想为华国锋这位人们不大熟悉的"外地"政治家掌权铺平道路。但是，他们疯狂地反对邓小平无疑有利于华国锋的晋升。邓小平的坚定不移的务实精神使毛泽东感到不安，因此，从1975年秋起再次把矛头指向邓小平。但他清楚地了解其夫人以及上海的意识形态的支持者在幕后搞阴谋活动，并有政治野心。"四人帮"垮台后公布的语录证实了这一点。在这种情况下，华国锋的有利条件正是在于他不参加任何一派，而是长期无限忠于毛主席。这位作家列举了华国锋的身世和职务之后，特别提到：重要的是，他是务实派和激进派都能接受的人。因此，4月间，党的主席委托他负责审查邓小平案件。

外国人谈论中国现代政治总喜欢分成什么"务实派"和"激进派"，这是他们的观点和习惯，且不过多地去评论它，但把"四人帮"说成是"激进派"，显然是不适当的。

历史的辩证法，后浪推前浪，新人超旧人。但是这种"超越"常常有两种情况：一种是正常超越。新人德才兼备，年富力强，谦虚谨慎，是可靠的优秀接班人，使交班人感到放心，甚至自愧弗如。正像叶剑英在一首诗中说的："英雄一代千秋业，敢说前贤愧后生。"另一种情况恰恰与此相反。

关于华国锋，国内迄今为止还没有出版正式传记加以介绍。但是外国人却有不少文章和著作问世。如伦敦赫斯特出版社1980年出版的《华主席》、奥克森伯格与杨赛强著：《华国锋文化大革命前（1949—1966年）在湖南：一位政治通才的成长》，此外，还有香港出版的《华国锋传》，以及《华国锋同费利克斯·格林的会谈》，等等。这些著述或详或略、有褒有贬。

华国锋是冒着抗日战争的炮火走上革命道路的。当家乡山西交城县遭到日军铁蹄践踏，他扛起土枪上山打游击的时候，还是个不谙世事的17岁的热血青年。他第一次听到毛泽东、朱德、周恩来、邓小平、叶剑英等党的领导人和抗日将领的名字，充满了崇敬心情。做梦也没有想到，有一天自己也会进入中国共产党领袖人物的行列，和这些"大人物"平起平坐。这位中国共产党的"同龄人"直到1940年才入党。一个人的命运，很难由自己掌握，常常被偶然性的因素所摆布。中华人民共和国成立前夕，党中央命令山西抽调部分地方干部随军南下。当时担任交城县委书记兼任武装大队政委的华国锋第一个报了名，先到湖南湘阴县，后任湘潭县委书记。"华政委"便由此扬名。1954年，他升任中共湘潭地委书记。

1955 年 7 月，毛泽东作了轰动全国的《关于农业合作化问题》的报告之后，华国锋写了《克服右倾思想，积极迎接农业合作化运动高潮的到来》《在合作化运动中必须坚决依靠贫农》等三篇文章。这些带有浓厚家乡气息、读来颇为亲切的论文引起了毛泽东的注意。他路过湖南时，特意接见了作者华国锋。于是，湘潭成了湖南省的"标兵"，外电称华国锋为中国的"农业专家"。

不久，在中共七届六中全会扩大会议上，毛泽东特邀华国锋作为列席代表，在会上介绍湘潭地区合作化运动的经验。听华的发言，毛泽东很感兴趣，称他为"父母官"，夸奖他是个"老实人"。

1959 年盛夏，毛泽东离开北京，途经长沙，华国锋安排并陪同毛泽东前往湘潭的家乡之行。毛泽东写下了著名的怀乡诗："别梦依稀咒逝川，故园三十二年前。""喜看稻菽千重浪，遍地英雄下夕烟。"由于视察湘潭家乡比较满意，自然还有其他原因，毛泽东亲自提名他担任中共湖南省委书记处书记。此后，毛泽东每到湖南，华国锋总是热情相待，虚心求教，毛泽东常当人说，华国锋是个老实人。1963 年秋，华国锋到广东参观学习后，写了《关于参观广东农业生产情况的报告》，毛泽东读后很有感触，写了很长的一段批示，号召全党克服骄傲自满、故步自封、夜郎自大的错误思想。从此，确立了华国锋在湖南稳固的地位。

"文化大革命"期间，华国锋先后担任湖南省"革命委员会"副主任、中共湖南省委第一书记、广州部队政委、湖南军区第一政委等职。中共九大当选为中央委员。值得注意的是，由于毛泽东和斯诺的一次谈话提及华国锋，使得华国锋的名字第一次出现在美国报刊上。

华国锋语言不多，思想深沉，善于体察毛泽东的意图，时常有机会到北京向毛泽东汇报和请示工作。他那纯朴的忠于领袖的感情，踏实细致的工作作风和愠厚自谦的仪表，给毛留下了完全可以信赖的印象。因此，在"九一三事件"之后，毛泽东从上海调来王洪文的同时，也从长沙调了华国锋。党的十大后，王洪文成为党中央副主席，华国锋成为中央政治局委员。他那时已接替病逝的谢富治担任公安部长，不久任国务院副总理。直到最后，毛泽东几次提名任国务院代总理。

华国锋的任命，对"四人帮"是当头一棒。王洪文一气之下，把自己长时间准备的讲话提纲（第三稿），扔进了抽屉，后来成了他的"罪状"之一。自以为十拿九稳爬上总理"宝座"的张春桥也怨恨至极，写下了《二月三日有感》：

又是一个一号文件。

去年发了一个一号文件。

真是得志更猖狂。

来得快、来得凶，垮得也快。

错误路线总是行不通的。可以得意于一时，似乎天下就是他的了，要开始一个什么新时代了。他们总是过高地估计自己的力量。

人民是决定性的因素。

代表人民的利益，为大多数人谋利，在任何情况下，都站在人民群众一边。站在先进分子一边，就是胜利。反之必然失败。正是：

爆竹声中一岁除，春风送暖入屠苏。

千门万户曈曈日，总把新桃换旧符。

张春桥是个善用心计的人。他在"有感"中写的去年的"一号文件"指的是什么呢？那是："一九七五年中共中央一号文件"。正是这个文件正式任命邓小平为中央军委副主席兼中国人民解放军总参谋长。张春桥在这里"一箭双雕"：既对着华国锋，又挂上了邓小平。他要来一个总清算："总把新桃换旧符"，实现他"改朝换代"的政治野心。

就在这时，上海街头贴出了"坚决要求张春桥当总理"的大标语，与中央抗衡。张春桥做贼心虚，"这不是帮倒忙吗?"立即下令掩盖！还传出一个笑话，有人悄悄把"张春桥"三个字撕下来，贴到最前面，于是变成了"张春桥坚决要求当总理!"

"四人帮"在争夺总理位置的这盘棋上，暂时输了一个子，但在另外一盘棋上，他们又赢了两个子，一个是挡住了邓小平当总理的路，另一个是把叶剑英拉下马。

就在这个中央"一号文件"里，还有一项重要内容：

在叶剑英同志生病期间，由陈锡联同志主持中央军委的工作。

以中央文件形式向全党通报共和国元帅"生病"挂职，这是破天荒第一次，来得非常突然。其实，年老多病，是正常现象。根据当时医院的病情报告，叶副主席的健康情况总体尚好，只是随着年龄的增长，老年性疾病也不断发生和加重，故建议赴外地休养。对于这个突如其来的"生病"挂职的正式通知，叶剑英早有思想准备。他想到，毛泽东终于没有把大权交给"四人帮"，而是交给了华国锋，无论如何是一件好事，可以告慰周恩来在天之灵了。

借光"拿摩温"

对于叶剑英的被"挂职"，许多老同志纷纷打电话、写信给叶剑英办公室，问候病情。"叶帅害的什么病？""身体要不要紧？"办公室同志只好悄悄地如实相告。但是人们仍然半信半疑。不亲眼看一看，总觉得不放心。

一天晚间，空军副司令吴富善悄悄地乘车来了。

这位将军早在 1927 年时就同叶剑英相识。那时他是江西省吉安市青工学徒联合会副委员长兼武装自卫队队长。叶剑英是国民革命军新编第二师的师长，正驻守吉安。他们两个人都不是共产党员，但是思想都左倾，在中共地下党员的影响和促进下，在工人和军队中进行秘密的革命工作。因此，经常在一起见面，并参加秘密集会，讨论问题，从而结成了战斗友谊。特别是蒋介石发动"四一二"反革命政变后，他们在中共地下党组织领导下，分别组织青工学徒造反和军队的左派官兵暴动，以反对蒋介石的大屠杀，保护革命力量。后来，叶剑英因通电反蒋，在吉安站不住脚了。在他离开吉安前夕，第二师的左派军官和师部人员以给师座祝贺生日为名，在师部驻地的后花园，摆酒集会，秘密商讨并部署二师暴动。叶剑英走后，二师左派军官成立了临时革命委员会，于5月6日公开通电讨蒋。13日协同工农群众举行了武装暴动。吴富善率青工学徒，支持并参与了暴动，出席在市中山广场召开的军民联欢大会。没过几天，蒋介石派兵镇压，暴动失败。叶剑英被通缉，并被"永远开除"国民党党籍。吴富善离开吉安，参加中国工农红军，转战在中央苏区，参加长征，经过抗日战争、解放战争，任四十四军政治委员。新中国成立后，两位老战友在广州又会在一起来了。担任广州军区空军司令员的吴富善后来又调到北京，与叶剑英见面的机会就更多了。尤其在"文化大革命"期间，他非常关心老师的身体健康和安全，时常登门问候。今天为了探听生病是否属实，特地亲自登门。他一看叶剑英没有得病放了心，但更疑惑不解。

"为什么不让首长干了？"吴富善从当前形势联想到过去的艰难岁月，叹息地说：

"还记得，南昌起义失败后，你带着教导团南下，路过吉安的情形吗？"

"记得。"

"那时有多困难啊！吉安暴动失败，我们都转入地下，听说你叶师长又回来了，可高兴死了！"

"可那时，国民党军队多，我们受包围，只能偷偷地见你！"

两个人说到这里，回忆当年的情景，哈哈大笑起来。

"现在，我是偷偷来看首长的。"

"怎么是偷着呢？"

"当年你这个师长坐着八人抬的轿子，好威风！现在当了元帅倒不行了！"

"谁说的？他们不要我干，我偏干！谁也不能剥夺我工作的权利！"

吴富善高兴地站起来，敬个军礼："是啊！你还是当年的革命师长，还是我们最信赖的老帅，我永远听从你的指挥！"

在耿飚、黄华等人来过之后，王炳南也来看望老帅了。这位刚刚卸职的外交部副部长问候病情之后，与叶剑英谈起了国内外的动态，转而又论及唐诗。叶剑英顺口背诵起杜甫盛赞李白的诗《寄李十二白二十韵》，王炳南要求赐墨，叶剑英为之题书："笔落惊风雨，诗成泣鬼神"和《远望》诗。谷牧知道了，觉得这两句杜诗颇有风骨，时代感很强，也向叶剑英索要，叶剑英又为他题写一首。继谷牧之后，熊向晖也来看望老首长了。

熊向晖这位早年清华大学的学生，抗日战争时受共产党派遣参加统战工作，曾任国民党胡宗南侍从武官、机要秘书。新中国成立后，一直活跃在外交战线上，曾出任驻英国代办处常任代办、驻墨西哥大使、中共中央统战部副部长、中国人民外交学会副会长、人民解放军总参谋部某部副部长，主管国际形势的研究。多次陪同周恩来、陈毅出席国际性会议。"文化大革命"以来，他经常到叶剑英这里来，汇报请示工作。

1969年"九大"以后，叶剑英和其他几位老帅受毛泽东、周恩来的委托研究国际形势，向中央提出缓和中美关系，打开外交局面的建议。当时熊向晖等奉命提供资料参加讨论，整理文件，深得几位老帅的信任。1971年，美国总统国家安全事务助理亨利·基辛格博士秘密来华，随后美国总统尼克松访华。熊向晖以国务院总理助理的名义，协助周总理、叶剑英参加接待和会谈。我国在联合国的合法席位恢复后，熊向晖任中国出席联合国大会代表团正式代表。"九一三事件"后，叶剑英邀请乔冠华、章文晋和熊向晖到他家中谈话，叶告诉他们，林彪乘飞机叛逃，机毁人亡。在熊向晖出任驻墨西哥大使时，叶剑英特派人送行，并修书一封：

向晖同志、夫人：

闻将远行，特赠茅台酒五瓶，倘异国思乡，酌旨酒一杯，念曹诗两句：“何以解忧，惟有杜康。”当助你化离思为斗志也。

祝一路平安。

熊向晖夫妇一直珍藏着这封信和茅台酒。

熊向晖从心里喜欢接近叶剑英，经常去看望他，特别是“文化大革命”中间去得更多了。叶剑英遇到国际事务方面的问题也常找熊向晖来咨询。就这样，熊向晖成了叶家的常客之一。这一天，熊向晖接到“一号文件”，心里犯了狐疑：前几天我到那里，见他还好好的，怎么一下子生病了呢？怎么又让别人负责主持中央军委工作呢？他带着这些问号来到叶剑英家里。看到老首长身体依然那样健康，谈吐还是那样风趣，心里一块石头落了地。

叶剑英告诉这位“外交官”：“有人要逼我走，谁也休想赶我走！我还要写信给主席，报告我还能工作。”

他高兴地吩咐厨师用好酒招待客人，并让子女作陪，开怀畅饮，吟曹诗，讲三国，谈得十分投机。

饭后，叶剑英拉着熊向晖来到宽大的会议室。

“今天招待你，看京戏片。”

熊向晖以为是“样板戏”，银幕上却突然出现了谭富英的《空城计》。

奇怪！哪里来的这个呢？不是禁演了吗？

“这是从‘拿摩温’那里借来的！”

熊向晖知道，叶剑英说的“拿摩温”是毛泽东。这是上海话，来自英语“number one”（“第一号人物”），是叶剑英同他谈毛泽东时的“专用语”。

“你知道，‘拿摩温’是不看‘三点水’（叶剑英他们称江青为‘三点水’称张春桥为‘眼镜’）的样板戏的。他还是爱看旧戏，听侯宝林的相声。这是他要人从戏院录下来的，我也借光了！”

熊向晖听叶剑英这样一介绍，高兴地说：“我也借光了！”

"这个光可不是好借的！'三点水'为此事对'拿摩温'可是大大的不满呢！"

中央一号文件下发之后，去叶剑英家里"探病"者络绎不绝。邓家栋教授就是一位。这位中国著名的心肺科专家，北京医院副院长，同叶氏兄弟是同乡，从50年代起经常给叶剑英看病，并曾作为"保健医生"陪同他访问印度。邓教授精于医道，通晓英语，还谙熟古典诗词。在与叶剑英长期交往中，时时谈诗论文，情谊甚笃。不幸，"文化大革命"中在劫难逃，也被关"牛棚"，监督劳动。即使在那些多灾多难的日子里，他心里也常常挂念着老师，默祝他身体健康。1976年初，他听说叶剑英"生病"挂职，十分着急，自己又没有"资格"和机会去看望、护理他的病人，于是偷偷溜出来，到了叶剑英弟弟叶道英家里。

"老人家哪里不好？是不是老毛病又发了？"

叶道英毫不隐瞒地讲了实情："请你放心，我前几天还去看阿哥，谈笑风生，身体好着咧！"

邓教授放宽了心，突然想起同叶剑英一起背过的《长相思》，顺口吟道："天长地远魂飞苦，梦魂不到关山难。长相思，摧心肝……"叶道英听了，同他一起背下去，"此曲有意无人传，愿随春风寄燕然……"

两位挚友吟罢，相视而笑。

"莫愁！老兄，你的心曲早已有人传给老帅了，他还打听你的下落呢！"叶道英安慰说。

"我是小民一个，受点苦，无所谓，只要老帅健康就好，阿弥陀佛！"

横扫"走资派"

说来很有意思，叶剑英"生病"期间，在来看望的人中，也有别有用心的。张春桥打来电话，虚情假意地要来看看，叶剑英知道了，马上打电话回敬张春桥："我没有病，身体很好，不需要你来看。"说完啪地放下电话。不过，从此提高了警惕。叶剑英告诉身边工作人员说，以后再有人问病，要统一口径："中央文件都说生病了嘛!"

"四人帮"还在继续加紧迫害邓小平、叶剑英。

2月5日，中央通知，将《打招呼的讲话要点》扩大传达到党内外群众。

2月6日，军委常委开会，"四人帮"向毛主席、党中央报告：提出1975年7月，叶剑英、邓小平在"军委扩大会议上的两个讲话是有错误的。建议停止学习和贯彻执行。"并且要求："当前，回击右倾翻案风的斗争正在深入发展，全军要积极参加这场伟大的斗争。"同一天，《人民日报》发表题为《无产阶级文化大革命的继续深入——喜看清华大学教育革命大辩论破浪前进》的记者述评，诬蔑邓小平等老家伙"提现代化建设是假，复辟资本主义是真，卫星上天是幌子，红旗落地才是真"，给邓小平戴上了"至今不肯改悔的走资派"的帽子，是"右倾翻案风的风源"。各报刊相继效尤，调门越唱越高，邓小平成了"不肯改悔的最大的走资派"。

2月16日，中共中央下达"三号文件"，经毛主席批示同意批转中央军委2月6日关于停止学习贯彻执行1975年7月邓小平、叶剑英在军委扩大会议上的讲话的报告。

2月25日，在"四人帮"的鼓动下，经过毛泽东批准，党中央召开各省市、自治区和各大军区负责人会议。会议传达了《毛主席重要指示》，即由毛远新整理的毛泽东自1975年10月至1976年1月多次关于"批邓、反击右倾翻案风"的谈话。

3月3日，中共中央发出学习《毛主席重要指示》的通知，要求组织县团级以上干部认真学习，深刻领会，坚决贯彻执行。

毛泽东这篇语录式的涉及各个方面问题的18条重要指示，包括的内容很广，特摘录几段：

> 社会主义社会有没有阶级斗争？什么"'三项指示为纲'"，安定团结不是不要阶级斗争，阶级斗争是纲，其余都是目。斯大林在这个

问题上犯了大错误。列宁则不然，他说小生产每日每时都产生资本主义。列宁说建设没有资本家的资产阶级国家，为了保障资产阶级法权。我们自己就是建设了这样一个国家，跟旧社会差不多，分等级，有八级工资，按劳分配，等价交换。要拿钱买米、买煤、买油、买菜。八级工资，不管你人少人多。

一些同志，主要是老同志思想还停止在资产阶级民主革命阶段，对社会主义革命不理解、有抵触，甚至反对。对文化大革命两种态度，一是不满意，二是要算账，算文化大革命的账。

一百年后还要不要革命？一千年后要不要革命？总还是要革命的。总是一部分人觉得受压，小官、学生、工、农、兵，不喜欢大人物压他们，所以他们要革命呢。一万年以后矛盾就看不见了？怎么看不见呢，是看得见的。

对"文化大革命"，总的看法：基本正确，有所不足。现在要研究的是在有所不足方面。三七开，七分成绩，三分错误，看法不见得一致。"文化大革命"犯了两个错误，1. 打倒一切，2. 全面内战。打倒一切其中一部分打对了，如刘、林集团。一部分打错了，如许多老同志，这些人也有错误，批一下也可以。无战争经验已经十多年了，全面内战，抢了枪，大多数是发的，打一下，也是个锻炼。但是把人往死里打，不救护伤员，这不好。

不要轻视老同志，我是最老的，老同志还有点用处。对造反派要高抬贵手，不要动不动就"滚"。有时他们犯错误，我们老同志就不犯错误？照样犯。要注意老中青三结合。有些老同志七八年没管事了，许多事情都不知道，桃花源中人，不知有汉，何论魏晋。有的人受了点冲击，心里不高兴，有气，在情理之中，可以谅解。但不能把气发到大多数人身上，发到群众身上，站在对立面去指责。周荣鑫、刘冰他们得罪了多数，要翻案，大多数人不赞成，清华两万多人，他们孤立得很。

毛泽东的"重要指示"在一系列重大问题上混淆了是非。"阶级斗争是纲"、限制和批判"资产阶级法权"、对"文化大革命"的"三七开"等显然是不正确的。这些话集中反映了他不能容忍邓小平系统地纠正"文化大革命"的错误,这也是他容忍"四人帮"发动"批邓、反击右倾翻案风",否定以邓小平为代表的正确主张的根本原因所在。

对于这些"指示",叶剑英自然有自己的想法,尤其对邓小平的批评,他是想不通的。

在中央召开的2月26日传达《毛泽东重要指示》的会议上,许多同志对揭发批判邓小平也是想不通。但"四人帮"寸步不让,硬要"打通",解决所谓"转弯子"问题。他们恨不得一下子把邓小平"一棍子打死"。华国锋在这次会议上代表中央讲了话。

中共中央在3月3日向全党转发《毛主席重要指示》的同时转发了华国锋的讲话。

华国锋说:"会议期间还初步揭发、批判了邓小平同志的修正主义路线错误,都有了不同程度的提高,受了邓小平同志修正主义路线影响而犯了错误的同志,表示回去要转好弯子。从会议的进程来看,开得是好的。我们这个会是打招呼的会,不是解决具体问题的会。所以,可以早点结束,早点回去,把反击右倾翻案风的斗争开展起来。"

华国锋提出几点主要要求:

第一,最重要的,是要认真学习毛主席的重要指示和中央文件。希望同志们一定要把这个学习摆在首位,认认真真抓好。

第二,在学习毛主席重要指示和中央文件的基础上,深入揭发批判邓小平同志的修正主义路线错误。各级领导,要站在运动的前列,特别是在右倾翻案风中,受邓小平同志修正主义路线影响犯有错误的一些同志,要带头揭发、批判,在揭发批判过程中转好弯子,统一思想,统一认识,把广大干部群众团结起来,把这场斗争进行到底。

第三,要牢牢掌握斗争大方向。毛主席说,错了的,中央负责。

政治局认为，主要是邓小平同志负责。中央认为，应该划一个界限，以这次会议打招呼为界，这次会议前的问题，中央负责，有这样那样问题的地方，应转好弯子。这次会议后，还不转过来就不好了。这个精神同样适用于省以下各级领导。注意不要层层揪邓小平在各地的代理人。当前，就是要搞好批邓，批邓小平同志的修正主义错误路线，在这个总目标下把广大干部、群众团结起来。对邓小平同志的问题，可以点名批判，但点名的大字报不要上街，不要广播、登报。

第四，对犯有错误的同志，要遵照毛主席的教导，实行"惩前毖后、治病救人"的方针，不要揪住不放。不要一棍子打死。有错误的同志，要在认真学习毛主席指示，同干部、群众一起参加批判邓小平同志修正主义路线错误的基础上，提高认识，提高觉悟。有的，要在一定范围内做自我批评。允许犯错误，允许改正错误，改了就好。

第五，整个运动要根据毛主席指示，在党委一元化领导下进行。不搞串连，不搞战斗队。要抓革命、促生产、促工作、促战备。通过反击右倾翻案风的斗争，进一步促进安定团结，发展巩固文化大革命和批林批孔运动的伟大成果。

"四人帮"并不和中央唱一个调子。他们利用毛泽东的错误决策，企图彻底打倒邓小平，打倒一批老干部。

为了大造反革命舆论，从 1976 年初开始，他们授意并亲自审定发表了大批文章。请看"要文"目录：

1 月 5 日《人民日报》：梁效的《教育革命与无产阶级专政》

2 月 1 日《红旗》杂志第 2 期：北京大学、清华大学大批判组的《回击科技界的右倾翻案风》，辽宁大学大批判组的《无产阶级文化大革命的继续和深入》

2 月 29 日《人民日报》：梁效的《评"三项指示为纲"》

3 月 1 日《红旗》杂志第 3 期：初澜的《坚持文艺革命，反击右倾翻案风》

3月10日《人民日报》社论：《翻案不得人心》

4月1日《红旗》杂志第4期：苗雨的《反击卫生战线的右倾翻案风》，程越的《一个复辟资本主义的总纲——〈论全党全国各项工作的总纲〉剖析》

这些文章把邓小平主持的各条战线的整顿都诬蔑为"右倾翻案风"，鼓动在各个方面开展所谓"反击右倾翻案风"。在《教育革命与无产阶级专政》中，把"文化大革命"前十七年的学校和教育说成为资产阶级统治效劳的"旧学校""旧教育制度"，提出要"粉碎这股复辟十七年旧教育的右倾翻案风，彻底摧毁旧学校"。在《回击科技界的右倾翻案风》中，把邓小平关于提拔著名科学家到领导岗位的正确意见批判为"专家治所""否定党的领导的投降主义言论"，提出要在科技界实行"专政"的荒谬主张。在《无产阶级文化大革命的继续和深入》中，把"三项指示为纲"说成翻案复辟的政治纲领，把邓小平提出的以实现四个现代化作为全党今后25年内的一个根本任务批判为鼓吹"唯生产力论"和"阶级斗争熄灭论"。在《坚持文艺革命，反击右倾翻案风》中，把邓小平根据毛泽东关于调整文艺政策的意见提出的正确意见，攻击为文艺界的"黑风"的风源，为17年修正主义黑线和旧文化部"扬幡招魂"。

3月10日《人民日报》社论《翻案不得人心》说："伟大领袖毛主席最近指出：'翻案不得人心'。""走资派就是社会主义革命时期党内的资产阶级。""由于社会主义社会还存在阶级、阶级矛盾和阶级斗争，还存在产生资本主义和资产阶级的代表，'走资派还在走'的现象将长期存在。煽动右倾翻案风的那个人，就是在'文化大革命'前追随刘少奇搞修正主义、对抗历次社会主义革命运动，在'文化大革命'中被批判过而不肯改悔的走资派。""毛主席亲自发动和领导的反击右倾翻案风的斗争，关系到我们党和国家的前途和命运。"社会要求"集中批判那个不肯改悔的走资派的修正主义路线"。

"四人帮"为了攻击一大批老干部，制造了一个"老干部就是民主派，民主派就是走资派”的公式，说：“老干部75%都是民主派，民主派发展到走资派是客观的必然规律。”

据王洪文秘书肖木回忆，王洪文从“批林批孔”开始，就一直在我面前宣扬：现在讲革命经验就是“文化大革命”的经验，过去那些东西（指民主革命）有什么用！1975年底、1976年初他又说：井冈山传统过时了，民主革命那一套吃不开了。现在到处有走资派，走资派就是复辟派，有些人还不就是当时的那些民主派，等等。

张春桥在2月中央打招呼会议期间私自召见上海亲信时提出：要研究社会主义革命的性质、对象、任务，研究现在的阶级关系；颠覆政权的不是老资产阶级，而是“党内走资派”；党内“有一批人根本是资产阶级”。张春桥还多次攻击邓小平是“垄断资产阶级”“买办资产阶级”，“对内搞修正主义，对外搞投降主义”。

据马天水回忆（时任上海市委第一书记、“四人帮”重要骨干）：

> 1976年2月，张春桥把我和徐景贤、王秀珍叫到钓鱼台，对我们说，回去以后先组织理论队伍骨干学习，要讨论所谓民主派如何变成走资派的。回到上海后，我先召开市委常委会进行了传达，根据张春桥的黑旨意，经过我和徐、王策划，把市委常委会引向主要讨论民主派如何变成走资派的问题。同时，徐景贤布置朱永嘉组织了一二百人的理论骨干学习讨论所谓民主派如何变成走资派的，从政治上、经济上、历史上各个方面讨论了民主派如何变成走资派的所谓论据，流毒甚广。接着我们又把市委常委会上的一套搬到了区县局干部会议上，进一步煽动大批所谓民主派变走资派问题，我还按着四人帮的腔调在会上胡说过邓小平不只是一个人的问题，而是有一股复辟势力，主要是在上层。徐散布民主派变走资派是最危险的敌人。王散布邓小平是还乡团总团长，还有一些分团长。接着四月二日在市委召开的万人大会上，我和徐、王策划组织大会发言，其中主要内容是徐景贤讲的民主派如何变成走资派的。这次大会完全是把矛头指向毛主席、周

总理和华国锋同志。妄图打倒中央和地方一大批领导同志。（1977 年 2 月 12 日）

对此，徐景贤（上海市委书记，王洪文调京后，实际上成为上海的头号人物）有一段更为详细的回忆：

张春桥蓄意篡改毛主席的指示，抛出了"从民主派到走资派"的反革命理论。1975 年 11 月和 1976 年 1 月，张春桥在钓鱼台和上海市委常委黄涛作了两次密谈，黄涛返回上海后，向马天水、我和王秀珍等作了传达。张春桥说："对民主革命懂得的人，革命战争结束后，给他们带来了利益，对社会主义革命就不行了。""民主革命能跟着干的……当社会主义革命深入，革命革到自己头上，他们就站在对立面去了。"张春桥又说："现在的阶级关系，对走资派要很好议一议，这一条不解决，要正确对待文化大革命就谈不上。"张春桥还胡说什么"我们党搞民主革命，二十八年，等认识统一了，就结束了；现在搞社会主义革命，快二十八年了，付出了多大的代价，许多人的认识还停留在民主革命阶段。"

1976 年 2 月，马天水、我、王秀珍、黄涛、李□□去北京参加中央打招呼会议期间，张春桥又多次窜到京西宾馆马天水套间大肆放毒，散布"老干部等于民主派、民主派等于走资派"的谬论。2 月 19 日晚，张春桥把大批老干部都说成是比老资产阶级还厉害的走资派。2 月 23 日下午，张春桥又进一步把大批老干部都说成是"敌人"，他提醒我们要团结对"敌"，还特意引了柳宗元的话"敌存灭祸，敌去招过"来启发我们，这就是要我们把一大批从中央到地方的党政军老干部当作"敌人"加以打倒。早在 1975 年 12 月，张春桥就向萧木面授了柳宗元的这两句话，要萧木打电话告诉上海写作组的朱永嘉，按这个精神"搞阶级斗争"。后来，张春桥又在朱给他的一封信上作了黑批示："要警惕出修正主义，在党内，在中央"。"在中央"三个字下面划了两条粗线。1976 年 2 月打招呼会议期间，张春桥更是多次指名道姓地攻击中央领导同志是什么"垄断资产阶级"、"买办资产阶级"、"对内搞修正主义，对外搞投降主义"，必欲置之死地而后快。

1976 年 2 月 26 日下午，张春桥把马天水、我和王秀珍找到钓鱼台，他又一次地指名攻击中央和军队的领导同志，并污蔑先来开会的五个省的第一书记"看来都难以转弯子"。他阴险地说："我最近在读《阿Ｑ正传》，看到小Ｄ和阿Ｑ打架，闹派性，他们还不知道是走资派赵太爷在挑动。有些地方两派至今闹得很厉害，就是因为背后有走资派。"张春桥这是煽动"层层揪"走资派，猖狂地反对毛主席亲自批准的华国锋同志在中央打招呼会议上的重要讲话。

张春桥抛出"从民主派到走资派"的反革命理论后，一再下令要在理论战线和文艺战线全面推行。2 月 26 日下午，张春桥又在钓鱼台向马天水、我和王秀珍作布置：回上海后立即召开一个理论工作座谈会。张春桥亲自规定了讨论题目："究竟什么叫停留在资产阶级民主革命阶段？""限制资产阶级法权怎么限制法？"张还指定参加会议的要包括"理论队伍、文艺创作人员、报纸编辑记者、工农兵理论骨干等"，并说"他们要写东西，要早作准备"。他下令要写与走资派作斗争的作品，他说："文艺创作写社会主义革命要写得更深一点，实际斗争和理论上都很深了。"张春桥还说："写不出是因为自己对资本主义道路有点想，对资产阶级法权感到舒服。"那就是说，你不去写所谓的走资派，你自己就是走资派。后来，张春桥在北京又接见了上海市写作组的一个领导，密令要组织上海的作者到其他省去体验生活，写大走资派。

在"四人帮"和我的控制下，上海的宣传文教阵地毒草丛生，报纸、刊物、出版物、文艺创作中大量充斥着所谓的与走资派作斗争的作品和文章，矛头直指从中央到地方的一大批党政军领导同志。(1977年 6 月 5 日)

为了篡党夺权的需要，诬蔑打击邓小平、叶剑英等一批老同志，"四人帮"授意上海的"御用"写作班子撰写《由赵七爷的辫子想到阿Q小D的小辫子，兼论党内不肯改悔的走资派的大辫子》等文章。文章在报刊上发表以后，张春桥看了仍不满意，3月13日在上海写作组负责人朱永嘉的信上批示道：

初看了一下（注：指1976年《学习与批判》第三期根据张春桥授意写的《由赵七爷的辫子想到阿Q小D的小辫子兼论党内不肯改悔的走资派的大辫子》一文），总根子是辫帅这一点似乎还可以考虑。辫子党的头子应是那个被废除了的皇帝吧？应是整个旧制度吧？

对此，朱永嘉回忆道：

（一）1972年2月初，张春桥下达黑批示，说："要注意出修正主义，特别是中央出修正主义"，张春桥的这一反革命黑批示，矛头完全是对着华主席的，是与他2月3日的反革命黑文相呼应的，接着张春桥又给我们下达反革命的黑批示，要我们去抓反映与走资派作斗争的文艺作品，妄图借此来打倒中央与地方的一大批领导同志，接着他又下令召开全市性的理论工作座谈会，讨论党内资产阶级什么时候成为主要矛盾，民主派怎么变成走资派，接着又要肖木给我们带信，说他正在看鲁迅的小说风波，说鲁迅小说中的人物现在都还在活动着，他想到阿Q和小D，不应该互相揪住对方的小辫子，而应该去揪赵七爷的大辫子，应该去揪张勋的大辫子，根据他的反革命黑指示，我们立即炮制了一篇反革命的黑文，题目叫作《由赵七爷的辫子想到阿Q小D的小辫子，兼论党内不肯改悔的走资派的大辫子》，在全市掀起了一股揪辫子风，在报刊上真是黑浪阵阵，张春桥看了还不满足，认为问题的根子在于那个被废弃了的皇帝和社会制度，矛头完全对准了我们伟大的领袖毛主席和无产阶级专政的社会主义制度，张春桥这么接二连三紧锣密鼓地给我们下达那么多的反革命黑批示，始终围绕着一个中心，那就是"四人帮"要篡党夺权，一个反革命目标，那就是"四人帮"要打倒中央和地方的一大批领导同志。

（二）《学习与批判》1976年第7期发表了《革命与资本——读〈汪精卫卖国记〉有感》，署名戚承楼。这是张春桥授意炮制的一篇反革命文章。1976年二三月间，肖木打电话来说，张春桥找他谈了一次话，说他读了《学习与批判》连载的《汪精卫卖国记》上、中、下三篇以后，感到把汪精卫一开始就说成是投降卖国的，这样一部历史就无法理解了，汪精卫还是有一段革命的前半生，正因为他有资本，才能卖国。他这一番话的反革命目的，是利用汪精卫卖国这个问题，把矛头对着我们广大的革命老干部，对着我们中央和地方的一大批领导同志，是为了进一步论证民主派到走资派的必然规律，而且不仅是走资派，还可能是投降派，我们就是根据张春桥这个反革命意图炮制的这一篇反革命黑文。（1977年2月24日）

再说江青。在中央召集各省、市、自治区和各大军区负责人会议之后的一个星期，于3月2日，又擅自召集十一省、区会议，并发表了一篇很长的讲话。她说："邓小平这种事，恐怕很多同志不知道内幕，当然我知道的也不太多。不过，我是一个首当其冲的人物。他在去年4月底，不请示主席，擅自斗争一个政治局委员，4月底一直斗我到6月。邓小平是个谣言公司的总经理，他的谣言散布得很多，据说去年查谣言，有的省查，有的省根本不查，还扩散，一查就查到北京，就查不下去。最近，我们才开了窍门，人家揭发了，一个就是他那个政治研究室。胡乔木，这是一个坏人。这个政治研究室不仅凌驾在国务院之上，而且邓小平他们还要了一个花招，把原来的毛选委员会干掉了。他把胡乔木这样的人也凌驾在政治局之上了，主席不同意的，不赞成的。这可是一个相当大的谣言店。"

她诬蔑邓小平在政治局，搞阴谋，要手段，说："他在政治局是采取三种办法，一种是拉，拉得很紧；一种是欺骗蒙蔽；一种是打。打中也有分化。首先是打我。因为他知道我是一个过了河的卒子，在捍卫主席革命路线上，我就是一个过了河的卒子，能够吃掉他那个反革命老帅。所以他要首先打我。他无组织、无纪律，不报告主席，在4月底突然袭击。因为我怕影响团结，我就都担起来了。"她进一步引证毛泽东关于"文化大革命"要"三七开"的话，攻击"邓小平不仅翻'文化大革命'的案，他是所有的案都要翻……他挑拨离间，造谣诬蔑，完全是个反革命两面派，他暴露得比林彪还快。"

说着说着，竟有些歇斯底里："邓小平欺负主席呀，造谣诬蔑主席呀，残忍呵！法西斯呵！去年主席害感冒，他传那些东西，有一份东西实在不像话，我不能在这儿扩散，那个东西是应该锁起来的。在不惊动他的条件下，我掌握了一点，惊动他的，必是大量的。而且为了这个，我去求过他，他不见，最后第三次我说，你一定要排出一些时间来见我，我说属于我的事，政治局见，我错了，我承认错误，改正错误，如果属于你们不理解，你邓小平不理解呀，我可以谅解，可以解释，解释以后你还不理解，我等待，再解释。我说你不要去干扰主席，要保护主席的健康呵。同志们，包括一些跟他多年的老同志，我就不相信同志们会跟他走，除了个别的坚决要跟他的。如果我说这些，广大的干部、党员、广大的指战员、广大的人民群众，能答应邓小平吗？在座的同志，包括我在内，都受主席的保护呵！邓小平这样欺负主席，这样残忍，我不能不说了。同志们啊，我们都没有责任保护主席吗……？"

哭罢了，又说："邓小平在外事问题上走得相当远了，……关于台湾问题，邓小平拍布什的马屁……邓小平完全是代表买办资产阶级利益的，出国原料和外国资本家订长期合同。"她抓住"风庆轮"事件大肆攻击："为了'风庆轮'，前年就跟他斗了一场……他骂我，政治局不欢而散，一个多月开不起会来。……'风庆轮'是个什么事呢？就是我看了这份东西，我愤恨，我在这个东西上批，我正式写了一封信给政治局。……试问，交通部是不是毛主席、党中央领导的中华人民共和国的一个部？国务院是无产阶级专政的国家机关，但是交通部却有少数人崇洋媚外，买办资产思想的人专了我们的政。"

江青在讲话中，没有忘记为自己辩护，说："别人造谣我是武则天。

我说，在阶级问题上，我比她先进，但在才干上，我不及她……我就是一个马前卒，过了河，不回头……有人又说我是吕后。我也不胜荣幸之至。吕后是没有戴帽子的皇帝，实际上政权掌握在她手里，她是执行法家路线的。刘邦临去世以前，吕后请求他说：'萧何以后是谁？'刘邦答：'曹参。'吕后又问：'曹参以后呢？'刘邦说：'周勃。'你们看了这一段历史没有？吕后还问：'周勃以后呢？'刘邦说：'那我就不知道了。''周勃厚重少文，然安刘氏者必此人也。'大概是这么个句子，你们也可查来看看。武则天，一个女的，在封建社会当皇帝呵，同志们，不简单啊！不简单。她那个丈夫也是很厉害的，就是有病，她协助她丈夫理国事，这样锻炼了才干。武则天到晚年没有被杀掉，就是则天大圣皇帝给去掉了。则天大圣皇太后，……从李世民到李治的名臣，她都用，而且为她所用。她简单吗？但是那些个孔老二的徒子徒孙们专门攻击这样的人。其实，在春秋战国时期就有个很厉害的女人，赵太后。同志们知道我讲过这个历史。齐威后，那都是很厉害的。他们就是用下流的东西诽谤武则天，诽谤武后，诽谤我，目的诽谤主席嘛，还有比这个还厉害的，我就不能说了。……"

华国锋把江青的讲话送给毛泽东。毛泽东不准印发。他对江青凌驾于自己之上很生气，批示"江青干涉太多了！"

讲话中诬蔑邓小平"是个谣言公司的总经理"还嫌不够分量，江青攻击他"是个大汉奸"、是"买办资产阶级，代表买办、地主资产阶级"，进而说"中国有国际资本家的代理人，就是邓小平"。她一改毛泽东说的邓小平是"人民内部矛盾"为"敌我矛盾"，叫嚷要"共同对敌，对着邓小平！"

攻击邓小平的目的，就是要以邓小平为突破口，整垮从中央到地方到军队的"四人帮"反对力量。"四人帮"调动一切舆论工具和帮派力量，横扫邓小平、叶剑英等"老家伙"，其气势与"文革"初期的横扫牛鬼蛇神相比，有过之而无不及。他们将毛泽东亲自批发的中央五号文件"不要层层揪代理人"的规定置之不理，气势汹汹地叫嚷"跟邓小平性质一样的有一层人"，要层层揪"各种各样的走资派"，"一百元以上干部，要一批二斗三枪毙"。还提出"要把那些'头上长角，身上长刺'的送到中央，闹他个天翻地覆"。他们指使《人民日报》的派出记者和通讯员 60 余人到湖南、江西、福建等十多个省、各大军区以及外贸部、交通部，以"调查研究"为名，搜集情报，整叶剑英、邓小平、李先念、华国锋等一大批中央和地方负责同志的黑材料，甚至还包括已故总理周恩来的黑材料。

同时，从理论上制造论据，加以论证"老干部—民主派—走资派"的公式的合理性。最有代表性的是姚文元组织审定《从资产阶级民主派到走资派》的文章。此文发表在《人民日报》和《红旗》杂志第 3 期，从分析所谓"右倾翻案风"的阶级根源和思想根源入手，指出："老干部如果思想还停止在旧阶段，用资产阶级民主派的立场和世界观来认识和对待社会主义革命，那就会代表资产阶级，就会成为走资派，成为社会主义革命的对象。""从资产阶级民主派到走资本主义道路的当权派，从民主革命时期党的同路人到社会主义时期的反对派、复辟派，从思想停止在资产阶级民主革命阶段到搞修正主义，这不正是不肯改悔的走资派（暗指邓小平）所走过的道路吗？""把民主派（即老干部）变成走资派"说成是"普遍规律"，是"20 多年来我们党内反复出现的一种历史现象"。

从 2 月底至 4 月初，在徐景贤等人组织下，上海市委召开了大型的"理论工作座谈会"，讨论所谓"老干部变走资派"的问题，又作报告，又发表文章。4 月初，上海市委召开万人大会，经张春桥审批，徐景贤作了《从民主派变成走资派》的长篇讲话。

江青等人还向文艺界布置赶写与"走资派"作斗争的文艺作品。2 月 1 日，江青对于会泳等人说，现在演的戏，一个也没有与走资派作斗争的，这怎么行？要他们赶快布置将"与走资派斗争"的电影改为京剧，紧密配合"当前的斗争"。2 月 6 日，张春桥又向于会泳下达写与走资派斗争的有深度的作品的任务，他说：这是一项非常重要的政治任务，是当前迫切需要完成的任务；写这种题材，概括的广度大些，可以写一个地区、一个市，甚至一个省、一个部；要有思想深度，要写出走资派的特征。

2月16日，江青对《人民日报》上吹捧《朝霞》丛刊《序曲》的文件作了批示，要求把该书一些写"走资派"的作品"改编为电影、戏剧"。于会泳等人立即召集各种会议加以落实。3月2日，反党影片《反击》由迟群筹建班子开始炮制（6月4日正式开拍，9月完成）。3月16日至23日，文化部召开了"创作座谈会"，于会泳传达了张春桥的指示，并且布置了20部"与走资派斗争"的电影、戏剧的创作规划。其中写到中央部长、副部长或省委书记是"走资派"的有8部，写到地、县（包括工厂）领导干部是走资派的12部。6月，影片《盛大的节日》和《千秋业》开拍。

连台好戏还在后头！

1976年6月24日，"四人帮"及其在公安部的党羽擅自召开全国公安局长座谈会，并炮制了一个会议"纪要"，"纪要"的原文如下：

随着社会主义革命的不断深入，阶级关系发生了新的变化，党内走资派已成为与工人阶级和贫下中农尖锐对立的阶级，成为整个资产阶级的主体和核心，成为资产阶级同无产阶级较量的主要力量，是颠覆无产阶级专政、复辟资本主义的主要危险。因此，国内外的阶级敌人越来越把复辟的希望寄托在党内走资派身上。我们公安机关要适应这一新的形势，不仅要注意社会上老的阶级敌人，而且更要看到新产生的反革命分子，特别要警惕党内的资产阶级、还在走的走资派。这就要求我们公安机关在同反革命分子作斗争时，注意他们同党内走资派之间的联系，重视深挖他们的后台，发现重要线索，及时报告党委。对走资派的现行反革命破坏活动，要坚决给予打击。

反革命分子的破坏活动总是同党内走资派的复辟倒退活动紧密联系在一起的。这个特点越来越明显地显露出来。

据各地统计，在最近查获的现行反革命分子中，新产生的反革命分子占百分之九十以上，党团员、干部、职工以及干部子女占很大比重。这些人中，有的对无产阶级文化大革命怀有刻骨仇恨。当邓小平大刮右倾翻案风的时候，他们兴高采烈，认为只要邓小平上台，就有

"出头之日"。邓小平受到批判，他们就兔死狐悲，拼命反抗。

这些新产生的反革命分子，十分仇视党和伟大领袖毛主席，疯狂反对和破坏社会主义革命事业，狂热追求资本主义复辟，兼有新老资产阶级的反动、没落、腐朽的特征，具有极大的疯狂性和破坏性。

这个狠毒的镇压"走资派和现行反革命分子"方案，后来由于受到华国锋的严肃批评和坚决制止，没有发出，但从中可以看出"四人帮"对老干部及拥戴老干部的"现行反革命分子"的"刻骨仇恨"和疯狂报复的法西斯手段！

四

四月
天安门广场和全国各地掀起悼周的"四五"狂飙
邓小平被"保留党籍，以观后效"
叶剑英来到人群中间

"陨石雨"的传说

1976年的龙年真是灾异怪戾的一年。

3月8日，吉林省吉林地区发生了一次世界历史上罕见的陨石雨。

报载：这天下午，宇宙空间一颗陨星顺着地球绕太阳公转的方向，以每秒十几公里的速度坠入大气层中。由于这颗陨星与稠密的大气发生剧烈摩擦，飞至吉林地区上空时，燃烧、发光，成为一个大火球。15时1分59秒在吉林市郊区金珠乡上空发生爆炸。陨星爆炸后，以辐射状向四面散落。大量碎小的陨石散落在吉林市郊区大屯乡李家村和永吉县江密峰乡一带；稍大块的直接落在金珠乡九座村、南兰村；最大的三块陨石沿着原来飞行的方向继续向偏南方向飞去。先后落在吉林市郊区九站乡三台子村、孤店子乡大荒地村和永吉县桦皮厂乡靠山村。最后一块在15时2分36秒坠地时，穿破1.7米厚的冻土层，陷入地下6.5米深处，在地面造成一个深3米、直径2米多的大坑，当时震起的土浪高达数十米，土块飞溅到百米以外。这次陨石雨散落的范围达480平方公里，其中包括吉林市郊区，永吉县、蛟河县的7个乡，没有造成任何伤亡和损失。中国科学院联合调查组赶赴现场，进行了一系列科学考察工作。收集的陨石有100多块，总重量为2600公斤。其中最小块的重量在0.5公斤以下，有三块每块重量超过了100公斤。最大的一块重量为1770公斤，比美国诺顿陨石重691公斤，是世界上最大的一块陨石。吉林陨石收藏在吉林市博物馆，设有展览专馆。这次陨石雨无论在数量、重量和散落的范围方面，都是世界罕见的。

这一天，毛泽东听到身边工作人员小孟从报纸上读到这个消息，吃惊地从床上坐起来，穿上拖鞋，由护士搀扶着走到窗前，脸上被一种不安和激动的情绪笼罩着，若有所思地说：

"这种事情，历史上可屡见不鲜噢。史有明载的就不少，野史上就更多了。

中国有一派学说，叫天人感应。说的是人间有什么大变动，大自然就会有所表示。给人们预报一下，吉有吉兆，凶有凶兆。

天摇地动，天上掉下大石头，就是要死人哩。《三国演义》的诸葛亮、赵云死时，都掉过石头折过旗杆。大人物、名人，真是与众不同，死都死得要有声有色，不同凡响噢。

不过，要是谁死都掉石头，地球恐怕早就沉得转不动了……"

至于民间，对这次陨石雨的议论就更多了。

"天上降下了克星，不知又落到谁的头上？"

"天灾人祸，不知哪方又要遭殃了！"

"准是那几个狗男女折腾得太厉害了，老天爷怪罪下来了！"

"看吧！中国肯定要出大乱子！"

……

自古以来，中国就流行"天道"的哲学。最初是考究日月星辰等天体运行过程，后被用来推测吉凶祸福，传播"天帝""天命"等观念，以至成为殷周神权统治工具。书经《汤诰》云："天道福善祸淫，降灾于夏。"《胤征》篇云："今予以尔有众，奉将天罚。"撰修《汉书》的班固，在《天文志》等篇多处议论日、月、星辰的变异，如日食、星陨等发生在"天"而根源于"地"。"天变见于上，地变动于下"。"盖灾异者，天地之戒也。"而在《新唐书》中竟公然说，"雷火、山崩、水溢、泉竭，……此天地灾异之大者，皆生于乱政。"

在叶剑英看来，降在吉林的陨石雨，从科学上讲，自然与"乱政"无关，从历史上看，确有过陨石坠落伤人伤动物的事，但这种可能性极小的自然现象，完全不能和风暴、闪电、冰雹及其他自然灾害给人类造成的灾难相比拟。但是人们在传说中，把这种大自然的怪异现象与当时的社会政治状况联系起来，特别是与"四人帮"的"乱政"联系起来，倒是促人警醒深思，尽管是偶然的巧合。

此时，"四人帮"正在起劲地批判邓小平、叶剑英等"老家伙"。他们蓄意制造了一个"三二六"大闹政治局事件。在江青的提议下，经过精心策划，3月26日，在中南海紫光阁召开政治局"批邓"扩大会议。这次会议居然不让叶剑英出席，相反地倒让"两校"——北大、清华的几个"代表"参加，对邓小平进行面对面的批判，用最恶毒的语言谩骂、诬陷和肆意诽谤。"四人帮"和迟群、谢静宜及其追随者们诬蔑邓小平是"阴谋家""野心家""老牌机会主义者，连托洛茨基都不如"；攻击邓小平"一贯反对毛泽东思想，反对阶级斗争""大搞物质刺激，鼓吹黑猫白猫论"；攻击邓小平执行毛泽东制定的经济政策，出口石油，引进必要的技术设备是"败家子""洋奴买办""全盘西化""转嫁经济危机"；攻击邓小平反对毛泽东的独立自主、自力更生的革命路线，鼓吹"社会主义不如资本主义""中国的月亮不如外国的圆"，要把中国变成帝国主义的"附庸国""殖民地"。他们翻历史老账，说邓小平"一贯骑着毛驴向后看，搞复辟倒退"，说他1957年1月在清华大学的讲话是"一个阶级斗争熄灭论的报告""长了右派威风，把右派放出来向党进攻，使得清华1957年出现了560个右派"……说他1975年到八宝山参加"文革"中平反的老同志追悼会，甚至贺龙、周总理的追悼会是"向党向群众示威"，是"复辟翻案的典型"……归结起来，攻击邓小平从四个方面背叛了马列主义：一是一贯反对社会主义道路；二是一贯反对无产阶级专政；三是一贯反对共产党的领导；四是一贯反对马列主义毛泽东思想。这正是邓小平的"四个坚持"的思想。

面对"四人帮"肆无忌惮的攻击，邓小平始终一言不发，以致又被污蔑为"聋子不怕响雷打，死猪不怕开水烫"。

人们说，1976年这个"龙年"是"天灾人祸"的一年。

如果说"人祸"，那就是"四人帮"制造的"帮祸"。

"四人帮"的毁谤

在"反击右倾翻案风"中,"四人帮"以邓小平为突破口,打垮从中央到地方到军队的反"四人帮"力量。

"四人帮"不仅往死里整活人,也不放过被他们整过的死人。

刚刚故去的周恩来,生前是他们篡党夺权的巨大障碍。如今,虽然去世了,但他在全党、全军、全国人民心目中留下的深远影响是不可磨灭的。"四人帮"心里明白:必须彻底清除这个影响,要深入"批邓",还必须死死揪住这个"后台"。

追悼大会刚刚开过,姚文元就下令立即结束"治丧报道"。新华社原定 16 日要发布的全国人民群众沉痛悼念周恩来的综合报道,被他一刀砍掉。江青大张旗鼓地举办全国舞蹈调演,还扣压了《敬爱的周恩来总理永垂不朽》的纪录影片。

在他们的指使下,新华社出版的内部刊物《参考资料》上编发了国民党特务诬陷周恩来的材料;《学习与批判》杂志抛出《读了汪精卫叛国有感》一文,将周恩来与汪精卫相提并论。此外,还登载了《梯也尔小传》和《由赵七爷的辫子想到阿Q小D的辫子兼论党内不肯改悔的走资派的大辫子》两篇文章,引经据典,以古讽今,说什么,梯也尔搞复辟,是因为有俾斯麦的"授意";赵七爷的反攻倒算,是因为有"辫帅"张勋的支持,有意在影射"批邓"的同时,往周恩来身上栽赃。上海街头出现影射周恩来的大字报和漫画。有一幅大漫画,画了一顶轿子,邓小平戴黑纱在抬轿子。《文汇报》称周恩来是"走资派""孔丘其人",说什么"孔老二要'兴灭国,继绝世,举逸民'"。《光明日报》在一篇署名高路(即梁效)的《孔丘之忧》中用极其恶毒的语言影射攻击周,大批"忧"字,把悼念总理的人们诬蔑为"哭丧妇",说什么"让旧制度的'哭丧妇'抱着孔丘的骷髅去忧心如焚,呼天号地吧。"

是可忍，孰不可忍！

叶剑英此时关在小翔凤5号院里，每天从收音机中、从报纸上，听到看到"四人帮"如此作践周恩来，心如刀割，但他这个"靠边"的老帅此时只能强忍着愤怒，等待时机。

"四人帮"的倒行逆施给全国人民带来了巨大折磨和痛苦，他们再也不能忍受了！

2月中旬，北京街头出现了传单：

"张、江、姚是林彪式的小舰队，是陈伯达式的政治骗子，他们欲把大批老同志置于死地而篡党夺权。"

"起来！起来！战斗！战斗！全国人民紧急行动起来，以实际行动向叛徒、野心家、阴谋家张春桥、江青、姚文元之流进行坚决斗争！"

2月中旬至3月初，在福州、杭州、贵阳、重庆、太原、西安、广东等地张贴出《"阿斗"的呼声》《我爱我的祖国》《对目前形势和新的历史任务的几点看法》等传单、大字报、大标语和上书毛泽东的信，以及各种各样指责、批判"四人帮"的文章。许多市县还出现街头演讲，向"四人帮"挑战。

正当此时，《文汇报》火上浇油。

3月5日，新华社播发了沈阳部队指战员学习雷锋的报道，其中全文引用了周恩来为学习雷锋的四句题词："憎爱分明的阶级立场，言行一致的革命精神，公而忘私的共产主义风格，奋不顾身的无产阶级斗志。"全国报刊大都原文转载，而《文汇报》在刊登新华社的新闻报道时却把题词全部砍掉了。紧接着，25日，《文汇报》第一版发表的文章中，竟然用"党内那个走资派要把被打倒的至今不肯改悔的走资派扶上台"的词句攻击周恩来和邓小平。

《文汇报》成了导火索。

3月下旬，南京市许多学生和市民举行悼念周总理、反对"四人帮"

的游行集会，贴出"不揪出《文汇报》的黑后台誓不罢休""打倒大野心家、大阴谋家——张春桥"等大幅标语。"四人帮"在南京、上海的打手们出面制止，结果人民群众反对"四人帮"的风潮越演越烈，有组织地公开游行示威，边走边高呼口号："我们要真正的社会主义民主！不要封建法西斯专政！""人民是主人不是奴隶！""梁效梁效，专会造谣！人民日报，黑白颠倒！"各游行队伍汇集到雨花台，人数多达十几万，呼口号，发传单，发表演讲，焚烧花圈……。

"四人帮"的后院起火了！这还了得！

中共中央开会，迅速下达了电报通知：

（一）据了解，最近几天，南京出现矛头指中央领导同志的大字报、大标语，这是分裂以毛主席为首的党中央，转移批邓大方向的政治事件。你们必须采取有效措施，全部覆盖这类大字报、大标语，对有关群众要做好思想工作，要警惕别有用心的人借机扩大事态，进行捣乱、破坏。

（二）对这次政治事件的幕后策划人，要彻底追查。

（三）所谓总理遗言。完全是反革命谣言，必须辟谣，并追查谣言的制造者。

（四）任何人不准冲击铁路。

中共中央

一九七六年三月二十七日

姚文元在当天的日记中记录了当时的情形：

南京冒出一批针对上海的大字报，还有"揪出赫鲁晓夫式的野心家"、"反对抢班夺权"一类标语，据说弄了一批学生（大多是高干子弟）上街。

这是阶级斗争尖锐化的表现。

每次运动发展到一定时候，反动势力都要跳出来"示威"一番。也好，让革命群众多看看。只是中央政治局太迟钝了。

又快到"四一二"了，又要"炮打"了。

主流是好的，革命群众精神振奋地在批邓中前进。"同右倾翻案风对着干，敢挑千斤重担夺高产。"这是工人阶级的声音。朝农批资产阶级法权达到相当深度。

清明节将要到，发现南京、北京、太原都有借此搞"悼念"总理的活动而闹事的苗头。

中央的"通知"无效。

广大人民群众对总理的怀念和热爱，对"四人帮"的愤慨和憎恨，激起一股爱与恨撞击的强烈怒火，就像天空中的陨石，与稠密的大气发生剧烈的摩擦，立刻变成巨大火球，燃烧爆炸。

3月28日清晨，南京大学数学系数百名师生，不顾中共中央的电报警告，抬着周恩来的巨幅遗像和大花圈，绕道新街口繁华的街道，到周恩来战斗过生活过的地方——梅园新村进行悼念活动。沿途许多工人、学生、干部和群众纷纷加入，汇集成为南京市民反对"四人帮"的第一次大规模示威洪流。

3月29日，南京大学和其他学校的数百名学生分成20多个小组，走上街头，在各个主要街道，张贴"谁反对周总理就打倒谁！""揪出《文汇报》黑后台！"等大标语。当晚，师生们拥向火车站，在铁路员工的帮助下，把大标语刷在开往南京的列车上。在广大旅客的护卫下，将列车厢上的标语带往成都、上海、北京等各大城市。

3月30日，"南京事件"继续扩大。北京市总工会工人理论组在人民英雄纪念碑南侧贴出了第一张悼念周恩来、声讨"四人帮"的悼词。紧跟着越来越多的人群涌向天安门广场，诗词、传单、标语、花圈、小字报……从天而降，一场大风暴席卷而来，遍及全国各地。

叶剑英从"风暴"中看到了某种希望。他派身边的同志和子女去了解南京、北京事态的发展情况，尤其对天安门英雄纪念碑前出现的诗词特别感兴趣。

反"四人帮"的斗争和"四人帮"的反扑开始了大搏斗。双方都意识到一年一度的清明节就要来临，双方都在积蓄力量。

"四人帮"在钓鱼台的指挥部灯火通明，他们研究对策，紧急部署。北京公安部门指示天安门派出所将送花圈的单位、人数汇总上报；派出"便衣"，跟踪人群，观察记录。为了防止事态的扩大，他们关闭了北京八宝山烈士公墓，甚至下令纸店不向机关团体供应祭奠用的纸张。3月30日，王洪文给南京事件定了性，向北京报界心腹打招呼说："南京事件的性质是对着中央的。""那些贴大字报的，是为反革命复辟制造舆论。"下令一律取缔。

然而，以悼念周恩来反对"四人帮"为内容的群众抗议运动是取缔不了的。南京中山东路贴出了"打倒大野心家、大阴谋家——张春桥"的大标语。人们在制作悼念周恩来、杨开慧烈士的花圈。北京市集合到天安门广场的人群日益增多。天安门广场成了悼念周恩来的祭坛。人民英雄纪念碑前摆满了花圈、花篮。数不清的悼词、传单、诗词出现在纪念碑上和花圈丛中。人们自发地朗诵诗词，发表演说，宣誓默哀，采取各种形式悼念周总理，痛斥"四人帮"。进入4月，斗争达到空前紧张热烈的程度。正如当时的一首民谣所唱："一月人民悲痛，二月人民睁开哭肿的双眼，三月人民在怒吼，四月人民投入决死的战斗。"

"我哭豺狼笑"

这场"决死的战斗"，在天安门广场展开了。

4月1日。天安门广场庄严肃穆，秩序井然，到处是悼念周总理的人群。有一个巨型花圈非常引人注目，黑底上写着白字："深切怀念敬爱的周总理。"一首传抄最广的小诗贴在纪念碑前：

> 欲悲闻鬼叫，

我哭豺狼笑。

洒泪祭雄杰，

扬眉剑出鞘。

这首诗出自山西工人共青团员王立山之手。北京公安部专门把它列为"○○一号反革命案件"重点追查，并强调清明扫墓是"旧传统、旧习惯"，要阻止群众送花圈。凡是纪念碑前"反动的东西"都要坚决搞掉！

当晚，中央政治局开会讨论当前局势。会后在"四人帮"的把持下，中央发出电话通知，把人民悼念总理的活动说成是"分裂以毛主席为首的党中央、扭转批邓大方向的政治事件。"要全部覆盖大字报、大标语，并要彻底追查"谣言"。

姚文元在当天日记中透露了政治局会议情况：

南京"大字报"已点了张春桥的名，是"打倒""揪出""野心家""阴谋家"，……还是林彪在庐山会议上那一套。

昨晚政治局开六人"紧急会议"，我坚持想发一严肃的通知。今日主席即批准此通知，发江苏并发全国。估计这几条下去，会对这股猖狂反扑的妖风起当头一棒的作用，而使人民更加认识邓小平的反动性。但斗争不会就此止歇。

有一个地下资产阶级司令部在活动，这一点更清楚了。

毛远新将这次会议情况，给毛泽东写了报告：

一、当前全国各地流传所谓"总理遗嘱""总理给主席的诗词"欺骗了一些不明真相的人，干扰破坏当前反击右倾翻案风的斗争，南京已有人借故闹事，还要利用清明节（四月四日）搞什么扫墓活动，并要以纪念杨开慧烈士名义送花圈。北京等地也有很多类似的东西，这个动向值得注意。除电话答复江苏等地外，中央可以正式发一文件，说明所谓遗嘱之类，是敌人造的谣言，干扰破坏当前的斗争大方向，要追查不要上当。

二、今年五一节的活动。有的同志提出不搞游园活动了，应改革一下，还有见报也不好安排等。

讨论结果，五一节的活动今后可以改革，一年搞一次（国庆节）即可。但今年改变不利，当前国内外敌人都说我们乱了套，要钻空子，历年有活动，今年不搞影响太大。要利用这个机会体现安定、团结，庆祝反击右倾翻案风的初步胜利，鼓舞全国人民，今年五一节的活动还是按去年的办法不变。至于中央同志登报排列，可分三个公园分别报导，不搞通栏，只登政治局同志、副委员长、副总理，不搞过去上千人的大名单。建议邓小平同志不出席，其他政治局的同志尽量都出席。

三、三月初主席指示，《毛主席的重要指示》暂时就传达到县团级，暂不扩大传达。目前干部已学习了近一个月，党员、基层干部普遍要求传达，是否可以考虑下一步再扩大传达到支部书记和各级机关的党员干部。

毛远新在报告末尾附笔，请示主席如同意，国锋同志准备正式向主席写报告。

这份报告4月2日凌晨送呈，毛泽东4月3日阅批："同意"。

叶剑英和邓小平没有出席这一天晚间的政治局会议。这一天，叶剑英像往常一样十分关注天安门的动态。办公室人员悄悄去天安门英雄纪念碑前看小字报，听演讲，抄录诗词，叶剑英看到传抄回来的"扬眉剑出鞘"这首诗，非常欣赏，反复吟诵，连说"好诗""好诗"，并打听作者的姓名，可惜当时无法知晓。

4月2日。北京出现了第一支游行队伍。清晨，中国科学院一〇九厂的职工，用四辆大卡车开道，抬着四个大花圈和四块巨型诗牌，牌上写着："红心已结胜利果，碧血再开革命花。倘若魔怪喷毒火，自有擒妖打鬼人"。游行队伍高擎着诗牌，穿过北京最繁华的王府井大街，走进天安门广场，把它放在纪念碑的最高处。几乎同一时间，北京重型电机厂工人制作的第一个铁花圈送到天安门广场。巨大的诗牌、钢铁花圈，十分引人注目，这一消息在整个北京迅速传播。

北京各单位普遍传达关于南京事件的电话通知，通知还说什么"清明节是鬼节""送花圈是四旧""天安门有反革命分子捣乱"，警告人们不要到天安门广场去。成立由首都民兵、警察、卫戍部队组成的"联合指挥部"，设在天安门广场东南角的三层小灰楼内。指挥部决定抽调民兵、公安干警各3000人和部分卫戍部队组成机动力量，采取措施，制止悼念活动，并随时准备镇压"闹事"的群众。

首都人民对"四人帮"的警告和阻拦，置若罔闻，继续涌向天安门广场。诗牌、挽联、传单有增无减。诗词内容也不断升格。"妖魔""鬼怪""豺狼""白骨精""野心家""阴谋家"等，以及许多谐音词，成了"四人帮"的代名词和专用语。直到深夜，还有成千上万的人在抄写诗词、悼文，护卫着花圈、挽联。

江苏负责同志接到中央电话通知，开始驱赶、镇压群众。南京群众不理这一套，继续抬着花圈游行。虹桥、兰桥等地出现了反对张春桥、捣毁《文汇报》的标语传单，南京大学出现了"万万千"作词、"千千万"抄写的《捉妖战歌》。

这一天，四面八方传来的信息飞进了小翔凤，叶剑英预感到一场大的政治风暴即将来临。他不由得想起了40多年前在苏联留学时读过的高尔基的《海燕之歌》。于是，用俄语轻声地朗诵起来：

在茫茫的大海上，狂风卷集着乌云。在乌云和大海之间，海燕像黑色的闪电，在高傲地飞翔。

乌云越来越暗，越来越低，向海面直压下来，而波浪一边歌唱，一边冲向高空，去迎接那雷声。

雷声轰隆。波浪在愤怒的飞沫中呼叫，跟狂风争吼。看吧，狂风紧紧地抱起一层层巨浪，恶狠狠地将它们甩到悬崖上，把这些大块的翡翠摔成尘雾和碎沫。

暴风雨！暴风雨就要来啦！

这是勇敢的海燕，在怒吼的大海上，在闪电中间，高傲地飞翔。

这是胜利的预言家在叫喊："让暴风雨来得更猛烈些吧！"……

叶剑英遥望南天，好似有无数只海燕在飞翔着，奋力飞翔着，拼死飞翔着！它们迎着暴风雨凌空而飞，掠海而飞，毫无畏惧，献身大海。

4月3日。天色阴沉，细雨迷蒙。人流伴着淅沥的小雨，迎着曙光，从四面八方涌进天安门广场。来自天津、湖北、安徽、陕西、沈阳、哈尔滨等地的人群，怀着深深的崇敬之情，把亲手制作的花圈敬献在纪念碑前。这一天，到天安门的群众达百万人以上。数不清的悼词、诗文、传单，有如冲决堤坝的洪水汹涌而出，遍洒广场。在诗山词海中，出现了驳斥"四人帮"谬论的篇章："谁说清明是四旧，谁说清明习惯臭？年年奠祭我先烈，今发禁令何理由？""谁言献花是旧俗？明朝她死定无花！"许多人当众朗诵长篇悼词，有人把悼念周总理的诗词谱成歌曲，在天安门广场教唱，出现了万人大合唱的场面。

这一天凌晨，王洪文到天安门广场打着手电看了纪念碑周围的花圈和悼词，越看越怕。回去后，给他在公安局的亲信打电话说："你还在睡觉啊！"要他们赶快到天安门去拍照"反动诗词"，以备将来好"破案"。姚文元把许多大标语定为"反动口号"，在日记中写道：

> 继江苏、浙江等地后，反动标语开始在北京出现。昨天天安门人群激增，用所谓"悼念"总理发泄对运动的不满，发表反革命演说和反革命口号，有的还公开反共，这是没落垂死势力的挣扎和疯狂反扑的一种表现。他们是否已用完了它的后备力量，我看还没有。资产阶级知识分子（如科学院、七机部）是它的基础。……而这一切说明：如果党内走资派得势，不仅是丧失社会主义革命成果，民主革命成果也会丧失。反共的"还乡团"会一起扑上来残杀、镇压劳动人民。还有一个搞匈牙利、林彪式政变的反革命口号是：'我们要民主！不要法西斯！我们要周总理，不要佛朗哥，更不要那拉氏。'还有的人煽动成立群众组织，'要坚强，要防止一个个被击破'。这也是林彪一伙

的反革命口号……中国这个国家，激烈的斗争不断，但解决矛盾（某一方面、部分）总是不彻底。为什么不能枪毙一批反革命分子呢？专政究竟不是绣花。

"四人帮"就要杀人了。果然，他们部署"便衣"人员紧急出动，拍照、跟踪、绑架、逮捕。到夜里，被捕的群众已达26人。

这一天，叶剑英办公室人员继续悄悄走进天安门广场，继续观察动态，抄录诗词。爱好诗词的叶剑英次子叶选宁情不自禁地写了一首诗，亲自张贴在纪念碑前。叶剑英听到工作人员回报天安门的情况，听到有人被捕，非常激动，一定要亲自去天安门广场看一看。他已经不止一次地提出这个要求，但都被大家劝阻了。

"童怀周"的反击

4月4日。清明节又逢星期日。悼念周总理、抗议"四人帮"的活动达到最高潮。

这一天，首都天色灰蒙，乍暖还寒。一排排树木，瑟瑟地伸着没有叶子的枝条。一座座高楼，孤寂地耸入寒风翻卷的高空。"路上行人欲断魂"。宽阔的长安街上，人们低着头，默默地前进，一切都是那样沉寂。不在沉寂中逝去，就要在沉寂中爆发！

没有任何人动员，没有任何人组织，人们从四面八方汇拢而来。前前后后，陆陆续续，到达天安门广场的人数总计达200万人次。男女老幼，摩肩接踵，却秩序井然。作家、诗人走来了，科学家走来了，许多老将军走来了。众多的共青团员、少先队员，来到天安门广场过团日、过队日。在人民英雄纪念碑前，在草坪围栏上面，在苍松翠柏枝头，在威严矗立的旗杆下，到处摆满了花圈，挂起了洁白花束，到处是哀悼的人群。著名作家、诗人魏巍携女儿魏欣挤在人群之中。这位曾以《谁是最可爱的人》闻名全国的诗人在极度悲愤之中，信口吟诗以为祭奠。诗曰：

一

忽闻华夏失栋梁，

举国老幼尽哀伤。

松柏枝头花如雪，

白玉栏杆泪万行。

二

一生无私最忠诚，

临终何虑一身名。

愿将骨灰还中华，

明朝故国花更红。

三

悼念总理情谊重，

行列绵绵如长城。

胜过雄兵几百万，

海浪袭来应不惊。

女儿魏欣将父亲写好的三首诗恭恭敬敬地贴在烈士纪念碑的碑座上。

关于这一天天安门广场的壮观场面，童怀周所著《伟大的四五运动》一书做过生动的描述：

雄伟的人民英雄纪念碑，如同周总理的光辉形象，巍然耸立在万花丛中。碑座的最高层，四周环绕着许多花圈和横幅。在"人民英雄永垂不朽"这几个耀眼的大字下面，安放着周总理的巨幅画像，画像下面是一条用大朵白花装饰着的黑布大型横幅，上面写着"民族英魂"四个大字。再下面是一条黑底白字的巨大横幅："我们日日夜夜想念敬爱的周总理！"

纪念碑四周的松墙上，系满了朵朵小白花，宛如皑皑白雪；系在铁链上的白花像一条白色的素带，环绕着纪念碑。

在纪念碑南面的松树林里，挂起了一长排用大字报那样大小的纸写的诗文。纪念碑上花圈挨着花圈，挽联连着挽联。在花山人海中，几道用花圈搭成的彩门，上面都挂着巨大的横幅。

由彩旗杆往北，每隔几米就是一长排花圈，一直摆到天安门前的国旗杆下。国旗旗杆的基石上，放着一瓶塑料花，花瓶放在铺着金丝绒台布的金属制的小桌子上。相距不远的地方有一个用石纹纸做成的墓碑，上面工整地抄录了邓小平同志代表党中央在周总理追悼大会上致的悼词。在广场中央，放着一个东风电视机厂敬献的盛着巨大万年青的花篮，上面系着的挽联上写着："亿瓣心香人民将总理永远怀念，万年长青总理为人民一片丹心"。

广场的每一根华灯柱上，都挂满了花圈或花篮。

广场上空，迎风飘荡着两串黄色大气球，这是中国科学院化学所几个青年带来的。气球上面悬挂的白色飘带上写着："怀念总理"、"革命到底"……

这就是天安门广场的真实写照。人们聚集在那里发表演讲，朗诵诗词，涌现出无数天才的演说家和诗人。北京不愧是文化古都，中国不愧为诗人之国。"哀思念总理，誓言动天地。鬼蜮欲出笼，九天有霹雳！"许多诗篇，被争相传抄，一时间，卷起了哀曲和愤歌的浪潮。

童怀周先后编辑的《天安门革命诗抄》《天安门诗文选》等书收录了几乎所有的诗文。这是丙辰清明的忠实记录。该书作者在《前言》中作了这样评述：

"愤怒出诗人"。愤怒的人民以诗词为武器，向"四人帮"呼啸着发起了冲锋，无情地揭露了这些政治流氓、江湖骗子的丑恶嘴脸，同时沉痛悼念和尽情歌颂忠于祖国、热爱人民的周总理以及老一辈无产阶级革命家。当时真是"诵者声泪俱下，抄者废寝忘餐"。一首诗词是一把匕首，无不击中了"四人帮"的要害；一首诗词是一把火炬，使人们对"四人帮"的满腔仇恨烧得更旺。这些凝聚着革命人民的血和泪的诗词，无不出自作者们灵魂深处的呐喊，因此具有强烈的战斗力和艺术感染力。革命群众看了，愈益斗志昂扬；敌人看了，则心惊肉跳，坐立不安，它们真正起到了"团结人民、教育人民、打击敌人、消灭敌人"的巨大作用。不少作品无论思想性或艺术性都达到了很高的高度，无论在我国或世界文学史上，它们必将占有光辉的一页！

这位"童怀周"是一个以北京第二外国语学院汉语教研室主任汪文风为首的 16 位成员的集体（笔名），在与"四人帮"对抗的历史上留下了重要的一笔。

多日以来，叶剑英办公室每天都有人去天安门广场探听消息，抄录革命诗词和悼念文章。也有些老部下把抄好的诗词送给他。他让身边人员和孩子们把抄来的诗词一首首读给他听，他越听越兴奋。听了不过瘾，还要人抄给他看。他念念有词，边读边赞："这些诗词情真意切，爱憎分明，大气磅礴，真是难得的好词啊！"

由于整天关在小翔凤院子里，去不了天安门，叶剑英又闷又急，百无聊赖，只好伏案抄录天安门诗词和古诗词作为"消遣"。在他身边工作的同志还记得，他曾抄过一首鲜为人知的明太祖朱元璋的诗："万国车书尽会同，江南岂别有疆封？提兵百万西湖上，立马吴山第一峰。"更有趣的是，他默写少年时代的启蒙老师、南社诗人李小白的《洞箫曲》。有一首恰有江青二字，借其意，暗指江青：

> 余韵悠悠拂紫冥，群峰无语隔江青。
>
> 波涛蓦地横空卷，应有蛟龙出水听。

不行，一定要亲自出马，一睹为快。一天傍晚，叶剑英实在憋不住了，什么"禁令"不"禁令"，什么风险不风险，什么身份不身份，全不顾了，他走出小翔凤的"围墙"，悄悄告诉司机，乘车来到天安门广场。

——啊！展现在他眼前的是一幅多么悲壮的画面呀！一片望不尽的花山诗海，数不清的悼念大军。鲜艳的红旗，洁白的花朵，肃穆的挽歌，热烈的诗章。叶剑英被这幅场景深深地打动了。

"'拉非克',停车!"叶剑英喊着司机的绰号,下了命令。"拉非克"根据警卫人员的交待,第一次违抗叶帅的命令,只是稍稍放慢了车速。坐在一旁的小周和警卫把叶剑英紧紧夹在中间,作好掩护,以防暴露目标。此时叶剑英多么想像一个普通公民一样,缓步走到广场,挤进流动的人群,停留在诗碑面前,去阅读那一首首诗歌,一篇篇祭文啊!但是在那种情况下,无论如何是不能停车下车的。随同人员提心吊胆,很怕被"四人帮"发现行踪,一再催促,叶剑英才不得不勉强离去。

天安门广场的悲壮场面和庄严气氛深深地感染了叶剑英,他坚信党心、军心、民心不可欺,历史潮流不可逆转!

天安门广场燃起的熊熊烈火,使"四人帮"望而生畏,也使他们展开疯狂的反扑和镇压。姚文元和张春桥通过《人民日报》的《情况汇编》等渠道,制造"理论根据",出谋划策,为天安门事件定性,提出"制服"群众的紧急措施。姚文元笔杆一摇,多次批道:"这股猖狂的逆流,完全是有组织有计划的反革命政治行动","就是要推翻社会主义革命和反击右倾翻案风的斗争"。

江青点着北京市委、北京军区负责人的名字质问道:"中央的安全还有没有保障?为什么攻击中央的人不抓?抓不着要拿你们是问!""四人帮"不但继续指使在公安部的党羽派人到天安门广场偷记汽车号码、揭撕诗词、跟踪群众,还派人到历史博物馆楼上用长焦镜头进行录像侦察。"联合指挥部"总指挥下达指示:"要注意是否有开大会或冲击什么地方的苗头","要研究战术",把"力量穿插进去,分割开,然后抓他,声明他是反革命"。北京市公安局局长奉"四人帮"之命,紧急部署公安部门,准备好车辆、拘留所、收容所。北京公安部门还召开会议布置,要有目标地打击反革命坏分子,查出下落,搞好材料,报请处理,准备捉人。于是,民兵的棒子马上派上用场,在"抓反革命"的号叫声中,有的人被打得鼻青脸肿,被扔进事先备好的囚车。

事态向更坏的方向发展。4月4日清明夜，在"四人帮"的逼迫下，国务院和主持党中央日常工作的领导人召集在京政治局委员开会，研究连日来发生在天安门广场的群众活动情况。说："很严重，很恶毒的，一批坏人跳出来了，写的东西有的直接攻击主席，很多攻击党中央，煽动群众，打架。"北京市委主要负责人在会上作了主要发言。他根据"四人帮"提供的材料，介绍了天安门广场上送花圈和诗词的情况：

在纪念碑前送花圈2073个，有1400多个单位次，有的不写单位，有的冒充某单位，4月3日那天有20万人507个单位送花圈800多个，4日有7—8万人420个单位送450个花圈，大的有直径6米，一部分写人民烈士的，一部分写总理的（点了一些单位的名）。多数人是出于怀念总理，有的是学校到那里去宣誓，批邓，教育干部。4月2日就开始有恶毒的，……有的煽动、演讲，反动的实质很清楚。诗词、悼词、小字报，有48起是恶毒攻击主席、中央的。敌人利用这件事，性质和南京是一样的。已经采取措施：1.当场取证、拍照。向群众说这是反动的。结果有的公安人员被打。2.看准了是反动的，有人盯着，离开人群以后再抓，拘留了10个人。拂晓前清理一次，把花圈取走。看热闹的人是多的。有的坏人来送，带一帮打架的人。基层作工作。主要是把中央的电话通知下去了，今天明显减少了，向群众说明是坏人利用群众的心情，攻击主席、中央，破坏批邓大方向，群众还是听的，很多人明白以后说不能去上阶级敌人的当，很多单位把花圈折了，大多数群众是拥护中央的通知的，知道所谓"总理遗言"是敌人造的谣，广大工人说不能上敌人的当。已经投入了5000民兵和3000公安人员，都着便衣，以民兵的身份出现，做了大量保卫、劝说工作。对外部进入的火车车辆、有各种大标语的都在丰台火车站刷掉。

看来这是一次有计划的行动。邓小平从1974—1975年作了大量的舆论准备，什么批林批孔是批周公，什么反经验主义是揪总理，并造了大量舆论说某某人要夺总理的权。今年出现这件事是邓小平搞了很长时间的准备形成的。明显地是拿死人压活人，是党内走资派把矛头直接指向主席的。性质是清楚的，就是反革命搞的事件。文化大革命以来没有这次这样的逆流。过去都是说想念毛主席，这次根本不提主席，敌人比过去更猖狂。

正当会议讨论采取什么措施的时候，姚文元得知天安门广场上发现一份《第十一次路线斗争》的传单，点了江青的名。他马上告诉江青。江青借故施压别人表态，说什么清明已过，要连夜把花圈转走，要抓那些发表"反革命"演说的人。在江青等人的压力下，会议认为天安门前聚集那么多人，公开发表"反革命"的演说，这是新中国成立以来没有过的，"文化大革命"以来也没有过像这次这样严重的逆流，是反革命煽动群众借此反对毛主席和党中央，干扰、破坏斗争的大方向。会议决定采取紧急措施：在全国揭露敌人的阴谋，发动群众追查政治谣言，在"五一"前搞一次大反击；组织好首都工人民兵，向广大群众做宣传、教育，打击暴露的反革命活动，公安机关密切配合破案；卫戍部队要有充分的思想准备和组织准备；北京军区要稳定，指定一定的机动部队，以防万一；从当晚开始清理天安门广场的花圈和标语，明天开始布置民兵和公安人员围住纪念碑，劝说阻止群众去送花圈和集会。会议主持人最后说："这次有个迷惑人的借口是《文汇报》3月6日、24日的文章来骗人，说是攻《文汇报》，实际上是攻中央的。这次利用清明节跳出来搞，是阶级斗争的表现，要追查谣言，深入进行批判。"

这次的中央政治局会议，又没有让邓小平和叶剑英参加。叶剑英憋在小翔凤住所，对这次会议讨论的内容和决定全然不知。直到事后，才有耳闻。他虽然对会议作出的决定极为反感，但他知道，毛泽东还在，又有"联络员"，自己又被宣布"生病"，此刻只有忍耐和克制。

当时毛泽东重病卧床，对外面的情况一点都不知道，依靠"联络员"传递消息。这是他了解政治动态和领导中央和全国的主要途径。只有汪东兴偶尔向毛泽东报告一些情况。汪东兴在一次公开讲话中谈到的会见毛泽东的情形：4月份，我去见主席，我汇报中央办公厅、八三四一部队的一些情况。我说：主席呀，天安门事件有点影响。主席说：有影响吗？我说：有。没有传达之前零散地去了几个人，有个人抄了一首词，被公安人员发现了，被拿去了。有个反革命分子写了反动标语。主席说：办公厅有多少人？我说：有万把人。主席说：万分之一吆，提高政治觉悟，提高领导艺术。反革命是极少数。……

这天，"联络员"毛远新将中央政治局4月4日讨论天安门事件情况（尚未讨论完）向毛泽东写了书面报告。报告中首先列举了几天来向天安门前烈士纪念碑送花圈的数字、人数、单位，然后写道：

多数是悼念总理，少部分有影射攻击中央的，个别是非常恶毒的。4月2日起，有不少人当场致悼词，读诗词，有的贴小字报、标语、传单。其中不少内容是以悼念总理为名，分裂、攻击中央，有的直接攻击毛主席，还有人上去发表煽动性演说，宣读十分反动的传单，语言极为恶毒，下面有人组织鼓掌，要求再读一遍。有的人上去读反动材料，周围有一帮打手，谁去干涉就挨打。4月4日晚有人公开读一个传单，说邓小平上台是决定性胜利，反击右倾翻案风是一小撮人搞的，某某人反总理，某某人想夺权等等，大群人围着听（还有外国人），有人帮助照明，他连读五遍，完全是攻击中央，攻击主席的。

北京市委组织民兵、公安人员在现场，这几天已发生50来起反动的案件，民兵一起去干涉，结果被挨打，已打伤多人，公安派出所也受冲击，天安门的卫兵干涉一个人爬上旗杆发表演说，结果被打伤。在这样大量的在天安门前集中那么多群众场合下，公开发表反革命的演说，直接攻击毛主席，是建国以来没有的。

很显然，这是有计划有组织的，不仅北京，全国不少地方都有。这也是去年以来大量散布反革命谣言、造反革命舆论准备的继续和发展，去年邓小平说批林批孔就是反总理，批经验主义就是揪总理（上海马老的揭发），他带头散布了大量谣言，社会上吹得更凶，去年一直未认真追查和辟谣。今年邓小平的名声不好，就抬出总理作文章，攻击反击右倾翻案风是反总理，利用死人压活人，利用总理在群众中的威望来为邓小平效劳，编造大量所谓"遗嘱""诗词""谈话"等等东西美化邓小平，于是谁要批邓，谁就是反总理了。这种手法颇有些煽动性。

这次敌人活动得如此猖狂，不足为怪，主席的重要指示，打中了资产阶级（主要是党内资产阶级）的要害，这次是反革命性质的反扑。当然送花圈的人多数是受人挑拨煽动，出于对总理的怀念，有的工厂（石景山）工人可以把"遗嘱"全文背下来，还边读边流泪，是上当受骗的。但是在清明节（这也是孔老二的一套）这样大规模的集中搞，显然有人在策划。

政治局的同志分析，阶级敌人猖狂跳出来是件好事，他们只能靠谣言、靠死人来煽动不明真相的人，说明他们日子实在不好过，也没什么了不起。但是也要提高警惕，防止挑起更大的事端，这次看出存在一个地下的"裴多菲俱乐部"，有计划地在组织活动。因此也防止万一，采取一些必要措施。

在北京，第一，继续发动各级党组织作好群众的工作，揭穿谣言，教育群众不要上当。中央准备转发公安部一个报告，在全国揭露敌人的阴谋，并发动群众追查政治谣言，在"五一"前搞一次大的反击。（正起草）第二，首都工人民兵组织好，（目前已准备了50000人）向广大群众作宣传、教育，打击暴露的反革命活动。公安机关密切配合破案。（目前已抓了十几个在天安门搞反革命宣传的人）第三，卫戍区部队要有充分的思想准备和组织准备，向干部战士讲清当前斗争的实质，防止敌人挑起更大事端。特别是八三四一部队，应向全体战士传达主席的重要指示，讲清当前天安门前是什么事，不能只看成是群众悼念总理的活动，而是反革命煽动群众借此闹事，战士可能同情闹事的人，甚至出现匈牙利事件那样，部队不愿意向反革命进攻。第四，北京军区要稳定，指定一定的机动部队，以防万一。

政治局决定，鉴于纪念碑前反革命活动越来越猖狂，从今晚（4号）开始，清理花圈和标语，估计会有人捣乱，已调了三千民兵在广场周围，卫戍区三个营在二线准备（昼不用部队出面）。明天开始，布置民兵围绕纪念碑，劝说阻止群众去送花圈和集会，不再允许进入这个范围。

截止目前（5日晨5时），在50000民兵和3000公安人员的包围下，抓住了当众宣读反革命传单、材料。群众基本走散，现场正在清理，花圈都送到八宝山。进行得还顺利。

估计下一步会出现两个可能：一是暂时地平息下去；一是挑起新的事端，敌人会利用"中央有人反总理，连送花圈悼念活动都不许的"借口去煽动，以致导致战斗。

就是这样一份歪曲事实的"报告"，被重病中的毛泽东"圈阅"，并说"天下已定"。

丙辰清明，是中国近代史上重要的一页。"四人帮"的"状元"姚文元这一天的日记是这样写的：

今日高潮仍是国家机关、七机部、科学院等居多。有的花圈奇形怪状，挂在吊灯上。

海燕在汹涌的波涛上迎风飞翔，共产主义战士在阶级斗争的大风大浪中锻炼成长。反革命活动会锻炼出一批革命派，这也是历史的辩证法——太顺利了不好。

晚政治局开会，我接到人民日报记者电话，告广场上有人进行反革命演说，直接点了江青的名，内容极坏，无人制止。我立即向政治局报告，激起了多数同志的愤慨和警觉，决定立即逮捕这两个反革命，清除花圈。吴德和倪志福同志紧张地走了。不久即听到这个坏蛋被捉住的消息。无产阶级专政总得有一点"专"的样子呵！太软了！

北京市还是努力做工作的。只是谣言一时难以全部肃清。问题还在部队中。

前两个月批邓中我曾说：如果下次再来比这次更厉害时，人们都当作只是一种可能性而已。但果然如此！从全国看，太原、西安、沈阳均有发现。凡不批邓的都在保周的口号下集合起来了。这是一次阶级阵线的鲜明划分。

看来，这位"状元"公很欣赏"专政"。他们果然拿群众开刀了。

4月5日凌晨1时开始清理天安门广场。花圈惨遭洗劫。200辆大汽车将花圈运往八宝山销毁，只留下小部分放在中山公园当作"罪证"。王洪文到"联合指挥部"小灰楼向亲信们面授机宜。广场的路口和纪念碑被封锁，截至凌晨5时，在数千民兵和公安人员的包围下，抓住了当众宣读"反革命"传单的人。100多人被集中审查，其中有20余人查出身上携有"反革命"传单材料。有些人当场被捕。

清晨，当人们发现他们奉献的花圈被收走，护卫花圈的人被抓走时，异常气愤。有数万人围在大会堂东门口高呼："还我花圈！""还我战友！"中午，群众包围了"联合指挥部"的小灰楼，提出归还花圈、释放被捕群众、保障人民有悼念总理的权利三项要求，均遭拒绝。被激怒的群众同民兵、警察等发生冲突。指挥部的几辆汽车在混乱中被毁，指挥部的小灰楼被烧。此时，张春桥、王洪文等人一直在人民大会堂注视着广场事态的发展，研究指挥"反击"的部署。

中南海游泳池。

江青手里拿着一根木棍，突然闯进毛泽东住处，来到毛泽东的床前，大声说道："我来这儿以前特意到天安门广场绕了一圈，那里硝烟弥漫，有一伙人烧房子，烧汽车！"她越说越气："这是以死人压活人！邓小平是他们的总后台。我要控诉！我建议中央开除邓小平的党籍！"

此时毛泽东躺在床上，看了看江青，没有说话。江青说："政治局已经开了会，作了安排，你放心，过一会儿毛远新还要来向你报告会议的详细情况。"

晚上6时半，北京市委主要负责人按照中央的安排，出面发表广播讲话。天安门广场所有的高音喇叭一齐开放，反复广播：

近几天来，正当我们学习伟大领袖毛主席的重要指示，反击右倾翻案风、抓革命、促生产之际，极少数别有用心的坏人利用清明节，蓄意制造政治事件，把矛头直接指向毛主席，指向党中央，妄图扭转批判不肯改悔的走资派邓小平的修正主义路线，反击右倾翻案风的大方向。我们要认清这一政治事件的反动性，戳穿他们的阴谋诡计，提高革命警惕，不要上当。

全市广大革命群众和革命干部，要以阶级斗争为纲，立即行动起来，以实际行动保卫毛主席，保卫党中央，保卫毛主席的无产阶级革命路线，保卫我们社会主义祖国的伟大首都，坚决打击反革命破坏活动，进一步加强和巩固无产阶级专政，发展大好形势。让我们团结在以毛主席为首的党中央周围，争取更大的胜利。

今天，在天安门广场有坏人进行破坏捣乱，进行反革命破坏活动，革命群众应立即离开广场，不要受他们的蒙蔽。

这个广播讲话，正是下班时间，广场上的人群不但没有减少，反而越增越多。

晚9时30分，天安门广场的群众逐渐减少。突然间，广场上照明灯全部熄灭，一瞬间又全部打开，如同白昼。"四人帮"早已组织好，隐蔽待命的民兵、警察和卫戍部队，一齐出动，迅速封锁天安门广场，对群众进行殴打逮捕，200多名群众被打伤，有数十人被捕，投入监狱。这就是震惊全国的"天安门事件"，也就是后来被称为的"四五运动"。

"四五运动"，以人民的眼泪和鲜血流在庄严的天安门广场，洒在人民英雄纪念碑的汉白玉栏杆上而载入史册。

"四人帮"干将、时任北京市公安局局长刘传新向毛远新做了如下汇报：

下午决定只要歹徒动手打人，民兵可以还手，并配备了短木棍，敌人的气焰马上就下来了。在市委广播用天安门广场的喇叭以后，多数看热闹的群众就散开了，一万民兵带着木棍包围上去，分批清理后，今天抓了38个人。以前三天捉了39人，大部分有证据。

特点：矛头集中、演说、诗词、悼词。

集中主席、集中中央。

这么多讲话文章，不提走资派，不提主席，除了攻击的手法多样，诗词、教歌、演讲，不是青年人写的，恶毒隐晦。

不顾一切后果的，法西斯的。

今天这个疯狂性看得更清了，杀人、放火，无所不为，地地道道的反革命事件。

够立案侦查的有300多起，反动的东西，共340多件，群鬼乱舞。

整个活动来看，早有预谋，有组织、有计划。

今天来得这么猛反扑，出乎我们的意外。

昨晚搞了一夜，原以为要喘息一下，没料到早上六点就开始了。

今天这么一搞还要防止新的反扑，

明天，组织3万民兵，9个营的卫戍区。

从抓到的文字、语言、行为恶毒得很，打外国人，……

纪念碑上贴了一些诗词：

天颜未明心澎湃，

滚滚泪水洒襟怀。

为保总理青松挺，

准备热血喷体外。

对于这一天血洗天安门事件，姚文元在日记中作了较为"真实"的记录：

今天经历了惊心动魄的阶级斗争，我目睹了反革命暴徒在天安门广场的表演，并自始至终参加了镇压反革命分子的斗争。

下午2时，政治局紧急开会，人民（天安门）广场上发生了赤裸裸的反革命煽动，反革命暴动事件，打了解放军，烧了汽车，打了民警，打了革命群众，并且冲到人民大会堂东门。一批人在纪念碑进行反革命煽动，号召成立反革命组织，以悼念总理为名猖狂地把矛头指向伟大领袖毛主席，指向中央，提出要邓小平上台，喊"总理万岁！"一个有组织、有计划的反革命阴谋越来越露骨。

今晨，我已把人民日报一份记者手写的情况在政治局会上报告并请远新同志报主席。其中提到反击右倾翻案风是"一小撮野心家"搞的，邓小平主持工作是他们"决定性胜利"。听了这个情况，我提出此事已带有反革命政变性质，要立即采取措施，开短会，不要多议。当即决定：由吴德发表讲话，指出这是反革命性质事件，号召群众离开广场，然后立即组织民兵进行包围、分割后拘留其骨干分子，予以有力打击。

3时散会，我先到人民大会堂北京厅外，看见了广场全景，四大批人拥来拥去，两堆火还在历史博物馆外燃烧。我即请政治局同志都上来看一看，在江西厅，大家都来了。这是触目惊心的反革命事件，一场匈牙利反革命事件的前奏。碑前核心部分有一批坏蛋始终不动，谁去反对就打谁，另有一伙人进行反革命演说，送花圈、贴传单。外面有好几万人，流来流去。再外面有一批骑脚踏车的人飞快地来回巡逻，看来是通风报信的。还有不少小汽车，有不少是部队的。不一会，解放军营房的小楼着火了，又一辆车着火了，火光熊熊，黑烟冲天。于是，看见楼上把被子、床单、衣服、书箱、纸张一批一批地从窗口掷了出来，掷到火中去烧。救火车无法接近。望远镜中，看见有一个家伙爬上纪念碑放了一个大花圈，用绳子把它围起来。政治局同志看到这一切，无不仇恨满腔，阶级斗争是这样尖锐，这已经是武装暴乱性质了！

大喇叭还不响，我们很急，一再查问。华国锋要求王洪文、张春桥、我留下来处理。我同意。终于，在6时25分，人民广场的大喇叭响了，吴德同志录音讲话反复讲反复播放。大喇叭一响，立即看见广场上的大多数人潮水一样一批又一批退去，不到一小时，广场上人已大为减少，看热闹的走了，核心部分就越来越暴露在面前。

9点25分，民兵开始行动。

一小撮反革命分子在无产阶级专政威力下迅速被击溃。带着棍子的民兵雄赳赳、气昂昂地开进广场，从南北两方面加以包围，敌人彻底瓦解了。

晚，政治局开会听汇报。战果辉煌。

抓住了200多人，放了一些之外，还留下100多人，突击审查。

强大的"革命暴力""摧毁"了弱小的"反革命暴力"。

从4月5日深夜至4月6日凌晨，高度紧张的部分在京的政治局委员连续开会。集中听取北京市公安局、北京卫戍区关于镇压天安门事件的汇报。有些人仍然认为群众的行动是"反革命暴乱性质"，说："不要以为事情完了，天安门前大表演是在造舆论，下一步是不是在广场不一定。"要求公安局要侧重侦察线索，找到地下司令部，中央尽快通报全国，准备更大的事件发生。决定组织3万名民兵集中在天安门广场附近待命，派出9个营的部队在市区内随时机动。

4月6日凌晨3时，毛远新将中央政治局部分同志听取北京市汇报，讨论天安门事件情况，又向毛泽东写了书面报告。报告说5日夜到6日凌晨，政治局部分同志听取了北京市汇报，并研究下一步怎么办。报告的基调与会议记录相同，只是做了更多的渲染。摘录如下：

这次事件有个特别明显的特点，即他们的矛头非常集中，各类演说、诗词、悼词、小字报、传单、字条、口号都集中攻击毛主席、攻击毛主席为首的党中央，这么多讲话、文章，就是不批邓（有的公开拥护邓小平），不提走资派，不正面提毛主席，手法多样，朗诵诗词的，发表演说的，教唱歌的什么都有，很多不是这些年轻人写得出来的，内容既恶毒又隐晦，是白头发的人编写的。再一个特点是法西斯，不顾后果，疯狂已极，杀人、放火无所不为（不是抢救得快，很多人会被打死），连提出不同意见的看热闹的群众都往死里打，是地地道道的反革命事件，在天安门广场光天化日下群魔乱舞，这是历史上没有的。够立案侦查的有300多起，反动的东西共340多个。

此外，从整个行动来看，完全是早有预谋，有组织有计划的。今天这么凶猛的反扑，出乎我们意外，原以为昨夜打击了他们，得喘息一下吧，谁知趁我们拂晓调整兵务部署的时机，突然组织反扑，他们过于天真了，看简单了。

今天得了教训，准备明后天新的反扑，已组织了3万民兵，9个营的战士，只要允许民兵挨打还手，不用战士也可以对付。估计敌人会准备明暗两手，要防止他搞暗杀、破坏活动，他们什么都干得出来。现在已准备了3万多民兵，集中在中山公园、劳动人民文化宫待命，市区内集结9个营的部队随时机动：历史博物馆两个营，小红楼一个营，中山公园一个营，劳动人民文化宫一个营，市委机关一个营，人民大会堂一个营，西单招待所一个营，市公安局一个营。另外，还有三四个师驻扎近郊待命。

今天我们估计不足，准备也差，上午没搞好，没有集中力量，在今天上午烧汽车时就应出动，但调动不灵了，指挥部没（被）包围，冲进去放了火，在一楼浇上汽油，点火。要把楼上的全烧死。楼上有民兵指挥部的马小六、张世忠同志（中央委员），有卫戍区两个副司令，市公安局两个副局长，他们从后门跳窗户才跑出来，教训太大了。另外，打不还手是指人民内部，那样的反革命，烧汽车、打人还不还手，吃亏了，他们连外国人也打，想制造事端，我们估计不足，暴露了我们工作中很多弱点。今天最后取得了胜利，但教训太深了。

政治局的同志一起研究分析了一下：不要以为事情完了，天安门前大表演是在造舆论，下一步是不是在广场不一定，防止他们声东击西，准备更大的事件的发生。因此民兵明天不要轻易出动，指挥要从全市着眼，不要只注意广场，遇事要沉着，看准了，不动则已，一动就要胜利。民兵要进行思想教育，讲清这根本不是什么悼念总理，是反革命暴乱性质。不要把民兵手脚捆得太死，"小人动手，老子也动手"。请吴德同志代表中央去慰问受伤的同志。公安局要侧重侦察线索，找到地下司令部，只打击了表面这些年轻人不行，要揪出司令部。部队也要加强教育。防止敌人也拿起武器，包括枪支。要准备几个方案，徒手、木棍，不行就动枪。市委要进一步加强宣传教育工作，使全市人民知道天安门前到底发生了什么事，明天人民日报要发社论，组织全市人民学习，批邓提高警惕，准备应付更大的斗争。

这个报告结尾写道：

国锋同志最后归纳了大家的意见，并建议由北京市立即把这两天的情况、性质、主要罪行、采取的措施写个材料，中央尽快通报全国，今天的事必然会传到全国，敌人会进一步造谣，制造混乱，挑起更大的事端，各省市不了解情况有所准备是不行的。

大家认为尽快向全国通报很有必要，起草后送主席。

就在这时，100多辆卡车一辆接一辆地满载着首都人民在天安门广场敬献给周总理的花圈驶进八宝山。卡车卸下无数的被损坏的花圈，放进事先挖好的火坑里。半夜12时，有人沉重地宣布："开始火化花圈，向总理默哀！"黑夜里，工人们低下头，点燃堆积如山的花圈。霎时间，烈焰腾空，火光冲天，映红了八宝山，映红了北京西郊的半边天。近两万个花圈在火中化为灰烬，似漫天的雪花迎风飘舞，飞向苍天，带着人民的哀思，告慰总理在天之灵！

从中央一号文件宣布叶剑英"生病"，到天安门事件被镇压这段时间，按照叶剑英身边人员的说法是"落难"时期。一个政治家最苦恼、最害怕的，莫过于不让他参加政治活动了，这等于扼杀他的政治生命。即使偶尔参加一些活动，却无力改变政治局面，这样的生命仍然是悲哀的。处在这种困境里，叶剑英整天沉默不语，他重读《共产党宣言》和列宁的《论策略书》，默默地背诵《楚辞》和《长恨歌》……

小卢看叶剑英闷闷不乐，以为身体不适，问他哪里不舒服，他指指心窝，苦笑着说："这里……"

为了驱散周围的沉闷气氛，叶剑英特意教小卢读辛弃疾的长短句，给她讲柳宗元的《捕蛇者说》。

永州之野产异蛇。黑质而白章。触草木，尽死，以啮人。无御之者……

只有初中文化水平的小卢哪里听得懂，叶剑英就像个私塾先生，哼哼呀呀，一板三眼地教起来。他告诉她，这篇古文是痛斥"苛政猛于虎"的。由此生发开去，他集中讲起蛇来，湖南零陵（古永州）的眼镜蛇、响尾蛇，如何之毒，如何之烈。但是，他说，最可怕的还是"美女蛇"，这种蛇不是"黑质而白章"，而是"红装而白章"，既会迷人，又会害人。

"卢子，你听得懂吗?"

"懂! 完全懂了，首长。"

叶剑英的脸上终于露出了笑容。

在清明节前后，在北京发生天安门事件的同时，在上海、天津、南京、杭州、郑州、太原、西安、青岛、合肥、武汉、重庆、成都等地也爆发了悼念周恩来、反对"四人帮"的声势浩大的群众活动。全国各地，男女老少，难以计数的人民群众走上街头。大江南北，长城内外，松花江两岸，西子湖畔，武汉三镇，羊城越秀，到处人如潮涌，花如雪海。整个国家在流泪，沉浸在极度悲愤之中。各族人民在追祭，以各种方式寄托着自己的哀思，显示着自己的力量。其花圈之多，挽歌之烈，声势之壮，是亘古未有的。

马克思有一句名言："任何地方发生革命震动，总是有一种社会要求为其背景"。天安门事件的背景是什么呢?

1976 年，中国人民经历了将近十年的"打倒一切，全面内战"的折腾，各级党组织被搞瘫痪了，国民经济濒临崩溃的边缘，老百姓的实际生活水平下降，林彪、江青两个反革命集团长期连续造孽，以及毛泽东在"文化大革命"中不断发出推行"左"倾错误的"最高指示"所造成的现实，使人们从"文化大革命"初期的"狂热"高温中开始冷却下来，从"造神"的迷信中开始醒悟过来，要寻求新的答案，开辟新的建设国家的途径。由于毛泽东年事已高，身患重病，人们把希望寄托在周恩来、邓小平等卓越的领导人身上。而周恩来的过早去世，邓小平的被批判，叶剑英的被解除兵权和靠边站，其他许多老一辈革命家受到打击迫害，所有这些已经引起人们的担忧和不满，愈加怀念人民的好总理周恩来。就在这个政治关节点上，"四人帮"却强奸民意，疯狂地压制和破坏悼念周总理的活动，于是干柴加烈火，一场强大的群众抗议运动的爆发就成为不可避免的了。

在这个运动中，人们悼念周恩来、拥护邓小平，是因为他们代表正确的方向和人民的利益；人们诅咒"四人帮"，是因为他们坏事做绝，祸国殃民，成了人民的公害和公敌。这个运动本身是正义的，合理的；但在当时"文化大革命"的特殊历史条件下，由于"四人帮"强力镇压，伪造情况，欺骗中央，

也由于长期陷入"左"倾思想羁绊的毛泽东年老多病，脱离实际，脱离群众，又为假情况的汇报所愚弄，因而对天安门事件作出错误的定性而造成的。

实践是检验真理的唯一标准。18 年前的这一伟大的群众运动，这样被写入中国共产党中央委员会《关于建国以来党的若干历史问题的决议》之中：

> 1975 年，周恩来同志病重，邓小平同志在毛泽东同志支持下主持中央日常工作，召开了军委扩大会议和解决工业、农业、交通、科技等方面问题的一系列重要会议，着手对许多方面的工作进行整顿，使形势有了明显好转。但是毛泽东同志不能容忍邓小平同志系统地纠

正"文化大革命"的错误，又发动了所谓"批邓、反击右倾翻案风"运动，全国因而再度陷入混乱。1976年1月周恩来同志逝世。周恩来同志对党和人民无限忠诚，鞠躬尽瘁。他在"文化大革命"中处于非常困难的地位。他顾全大局，任劳任怨，为继续进行党和国家的正常工作，为尽量减少"文化大革命"所造成的损失，为保护大批的党内外干部，作了坚持不懈的努力，费尽心血。他同林彪、江青反革命集团的破坏进行了各种形式的斗争。他的逝世引起了全党和全国各族人民的无限悲痛。同年4月间，在全国范围内掀起了以天安门事件为代表的悼念周总理、反对"四人帮"的强大抗议运动……

人们完全有理由这样说，以天安门事件为代表的抗议运动，是新中国成立以来一次最大的民主政治运动。它不是在党的统一领导之下进行的，但也不是纯粹自发的。它是由悼念周恩来而引爆的、以自发形式出现的运动，但又是自觉拥护党的领导、按照党的政治纲领提出打倒"四人帮"战斗目标的群众运动。

它的意义不仅限于悼念周恩来，有着更重大更深层的历史意义和作用。它反映了广大人民群众渴望制止"四人帮"反革命集团搞乱全国、实行篡党篡政篡军的阴谋，渴望社会主义祖国日益强大、繁荣昌盛的强烈要求。这个运动为粉碎"四人帮"创造了十分有利的条件，为粉碎"四人帮"斗争作了一次总动员，也可以说是一次成功的预演。没有这次抗议运动就没有"四人帮"的被粉碎。正是通过这次运动，叶剑英和其他老一辈革命家听到了群众的呼声，看到了中国的希望，检阅了党和人民健康力量的规模和气势。

党中央在给叶剑英的悼词中说他在粉碎"四人帮"斗争中"代表了党和人民的意志"，主要体现在这个伟大的群众抗议运动上。得民者昌，失民者亡。人民群众不但成为创造历史的主人，而且成为改变现实的主人。如果没有这个群众运动，很难想象在粉碎"四人帮"斗争中最后决策人的意志会那么坚定，行动会那么果断，又那么顺利。

以观后效

古罗马哲学家爱比克泰德说过："在漫长的岁月中，必然会发生各种各样的事物：第一个有压倒一切力量的是疟疾；第二个是强盗；第三个是暴君。"在中国70年代形成的"四人帮"可以说是这三种事物的综合体。他们是一伙想当"暴君"的"强盗"，而他们手中的一个得力武器便是在全国不断推行恶性"疟疾"式的各种政治运动，使人们在冷与热的反复折腾中失去抵抗力，使国家机器陷于瘫痪，以便实现其篡党夺权的野心。

天安门事件平息之后，"四人帮"在全国推行规模更大的"批邓"运动。

他们要利用天安门事件这场政治风暴，大肆制造口实，要揪出"天安门反革命的政治事件"的"总代表""黑后台"，进一步打击迫害邓小平，以完成预谋的"批邓"的"三步曲"：第一步，先是利用毛泽东主席不能容忍邓小平系统地纠正"文化大革命"错误，掀起所谓"反击右倾翻案风"的运动；第二步进而公开打出"批判邓小平修正主义路线"的旗号，这两步曲完成之后，接着第三步，便来个合奏，把所谓"批邓、反击右倾翻案风"运动推向全国。

4月6日，《人民日报》头版头条发表了《牢牢掌握斗争大方向》的社论，坚持"批邓"运动，并再一次将毛泽东不久前说的话"翻案不得人心"，以黑体字标出。这天晚上，"四人帮"在人民大会堂召开会议，北京市公安局局长特地派人参加研究有关天安门事件的"善后"处理问题。

张春桥用"军师"的口吻评点天安门的风波，故作高深地说："天安门事件实际是中国的匈牙利事件，那些人拥护邓小平，就是要把他抬出来作中国的纳吉。"

为了推波助澜，"四人帮"赶紧炮制一篇有关天安门事件的"现场报道"，在上送中央的同时，准备公开发表。姚文元告诉人民日报的亲信们，要按照张春桥的意思"鲜明地点出邓小平",还要写上"有预谋、有组织、有计划地制造的反革命的政治事件"这句话……

这篇人民日报记者的"现场报道"连夜被送到中南海。

4月7日晨8时05分。

太阳慢慢从东方升起,沉着面孔,爬过中南海的围墙,照进游泳池旁边的一所宅院。

毛泽东,此刻躺在床上,动作困难。他用困惑的眼光望着坐在床前穿着军装的"联络员"。

"联络员"正在继续汇报4月6日平息天安门事件的情况和6日晚中央政治局讨论的几件事。

其中一件是:华国锋建议将北京发生的事通报全国,起草了北京市委的报告,中央要发个文件。

"联络员"话音刚落,毛泽东好像早已想好,说出了四个字:"公开发表"。

"联络员"似乎未听懂,小心地问:"是要登报吗?"

毛泽东指着桌子上放着的《人民日报》的三份《情况汇编》回答:"是的。发表人民日报记者写的现场报道。"

"联络员"又问:"北京市委的报告不发了?"

毛泽东明确回答:"不发。"接着好像早已打好腹稿,一字一句地作出新的指示:"据此开除邓的一切职务,保留党籍,以观后效。"稍稍停一停,又交待:"以上待三中全会审议批准。"

这样,就决定了邓小平的命运。这也许是不久前叶剑英和邓小平谈话时,所估计的第二种可能"一批二保"。

对于这件事,一位外国的传记作家曾作过这样的评述:"国防部长叶剑英(他在1975年至1978年间担任这一职务)为邓小平保住了这个最后的机会。这位年迈的元帅是党的最高核心——政治局常委的五位成员之一。他说,如果把邓小平开除出党,他就辞职。在当时,这会引起非常大的震动。如决定同时罢免参谋长和国防部长，军队中的大多数人就会起来反对，国家就会分裂。要得到叶剑英的支持，就得保留邓小平的党籍。根据北京的官方材料，未发生这种冲突，简单地说，是毛泽东建议保留邓小平的党籍。"

当时叶剑英的处境已十分困难，他尽管尽了自己的最大努力来"保"邓小平，但已是无济于事了，因为他"自身难保"。

"保留党籍，以观后效"确实是毛泽东作出的决定。这种办法，不只对邓小平，对其他人也使用过，如 1959 年关于彭德怀问题的决议也同样用过类似的话。毛泽东对邓小平的问题做出这个提议和决定，有历史文献可以查考。

当时"联络员"听了毛泽东的话，高兴地说："太好了！"他接着半带建议半发问："是否由中央作个决议，也公开发表？"

毛泽东肯定地回答："中央政治局作决议，登报。"

"联络员"说："好。上次开会，春桥同志当邓小平面说：你看看天安门前的情况，人家要推你来当纳吉。"

谈话已经持续一小时，毛泽东感到累了，但他仍然坚持打起精神，点点头，表示同意："是的。"然后，扳着指头，归纳说："这次，一、首都，二、天安门，三、烧、打这三件事，性质变了，据此，赶出去！"他的话很简短，说到最后挥挥手，表示要"赶出去！"

"联络员"立即应声道："应该赶出去了！"然后灵机一动，站起来说："我马上找华国锋同志去！"

毛泽东叮嘱说："小平不参加。你先约几个人谈一下。不要约苏振华。"

"联络员"马上开列出要找的政治局委员名单（其中包括叶剑英，只邓小平、苏振华除外），用双手捧到毛泽东面前。

毛泽东慢慢地睁开眼睛，扫视了一下，指着一个人的名字说："叶不找。"

"联络员"会意，用铅笔画掉叶剑英的名字，然后又核对一遍："除这

3个人外，其他同志都参加。"

毛泽东说："好。"接着又交待："华国锋任总理。"

这句话太突然了，"联络员"一下子愣住了，他心目中的张春桥为什么又一次换成了华国锋？但他仍然迎合地提议说："国锋同志的任命和中央决议也一起登报。"

毛泽东答："对。"

"联络员"起身要走："我马上去通知华国锋同志开会传达。"

毛泽东挥手："快！"望着侄儿走出去，又交待一句："谈完就来。"

"联络员"刚向华国锋等传达过毛泽东的最新指示。下午，毛泽东又作了补充指示："华国锋还要任党的第一副主席，并写在决议上。"

第一副主席在党史上是个破例，从未有过。其实毛泽东作出这个决定是针对"四人帮"的。因为王洪文、张春桥曾经给他一再出过难题：不愿意参加接待外宾。他们摆出的理由是："不好见报"。华国锋代总理，他二人，一个是党的副主席，一个是常委，名次不好排。有的省给中央写报告也写王洪文副主席，不写华代总理。毛泽东想到：王、张之外，还加个江青，都看不起华国锋，而大权又不能交给"上海帮"，于是下了这个决心，在副主席前面加个"第一"。

当晚，中央政治局开会，宣读并通过了中共中央的两个决议：

第一个是中共中央九号文件，《关于华国锋任中国共产党中央委员会第一副主席、中华人民共和国国务院总理的决议》：

> 根据伟大领袖毛主席提议，中共中央政治局一致通过，华国锋同志任中国共产党中央委员会第一副主席、中华人民共和国国务院总理。

第二个是中共中央十号文件，《关于撤销邓小平党内外一切职务的决议》：

> 中共中央政治局讨论了发生在天安门广场的反革命事件和邓小平最近的表现，认为邓小平问题的性质已经变为对抗性的矛盾。根据伟

大领袖毛主席提议，政治局一致通过，撤销邓小平党内外一切职务，保留党籍，以观后效。

对于中共中央九号、十号文件颁布的两个决议，国内议论纷纷，国际舆论也有许多"坚持不同政见者"。美国的一位传记作家抱着怀疑的口吻写道：

关键一步是毛本人授意开除邓。虽然他明显已病得不能参加这次极重要的政治局会议，但他通过其侄子毛远新向会议转达了他撤销邓的意见。

据说政治局全体一致决定开除邓，这不可信。难道军界元老们"叶剑英、许世友及其他人"会同意吗？难道邓也投票开除自己吗？"全体一致"，意在任何人都不允许公开表明已经反对过毛的意见。

洪水般的反邓商品带着毛的商标，《人民日报》抑扬顿挫地说：反革命分子赞成邓小平，并试图让他"扮演纳吉的角色"。毛还是生活在过去之中，他仍做着1956年的匈牙利事件的噩梦。

以下几点表明毛赢得的胜利代价极大：

——极左派没有击垮邓；邓的盟友为他赢得了保留党籍的权利，"以观后效"。

——邓出来了，但极左派并未进去；毛把正在下降的权力授予了模棱两可的华。

——军队的元老们为目前的事件不快，但他们极少隐瞒在等待良机这一事实；他们等着毛去世，等着在他之后平息极左狂风（镇压纪念周时骚乱的不是军队，而是极左派的民兵；一般对这种骚乱，军队只要几分钟就能使它平息）。

——社会舆论无疑完全接受毛撤销邓的意见，中国的舆论已达到一种虔诚的程度；不过，在中国已经传闻毛可能再也不知他正在干什么了。

官方对邓的点名指责"死不改悔"倒是事实。邓没有全力反击毛——他正在寻求的是维护他今后东山再起的根基——不过，他封不住自己的嘴巴。

他对他的支持者们说："如果他们讲你是一个走资派，这就是说你在做一件好事。"可以肯定地认为，这句话在当时不是轻视毛的，就是轻视毛思想的。

一个小时以后，中央人民广播电台立即向全国广播了这两个决议文件。同时广播了《天安门广场的反革命政治事件》的报道。第二天4月8日，《人民日报》公布了中央的两个决议，发表了吴德在天安门广场的广播讲话，并以人民日报工农兵通讯员、人民日报记者名义发表了《天安门广场的反革命政治事件》一文。这篇报道竭尽颠倒黑白、造谣诬蔑之能事，把群众的抗议运动说成要"搞修正主义，复辟资本主义"，把群众拥护邓小平的领导说成"为邓小平歌功颂德，妄图抬出邓小平当匈牙利反革命事件的头子纳吉"。

各地组织了拥护党中央决议，声讨邓小平的游行集会，并且追查所谓"政治谣言"，追查和搜捕天安门事件和其他类似事件的积极参加者和"幕后策划者"，叶剑英也成了怀疑对象，在被查之列。一大批人被拘捕或被判刑。

对于中央两个"决议"的形成以及天安门事件的始末，姚文元在4月7日的日记中写道：

清晨刚吃安眠药不久，又来电话把我叫去开会。主席有重要指示。主席问了天安门的情况，当毛远新汇报到政治局准备发一部通报时，毛主席说："要公开发表，在报纸上发表。不是发北京市革委会的报导，而是发人民日报记者的现场报导一、二、三和吴德同志讲话。并据此开除邓小平一切职务，保留党籍，以观后效，以上待三中全会批准。1.首都；2.天安门；3.烧、打、砸这3件事，性质变了，据此赶出去！同时决定，华国锋任国务院总理。以上4件均登报。

这是在关键时刻，以果断行动实行无产阶级专政，一举粉碎了反革命事件的首脑，将动员起千百万人民起来进行斗争，表现了毛主席无产阶级革命家的大气魄和决心。决不犯巴黎公社放松镇压反革命的错误。我热烈拥护主席的决定。会上决定，今晚8时广播。我提出还有份刚发出的情况，是反革命分子在民兵强大威力下被缴械的报道，应补入。

由于人民日报是内部报道，把几份合成一份，时间极紧急，我立即把人民日报社的鲁瑛、新华社的解力夫、广播局的邓岗、肖木四人找来，并组织了汽车，规定这些人一律不回去，成立指挥小组，每个单位准备了通讯联络工具，有事商量应由各单位负责人立即通过汽车送回。人民日报几个记者也来了。非常高兴，几夜没有睡了，眼睛都充满了血丝，但立即投入了写稿的战斗。

不久，毛远新向毛主席汇报回来了。主席还说：决定中要加上华国锋任中共中央第一副主席，当晚8时广播，还要译成外文。当讲到人民日报还有一篇时，主席说：对呵！正在看。同意要跟省、市、大军区同志打招呼。

稿子改、排、校、送，花了不少时间。终于在政治局修改通过了。报主席。要两个决议、一个讲话批回来以后，此件也批回来了。当时是6时40分，离广播只有一个小时多了，还要先期录音，由于预先已准备好车子，广播局同志立即带了稿子离开，我说要坚决保证及时、准确地完成了任务。

7时开了一个北京各负责人会，只有10分钟，读了两个决议，要在家听广播。开完会，其他同志都走了，我决定留下来，听了广播再走。因为历次经验告诉我：这样匆忙地赶出来的东西必然在文字上会有误的，需及时校正。因而宣传单位的几个人也留了下来。一天身体已很疲乏了，但精神是十分振奋的。

一分钟一分钟地等待着，8时来临。收音机响了！播音员洪亮的声音，十分有力地播出了四个文件，声音在大厅中如洪钟般震荡着。

果然发现有个别错误，如"天安门"误写成"人民广场"等，立即进行校正。请同志们吃了饭，在这个战役取得了决定性胜利后，我们这个宣传的前线指挥部解散了。各自回本单位，艰巨的、新的战斗任务在等着大家。

我怀着一种战斗的喜悦回到家，同时以抱着一切可能发生的事回到家时，英、三三、莉莉一起极为高兴地拥上来，都说："好得很！""大快人心！"我很想多说几句，但这时又感到一种特别的疲劳，坐在沙发上不想多说了，一天只吃了一餐，走了许多路，精神上的紧张……这时随着一个大战役的结束而迸发出来了。英劝我躺一会儿，我躺了一下吃了安眠药，但始终睡不着，又爬了起来。是的，不能骄傲，不能麻痹。无产阶级专政下革命的路还很长，还有许多政治、组织问题要处理。但是今天这一切，都以鲜明的阶级斗争的事实告诉我们：必须加强无产阶级专政。一是有力的面向国内的亿万劳动人民和全世界的宣传，把反革命的阴谋煽动彻底揭穿；二是武装起群众，坚决拿起棍子（必要时机）；三是果断的组织措施。千百万人民懂得了阶级斗争的真相和自己的任务，敢于善于拿起武器同反革命分子战斗，用铁拳狠狠打击反革命分子，同时中央机构及时地处理内部的资产阶级代理人、叛徒，从无产阶级利益出发，打破一切资产阶级民主的框框束缚（如要开全会"选举"啊，要开"人大"通过啊……），采取果断的清除坏人的组织措施，这是粉碎反革命政变的三项基本经验。

中国的社会主义革命在阶级斗争的大风大浪中胜利前进！毛主席万岁！

四期简报，均是我修改后发的，留此以作历史的纪念。

（姚文元将《人民日报》的《情况汇编》特刊第 265 期钉在日记本中）

4 月 8 日，姚文元在日记中继续写道：

各地形势多数均好。反革命仍有破坏，这也在预料之中。邓小平、地、富、反、坏、右即发出嚎叫，绝望者狂跳，没有什么奇怪，镇压就是了。问题还在党内。这次事件，我看有三种因素作用：(1)党内走资派（包括要保卫资产阶级法权的高干子弟）；(2)社会的渣滓，从刑事犯，到没有改造好的地富反坏右到良动文人；(3)还有特务（国民党、苏修）。其中党内走资派是台柱、主心骨、凝结点。故征途尚长。

此次天下已定，作词一首，总括以记之，以待下次斗争参考对比：

水调歌头——天安门广场

巍巍雄碑立，堂堂大道通。万千烈士鲜血，化作广场宏。忽见群魔乱舞，阴火嚎风四起，恶鬼逞凶狂。工兵齐奋起，铁拳镇爬虫。霹雳震，怒涛涌，扫黑风。誓除阴暗丑类，旌旗耀碧空。万里征程尚远，白发红颜携手，文武追敌踪。回首火烧处，红楼倍鲜红。

姚文元的日记描写了天安门广场群众运动的声势和自己魂不守舍的心态，在很大程度上美化了自己。

当时在中央宣传口的耿飚和迟浩田将军曾将人民日报社揭发"四人帮"在天安门广场事件中欺骗毛泽东和党中央的罪行材料报告给叶剑英和中央领导同志。1976年12月10日人民日报社运动办公室材料组整理的《"四人帮"在天安门广场事件中的阴谋活动》摘要如下：

今年3月底，清明节前，许多群众陆续前往天安门广场人民英雄纪念碑前敬献悼念敬爱的周总理的花圈。群众的悼念活动，引起了"四人帮"的注意。南京事件后，姚文元两次指令鲁瑛："要注意北京的情况"，并说："要分析一下这股反革命逆流，看来有个司令部。"鲁瑛秉承姚文元的黑指示，派记者日夜轮流守在天安门广场，收集情况。根据有关记者的揭发，并查看了姚文元对这一时期《人民日报》编发的12期《情况汇编清样》（这是专送姚文元看的，经他修改、同意后，才能印成《情况汇编》特刊，报送中央政治局。以下简称《清样》）的亲笔修改件，证实"四人帮"在处理材料中耍了许多阴谋，搞了不少假情况，蓄意欺骗毛主席和党中央。

一、扣发或删去有关群众悼念敬爱的周总理的内容。

例如：4月1日和4月4日上午的两期《清样》……

二、对广大群众愤怒声讨"四人帮"的内容，姚文元做贼心虚，大砍大删。

4月3日的《清样》，反映了一份《倡议书》的下列内容："说共产主义的空话是不能满足人民希望的，资产阶级野心家、阴谋家、修正主义者们，凭说共产主义的空话，窃取了一部分党和国家的权力，他们最终也要穿着这种镶满空话的美丽外衣，连同他们肮脏的灵魂一起被人民扫入历史的垃圾堆。"还反映了一些诗词的内容，如："翻案图穷匕首见，攻击总理罪滔天。江青摇桥闪鬼影，反罢河娇红霞现。"这些内容都被姚文元一笔勾销了。

4月4日的《清样》上，刊登了署名"首都几名小兵"的一首诗："怒恨国贼，又刮黑风，正告你们，小小一撮，人民威力，不要小看。"还刊载了署名"北京地安门中学学生"写的题为《承志捉鳖》的诗："何惧寒风刺骨，誓把妖叛全消灭，敢翻怒涛下海洋，捉贼！"姚文元也全部删掉。

三、肆意删改，颠倒是非，给群众加上许多莫须有的罪名。例如：

4月3日的《清样》上，刊载了一首诗："丹心已结胜利果，碧血再开革命花。倘若妖魔喷毒火，自有擒妖打鬼人。"姚文元强加了如下罪名："所谓'再开革命花'，就是要推翻社会主义革命和反击右倾翻案风的斗争。"

4月4日《清样》刊载的一首题为《清明节呐喊》的诗写道："……'遥瞧'无罪？总理有瑕？桩桩件件，有目共察。追根寻源，海辽两家。名利熏心，欲立自家……"姚文元在这首诗的后面加了一段话，恶毒地叫嚷："这除了上海之外，还把矛头指向辽宁，暴露了策划者的一部分意图。"

4月5日的《清样》写道："有十来个小伙子，分别被闹事的人围打。据闹事的人说，其中两个是清华工农兵学员，一个是解放军。他们公开说了'周总理是党内最大的走资派'。因此，他们头上都被打起了几个大血包，脸浮肿，流着血。许多人叫着：'打死他！打死他！'"姚文元别有用心地删去了"他们公开说了'周总理是党内最大的走资派'"一句。经他这样一改，是非完全颠倒，对诬蔑周总理的坏蛋表示极大义愤的革命群众，却成了无缘无故要"打死人"的"暴徒"。

4月5日的同一期《清样》说："有人看见天安门广场的花圈没有了，便聚众'抗议'。"姚文元把"有人"改成"一小撮坏人"，把"聚众"改成"煽动一伙人"。经他一改，那些送花圈悼念周总理的群众竟变成了"一小撮坏人"。

4月5日的《清样》上，姚文元把一首新体诗怒斥"四人帮"反对周总理的内容全部删去，印发《情况汇编》特刊时，把剩下的半首诗同另一首旧体诗拼凑在一起，手段极其卑劣。

四、蓄意收集邓小平与天安门广场事件有"联系"的材料。

天安门广场绝大多数悼词，都是悼念周总理和反对"四人帮"的，因此，4月初的几期《情况汇编》特刊上都没有反映出天安门广场事件与邓小平有"联系"的内容。4月4日晚，记者从天安门广场抄回一份材料，文中写道："在周总理患病期间，由邓小平同志主持中央工作，斗争取得了决定性胜利。邓小平同志主持中央工作，全国人民大快人心。"鲁瑛如获至宝，等不及编发《情况汇编清样》，立即用电话向姚文元报告。姚文元听后说，他要立即在政治局会议上汇报，还让鲁瑛把这份材料送给毛远新看。

鲁瑛还根据姚文元要派记者到科学院半导体研究所"了解一下"

的黑指示，在4月3日和4月4日边疆编发两期关于半导体所的《情况汇编》特刊，反映该所在的科技处做了什么样的花圈。其用意是说：这花圈是邓小平煽动做的。

4月中旬，鲁瑛等人又编了一期关于天安门广场事件的"罪行"的《情况汇编》特刊，其中刊登了几张照片。姚文元看后大为恼火，责问："为什么用这些照片？杂乱无章，有打破头的，没有一张是与邓小平有联系的。"一语道破"四人帮"迫切需要同邓小平有关系的材料。

五、反映4月5日事件的几期《情况汇编》特刊，经"四人帮"一伙改编后，成为《人民日报》4月8日刊登的题为《天安门广场的反革命政治事件》的报道。在这一改编过程中，"四人帮"不仅对鲁瑛面授机宜，出了许多黑主意，姚文元还自己动手增删，塞进了不少私货。

鲁瑛在主持改编的过程中，秉承"四人帮"的黑旨意，蓄意扩大事件的严重性，把这次事件说成是"有预谋、有计划、有组织"的；把文中的"这伙人"一律改为"暴徒"；把"一小伙闹事的人"改为"一小撮反革命分子"。

鲁瑛在张春桥、姚文元的授意下，在这篇报道中写了下面一些话："他们为邓小平歌功颂德，推出邓小平当匈牙利反革命事件的头子纳吉。他们胡说什么：'由邓小平主持中央工作，斗争取得了决定性胜利，全国人民大快人心。'还恶毒地攻击诬蔑说：'最近所谓的反右倾斗争，是一小撮野心家的翻案活动。'反革命气焰嚣张至极。"姚文元在改编过程中，还亲笔加了："吹捧邓小平反革命的修正主义路线"，"这些暴徒公然反对毛主席亲自发动和领导的反击右倾翻案风的伟大斗争"，"这是一场反革命暴乱"。

六、在天安门广场事件期间，"四人帮"十分活跃，同鲁瑛联系密切。4月5日凌晨5时，王洪文窜到天安门广场工人民兵临时指挥部的小楼上，对张世忠、马小六说，天安门广场事件是反革命性质，要他们坚决顶住，并大谈工人民兵的主要任务是对内反复辟，同国内走资派做斗争。鲁瑛把这当作报纸宣传的新精神。王洪文还曾专门打电话给鲁瑛，让他提高警惕，注意有人要冲人民日报社，并要鲁瑛自己也要注意安全。

"四人帮"在人民大会堂偷看天安门广场情况时，用望远镜看不清纪念碑前人群中的情况，姚文元就马上打电话叫鲁瑛派记者到纪念碑前看清楚，然后回来报告。

4月7日，王洪文、张春桥、江青在人民大会堂接见鲁瑛和几个记者，赞扬他们反映了重要情况，还同鲁瑛等人碰杯，饮酒祝贺。

天安门事件后，中国出现一个"四人帮"操纵下的短暂的"恐怖"时期。公安部门在"四人帮"的指使下大肆搜捕参与天安门事件的罪证和罪犯。在短短两个月时间内，搜走悼文、诗词原件583件，强令群众交出悼文、诗词照片和现场照片10.8万多件；从中选出重点600余件编成《天安门广场反革命事件罪证集》，加上其他"重点线索"，总计立案追查的共1984件。北京共拘捕群众388人，如果加上以隔离、办学习班、谈话等方式审查的数量就更大了，全北京被触及的群众数以万计。在全国各地，也出现了所谓"南京事件""西安事件""杭州事件"，等等，在许多省市也进行着大规模搜捕镇压活动。以辽宁省为例，在毛远新的部署下，审查处理了685人，其中拘留213人，逮捕49人，判刑11人。

"四人帮"在对革命群众进行大搜捕的同时，掀起了更大的"批邓"运动高潮。他们调动御用写作班子"池恒""梁效""程越""方刚"等就天安门事件大写"大批判"文章，每天在《人民日报》《红旗》等各种报刊上像连珠炮似的打了出来。其攻击矛头集中在邓小平身上，诸如"万箭齐发，对准邓小平""愤怒声讨天安门广场事件的罪魁祸首邓小平"等等，充斥在舆论宣传阵地。

4月18日《人民日报》发表社论《天安门广场事件说明了什么?》一文，

把参加"四五"运动的群众说成"一群反共、反人民、反社会主义的反革命分子"，诬称邓小平是"这些反革命分子的总代表""右倾翻案风的总后台""从清华少数人的诬告信，到天安门广场的反革命政治事件，都有深刻的政治背景和阶级根源，其源盖出于邓小平"。

4月28日《人民日报》发表梁效的《邓小平与天安门广场反革命事件》。与此呼应，《红旗》杂志发表了《无产阶级专政的伟大胜利》《走资派就是党内的资产阶级》《评邓小平的买办资产阶级经济思想》等一系列文章。

1976年5月16日，《人民日报》、《红旗》杂志、《解放军报》编辑部联合发表了《文化大革命永放光芒纪念中共中央1966年5月16日（通知）十周年》的文章，再次强调了"文化大革命"理论的正确性和"文化大革命"的必要性，攻击邓小平，宣传"资产阶级就在共产党内"的错误理论。这篇文章说：

> 十年来，我们同刘少奇斗，同林彪斗，同邓小平斗，这一次一次的斗争都证明：资产阶级确实就在共产党内。党内走资派是资产阶级同无产阶级进行较量、搞资本主义复辟的主要力量。这里，关键的问题在于他们是混进无产阶级专政机构内部走资本主义道路的当权派。

> 党内最大的不肯改悔的走资派邓小平，就是这次大刮右倾翻案风，直至天安门广场反革命政治事件的挂帅人物。文化大革命前，他是刘少奇资产阶级司令部的一二号头目。……"三项指示为纲"，是邓小平翻案复辟的政治纲领。这个修正主义纲领，宣扬阶级斗争熄灭论和唯生产力论，反对以阶级斗争为纲，否定党的基本路线，否定文化大革命的必要性。邓小平妄图把它作为今后长时期"各项工作的总纲"，强加于全党、全国人民，为全面复辟资本主义开辟道路。

> "全面整顿"，是邓小平翻案复辟的行动部署。一声整顿令下，翻案妖风骤起。毛主席的革命路线和政策，文化大革命的成果，社会主义制度的优越性，他一律都要"整顿"掉。所谓整顿，其实质就是资产阶级整无产阶级，就是资本主义复辟。

毛主席在今年年初说过："不斗争就不能进步。""八亿人口，不斗行吗?!"无产阶级文化大革命的十年，就是我们在斗争中前进的十年，是我们国家发生巨大变化的十年。

5月18日，姚文元一手炮制的《党内确有资产阶级一天安门广场反革命事件剖析》一文中写道："到天安门广场闹事的那些牛鬼蛇神，群魔百丑，都是按照邓小平的笛音跳舞的"，邓小平"集中代表了党内外新生资产阶级和地富反坏右的利益和要求"，结论是"天安门事件是邓小平一手造成的"。多么奇妙的"天方夜谭"!"四人帮"还从邓小平的妹妹、病休在家的女儿身上编造谣言，一直株连到邓小平。

6月18日，中央办公厅发出通知，将毛泽东1964年12月12日的一个批示印发全党。这个批示指出：

官僚主义者阶级与工人阶级和贫下中农是两个尖锐对立的阶级。

管理也是社教。如果管理人员不到车间小组搞三同，拜老师学一门至几门手艺，那就一辈子会同工人阶级处于尖锐的阶级斗争状态中，最后必然要被工人阶级把他们当作资产阶级打倒。不学会技术，长期当外行，管理也搞不好。以其昏昏，使人昭昭，是不行的。

这些走资本主义道路的领导人，是已经变成或者正在变成吸工人血的资产阶级分子，他们对社会主义革命的必要性怎么会认识呢？这些人是斗争对象、革命对象。社教运动绝对不能依靠他们。我们能依靠的，只有那些同工人没有仇恨而又有革命精神的干部。

印发这个批示的目的，也是为了攻击邓小平。

"四人帮"特别强调：邓小平被打倒以后，阶级斗争并没有结束，"走资派还在走"，还会有新的政治代表和头面人物。他们不仅打倒邓小平，而且要整倒"一层人"，即正在台上的从中央到地方的党、政、军一些领导干部，特别是中央、国务院一些领导同志。"有一层人势力很顽固"，要特别警惕"中央出修正主义"，要"一级盯一级"，"一级一级往上盯"，"一直盯到中央政治局"；"仍然会有斗争，还会有别的机会主义头子，别的挂帅人物跳出来"。7月1日姚文元审改的《清华大学党委在斗争中加强党的建设》特别强调，要警惕走资派篡夺各级领导权，要警惕中央出修正主义。

对于邓小平与"四人帮"进行斗争遭到暂时挫折和失败，外国和港澳有许多猜测和评论。美籍华人学者张大卫博士在评论周恩来与邓小平的《中流砥柱、各有千秋》一书中，从政治学研究的角度作了比较客观的评述。他写道：

一般认为，邓小平在1975年已经有效地控制了党、政府和军队，他的行动得到了毛泽东的支持。另一方面，他始终贯彻了毛泽东和周恩来关于发展生产、安定团结以及发展科学技术的基本政策。香港中国知识分子中的中国问题观察家们，始终认为邓小平在1975年为国家的恢复创造了有利条件。他受到全国人民的爱戴和拥护。他把他的拥护者重新联合起来，但并没形成他自己的特殊派别。他一直同"四人帮"进行严肃的斗争，但为什么他最后被"四人帮"打败了呢？那几年香港的中国报纸提出了五个结论性的原因：

（1）邓小平想按毛泽东的指示为国家尽责和挽救中国共产党；

（2）"四人帮"控制了宣传工具，利用了毛泽东的威望，曲解了毛泽东的指示以为己用；

（3）"四人帮"垄断了党内的信息传递，控制了毛泽东的消息来源；

（4）"四人帮"利用玄妙的马克思主义意识形态搞乱了群众的思想，强迫他们用绝对的方法看问题。许多人没有受过足够的教育，不能充分认识受了"四人帮"的欺骗和利用；

（5）在"四人帮"的压力下，在缺乏言论自由的情况下，人民感到愤怒和无能为力。天安门事件的暴发是人民表示拥护周恩来和邓小平的第一次自发反抗。可是群众无法接近毛泽东，无法向他表示他们的不满。这样一来，天安门事件反而为"四人帮"所利用，他们说服毛泽东罢免了邓小平。但毛泽东让华国锋当了总理，而不是张春桥。

这 5 个结论性的观点，不失为可以参考的一家之言。

竟将残局付英雄

为了攻击中央和国务院领导同志，"四人帮"利用各种渠道，搜集和整理诬陷这些同志的大量材料。王洪文调阅了国务院、中央军委、国防工办等单位从 1975 年 6 月至 1976 年 1 月的部分文件和会议简报，拼凑材料。"四人帮"的亲信把持的上海市总工会，断章取义地整理印发了中央和地方领导同志的材料 43 种、25 万多份，被点名的中央政治局同志、副总理、副委员长 15 人。

同时，"四人帮"一刻也没有放弃攻击叶剑英。

他们把叶剑英和邓小平捆在一起来批，从历史到现实，从政治到生活，制造种种流言蜚语，调子越唱越高。不但诬蔑叶剑英是"军内资产阶级"的"代理人"，而且寻找各种线索和证据，诬指他是天安门事件的"黑后台"和"幕后策划人"。他们查到叶帅和子女以及办公室人员在清明节前后去天安门广场抄录革命诗词的事件，为此大作文章。当时公安局和"联合指挥部"派出"便衣"密探专门抄记和拍摄去广场的进出车辆。他们从一个车号上对出是"叶办"的车子。于是，以此为突破口，兴师动众，追到小翔凤住地，又追到"2 号楼"，一直追到西山叶剑英的住所。最后办公室王守江奉命与他们打交道，要他们拿出确凿证据，这伙人无奈，只好不了了之。

"风雨如晦暗故园"。叶剑英的一位老部下李新在《感时呈叶帅》的七绝中写道："当年抗日打红旗，八路威名天下知。今日雄兵三百万，岂无一个是男儿？"

身居澳门的爱国民主人士、著名社会活动家马万祺先生访问朝鲜归来，时值"四五"运动的尾声。他听说小平被"罢官"，叶帅"生病"，深为旧事忧虑。

马万祺先生是广东南海人，曾获澳门东亚大学工商管理荣誉博士学位，他是澳门侨界领袖、全国人大常委、著名的社会活动家。后任第八届全国政协委员会副主席、澳门特别行政区基本法起草委员会副主任委员、澳门中华总商会会长等职。他在企业界、文化界等诸多领域担任着许多重要职务，进行了大量有益的工作。他和叶剑英有过长时间的、多方面的交往，建立了深厚的友谊。马先生酷爱诗文，更喜欢叶帅的诗词，可说心曲相通。

对于这两位知己的交往，作者曾写过一篇专文《马万祺同叶帅相处的日子》刊载在 1993 年 10 月 22 日的《澳门日报》上，特予摘录：

> 早在 30 年代，在西安事变和抗日战争初期，马万祺从要好的朋友柯麟医生那里知道叶剑英其人。柯麟是一位老共产党员、叶剑英大革命时期的战友，和叶剑英一直保持着联系，相知甚深。他常常向马万祺谈起叶剑英许多传奇般的故事，马万祺听得入迷，深受教育，从此便十分敬仰这位伟大的革命家。1944 年以后，柯麟出任镜湖医院院长，负责党的地下联络工作。马万祺先后任该医院董事、副董事长、董事会主席。

> 1949 年 10 月 14 日，广州解放。叶剑英担任华南分局第一书记、广东省人民政府主席、广州市长，同时兼任中南军政委员会副主席、华南军区、广东军区司令员，集党政军领导重任于一身。当时解放军在向广西进军和海南岛战役中，迫切需要从港澳向内地输送一些急用物资，而当时从香港运进较难，叶剑英便指示侧重从澳门进口。柯麟医生及其弟弟柯平与澳门中华总商会副会长马万祺商议。马听说是叶剑英嘱办的事，立即行动，竭诚协助南光公司积极筹办，并协助驻澳门国营机构，抢运大批粮食和五金、器材、汽油等应用物资，支援大军解放广西和海南。

1950 年 5 月，欣欣向荣的祖国首次邀请中华教育会理事长马万祺和黄长水先生共同组织港澳工商界观光团回内地观光。全团由港澳工商界及文化、新闻、医务等各界人士共 70 多人组成，黄长水任团长，马万祺任副团长。东风作伴好还乡。他们一行抵穗后，首先受到广东省人民政府叶剑英主席，方方、古大存副主席的热情接待。马万祺第一次见到叶剑英就好像见到家里亲人一样，无拘无束，倾吐衷肠。叶剑英紧紧地握着他的手，嘘寒问暖，微笑着说："你为祖国做了好事，党和人民不会忘记的。"马先生感到很亲切。叶剑英身膺重寄，却平易近人，对海外侨胞和民主人士礼遇有加，不但设宴款待，还单独接见，亲到迎宾馆畅叙家常。他那时雄姿英发，谈笑风生，一派儒将风度。在交谈中，对港澳的爱国工作非常支持，同时对祖国建设充满信心。

从此以后，马先生在叶剑英的鼓励下，积极带头推动澳门工商业人士回内地参加祖国各类工业建设投资、参加物资交流会、出口商品交易会等活动。1952 年至 1953 年间，他经常应邀到广州出席会议，多次有幸直接聆听叶剑英讲话。叶剑英或谈形势，或讲建设，或忆往事，或叙乡情，既实在又风趣，款款道来，娓娓动听。他还虚心地征求各方面意见。凡是马万祺和港澳人士提出的提议和要求，只要合理的，又能办到的，他都亲自料理。即使办不到的，也向他们解释清楚。那时马万祺听到中山县在土改中落实归侨政策有问题，曾向叶剑英反映。叶非常重视，当即答应调查，慎重处理，不久便落实了政策。足见叶剑英虚怀若谷、爱护归侨的一片赤心了。

1954 年以后，叶剑英从广东调回北京，与马万祺见面的机会少了。但他仍然没有忘记马先生，经常捎信问候，给予亲切关怀。尤其使人难以忘怀的是十年浩劫的那些岁月。"文化大革命"一开始，林彪、江青一伙即对叶剑英进行迫害。马万祺在澳门陆陆续续听到一些不好的传闻，听说叶帅被打成"二月逆流"，孩子们也被投入监狱，感到十分不安。那时马的两个大孩子，长子马有建在北京首都钢铁公司工作，次子马有恒在广州暨南大学读书。林彪党羽得知马万祺与叶帅的关系，便指使造反派拘禁马家的两个孩子，企图逼供"黑材料"，制造攻击叶帅的"炮弹"。孩子们断然拒绝了。叶剑英知道后，非常气愤。他虽然身处逆境，但仍排除困难，设法搭救保护马万祺的儿子，把他们接到住处，留在身边。

1969 至 1970 年间，马万祺的肺病发作，时好时坏。叶帅知道以后，特别关心，要他将病历从澳门寄来，并请北京友谊医院院长、著名教授钟惠澜和在京的著名肺科大夫为马诊断。后来，叶剑英特邀他到京，又请了吴垣兴、钟惠澜、吴英恺及首都几家医院、北京结核病研究所的著名专家教授为他会诊。马先生由于沉疴在身，心情急躁，提出只要可以做手术，就不如彻底将肺切除，剪除后患。而 6 家医院有 5 家不主张做手术，一家认为可做可不做，一时难以定论。最后报请叶帅裁定。叶帅询问病情，又仔细看了病历，劝马用医治肺结核的新药治疗，不赞成手术。马先生遵照他的意见用药，果然奏效。马万祺感动地说："这多亏叶帅的关怀帮助，使我战胜疾病，幸福地活下来。"马万祺特赋《感皇恩·颂叶帅寿辰》一首，赞美叶帅：

倚剑论纵横，长征途中。多少严寒与风雨。顾盼当年，万里河山闲渡。到而今彻悟，非天数。遵义奠基，延安奋斗，才使人民载歌舞。此生曾誓，永伴激流深处。况英雄未老，千秋著。

倚剑论纵横。叶剑英是一位身经百战、久经考验的伟大政治家和军事家。不管什么时候，遇到多么大的风浪，他都能把握航向，万里河山闲渡，永伴激流深处。对于叶剑英的这种临危不惧、从容不迫的气魄，马万祺是十分敬佩的。

"文化大革命"期间，只要条件允许，马万祺每年都要争取回内地一两次，只要有机会，每次回来总要去探望叶剑英。那时群魔乱舞，人妖颠倒，全国陷入极度动乱之中，他总是担心叶帅的安全。但马万祺没有料到，他每次看到叶剑英，叶帅都是那样开朗乐观，静如处子，稳若泰山。即使在他受到监视、"审查"那一段时间也是如此。从叶帅身上，马万祺得到不少启示和力量。有一次他去看望叶帅，老人家身体欠安，他祝叶帅健康长寿。叶剑英点头致谢，小声默诵曹操的《龟虽寿》诗："神龟虽寿，犹有竟时，腾蛇乘雾，终为土灰。老骥伏枥，志在千里；烈士暮年，壮心不已……"叶剑英怕马万祺听不清，特意拉过他的手，在手掌上写了"老骥伏枥"四个字。马万祺心领神会，暗自想到年逾古稀的老帅，虽然不得已"养晦韬光"，但他对国家大事依然耿耿于怀，志在千里。

在十年动乱期间，叶剑英身处逆境，遭到迫害，但他逆流而进，勇敢搏击，同林彪、江青一伙进行了长期不懈的、各种方式的斗争。

林彪"自我爆炸"后，叶剑英的处境稍有好转，仍在与"四人帮"苦苦周旋。征途坎坷，重任在肩。1973年春，马万祺又去看他，洽谈甚欢，他向叶帅表示，以后每年至少来看望他一次，祝福他"寿比南山"，叶帅听了微笑地点头，表示谢意。这一年，马万祺写了《再祝叶帅寿辰》的诗。诗曰：

> 京华几度同欢叙，
>
> 领益良多仰劲松。
>
> 大树雄风天可柱，
>
> 将军怀抱海能容。
>
> 平生肝胆追红日，
>
> 一片丹心透九重。
>
> 唐代汾阳功不匮，
>
> 位高名显半儒庸。

1976年春，担任澳门乒乓总会会长的马万祺率领澳门乒乓球队访问朝鲜归来，途经北京，又逢老帅寿辰，偏遇国家多事之秋，这位"老骥"究竟怎样了呢？马万祺携夫人罗柏心，再一次来到小翔凤，为"养病"的老帅祝寿。叶剑英见到港澳的老朋友，此时此刻来看他，心里说不出的高兴。招待他们夫妇共进晚餐，暗示自己身体没有大病。"老骥伏枥，依旧故我。"

叶剑英被宣告"生病"在家，他当时所处的地位，只有"忍耐"和"期待"。

他期待着毛泽东的病情能有转机，期待着邓小平有机会再次"出山"。起初，他悄悄地去看望邓小平，后来不能亲自去了，就通过子女们沟通联系。

> 凭栏望，韩夫子祠，如此江山，争让昔贤留姓氏；
>
> 把酒吊，马将军墓，奈何天地，竟将残局付英雄。

4月30日晚间，他出席工人体育馆庆祝"五一"节晚会，归来途中，特意绕过天安门广场看一看，心如潮涌，忽然忆起了从前在广东潮州拜谒韩愈祠时读过的这副对联。

是的，现在摆在眼前的中国这盘"残局"将怎样收拾呢？中国已经乱了十年，还要乱下去吗？如此折腾，人民怎能承受得了？国家怎能承受得了？他相信，世界上没有走不完的棋，没有收不了的残局。这个"残局"肯定要收场的，而且维持不了多久。

可是，又是哪位"英雄"来收拾这个"残局"，使国家重振元气呢？

满腹心事的叶剑英仰天长啸，发出"天问"了。"遂古之初，谁传道之？""明明暗暗，惟时何为？""斡维焉系？天极焉加？八柱何当？东南何亏？"……

然而，天又何言？处在龙年中的"四人帮"正攀住"龙头"，"挟天子以令诸侯"，把攻击矛头扩展到各条战线、各个领域。他们整理印发了中央和地方领导人的黑材料43种、25万余份，被点名的中央政治局委员和副总理、副委员长共15人，中央国务院各部门负责人20多人，省委书记13人。中央军委各总部和三军的领导人再次遭到冲击。

面对这种严峻的形势，叶剑英夜不成寐，陷入了深思：全国已经大乱，不可收拾。军队再乱了，如何得了！"长城"毁于一旦，江山还能保吗？……

五

五月

叶剑英韬晦上西山

聂荣臻、王震酝酿除妖

病情加剧

宋朝著名散文家苏洵在《管仲论》中说过："夫国者，以一人兴，以一人亡。贤者不悲其身之死，而忧其国之衰。"这句话是评论春秋管仲的。此公曾被霸主齐桓公尊为"仲父"，可见其才大功高。苏老夫子这两句评论放在"史无前例"时期的中国也无不可，那时的中国确实曾一度以"一人"为尊。

当时在"四人帮"咄咄逼人之下，邓小平、陈云、叶剑英、聂荣臻和许许多多的老同志确实"不悲其身之死，而忧其国之衰"。他们早将个人生死荣辱置之度外，为国家的前途和命运忧心忡忡。最令他们担忧的是当时与中国兴亡攸关的毛泽东的病情。自从4月以来，毛泽东带病相继会见新西兰总理马尔登、新加坡总理李光耀和巴基斯坦总理布托之后，中国政府对外发布公告，宣布毛主席今后不再在外交场合露面。对于这种状况，美国作家罗斯·特里尔所著《毛泽东传》一书中作了如下评述：

4月下旬，新西兰首相穆东（应译为马尔登——作者注）来到中南海，他就遇到了这种令人尴尬的场面。毛几乎无力移动他倚在安乐椅靠背上的头，费了好大劲他才喘息着讲出几句话……

有时毛伸出他光滑的、衰老的手在便笺上胡乱涂几个字。对任何熟悉毛那龙飞凤舞的笔迹的人来说，这些字倒是能够认清，然而，现在这些字的意思却往往含糊不清。

与穆东谈了十分钟后，毛就上床了。这期间，他在便笺上给华写了一句话，"你办事，我放心"……

同一晚上，毛又写了一句话，"照过去方针办"。毫不奇怪，毛经过了一场激烈的思想斗争……

5月份，新加坡首相极费劲地与毛度过了几分钟。这是毛最后一次会见外宾了（事实上，毛泽东最后一次会见外宾是之后的 5 月 27 日会见巴基斯坦总理布托——作者注）。李光耀说："没有实质性的交流。他的话莫名其妙，要先由他的侄女（应为姨侄孙女）王海容译成普通话，然后再翻成英语。有时他的侄女还要把它们记下来，回过头与毛核对。"

维也纳的神经科专家沃特·布克梅尔博士早就诊断出毛患帕金森氏病。这年夏天，他又秘密地飞到北京。可是，除了至多延长毛几个月生命外，他不可能再做什么了。

政治局的所有成员都感到焦虑。如果这位象征中华人民共和国实际存在的、无与伦比的人物不在了，他们将不知道中国该如何面临这头几个星期的来临。

政治局的成员们发现，1975 年至 1976 年，他们对任何事都难以达成一致协议，尤其是不知道该如何对待这位神人。因此，毛仍是决定他们每个人眼下前途的杠杆支点，他仍在台上，咕哝着他的话，而资深的同僚们像可以不负责任的勤杂人员，守候在他左右。

一位年轻的外交部官员 6 月份宣布："毛主席近来身体很健康，一直忙于工作。我们党中央决定不安排（他）会见国外知名人士"。

过了这么久，中国官方才最终对毛的健康状况作了解释。言外之意很清楚：毛生命垂危。数年来，中国人只能见到他同外宾在一起的照片，现在连这种活着的形象都再也见不到了。

根据近几周来毛同新西兰、新加坡、巴基斯坦领导人的费力而又短暂的会见，可知做这种决定早就准备好了。然而，这种宣布是一场恶作剧。不管是谁，肯定不是"我们党的"全体"中央委员们"决定这样做的。

极左分子似乎也反对这一做法。对上海的激进分子、对江青以及现在毛机构中的其他人来说，毛并不是那根他们围绕着跳民间舞的五月柱。

政治局剩下来的务实派倒是欢迎这一做法，不过他们的力量太弱，还无力促成这一决定。

无疑是华领导了这一行动。这位审慎的总理紧挨着毛，他不必冒令毛发怒的危险就能操纵这一决定。作为极左派的一部分，他还没有到这种程度，以致他要背水一战，把毛当作一片大树叶紧紧抓住，以抵挡江青一派的进攻，从而掩盖他自己的目的。

毛本人是否也参与其中，抑或是他本人制定了这一方案？我们不得而知……

当时，毛泽东除患有帕金森氏病，还有心肌梗死、肺心病、运动神经元、白内障等多种疾病，使他病情加重，除了自身的原因外，很显然有两个客观因素：一是天安门事件使他受到很大震动，另一个是饱受"四人帮"折腾之苦。叶剑英看到这种状况，更是忧上加忧。何以解忧？唯有除害。他的忍耐是有限度的。中国的会意字很有意思。"忍"字是"心"字上面加个"刃"字。当人们被强盗逼得无路可走时，也只好将心意付诸兵刃，与之拔刀相向了。叶剑英在忍无可忍的当口，同一些老同志在考虑和酝酿如何除掉"四人帮"。越来越多的"志同道合"的老战友、老部下悄悄地找上门来。

坐镇西山

北京西郊有个绝好的去处，那便是"避暑胜地"——西山。

其实，西山不仅是避暑胜地，也是中国近现代史上一个政治舞台。远的不说，20世纪20年代中国国民党的西山会议派就是以西山为名的。抗日战争、解放战争时期，西山成了八路军、解放军、人民游击队和我党从事地下活动的重要基地。

1976 年"四五"运动过后，天气转暖，北京的节气虽然还没有进入盛夏，但是叶剑英却从城里后海移住西山。熟悉情况的人们自然清楚，这位政治家不是"避暑"，也不是"养病"，而是去西山从事一项特殊的政治活动。"圣人韬光，贤人避世"。若说病，叶剑英自然是有的，也需要休养，但他审时度势，更多的是借"生病"挂职之机，避居西山，"超脱"现世，按照马万祺先生的说法是颇有"韬晦"之意的。这一招果然灵验，毛泽东很关心叶剑英的身体健康，便说"军中不可一日无主"，放心地让陈锡联代职。其实，他的中央、军委职务一个未免，军权仍在他掌握之中。

每次离开小翔凤 2 号楼上西山，叶剑英总不忘让随员们带上一个书箱。这是一个黄色的特制的小书箱，里面带隔板，竖起来就是一个小巧的书架。除了马列著作《毛泽东选集》和辞书、地图等必备书籍之外，他还亲自选上《周易外传》《庄子》《鬼谷子》《战国策》《曹操集》《诸葛忠武侯兵法》《智囊补》等等，还有他酷爱的李、杜、苏、辛的诗集。这一次他特意告诉服务人员，帮他把《三国志》和《三国演义》都装上。书籍装得满满的，看起来这位元帅此番进山是要"苦读"和"修行"了。

西山在京西 30 里外，是指北京西郊的群山。细分起来，有百花山、灵山、妙峰山、香山、翠微山、卢师山、玉泉山等，林林总总，都归属于太行山系。据清乾隆年间钦定《日下旧闻考》（"日下"即京都）记载："西山来自太行，连冈叠嶂，上干云霄，抱抱回环，争奇献秀。春夏之交，晴云碧树，花香鸟声，秋则乱叶飘丹，冬则积雪凝素，信足赏心，而雪景尤胜。"

自古以来，西山为达官贵人的游览胜地。金、元、明、清历代帝王都在此营建离宫别院，为各朝皇家游幸驻跸之所。清乾隆十年（1745 年），曾在香山大兴土木，兴建亭台楼阁，共成二十八景。新中国成立后经过修整重建的香山公园、西山八大处以及玉泉山静明园、曹雪芹故居、卧佛寺、樱桃沟等处，都是西山的名胜。"西山晴雪"是燕京八景之一，"香山红叶"，更是吸引千万游人。

叶剑英住在中央军委在西山开辟的一处军事"禁区"里。来到"禁区",通常在某一个路口竖起一块牌子:"此路禁止通行"。再往前便是几个哨兵,挡住去路。过了岗哨,再往里走,"白云生处有人家",便是所在了。提起"禁区",人们总难免带有点神秘感。其实也没有什么特别的,主要是新建了一些军事设施和几栋供临时来住的首长们工作和休息的院落。这一切都是为了战备的需要。

叶剑英这一次住的是15号楼。这里是一个坐北朝南的宽敞大院,四面用青灰石顺着山势砌起一道齐身的围墙,蜿蜿蜒蜒,高高低低,颇有点山村农舍的韵味。院内从前面看上去是一溜带"三角帽"的砖瓦平房,后面却是依山筑起的二层楼房。前面的平房是主要建筑。东西走向,一码排列十几个房间,有会客室、办公室、洗漱室、卧室、餐厅等。主人住在宽敞明亮、整洁高雅的大套间,室内除了写字台、长短沙发、茶几之外,几乎没有什么摆设。只是那高大的玻璃窗,加上天鹅绒的帷幕式的大窗帘,给人以一种庄重的气氛。同现代那些豪华的宾馆比起来,这里不过是稍微高级一点的"招待所",也可以称作"高级公寓"。

走出室外,平房靠左手边盖有停车房,同停车房相连的前面,修起一个铁架的走廊式的亭子。从建筑学的观点来看,这个简易的廊亭与主楼十分不相称,好像是修筑这个庭院时,剩下的铁架、砖石、木料派不上用场,临时搭起来的。不过,在它的周围,奇迹般地长起了杂树丛,把亭架栏杆团团围住。尽管如此,在夏日里,廊亭还是没有凉意,没有人会特意进去纳凉。

叶剑英宁可常常搬到宽大通风的车库里办公,也不肯使用这个亭子间。他处理文件、看书累了,便信步走到院子里来。这倒是个好的去处。大院里是个绿色的世界。这里有生长多年的柏树和榆树,也有苹果、梨、李子等果树。时值晚春,扶桑、月季等各种花朵盛开,满园芬芳,沁人肺腑。在绿树红花的掩映中,有一个人造水池,荡漾其间,池边摆放着几只石凳。叶剑英同前来看望他的客人们、随员们坐在那里纵论天下大事,闲话家常，别有一番情趣。他时不时从院里瞭望四周的远山层林，倾听山间流水鸟鸣，仔细地辨认着一山、一石、一草、一木，他对这里的一切太熟悉，太亲切了。

不过，这次上山和以往不同，以往或是因为处理紧急军务，或是忙里偷闲，小憩几日便走。这次说是进山"休息"，实则是躲着"四人帮"，绕开"政治漩涡"，要在这里静静地酝酿着一件惊天动地的大事。所以有点忐忑不安，心里好像挂着一块西山黛石，感到很大的压力。他此刻的境况，用马万祺先生的话来说是，实不得已，"养晦韬光"，而对国家大事却耿耿于怀，寝食不安。

"有约城西散冶情，春风辄直下承明。时清自得闲官味，日胜难得乐事并。马首年光新柳色，烟中兰若远钟声。悠悠歧路何须问，且向白云深处行。"

明人文徵明的这首西山诗也许能多少衬托出此时叶剑英的心绪和行径。

"胡子"来了

残阳如血。一缕缕火团式的彩霞映衬着不愿落山的红日，把西半天涂抹得如同"红日衔山"的名画，在这画面的下端显现出弯弯曲曲的西山古道。一辆"大红旗"正在向山间疾驰而过。

车里坐着谁呢？

啊！

"胡子来了，欢迎，欢迎。"

叶剑英每当看到这位昔日驰骋疆场，今日为国事奔忙的老将，总是笑逐颜开，不叫他的真名，而称他的雅号。连他的子女也喜欢喊他"胡子"

叔叔。

来客就是大名鼎鼎的王震将军，人称"王胡子"。这位生长在湖南省浏阳县农村的老将军，比叶剑英年轻 11 岁。从 1922 年起，王震就在粤汉铁路长岳段开始了自己的革命生涯。轰轰烈烈的大革命失败后，他加入中国工农红军，参与领导湘赣革命根据地的斗争，配合中央革命根据地反"围剿"的斗争。抗战期间，他能征善战，威名远扬，曾任八路军著名的三五九旅旅长兼政委，率部参加晋西北收复七城之役，给日军以沉重打击。后又奉命率三五九旅开赴南泥湾屯田开荒，成为抗日根据地大生产运动的一面旗帜。解放战争时期，王震以指挥中原突围和参与延安保卫战及青化砭、羊马河、蟠龙等战役而闻名全军。新中国成立后，他担任中共新疆分局书记、代理军区司令员兼政治委员，领导屯垦戍边，为巩固边防、建设边疆和加强民族团结作出了重要贡献。

王震是一位很有特色的将军。早在战争年代，大概从长征时候起，他在下巴上蓄着一绺长长的胡须，因而博得了"王胡子"的美名。他的出名当然不是因为长得像关云长那样的"美髯公"，而是因为他是一位常胜将军。虽然蓄着长长的胡子，王震却没有将军的架子，看上去像一位长者，平易近人，加上性格爽朗，仗义执言，连毛泽东也很欣赏他。在军内外流传着许多有关"胡子"将军的故事。直到后来，他当上了人民解放军副总参谋长、国务院副总理，他的"胡子"虽然早已剃光了，人们仍然习惯地亲昵地称他这个雅号。不过当他的面直呼"胡子"的人越来越少。唯独叶剑英见到他，总还是喊"胡子"来"胡子"去的。

叶、王二人最初的相识是在 1931 年 11 月中央苏区红都瑞金召开的中华苏维埃第一次全国代表大会上。未见面以前，王震以为久享盛名的"叶参座"一定是一位上了年纪、难以接近的人。不料见了面，他竟是那样年轻。富有朝气，又是那样朴素，谦恭和蔼。与人相处平平易易，没有一点架子，使人深感可亲可敬，给他留下了很好的印象。第二次见面，是在 1933 年初。那时，担任工农红军第八军政治部主任的王震，风华正茂、威武英爽，率领湘赣苏区部分干部到瑞金的红军学校去见习和进修。他见到红军学校校长兼政委叶剑英像担任总参谋长时一样，与大家同甘共苦，打成一片，没有半点隔阂。叶剑英一见到王震，就像见到老朋友，嘘寒问暖，关怀备至，亲自安排他们一行的参观学习活动，向他们介绍红校的情况和办学方针、教育制度、学习方法等等。那段时间，叶剑英和王震倾心交谈，向他了解湘赣地区的革命经验，以充实教学内容，并虚心求教，共同研究改进学校的教育训练。他很欣赏这位久经沙场、有勇有谋、性格爽朗的年轻将领。虽然时间不长，但二人都留下了美好的记忆。多年以后，王震回首往事，还津津乐道叶校长那种严于治军、严于治校和联系实际、联系群众的好思想好作风，常常夸他是一位了不起的政治家、战略家，也是一位杰出的军事理论家、教育家。

在中央苏区后期，叶剑英到东南前线指挥作战，王震和任弼时率领红六军团西征，直到 1936 年 10 月三大红军主力在甘肃胜利会师后，这两位老战友风尘仆仆，再次相逢。

抗日战争爆发后，1941 年初，王震率三五九旅奉调到南泥湾，保卫边区重要的南线门户。叶剑英从重庆返回延安不久，就到南泥湾视察，会一会王震。有一次，三五九旅部队搞野外演习，叶剑英来到现场观察指导，要求很严，演习结束后，再作现场讲评。他边讲边示范，既切合实际，又富有情趣。当时在场的官兵和国际友人、记者都交口称赞。王震一直保留着叶剑英在练兵场上讲话的照片，每次看到它，都激动不已。

1943 年夏，国民党顽固派发动第三次反共高潮，集结四五十万军队，准备向我边区大举进攻。而我军主力部队大都已深入敌后对日作战，陕甘宁边区兵力薄弱。在当时情况下，光靠我们的军事力量打退国民党军队的进攻，是有困难的。叶剑英经过深思熟虑，提出了一个以智取胜的近乎"空城计"的政治作战方案。他提议我军在军事上作充分准备的同时，使用我们掌握的军事情报，公开揭露国民党军队的进攻阴谋，以为退兵之计。党中央采纳了这一方案，除调动部队准备给来犯之敌以迎头痛击外，决定大力开展宣传战，公开揭露国民党顽固派破坏团结抗战、制造内战的阴谋。毛泽东指示王震，要做好迎战准备，但不要打，首先要退避三舍，并亲自指点一舍、二舍、三舍在哪个方位。王震一时弄不很清楚，就问：三舍怎样解释？战斗如何布置？毛泽东要他去请教"参座"。叶剑英精熟古籍，耐心地向他解释"退避三舍"的典故。他引经据典，讲了《左传》僖公二十三年记载的，晋文公重耳与楚成王在城濮交兵时，为了报答他从前流亡到楚国，楚成王以礼相待的恩情，让晋军"退避三舍"（90里）的故事。告诉王震说，毛主席让"退避三舍"不是说一定要退九十里，而是要我们团结抗战，主动退让，先礼后兵，后发制人取胜。说罢，他又同王震一起去察看地形，指示预定战地，进行战斗部署。从这件事上，王震更加敬佩叶剑英学识渊博、文武兼备，而又大智若愚、注重实际。从那以后，他们的接触逐渐多了起来，相互间也更加了解和信任了。

解放战争后期，蒋介石集中兵力重点进攻陕甘宁边区，中央决定把中央和中央军委机关一分为三。叶剑英奉命组建后方委员会，转移到晋西北临县三交的山沟沟里，领导着后委机关，默默无闻地担负着中央后方的保障，并作了大量参谋工作，每天向统帅部通报敌我态势，成了中央的"耳目"，被誉为"最佳参谋部"。王震到那里去看望叶剑英，回来向毛泽东作了报告。

毛泽东问王震："三交镇那个地方安全没有保障，国民党还派飞机去轰炸吗？"

王震回答说："后委（中央后方工作委员会）机关大部住进窑洞，又挖了防空洞，敌人派飞机去轰炸，也找不准目标。叶参谋长他们警惕性很高，在驻地山上，还设有观察哨，安装了防空警报器，发现敌机，马上报警，安全有保障。"

毛泽东听了王震的汇报，很放心，点点头说："这就好了！"

新中国成立后，王震从西北调到中央工作后，同叶剑英的交往就更频繁了。尤其在他担任铁道兵司令员和农垦部长期间，对叶剑英大力提倡和

五
『胡子』来了

直接领导的广东海南橡胶垦殖事业，给予了全力支持。

从革命战争年代到和平时期，数十年来，王震一直把叶剑英看作是一位难得的好领导、终生难忘的良师益友。

患难情更深。"十年浩劫"中，叶剑英和"王胡子"相知更深了。他在给儿子的一封信里写道："胡子闲不得，我也闲不得，这是相同的。只是他闲了就要跑，我闲了就要坐，在这点上有差别。"向来天不怕、地不怕、敢于仗义执言的王震，看到天下大乱，奸佞当道，"坏人螯好人"，心情就不顺，闲不住，到处跑，常常"骂娘"，在家里"骂"，躺在医院里也"骂"。一个人"骂"，到底不解决问题，于是，便找几个人一起"骂"，成了鲁迅先生说的"国骂"！

有一次和韩先楚一起住院，两个人一起"骂"："武官要管文官的事，坏事要敢顶，无非是取下乌纱帽就是了！"毛泽东听到后，说："王胡子赤膊上阵了！"一次，在天安门城楼上见到他说："听说你天天骂娘，他们要打倒你？"王震说："我不怕！"毛泽东当场担保说："打不倒，我保你！"从此，这位"打不倒"的将军受到毛泽东的保护，也更加放开胆子说话做事，同时明里暗里保护那些挨整的好人。林彪、"四人帮"对他咬牙切齿，却又奈何他不得。

那时，这位敢讲话的"胡子"将军自己规定一项重要工作，就是常常到邓小平、陈云和几位老帅家中"串门子"，议论"朝政"，沟通消息。他更是叶剑英家里的"常客"，心里闷得慌，三天两头要到这位知心老帅家里去"报到"，一来是问候，二来是出气，听听老帅的高见，以解心头之气。他知道，叶剑英是支撑长城大厦的一根大梁。在"文化大革命"初期，稳定军队的"八条""七条"等好些文件都出自叶剑英的手笔。尤其叶剑英横眉冷对，怒斥奸党，"大闹京西"、拍裂手指之举，他更是敬佩赞叹不已。

一次他到厢红旗叶剑英住地，陪他吃过晚饭后散步，地上到处贴的是"打倒叶剑英"的大标语，便想绕过去。叶剑英看到了，满不在乎地招呼说:"胡子呀,走这里!"径直朝大字报上走去。王震看着把叶剑英的名字踩在脚下,不太那个,可叶剑英一边往上踏,一边幽默地说:"打倒在地,踏上一只脚,永远不得翻身!"弄得"胡子"将军哭笑不得。

后来,以战备的名义,把"老家伙"们安排到下边,叶剑英"流放"到长沙,王震到江西还是"自由人士",可以走动。他想念老帅,便从江西溜到湖南。听说叶剑英生活很苦,他故意找到招待所的管理员说:"你报告叶帅,我去看他,搞点好吃的,要陪他吃饭。"没想到叶剑英知道了,反而跑来找王震:"胡子呀!到我那里共进晚餐,可是要艰苦奋斗呀!"那时,王震的一位老部下在长沙管事,"胡子"将军火了,找他来"骂"了一顿,为什么叶帅的伙食标准那么低?不料,这一"骂",到底管用。两个"老家伙"不仅美餐了一顿,叶剑英因此还改善了一点待遇。后来,王震又劝叶剑英避居湘潭,交待那里的几个老部下多加保护。

"哑谜"

"九一三事件"以后,王震开始有了更多的"自由"。但到 1976 年,特别是周恩来逝世、邓小平挨批、叶剑英"生病"靠边站,"四人帮"大为得势之后,他又感到不"自由",而且有些紧张了。经过"四五"运动,这位老将军勇气大增,当年指挥千军万马、冲锋陷阵的虎劲又上来了。他恨透了这群"奸臣贼党",要与他们决一死战,希望早一天除掉他们。怒气冲斗牛。他才不管什么"禁令"不"禁令","沾包"不"沾包"的,成天里东跑西窜,到被打倒、被"软禁"的"老家伙"窝里通风报信,交换意见。尤其在毛泽东重病以后,他更是坐不住了。自然,到叶剑英那里也就更频繁了。在他心目中,叶剑英不只是当年的总参谋长,而且是一位可以推心置腹的长者。

"胡子"来见叶剑英，不用通报。见面之后，还同往常一样，总是深深一鞠躬，标准的90度大礼。

"这几天外面的形势怎么样？"叶剑英因为"生病"在家，总喜欢打听。

于是，话匣子打开了。这一阵子谈论的话题总离不开毛泽东的病情和"四人帮"的折腾。

"那还用问，天安门的事众心不服。干部和群众恨死那几个'上海帮'了。非常气愤！"王震快人快语。

"可是，那几个人是毛主席点将的呀！"

"他们才不听毛主席的呢！毛主席的病被他们气得越来越重！"王震一提"四人帮"，气就不打一处来。扳着指头，历数他们的罪恶勾当，愤愤地说："这几个人已经大失党心，丧尽人心，不可救药了。"

叶剑英听了，只是点头，却不作声。

王震是个直性子，早已耐不住了。有句话，他早想问问叶帅了，但事关重大，不便轻易启齿。今天觉得是时候了，不能再拖，于是把想了好久、憋在肚子里的话一下子倒了出来："为什么让他们这样猖狂？把他们弄起来不就解决问题了吗？"

叶剑英还是不动声色。停了一会儿，只见他做了一个打哑谜式的手势：先伸出右手，握紧拳头，竖起大拇指，向上晃两晃，然后把大拇指倒过来，往下按了按。

王震愣住了。这是什么意思？

叶剑英又向他点了点头。

王震想了想，终于猜明白了：大拇指是指毛主席。他老人家还在世，不宜轻举妄动，等去世以后再说，要等待时机。

王震心里有了底，反过来提醒说："对！是叶帅想得深，这样大事不能操之过急，不能搞一锤子买卖！"

这一次打哑谜的谈话到此结束。

临走时，王震还是再三叮嘱那句老话："叶帅多保重！我们倒几个没有关系，你可不能倒啊!"

过几天，王震又来了。

这一次，一向不多言语的叶剑英先开了腔。他随便问起一些熟人的近况。

"胡子，你说说看，在毛主席身边办事的，有你的熟人吗?"叶剑英谨慎地提出问题。

王震想了想，说了几个人的名字，提到了汪东兴。

叶剑英听到汪东兴的名字很感兴趣，眼睛突然亮了起来:"这个人不是你的老部下，过去很熟的吗?"

"是的，很熟，算不得老部下。我在延安当卫戍区司令时常打交道，他后来到中央搞警卫工作去了。"

"他现在可不是从前了!"叶剑英说。是啊，汪东兴当今可不是一般人物了，他是中央办公厅主任，身兼中央警卫部队的政委等数职。多年来一直负责毛泽东和中央的安全，掌握着中央警卫部队。毛泽东的行动也由他来安排。毛泽东病重期间，他是四个值班人之一，而且是最主要的。不论是谁，要见毛泽东，都要经过他这一关，连江青也不例外。

叶剑英想到汪东兴眼下所处的重要地位，又问王震:"你和他现在关系怎么样?"

"还过得去。"

"那太好了!"叶剑英接着叮嘱说:"你要同他多来往，保持密切联系。你当然清楚这个人的重要地位，要随时可以同他讲上话!"

王震领会了叶剑英的意思，很爽快地答应了。

叶剑英还嘱咐王震多到老同志那里走动走动，听听他们的意见。

王震说:"我听叶帅的，做老帅的'联络参谋'吧!"

"你这个参谋，我是求之不得的。"叶剑英满意地说，"你要联络的事情很多，还需要到警卫部队走一走，做做那里的工作。"

对于这段往事，王震作过多次回忆，他说:"那是在毛主席逝世前，叶帅做华国锋同志的工作。我到叶帅那里，谈搞掉'四人帮'的问题。叶帅朝我竖起大拇指……毛主席去世后，叶帅心中有数了。叶帅问先念同志：'军队怎么样？'先念同志回答：'军队听你的！'那时，华国锋同志要召开扩大的中央委员会议。其实，那解决不了问题，造反派还有一定的能量。……原来我管采金，曾安置过警卫一师、二师转业、退伍的官兵，他们的师长、政治委员都接触过。我说，我找警卫一师、二师的领导一个一个谈话。叶帅说，好！"

凡是叶剑英交待的事，王震都一一照办。他多次到邓小平、陈云、李先念等老同志和另两位老帅那里去"联络"，还去找汪东兴个别交谈，嘱咐他要保护好几位老同志，特别是邓小平。他把办过的事和了解的情况，随时向叶帅汇报。叶剑英很满意这位"联络参谋"。①

这世界上有人做了好事，总想自己"贪污"，不愿声张，王震将军如此，叶剑英也如此。他一生是非常反对图虚名的。在延安时，曾在千里迢迢之外给在广东梅县东山中学的一位老师写信说："为培养后进而准备以毕生精力以赴之，视世之汲汲名利者何如也！"柳永的《鹤冲天》有词云："忍把浮名，换了浅斟低唱。"叶剑英很欣赏这首词。虽然词意有点消沉，但仍不失为一得，引以为戒。

元帅夜话

叶剑英在西山这段日子里，上山来找他的人，当然不止一个王震。还

---

① 作者拜访王震将军时，他一再声明，粉碎"四人帮"这件事，不要说是他向叶帅"提议"过。但是，历史终归是历史。为了反映历史本来面貌，也只好违背王老的意愿了。

有另一位不得不提的开国元勋——聂荣臻。

聂荣臻元帅是我军创建人和国防科学技术事业的领导人之一。他比叶剑英年轻两岁。早在五四运动时期就积极参加当地学生爱国斗争。以后赴法国勤工俭学，加入中国共产党。他比叶剑英早四个年头到苏联莫斯科东方劳动者共产主义大学学习。回国后，与叶剑英先后在黄埔军校担任教官，他称赞叶剑英是"很有威望的教官之一"。南昌起义失败后，他参加领导广州起义，与叶剑英并肩战斗，坚持到最后一刻。广州起义失败后，他与叶剑英都到了香港。在患难中结成了莫逆之交。在以后的各个革命时期，在战火纷飞的年代，他们时聚时散，劳燕分飞，常常是"相逢不下马"，但一直互通信息，互相支持，互相慰藉。火与血的生死考验加深了他们的战斗友谊。

新中国成立后，两位老帅每隔一段时间总要聚首畅谈，而西山又是他们最好的汇合地点。"文革"期间，在首都工人体育场的十万人大会上，在大闹怀仁堂的会场上，在与林彪、江青一伙的斗争中，他们互相支持，合力抗争。即使他们被打成"老机"和"二月逆流"的"黑干将"，在被"下放""流放"的倒霉时期，他们仍然共同商讨稳定军队的条令，共同研究珍宝岛事件和国际局势，向毛泽东提出建议，共同寻找对付"奸党"的途径。

"建国以后，我们会面，总要回忆往事，展望未来，常有时光恨短之感。"聂荣臻回忆说，"'文化大革命'期间，我们忧患与共。在会议桌上，在与所谓的'造反派'接触中，在集会场合，我常与剑英同斥林彪、'四人帮'一伙的倒行逆施。尤其是在西山住所，我们几乎每天见面，分析'文化大革命'的形势，互相倾诉衷肠。我们痛心党的光荣传统被破坏，大批好同志和无辜群众受迫害，国家民族遭厄运。也为我们被诬为'二月逆流'反党成员而愤慨。1968 年 11 月，我因病住院，剑英来医院看我，竟被'挡驾'。他在电话中对瑞华（聂荣臻夫人——作者注）说：'你转告聂老总，我相信我自己，我也相信聂总，我们不是搞阴谋的人，请他保重身体'。老战友的铿锵语言，是多么令我感动啊！"

"患难识朋友。"这是列宁的一句名言。

"聂老总"在周恩来病逝、邓小平被黜之后，眼看毛泽东病情加重，日甚一日，而"四人帮"横行肆虐，日甚一日，特别天安门事件遭到残酷镇压，使他痛心疾首，寝食不安。在城里是一天也待不下去了。他打听到叶剑英早已上了西山，于是找个借口，也来到这个"避暑胜地"。

名曰避暑，实则会友。多年来生死与共的两位老战友，如今，又相聚在西山了。

聂老总选择靠叶剑英西边的 1 号楼住下。这是个依山傍水，隐蔽在林荫深处的好地方。但是，这位新来的房主却安静不下来。行装甫卸，他想到的第一件事就是去看叶剑英。而叶剑英听说聂总上山来了，早就告诉身边人员，要打道出迎了。两位老友相晤，埋在腹中的话匣子一下子打开了，就像雨后的山涧溪水，倾泻而出，滔滔不绝。随员们被屏退左右，只能提醒他们用餐和休息。

他们究竟谈论些什么呢？聂总说很感激叶剑英在北平军调部热心关照他失散多年的唯一女儿聂力，又说很羡慕叶剑英家"人丁兴旺"，但更多的是当今烦难的天下大事。如何对付"四人帮"？这是他们日夜烦恼的一块心病，也是谈论最多的话题。但这在当时是犯忌的题目。即使在他们之间，没有外人在场，也得小声议论，防备"隔墙有耳"。

中共中央五大秘书之一的叶子龙曾告诉作者，"文化大革命"初期，就曾发生过所谓"窃听器事件"，有人因此获罪，被"打翻在地"。长期负责领导国防科技工作的聂老总深知此物之厉害，并也曾身受其害。

不久前，刚发生过一桩怪事：叶帅和聂总被打成"二月逆流"以后，有一次在西山会晤，聂总讲了一个笑话：那是 36 年前的事了，也偏巧发生在西山。当时，他在北平做地下工作。一天夜里，聂荣臻曾交给陈伯达一份传单叫他去印。陈伯达那时虽然还没被称为"夫子"，但已是高度近视。他半夜去敲人家的大门，结果敲错了。出来的人开门一看，只见一个头发很长、衣服很脏的人，以为是个小偷，就把他抓起来，送到警察局。在那里关了一夜，第二天天亮，被打了一顿，警告他以后别再偷了，然后糊里糊涂地把他放了。他回来谈起这件"糊涂案"，大家便一齐取笑他，说他"糊里糊涂进去，又糊里糊涂出来"，给他起个绰号叫"糊里糊涂"。关于这件事，当时两位老帅只当笑话说说，并无恶意，当场也并无别人。可是，很快就被陈伯达知道了。党的八届十二中全会上，陈伯达凑巧和聂荣臻编在一个组，他想整人，又拿不出什么材料，就当场质问聂老总，为什么在背后议论他的历史，恶语伤人。老总一笑置之。这一下更惹恼了陈"夫子"。他把状告到周恩来那里。总理打电话问聂总、叶帅是怎么回事。两位老帅只好如实相告：当时只是随便聊天，偶尔谈到，别无他意。这场小小的风波，使聂老总提高了警惕，感到西山谈话的某处肯定是被装了"窃听器"，"隔墙有耳"了。

在对付"隔墙有耳"方面，叶剑英也有过经验。他随周恩来在重庆的红岩和曾家岩，以后在北平率领军事调处小组，与国民党、美方代表谈判斗争时，已经吃够了"窃听器"的苦头。那时国民党特务机关不但在我方住处周围派出监视哨、游动哨，随时窥测动静，而且还在室内的某个角落安装"窃听器"什么的，我方的一切活动都受到限制，因此，也出过纰漏，受过损失。

因此，两位老帅都对"窃听器"之类的"耳目"非常敏感，在谈到对付"四人帮"的正题以前，聂总习惯地扫视一下房间周围，似乎在寻找什么，又好像发现了什么。叶剑英猜出了他的心思，以目示意说，这次住下以前已经检查过了，没有问题。话是这么说，叶剑英怕老总不放心，还是打开了收音机，谈到机密处，又放开水龙头，借音乐和流水的合奏曲来干扰"耳目"，其实，这与其说是科学上的防卫，不如说是心理上的安慰。因为现代的无线窃听器"中空传声器"，只要向目标房间发射无线电波，传声器就会变成无线电传送器，把房内的谈话传送到窃听者耳里。

"这几个东西闹腾得不得了，一定得设法解决。"聂老总几乎是贴近叶帅的耳朵，小声地说。

"是的。主席还在，他多次说过要解决，要耐心等待。"

"主席病成那样，顾不及了。那几个东西现在是'挟天子以令诸侯'，为所欲为，什么坏事都可以干出来的。"

"把小平同志打下台，就是他们干的一件伤天害理的最大坏事！"

"下一个是华国锋！为了夺取大权，不顾党纪国法。"

"还有一大批老干部，包括你我在内，统统在他们的黑名单内。"

"我们个人的事小，最要紧的是军队！军权无论如何不能落在他们手中。"

"所以，不能再让他们横行霸道了。要防患于未然，先发制人。尤其那个自称吕后的人，不可不防！"

"汉朝有句俚谚，叫'欲投鼠而忌器'。贾谊很欣赏这句话。"接着，叶剑英顺口背诵《汉书·贾谊传》道："里谚曰：'欲投鼠而忌器'。此善喻也。鼠近于器，尚惮不投，恐伤其器，况于贵臣之近王乎？……君之宠臣虽或有过，刑戮之罪不加其身者，尊君之故也。"叶剑英颇有感慨地说："贾谊尊的君是封建皇帝，我们的情况当然不同，但是主席还在，为了照顾他的健康，为了保持局势的稳定，对那个过去的'宠臣'总要顾及一点情面。暂时还不好办啊！"

"是啊！有点难办，但总得办。"聂总说："王子犯法，与庶民同罪嘛，历史上后妃作乱的事太多了。我们共产党绝不能使封建帝王的历史重演！"

两位老帅从汉代吕后作乱一直说到唐朝的武则天、清朝的叶赫那拉氏，感到江青虽然也效法"女皇"故事，但毛泽东毕竟与封建帝王不同，他还是有远见的，已经预感他不在，她会"闹事"的。

叶剑英担忧地说："可是，主席的决心未下定，连总理也没有办法，我们得想个万全之策。"

他说的是前几年的一桩往事。1972年秋，美国纽约州宾汉姆顿大学的中国现代史副教授洛克珊？维特克女士来华，采访有关现代中国妇女革命史料。中国对外友协事先商定主要让她访问邓颖超、康克清等几位老大姐的。后来江青知道了，硬要露一露"峥嵘"，亲自给周总理打电话，毛遂自荐，宁肯放弃去外地疗养，也要会会这位美国女士。周恩来无奈只好同意安排她见一见。不料，江青借此机会要在国际大出风头。在北京长谈、吃请、照相、看样板戏，还不够，又请该女士飞到广州续谈。周恩来知道了，特意交待，只见一次，只谈文艺。江青完全不理，同她一起泡了六天，谈了六次。从 30 年代上海"革命"到延安，从当演员，到家庭、婚姻，什么都谈了，大肆宣扬自己，贬低毛泽东，内容庸俗下流。江青还亲自把一份带有机密的军用地图交给她。37 岁的维特克受宠若惊，答应回国后写一部《江青传》。江青高兴地当即答应将谈话记录全部奉送。后来，整理好的 10 来本记录打印稿分送周恩来、张春桥、姚文元审阅。张、姚一字不改。退回江青。周恩来在身体虚弱的情况下，审阅了这部几十万字的稿子，边看边改，中间曾找翻译及陪同人员座谈几次，听取大家意见，觉得问题太多，不宜外送。江青大发雷霆，亲自找上门来，胡搅蛮缠，催逼周恩来批发。周恩来最后请示毛主席，决定将所有记录稿清理封存。但是，维特克回到美国还是按照江青的意图，成书出版，内容乌七八糟，泄露了大量党和国家的机密。后来中央决定，让一位外交人员不惜用巨金买下版权，把这本书送回国内。毛泽东看了之后，非常气愤，飞笔批道："孤陋寡闻，愚昧无知。立即撵出政治局，分道扬镳。"但是这个批示，由于种种原因并未执行。叶剑英对江青让维特克写传这件事的经过十分清楚。因为当时的翻译人员之一的张颖，是抗战时在武汉、重庆从事统战工作，经叶剑英介绍去的延安。"文化大革命"中曾几次探望叶剑英，向他断断续续反映了这方面的情况，事后叶剑英还向组织上担保，证明她曾抵制江青，并非与她同谋。

江青这件丑闻，聂老总也是清楚的，他也同意叶剑英的看法，问题是要解决的，但不能操之过急，要考虑到毛泽东及各方面的影响，还要考虑后果。他略为沉思，向老战友建议道："看起来，事情是有些棘手，恐怕用正常手段解决是不行了，总得赶快想个妥善办法。"然后伤感地说："主席的时间不会太久了。"

在两位老帅之间秘密进行的这种"西山夜话"，持续过多次。有时是在叶剑英住的 15 号楼，有时是在聂荣臻住的 1 号楼。

伴君如伴虎

在西山这一段时间，叶剑英受聂荣臻的启示，考虑最多的是毛泽东说的"江青要闹事"那句话。

对于江青其人，他过去并不太熟悉，也不太了解。在延安时期，他和毛泽东住地相距不甚远，出入也随便，见面的机会比较多，自然对这位"夫人"也有些接触，并且听到过她在上海是"明星"的传闻，以及与毛泽东的"罗曼史"。当时由于顾及毛泽东的情面，"爱屋及乌"，加上江青会演戏，会唱歌，工作起来有时也蛮积极，待人接物有时也蛮热情，自然对她不无好感，甚至在一起打过牌、跳过舞。尤其是解放战争后期，胡宗南大举进攻延安，江青跟随毛泽东转战南北，颇给人们留下一些好的印象。但是新中国成立以后，她的形象逐渐发生变化。她给自己的一首画像诗写道："江上有奇峰，锁在云雾中，寻常看不见，偶尔露峥嵘。"其实她再也按捺不住"锁在云雾中"的生活了。她的潜在的下意识和膨胀起来的个人野心，推动着她巴不得早日"破雾而出"。果然，时来运转，及至"文化大革命"骤起，她摇身一变，露出了"峥嵘头角"。峥嵘者，高峻深险也。她使人想起了莎士比亚在《威尼斯商人》中的一句台词："一个指着神圣的名字作证的恶人，就像一个脸带微笑的奸徒，又像一只外观美好、中心腐烂的苹果。唉，奸伪的外表是多么动人！"

尽管江青心里对叶剑英又恨又怕，变换着手法迫害叶剑英，但她表面上还是尽量装出敬重元老的样子，不大敢得罪这位"有功之臣"。

"文革"中有那么一天半夜里，叶剑英突然接到一个钓鱼台的紧急电话，说是江青患急病，请叶剑英务必马上去一趟。叶剑英听说江青病了，马上放下手头上的事，驱车前往。到那里一看，几乎同时到达的还有周恩来。只见江青斜躺在沙发软床上，歇斯底里大发作，医生、护士、工作人员、服务人员谁也不敢进屋。她大喊大叫："他们害我，我一定活不成了！"看到总理、叶帅来了，更来劲了："我死以后，不要搞遗体告别。要开个追悼会，把害我的人查清楚，送去法办！"她又大声责骂一个年轻的小护士，连连叫嚷："请总理、叶帅还有全体政治局委员做主，一定赶走我身边的特务！她是林彪安插在我身边的定时炸弹！……"总理、叶帅问明情况才知道，那个小护士遵照医嘱，让江青吃安眠药，她开始不吃，说是医生害她。后来，不知怎的，糊里糊涂地吃多了，醒来便大喊大叫说是心里难受，天昏地转，硬说那个护士害她，是个特务。周恩来过去劝她，问问医生，医生回答没有发现任何病理上的问题，再问服务员，一个个都吓傻了。叶剑英又问过那个护士，走过来，说："江青同志，不要紧的，就是安眠药吃多了一点。事情总要弄个明白，青天白日之下，哪有那么多特务？不要这样闹了，别说别人，连我都紧张了。"他劝江青先休息。让护士也下去。折腾了好一阵子，江青看总理、老帅来说情，当众总得给个面子，自己也正好下个台阶，不再哭闹，躺倒在床上睡着了。叶剑英走出来，又安慰那个小护士几句，同意她的请求，交待赶快调动工作，免得江青醒来，又要发作。

类似这样的恶作剧，叶剑英不知听说过多少次。这一点毛泽东也知道。他曾说过江青此人锋芒毕露，形而上学猖獗，片面性最大。她说的话不能听，前面说的和后面说的不一样，一下子变个180度。今天是个好同志，明天可能是特务、反革命。在她身边工作的医生、护士、服务员稍不顺她的意，就被"定名"为特务，轻则挨打受罚，送干校劳动改造，重则被关进监狱。连跟她多年的卫士长，也难逃这个厄运。最后周恩来出面干预，她还硬说大牛反对她，非要给处分关禁闭不可；她的工作人员小阎，也无缘无故被她投入监狱。在江青身边工作的人员，整日提心吊胆，伴君如伴虎。

"为大于其细"

身在深山，心在山外。叶剑英"隐居"在西山这段日子里，冷静地观察着事态的发展。他不仅同聂荣臻交谈，也不限于只在西山里边交谈，也走出去，或相约在山下的2号楼和城里的小翔凤，或其他可以去的地方，同其他人接触。不但同政治局里的李先念、韦国清、许世友、陈锡联、李德生、苏振华、倪志福等同志保持联系，而且利用机会和场合，主动同主持中央和国务院工作的华国锋接触，同他交换对国内外形势的看法。自然，也常去中南海找汪东兴交谈。

"为大于其细"。叶剑英很欣赏老子这句名言，多年来，在最高统帅部从事参谋工作，使他养成一种非常好的习惯：凡事要从大处着眼，从小处着手。每办一件大事，都深思熟虑，明察秋毫。

他每天从电波里获取各种信息，亲自翻阅能看到的各种文献、报刊和资料，同时把整个办公室的"机器"开动起来，收集各种资料，研究各种问题。他把秘书们召集起来，向他们谈形势，面授机宜，提醒大家把眼睛睁得大大的。他意味深长地说："现在的形势非常复杂，不但要注意研究国外的动向，更要注意研究国内军内问题。好比走进林海雪原，要记得东南西北，千万别转向。不要只见树木不见森林，也不要只见森林不见树木。"他给办公室的同志分工。办公室主任王守江负责抓总，秘书张廷栋则负责国内方面，王文理负责军事系统，陈效良负责国际外事方面，张燕、李俊山负责机要保密工作……要求他们全面了解国际国内每天发生的大事，特别是国内"王、张、江、姚"的活动情况。不仅要了解北京的，还要了解上海的，外地的。他不论工作多忙，每天都要听取一两次汇报。秘书们按照分工，将自己了解掌握的情况和资料条分缕析，摘要整理，及时报告。有时常常是在叶剑英吃饭时，边吃边听边谈。说来也许令人难以置信，有一段时间，他患便秘，就专门制作了一个小桌子，上面摆好文房四宝，坐在厕所里"办公"，阅批文件。他对每一件事的每一个细节都不放过，有一种"每事问"的精神，凡是不懂的，总要问明白。他尊敬地称呼熟悉外文的陈效良为"teacher"，经常向他请教，并学习英文。他交待，无论什么时候，来了急事要事都要马上报告他，他会亲自处理。有时半夜三更，来了特急文件，秘书喊醒他，这位年近八旬的老帅，立即披衣下床，正襟危坐，聚精会神，直至处理完毕才放手。

曾在叶剑英元帅身边工作了十七八年的秘书张廷栋在一篇回忆文章中写道：

"鞠躬尽瘁，死而后已"。叶帅很赞赏诸葛亮的这两句话，并且以此来激励自己……他每天都要批办文件、听汇报、翻阅当天的报刊。有时工作起来忘记吃饭和休息。他把自己的工作、学习、休息写成三句话，作为"座右铭"，压在写字台上玻璃板底下。这三句话是："抓紧时间工作、挤出时间学习、偷点时间休息。"他"抓紧时间工作"有三个不管：一是，不管是不是规定的八小时工作以外的时间；二是，不管是不是吃饭的时间；三是，不管是不是睡觉的时间，只要工作一来就马上去做，今日事今日毕。他的学习也是一样，一天的工作再忙也要"挤出时间学习"，经常在吃饭和散步的时候，听秘书根据有关资料汇报一周的国内外形势，经常在工作间隙的时候，读书看报，自学外语，主要是英语。有时上厕所的一点时间也要利用上，看一看当天的报纸或刊物。这样一来，他的休息时间就更少了，只好"偷点时间休息"。他有时工作累了，就坐在那里闭上眼睛休息一会儿，五分钟、十分钟就可以了。叶帅一生为什么对自己要求那么严格？凭我在他身边工作这么多年的观察和体会，深深感到：在这位老革命家身上有一种精神，那就是为党的事业、国家的事业、人民的事业兢兢业业，活到老、学到老、工作到老，有一分热发一分光的彻底革命精神。他这种忘我的革命精神，使我深受教育，时刻激励着我把工作做好。

在1976年中国政局发生激烈震荡的多事之秋，叶剑英最为关心的，除了解决"四人帮"这件大事之外，就是军队和国防。尤其对军队保持稳定，搞好战备，给予极大的关注。他深知"兵变"则"国亡"的道理，只要军权在握，军队不乱，"四人帮"就成不了大气候。

一场乱军与稳军的暗战正在进行着。叶剑英密切注视着斗争的发展动向，牢牢地为党为国家掌握着军权。

六

江青"最恨手里缺少杀人刀"

叶剑英坚决顶住不交枪

争夺兵权大战愈演愈烈

"大字报尽管贴，话我还要讲"

篡国必篡军。"四人帮"深得林彪"两杆子"论的真传，要夺得"枪杆子"必先反军乱军，从乱中夺军权，进而夺党权。这也是历史上一切阴谋家、野心家篡国所要采取的必要步骤。

"枪杆子"不在手，这是"四人帮"的一块心病。江青在家中常常哼传统京剧《击鼓骂曹》中的一句唱词"只恨手中缺少杀人的刀"。她命令服务员将许多五星帽徽和领章都别在一块白布上，躺在上面边看边喊："哼，看这个军队是谁的！"她和张春桥经常在一起议论："我们只有笔杆子，没有枪杆子！"王洪文也常说："我最担心的是军队不在我们手里，军队里没有我们的人。""四人帮"梦寐以求要夺取"枪杆子"，掌握军权。

林彪曾经说："要学蒋介石把一国兵力抓住了，他就是把一个国家抓住了"，"我们不仅要管军权，还要管党权、政权"。"四人帮"由于在军队里没有林彪那样经营多年的"资本"，加之名声不好，不能像林彪那样搞"枪指挥党"，只能接过"党指挥枪"的口号，图谋搞"帮指挥枪"，标榜"帮就是党"，"我们要管军队"，"我们要掌握军权"。他们鼓吹"取消论"，要"踢开党委闹革命"；鼓吹"代替论"，要成立帮派体系的"第二党委""运动办"来取代党委领导；制造"对立论"，把各级党委同党中央、中央军委对立起来，用所谓"路线领导"来领导一切，否定中央军委的领导。更有甚者，有的在军内没有任何职务，却借口"一元化领导"，伸手要求当军队的"政委"，掌握对军队的领导权。

围绕"枪杆子"的夺权战，在"文化大革命"之初就开始了。进入1976 年，这场争夺战打得更激烈。

那时，担任中央书记处书记、军委副主席兼军委秘书长的叶剑英，抱定军队无论如何不能乱的宗旨，同其他几位老帅和总政治部的领导共同研究，采取了一系列重大措施稳定军队。这遭到"四人帮"和康生、陈伯达的强烈反对。

在钓鱼台中央"文革"小组的一次碰头会上，江青首先发难，质问列席会议的总政治部负责人："你们军队为什么按兵不动？对军队那些走资派为什么不揪？我看就是有人压着"。她指的"有人"就是叶剑英。陈伯达在一旁帮腔说："军队已经跌到了修正主义的边缘。"不料此话没有传到"此人"（叶剑英）耳里，却传到"彼人"林彪耳里。他颇为不满地说："怎么，军队也跌到了修正主义的边缘？我这个国防部长怎么不知道呀？"为此事，江青带着陈老夫子到毛家湾林家帅府，满脸堆笑，又是解释，又是道歉。多亏叶群从中打圆场，林彪这才说："咱们是一个战壕里的战友。在你们女同志面前，谁个敢逞英雄！"江青乘势说："那好，军队的'文化大革命'林总也得亲自关心关心啦。现在条条框框太多，不行，红卫兵真要冲起来谁也挡不了。"林彪自有主意，他是要把"枪杆子"牢牢掌握在自己手里，既不让叶剑英等"锁紧营门"，保持绝对稳定，又不让红卫兵乱冲一气，使军队大乱。

1966年10月1日，在天安门城楼上，有一个军队院校群众组织的头头，向毛泽东、林彪告状，说军队院校镇压群众，搞了许多条条框框，限制太多。林彪针对叶剑英和其他几位老帅搞的稳定军队的规定和措施，于10月5日下达了《关于军队院校无产阶级文化大革命紧急指示》。这个《紧急指示》开宗明义写道："根据林彪同志的建议，军队院校的'文化大革命运动'，必须把那些束缚群众运动的条条框框取消。"并且宣布取消院校党委对"文化大革命"的领导，取消不在军种、兵种院校范围外的地方学校串连等规定。

从此，军队院校的造反派头头，纠集群众冲击国防部和军事机关，局势一发不可收拾。为了稳定局势，叶剑英和周恩来还有其他几位老帅出席11月13日在北京工人体育场召开的军队院校和文体单位来京人员参加的十万人大会，动员军队院校师生员工离京回校复课。周恩来、陶铸、贺龙、徐向前、陈毅、叶剑英、萧华、杨成武以及各总部负责人同时出席。大会由总政主任萧华主持。周恩来和陶铸提前退场。几位军委副主席作了重要讲话，强调稳定军队，军队不能乱，对"文化大革命"中出现的许多非正常现象和错误作法提出了严肃批评，动员大家离京返校。

叶剑英在讲话中，首先谈到去年院校整风，没有把不正确的思想和工作作风整顿过来，表示自己"以后向大家作检讨"。然后谈到军队院校在"文化大革命"中的任务和政策。他说，同志们要掌握党的政策，使运动沿着正确的方向发展。你们顶得住，坚决斗争，我们不仅同情，还支持。但是真理是有限度的，列宁说过，真理跨过一步就成了谬误，越过了一定的量就会发生质变。一些单位揪斗领导干部，外出串连，搞打砸抢，败坏军队的名声，我们是睁着一个眼睛，闭着一个眼睛。闭着一个眼睛放手，睁着一个眼睛看情况。

他引证毛泽东的话说，鲁迅的《阿Q正传》中有个人，是不准别人改正错误、不准人家革命。要允许人家犯错误，允许人家改正错误，允许人家革命。毛主席说，过去旧戏是《三娘教子》，"文化大革命"是"子教三娘"。我们要向青年学习。但是我们奉劝青年同志们，不要把毛主席著作当《圣经》念。不要再犯教条主义错误。

叶剑英对有些"造反派"不顾老干部心脏病发作，不管人家死活，硬要把人家抓去批斗的做法，表示十分愤慨！他批评这些人没有无产阶级的感情，不是无产阶级的军人！要大家警惕少数别有用心的人，不要被坏分子利用……

正当叶剑英讲话时，"红色造反团"有人递条子给会议主持人萧华。

"你们四位副主席的讲话是不是林副主席批准的?"叶剑英在主席台上当众宣读了这张条子，问："同志们，他怀疑我们大会是偷偷开的，同志们相信不相信我们?"

"相信军委。"台下回答。

"我代表军委的全体同志感谢同志们信任我们，请同志们信任我们。"

叶剑英重复说，现在"文化大革命"是"子教三娘"，儿子教育老子，教育爷爷。他希望递条子的那个学员也要接受教育帮助。

叶剑英和几位元帅在大会上的讲话不胫而走，遭到林彪、江青等人及其追随者的痛恨，指责为"镇压群众""资产阶级反动路线的猖狂反攻"。在院校成立"批资筹备处"，要批斗几个元帅。批判陈、叶讲话的大标语出现在北京街头。

11月29日在工人体育场再次召开十万人参加的军队院校和文体单位来京人员大会。会场贴满了批判陈毅、叶剑英的大字标语。周恩来得知这一情况后，亲自来到会场。陈毅首先讲话，希望大家学会正确对待路线斗争，"应该弄清思想，团结同志，共同对敌"。

接着，叶剑英正气凛然，再次讲话。他对少数人不守纪律，"住大房子""坐小汽车"，讲排场、摆阔气等破坏解放军优良传统等不良倾向提出了严厉批评。他说："有一些人煽动一部分群众到毛主席办公的地方猛冲、猛打，这行吗？这些人如果不改，就是废品，将来不能用的。有人说我又挑动群众斗群众，不是！我不敢挑动群众斗群众。这样的人不是群众，是废品，要洗刷！有人冲我们的国防部是个大错误。严格讲是反革命！""我不是发脾气，我与同志们远的无怨，近的无仇，又不认识谁是张三、李四，劝大家赶快回头，回校闹革命，做一个真正按毛泽东思想办事的人。"

叶剑英还明确指示军事博物馆要保留刘少奇和邓小平在各个革命历史时期的照片。

两个"十万人大会"已经成为历史的记录。当年林彪等人企图利用它打倒叶剑英和几位老帅。而叶剑英却通过这个讲坛教育青年走正路，给歧路上的人们当头一棒，致命一击，给在场的青年吃了一付清醒剂。但这也更加激怒了林彪、江青等人。造反派强烈要求陈毅、叶剑英收回讲话，公开承认错误。诬蔑叶剑英是挑动群众斗群众的"罪魁祸首"，是"军内资产阶级反动路线的代表"，为刘少奇、邓小平"树碑立传"等等。

江青公开说："他们讲的不对，是往革命群众头上泼冷水，是对文化大革命横加指责，品头论足。我叫叶剑英来向你们当面认罪。"叶剑英以沉默表示抗议，最后索性走了。江青马上变了脸，和康生一起鼓动造反派再开十万人大会批斗叶剑英。她说："发请帖要两种，中央文革发红的，给叶剑英、陈毅发白的，筹备好了，就下通牒。我们中央文革坚定地支持你们造他们的反，不跟他们斗不行啊！"

叶剑英稳坐在自己的西山住所，面对满墙遍地"大字报"的包围，冷静地说："大字报尽管贴，该讲的我还是要讲。"他特意从书架上取下列宁的《共产主义运动中的"左派"幼稚病》重新研读，并要秘书帮助摘编有关论述，"温故知新"。他联想俄国当年的情形，越来越感到当前这场运动确像列宁说的那样："否认党性、否认党的纪律"，"无政府主义往往是对工人运动中机会主义罪过的一种惩罚"，"无产阶级政党的内部需要实行极严格的集中制和极严格的纪律，才能抵制这种恶劣影响……"陈毅来到西山叶剑英住处，看到他和办公室同志认真研读列宁《共产主义运动中的"左派"幼稚病》的情景，连声叫好。

12 月 8 日，叶剑英冒着挨批斗的风险，照常出席军委召开的十三所军队院校师生代表座谈会。他针对有人攻击他和陈毅在"十万人大会"上的讲话，严正地提出"反批评"说："有人不是要搞大民主吗？他们有讲话的自由，我也有讲话的自由！"他斩钉截铁地说："军委、总政没有反动路线问题"，"军队自上而下不存在一条黑线，不但没有反动路线，而且始终是同错误路线作斗争的。"

这一年冬季，叶剑英和聂荣臻住在西山，常和陈毅、刘志坚（中央"文革"小组副组长，全军"文革"小组组长）等在山上会晤，有时徐向前、刘伯承也来。几个人谈论形势，商议稳定军队的大计。一天，陈毅气愤地说："把老干部都打倒了，军队和国家能保住吗？""这样搞，把我们的老传统都搞乱了！"叶剑英深有同感，又谈了继续稳定军队的办法。陈毅听了，举起双手说："我到阴曹地府也举双手赞成你！"

"顶住青年小将几回冲"

愤怒泄诗情。在陈毅遭到连日批斗的时刻，叶剑英挥毫填词《虞美人》一首相赠：

> 串连炮打何时了，官罢知多少？赫赫沙场旧威风，顶住青年小将几回冲！严关过尽艰难在，思想幡然改。全心全意一为公，共产宏图大道正朝东。

正当"炮轰"风暴席卷全国之时，这首词却不胫而走，流传各地。陈毅读后，提笔写道："绝妙好词，陈毅拜读"。

十万人大会上引起的麻烦没有了结，真个是"串连炮打何时了"？一面是造反派，一面是老帅，麻烦闹到毛泽东那里，他出面调停："检讨一下，了此一案。"

这一年的 12 月 31 日，年终岁尾，叶剑英在军队院校师生大会上奉命作了一次违心的"检讨"。

江青虚情假意地说："你检讨什么？"

叶剑英说："我不欠账！"

但是，"检讨"归"检讨"，此案还是未了。造反派酝酿再召开"批资反路线斗争"大会，揪斗陈、叶，只是因为周恩来出面制止，才未开成。

1967 年，是中国走向灾难深重的一年。

新年伊始，"一月风暴"从上海吹向全国各地，猛烈冲击人民解放军的机关和部队。林彪一伙抛出了"揪军内一小撮"的口号。

1 月初，打倒总政治部副主任、全军"文革"小组组长刘志坚，林彪宣布关锋任总政治部主任。江青进一步抛出了经过林彪批准同意的"彻底揭穿军内一小撮走资本主义道路的当权派"的纲领和措施，把斗争锋芒直接指向叶剑英等几位元帅和军队各级领导干部。

1 月 11 日，经毛泽东批准，中央军委改组全军"文革小组"，由徐向前任组长，江青任小组顾问，叶群也成了小组成员。新的全军"文革小组"由中央军委和中央"文化革命"小组直接领导，不再隶属于解放军总政治部。全国各大军区和各总部、各军兵种的许多负责同志遭到揪斗，被逼得东躲西藏，纷纷向主管军委日常工作的叶剑英告急求救，电话、电报接连不断。叶剑英"救人灭火"，来者不拒。他竭尽全力，保护老干部。他在西山的住所，一时成了老干部的"庇护所"，轮番睡觉，分批开饭。然而揪斗之风却有增无减。

为了保护干部，稳定部队，稳定局势，中央军委连续召开军委碰头会、军委扩大会议。会议期间，叶剑英和陈毅、徐向前、聂荣臻等继续同林彪、江青等针锋相对。

在一次会议上，叶剑英针对搞乱军队问题，再次强调，地方越乱，军队越要稳，警惕敌人乘虚而入。他说，全国 13 个军区，有 7 个军区在搞运动，全军 157 所院校都在搞运动，到处抓反动路线的代表人物，抓各个军区、军种、兵种的领导人。总后瘫痪了，总参部分瘫痪，海军瘫痪了，空军瘫痪了。如果全国空中有情况，指挥中断了，事情谁去办！他特意让江青看一张全国军分区以上单位受冲击的统计表，警告说：内忧必然引起外患，稳定军队是党和国家的根本利益！

得到周恩来支持后，中共中央于 1 月 14—18 日之间连续发出了《关于不得把斗争锋芒指向军队的通知》《关于各军区开展文化大革命步骤问题的决定》，强调军队担负备战和保卫国防的任务，不许任何人、任何组织冲击人民解放军，保持部队的稳定。

1967 年 1 月 19 时，军委在京西宾馆召开有 40 余人参加的扩大的碰头会。会上，江青、陈伯达、康生提出：军队必须支持革命群众开展"四大"，要和地方一样搞"文化大革命"，不能搞特殊。叶剑英和军委其他领导不同意他们的意见，坚持维护军队的稳定，主张军队不搞"四大"。叶剑英严肃地说，军队是无产阶级专政的柱石，战备任务很重，军队稳不住，一旦敌人入侵，就无法应付。坚持党对军队的绝对领导是毛泽东军事思想和建军路线的一个根本原则，如果开展"四大"，必然发生无政府主义，怎么能执行党的路线，担负起保卫社会主义祖国的重任？军队没有铁的纪律，松松垮垮，打起仗来"放羊"，军队就不成其为军队了。

这时，叶群、陈伯达突然向总政治部主任萧华开火。逼着萧华出席当晚在工人体育馆召开的十万人大会，去说清问题。陈伯达说萧华是"绅士"，不是"战士"，"要把人民解放军变成资产阶级军队"。江青指着萧华的鼻子逼他表态。萧华以沉默对抗。江青等以撤换萧华相威胁，要徐向前主管总政治部工作。叶剑英、聂荣臻对此极为愤慨，退出会场，以示抗议。

这一次军委扩大的碰头会散会时，会议主持人徐向前宣布：会议的内容严格保密，不准外传。但是，会后走漏了消息，北京军区战友文工团等单位的"造反派"连夜到景山东街抓萧华。萧华从后门跑出，乘车飞驰到西山叶剑英住所躲藏。

第二天上午，军委扩大的碰头会在京西宾馆继续进行。会议开始，主持人徐向前知道了昨天夜里发生的情况，即向秘书查问，昨天会议谁做的记录？谁走漏了会议消息？这时，会场上，江青、陈伯达、叶群、王力等人坐在前排，江青坐在叶剑英的左侧。她看到萧华没有来，故意发问："总政治部主任失踪，到哪里去了？"叶剑英不予理睬。过了一会儿，萧华来了，徐向前问他，昨晚到哪里去了。萧华没有作答。徐向前生气地对萧华说："你是胆小鬼！你怕什么？他们能把你吃掉吗？"他盛怒之下，拍了桌子，把茶杯盖子和碟子都摔了。这时，一直冷静沉默的叶剑英也大声地说："他昨天半夜里跑到我那里去了，是我把他收留下来的，如果有窝藏之罪，我来担当！"他按捺不住怒火，猛拍桌子，伤及右掌。散会回家以后，端茶杯觉得右手无力，秘书陪他到军事科学院门诊部拍了片子，才发现右手掌骨远端骨折。一向和蔼可亲的叶剑英发了这么大的脾气，江青等人一下子被震住了，不再质问了，也不提抓萧华了。陈伯达曾对人说"经过三座门（军委办公地点）就头疼"。这天，他感到事情不大对头，当晚便写了一张纸条，通过军委办公厅电话传给叶剑英，解释说，19 号下午开会，因为安眠药吃多了，讲萧华是"绅士"不是"战士"，这个话他否定，要收回来。

在"大闹京西"之后，在军委碰头会上，叶剑英和徐向前、聂荣臻等老帅共同研究，制定了军委《八条命令》，征得林彪同意，送毛泽东审批，由中央军委颁布执行。接着，叶剑英和几位老帅以及军区领导又制定了《中共中央军委关于军以上领导机关文化大革命的几项规定》（即《七项规定》），进一步规定了稳定军队的有效措施。叶剑英说："本来八条一个文件就可以解决问题了，现在又搞了个七项，这些都是我们斗争来的！"

《八条命令》《七项规定》的制定和颁布，在一定意义上挫败了"四人帮"乱军夺权的阴谋。叶剑英依此下令，解决了成都、青海、新疆、南京、内蒙古、甘肃、广州等地军事机关和领导干部被造反派冲击围困的问题。

2 月下旬到 3 月上旬，叶剑英和几位老帅一起主持召开了军以上干部会议。这个会实际上是两个"大闹"（大闹怀仁堂、大闹京西）的继续。因为军以上干部都来了，叶剑英交了底，对"文化大革命"应该怎么样看，应该揭发什么问题，怎么样进行正面教育，怎么样解决与地方的关系问题等等，都作了明确指示。所以，这个会对稳定军队起了积极的作用。

江青等随即采取一系列行动，消除会议的影响。首先以中央军委的名义发布《十条》，砍掉了军委的《八条命令》《七项规定》。然后召开军委扩大会议，批判刘少奇、邓小平的"罪行"，逼迫老帅作"检讨"，炮制"五一三事件"，打倒萧华，砸烂"总政阎王殿"，要撵走"阎王"，赶跑"小鬼"；重新挑起"青海事件"背后的两派矛盾，追查"罪魁祸首"赵永夫的"黑后台"叶剑英；在武汉制造"七二〇反革命事件"，揪斗陈再道，公开提出"打倒军内一小撮走资本主义道路当权派""带枪的刘、邓路线不打倒，不带枪的就打不倒"。江青又提出"文攻武卫"的口号煽动武斗，造成全国武斗、"全面内战"的局面。他们掀起了冲击军事机关的新高潮，到处

"揪斗陈再道式"的人物，大肆叫嚷"文化大革命"进入了"新阶段"，是"两个司令部的最后决战"。他们不仅从政治上制造种种耸人听闻的什么"兵变""逆流""冲击事件"等谣言，恶毒攻击军内高级将领，而且从组织上改组最高统帅部，成立"军委办事组"，让黄永胜取代叶剑英主持军委工作。又制造"杨、余、傅"事件，诬蔑几个老帅是"黑后台"。造谣诬蔑叶剑英曾"被俘""企图投敌"，直到毛泽东亲自批示这是"老一套谣言"，下令禁止。

从大反"二月逆流"之后，几位开国元戎，受尽了屈辱和摧残，处于打倒和"半打倒"的状态。贺龙被扣上"二月兵变"罪名，首受其害。朱德被诬为"旧军阀"。对彭德怀"新老账"一起算，再次被批斗。陈毅被打成"老机""老右"。聂荣臻主管科委，被"九一五""九一六"两个造反派组织的头头纠缠得不可开交。徐向前领导军委"文革"招来横祸，被迫靠边站。刘伯承身患重病，仍不免受刁难。只有叶剑英因毛泽东一再保驾，说他长征路上揭露张国焘企图危害党中央的密电有功，未被明令取消中央书记处书记兼军委秘书长职务，继续支撑着军委大厦。

徐向前元帅回忆当年的情景，对叶剑英曾作过这样一段评述："他在自己处境十分艰难的情况下，仍然关怀着军队的稳定，关心着其他受冲击的同志。一次，他听到风声，造反派要抄我的家。他一面严令保护我的安全，一面亲自打电话给我，安排我转移到西山去住。这种患难与共的真挚感情，使我难以忘怀。1967年'八一'建军节前夕，由于林彪、'四人帮'一伙捣乱，朱德同志和我们几个受冲击的老同志，能不能出席建军40周年招待会，竟成了问题。在出不出席还没最后定时，剑英同志亲自带着一名战士理发员，来到了我的住处，要我先理个发，作好出席招待会的准备。当时他的意思十分明确：这次招待会，军委的一些老同志应该出席，这不是个人的事，它关系到军队的安定与团结，关系到国内外的影响，也是向'四人帮'一伙的斗争。当毛泽东同志批示朱德同志和我们几位老同志都要出席的电话通知打来时，剑英同志喜形于色，十分高兴！"

"九一三事件"后，中央决定撤销军委办事组，由军委副主席叶剑英主持军委日常工作，正式成立以叶帅为领导的军委办公会议。叶剑英认真执行毛泽东关于"军队要统一""军队要整顿""要准备打仗"等一系列重要指示，针对林彪把持军委工作十二年所造成的恶果，从各个方面大力整顿。

"四人帮"并没有因为林彪覆灭而收手。他们摇身一变，扮成"反林英雄"，制定新的反军乱军策略，决定搜罗林彪的全部人马，壮大自己的力量，直接插手军队，抓军权。他们把矛头集中对准叶剑英，从 1972 年以来连续发动几次进攻"战役"。同时采取"送材料，批文件"，"打进去，拉出来"等办法，妄图搞垮三总部，搞乱陆、海军、空军等各军种兵种的部队。还勒令《解放军报》变相停刊 178 天。

"乱军有功"吗？

时间跨入 1975 年，这一年，邓小平、叶剑英分别被正式任命为总参谋长、国防部长之后，"四人帮"红了眼，在六七月的军委扩大会议上展开了一场大搏斗。

这次会议的议题和文件是经过毛泽东批准的。中心议题是整顿军队的思想作风和解决组织问题。

邓小平在会上强调军队抓编制、抓装备、抓战略，加强组织性、纪律性，加强军政团结、军民团结，要克服"肿、散、骄、奢、惰"，在军队领导班子中要解决"软、懒、散"的问题，自上而下调整好领导班子。

叶剑英作了会议总结讲话。他说："军队要高度集中统一，决不允许资产阶级派性存在。要使广大干部战士认识资产阶级派性的反动性和危害性，警惕阶级敌人浑水摸鱼，乘机进行反革命破坏。"他提醒大家注意，决不容许任何野心家插手军队，搞阴谋活动。要求大家谨慎从事，少说话，不"授人以柄"。要注意形势，坚定立场，稳住部队，充分发挥骨干作用。

邓小平、叶剑英和徐向前、聂荣臻等在会上的讲话，在中国人民解放军建军史上具有极其重要的指导意义，尤其在"文化大革命"中更有其特殊的意义。中共中央于7月25日发出通知，将邓、叶的两个讲话转发全党。

会后，叶剑英等抓紧时机，趁热打铁，对军队各大单位的领导班子进行了组织调整，为后来粉碎"四人帮"奠定了组织基础。

"四人帮"中的两人王洪文、张春桥出席了会议，但一言不发。

7月11日，军委领导讨论会议总结讲话稿时，张春桥表示，总结讲话说得好，讲得很全面。对邓小平的讲话，张春桥也说，讲得好，要放开讲。7月17日下午，军委领导讨论将会议讲话和文件呈送毛泽东、党中央审批时，王洪文、张春桥没有提出任何异议。7月18日晚，在中央政治局讨论以党中央名义转发军委扩大会议文件时，张春桥、江青、姚文元也都表示同意。但是，会议刚刚开过不久，他们就来个全盘否定。王洪文、张春桥称，军委扩大会议"问题多着呢"，"要批判的不只是这两个讲话"。王洪文私自上调有关会议的文件、记录和一些大单位贯彻军委扩大会议的有关材料，"四人帮"还秘密搜集中央军委和总部领导的指示、讲话，翻阅大批文件档案，从中找茬，炮制攻击军委扩大会议的"炮弹"。

1975年冬，张春桥委派其弟弟张秋桥到上海警备区某部八连，煽动批判1975年军委扩大会议精神，并令该连直接向他反映情况。张秋桥于11月15日至23日，以"总结经验"之名到该连。他一到连队就说："我这次来，是张（春桥）主任叫我来的"，问"你们学习军委扩大会议精神，有什么感受？"当干部汇报到"对照军委扩大会议精神，支部领导班子有些软"时，他就说，要议一议军委扩大会议的讲话，并暗示干部要批判"整顿""领导班子软、散、懒""雷锋叔叔不在了"等。他还说："清华大学有几个党委书记搞右倾翻案风，斗争很复杂，你们要有敏感性，我们很快就要离开上海厂，你们以后有什么事可以打电话告诉我。"后来，在军委常委召集的一次军队领导同志会议上，张春桥和丁盛一唱一和，极力宣扬张秋桥搞的这个连队"批判"军委扩大会议的所谓"经验"，并强令在全军推广。

"四人帮"对这次军委扩大会议后调整的各大单位的领导班子特别不满，称为"复辟班子""翻案风的产物"。王洪文提出要重新"解决"，还有人说："刮上去的要刮下来，刮下来的要刮上去，刮进去的要刮出去，刮出去的要刮进来"，并无耻地说："只有反大的，才能当大的。"

张春桥曾说过一句话："乱要乱透，不光肉要煮烂，连骨头也要煮烂。"这句话说的就是"四人帮"鼓吹的"乱军有理""乱军有功"的"乱了观"。"四人帮"要"乱得你睡不着觉"。说部队"下级服从上级"就是"压制民主"；煽动官兵"错误领导要抵制"；搞"倒蹲点""上调查""下报告"，调查所谓"军内资产阶级是如何吸战士血的?"王洪文于 1976 年 2 月中央打招呼会议期间，在云南和昆明部队小组讲话，极力反对"反派性"，说叶剑英反派性是"赤裸裸的反攻倒算"。

"四人帮"在整军委三总部、各军兵种、各大军区一批领导人的同时，拉拢一些领导人，有总政的、南京的以及空军和民航的个别负责人等，站到了"四人帮"一边。

篡改党史、军史，否定老一辈革命家的历史功绩，是"四人帮"的重要一手。他们说我军优良传统"过时"了，甚至说宣传红军长征是"修正主义路线的表现"。以致发生 1976 年初的封闭军事博物馆"历史综合馆"事件。

叶剑英就明确指示，军事博物馆还要保留刘少奇、邓小平革命战争时期的历史照片。1975 年 10 月，在叶剑英主持下，经军委讨论，同意"历史综合馆"预展计划，随后开始内部预展。1976 年 2 月，军博群工组个别人到人民日报社，诬告"历史综合馆"纪念长征四十周年的陈列有"不少问题"。时任《人民日报》总编辑的鲁瑛即派人去看，然后整理了一个材料，编发了一份《情况汇编》，上报姚文元。"清样"说这个展览突出了邓小平和几个元帅，"紧密配合党内不肯改悔的走资派刮起的那股右倾翻案风"，"是经邓小平和叶剑英同意，指定军博领导人具体搞的"。并说军博邀请国务院、人大常委会和军队在京单位领导干部以及参加"打招呼"会议的代表参观这个展览，是"有组织、有计划的行动，是与毛主席'打招呼'的指示相对抗。"

张春桥看了《情况汇编》，第二天立即将其批给总政："请将情况查明告我"。3月4日他又下达了三条指令：第一，立即闭馆；第二，原封不动；第三，尽快查明。责令把所有综合馆调查材料一定要"保存好"，并说："将来运动深入后还要弄这个问题。"

"四人帮"的这一系列活动，不只是明目张胆地取消叶剑英、邓小平对军队的领导权，而且要一笔抹煞老一辈无产阶级革命家的历史功绩，否定我军的光荣传统，打倒叶剑英等几位老帅和大批军队领导人，最终篡夺党和军队的领导权。

有人认为，张春桥的总政治部主任不过是徒有虚名，搞不出什么名堂。这是低估了张春桥的能量。事实是，他担任总政主任一年零九个月，制造种种借口，不准搞理论学习计划，不准印发马列的书，在军内大肆推行"四人帮"的那套理论。

张春桥曾声色俱厉地说："有人说我不能管军队，为什么不能管？我就是要管！""四人帮"称总政领导"保护大官的利益"，总政和解放军报社是"谣言窝子"，保卫部是"翻案部"，干部工作"也有翻案问题"，还说"想用总政用不上"。

"四人帮"还抓着总参不放，说总参是"谣言分公司"，几次找总参党委常委集体谈话，打总参的"闷棍"。张春桥说："他们都说去年军委扩大会以后如何如何。邓小平一当总长，第一次讲话，就讲要整顿军队，反派性。当时你们欢迎我去总政讲话，我坦率地说，我不敢去讲，我要讲就和邓小平讲的不是一回事，我讲要抓无产阶级专政理论的学习，他整顿军队反派性，同一个中央文件下的命令，两个人讲的不一样，怎么办?!"

"第二武装"

"四人帮"叫得最响的一个"口号"就是"改造"解放军。改造什么呢？他们要改变我军全心全意为人民服务的宗旨，反对和破坏学习雷锋的群众运动，污蔑雷锋式的战士是"不长角的老黄牛""没有头脑的螺丝钉"。

江青一次对八一电影制片厂"革委会"成员说："死了你们就写，活着就不写，接班人给了中间人物。"毛远新跟着下令沈阳军区话剧团停止排练《雷锋》话剧。毛泽东号召"向雷锋同志学习"题词发表十周年，姚文元以"学雷锋冲淡批林"为由，砍掉《红旗》准备发表的纪念文章。

"四人帮"鼓吹"闹而优则仕"，诱人以"官、禄、德"。他们提出我军在社会主义时期的"根本职能"是"批判党内资产阶级"，军队的"主攻方向"是"革党内走资派的命"。并且制造革命与战备、政治与军事、政治与技术、红与专的对立，把人们的思想搞乱，干扰破坏部队军事训练等各项战备工作，削弱我军的战斗力。他们要"改造"我军革命的政治工作，"纠正"政治工作的所谓"方向偏差"，称军队政治思想工作是"50年代水平"，而用他们的那套"赛诗会""学唱戏"充当"军队政治思想建设的主要工作"，用所谓"儒法军事思想斗争教育"来取代马列主义、毛泽东思想的教育。很明显，"四人帮"的所谓"改造"，正是要改掉毛泽东制定的人民军队的建军原则，改掉解放军的生命线，改掉解放军的革命灵魂。

撼山易，撼解放军难。"四人帮"对军队的干预、改造，遭到叶剑英等几位老帅和全军指战员的抵制和斗争，结果是以卵击石。

于是，他们反戈一击，称解放军"靠不住"，"信不过"，战斗力"不如民兵"，"打起仗来只能起放哨作用"。进而要取消这支军队。按照"四人帮"的如意算盘，那就是用他们"改造"好了的"民兵"取而代之，另立"第二武装"。

为了经营"第二武装"，"四人帮"破坏"三结合"的武装力量体制，"改造"和"重建"民兵，而且把它吹得神乎其神，说他们"犹如哥白尼发现太阳中心说一样"发现了这个"新生事物"，说民兵能够"管党管政管民"，一直到共产主义，"寿命最长"。

野战军、地方军、民兵三结合，是我们武装力量的传统体制，是毛泽东人民战争思想的体现。"四人帮"是怎样破坏这个体制、"改造"民兵、建立他们的"帮家军"——"第二武装"的呢？

从"文革"开始，在毛泽东"大办民兵"的口号下，"四人帮"就提出要"改造"和"重建"民兵。

王洪文鼓吹民兵、治保、消防"三位一体"，使民兵撇开公安部门，随意抓人、关人、审讯、定案，妄图以民兵取代司法机关，成为独立的主管一切的武装实体。

张春桥公开称"要打烂军事一条线"，成立所谓"中华人民共和国民兵指挥部"，置于"四人帮"的直接控制之下，用民兵取代人民解放军。他提出分四步走："第一，先把造反派组织起来，按班、排、连、营、团、师（或者小队、中队、大队）组织好，进行必要的训练，也可以先在此基础上实行武卫。第二，把要害机关、工厂的武卫组织整顿好。第三，进行发枪的试点。第四，武装五万、十万、十五万人。"

1974 年，在杭州等地成立了民兵指挥部。一些厂里强制劳动的犯罪分子被编成班、排、连，发给藤帽、铁棍，作为骨干，声称"民兵组织要依靠反潮流战士"。这一年 12 月 4 日下午，上海民兵指挥的头头们开会商议有关建立民兵指挥部的一系列问题。1975 年秋，王洪文到上海搞人民武装部、民兵指挥部合并"试点"，借机吃掉人武部，夺取民兵领导权。并在锦江小礼堂与民兵指挥部领导小组成员开会，说："先把 30 到 40 个厂装备起来。上海167万产业工人，搞40万民兵，就要有40万支枪，我们还要用炮武装民兵，还是想办法多搞一些。"马（天水）、徐（景贤）、王（秀珍）根据王洪文的指示，在上海两个区、一个县试行"两部合并"。

为了建立"帮派"武装力量体系，"四人帮"不仅在组织上另搞一套，而且在他们控制的地区惨淡经营，擅自动用地方物力和财力，私造、冒领各种武器装备，扩充帮派武装实力。他们私设工厂，私造了各种步枪5.6万余支，几年来，还通过各种手段，从上海的兵工厂中捞取了大量的兵器。据不完全统计，共计拿走各种高炮282门、高射机枪230挺、步枪16万支、高炮弹23万发、手榴弹60万枚、枪弹6000万发。

1974年，上海民兵指挥部制定了《民兵装备十年规划概算》。他们展望全市有260万民兵，规划50万件武器，装备民兵65万人。据上海市财政局记录，经马天水等人批准，从1974年到1976年3年共计动用地方经费3283万元，购置步枪48462支、摩托车160辆、高炮牵引车10辆、指挥车10辆、305型雷达指挥仪10套、巡逻艇1艘、步枪子弹387万发、三七高炮弹5万发。此外，还有大量帐篷、枪炮衣、背带等装具。据总参动员部统计，除民兵应装备的轻武器之外，还要走一大批超出民兵装备范围的重型武器装备。其中包括一三〇火箭炮、一二二榴炮、八五加农炮各108门，水陆两用坦克234辆，摩托车438辆。计划装备30多个团、10个高炮师、3个地炮师、1个坦克师、1个摩托化团。"四人帮"还抛开总部和南京军区，到处搜集武器，扩充实力。据不完全统计，仅从湖南、安徽等地，就有半成品枪23704支，半自动步枪、机枪零部件60多种、41.8万多件。此外还搞民兵军事演习。

从这一大堆数字中，可以反映出上海"第二武装"的规模、气势和后盾。

"像爱护眼睛一样，爱护自己的军队"

毛泽东曾经告诫全党，再也不要学张国焘，决不能争个人的兵权。历史上，凡与党争兵权的，都没有好下场。张国焘自恃枪多人多，与党闹分裂，要篡军夺权，结果落得个单枪匹马，叛变投敌。高岗搞"军党论"，结果成了历史小丑。林彪搞"军队中心论"，要"调动一切""指挥一切"，南面称王，不可一世，结果是折戟沉沙，摔死于异国荒丘。"四人帮"硬要踩着历史上这些失败者的脚印走，其结果可想而知。

但是，石头不搬是不走的。当年，叶剑英对于"四人帮"拼命抓"枪杆子"的企图和行动始终保持高度警惕，并站在第一线，与之进行了反复的较量和坚决的斗争。

他曾说："事情很清楚，如果没有一支党领导下的用毛泽东思想武装起来的强大的人民解放军，旧中国就不能破坏，新中国就不能建立，就是建立了也不能巩固。解放之后的28年，我们所以能够胜利地进行社会主义建设……保持全国局势稳定，一个重要原因也是由于有一支党领导下的用毛泽东思想武装起来的强大的人民解放军。""林彪、'四人帮'极端仇视我们这支伟大的军队，他们疯狂地反军乱军，残酷打击和迫害忠于党的军队领导干部，妄图毁我长城。我们一定要像爱护眼睛一样，爱护自己的军队"。

为了爱护这支军队，从"文化大革命"一开始，叶剑英和其他几位老帅一再强调军队要稳定，不准冲击军队，不准未受中央委托管军队工作的人插手军队；还多次规定，军队要坚持正面教育，必须由党委领导，军队领导机关必须保持严密的、完整的指挥体系。他经常提醒大家说，"四人帮"对于我们这支人民军队，就是要"搞乱它，篡夺它，毁掉它"，而我们就要反其道而行之，要十分珍惜它，保卫它，建设它。他坚持定期听取军委总参谋部作战、情报部门汇报，掌握部队动态，加强战备，保持部队的稳定。他还抽空视察部队，主持军委常委会，听取导弹和核武器的试验、军工生产等情况的汇报，并作了大量的指示。即使在1976年，在叶剑英被宣布"生病"，处于"半打倒"的日子里，他仍然坚持利用尚未被正式免职、未完全丧失军队指挥权的身份，继续与陈锡联和三总部的一些重要机关取得联系，与各军种兵种、各大军区一些靠得住的领导同志保持密切联系，保证随时可以通话，随时可以下达命令。

叶剑英深知舆论的重要，一刻也没忽视，牢牢地控制这个阵地。他多次找解放军报社社长华楠等来到住地，听取汇报，及时作出重要指示，一再嘱咐新闻机关、报刊单位"班子要团结，头脑要清醒，一定要坚守舆论阵地！"正因为这样，对于"四人帮"反军乱军的蛛丝马迹，他能够及时掌握，并通过各种渠道，采取各种方式，加以遏制。在"四人帮"闹腾得最厉害的时候，叶剑英仍然摆脱困境，亲自察看部队战备部署和防空工事，以预防各种不测。正是由于叶剑英等几位元帅、高级将领和老一辈革命家、老同志，团结率领全军的干部、战士和广大民兵，同"四人帮"坚持不懈地进行斗争，才使人民解放军这一钢铁长城任凭风吹浪打，岿然不动，稳如泰山。

七

七月

张闻天、朱德逝世

唐山大地震，天灾人祸泛滥

叶剑英与客对谈《出师表》

朱德"遗嘱"

1976年的7月，应该说是个"灾月"。

7月1日，党的55岁生日这一天，老资格的中国共产党领导人之一张闻天因遭受"四人帮"的长期迫害，在"遣送地"江苏省无锡含冤逝世。"四人帮"电示江苏省委：不开追悼会，骨灰盒存放在无锡。7月13日，南京《新华日报》第3版右下角以"本报讯"的形式发表"中国科学院哲学社会科学部经济研究所特约研究员张闻天病故"的简短消息，首都报纸一概保持缄默。

7月6日，"红军之父"朱德逝世。这位中国人民解放军的主要创建人和领导人，人民共和国的第一元帅，戎马一生，大战三百，小战五千，为人民军队的建设，为社会主义革命和社会主义建设，建立了不朽的功勋。但是，从1959年庐山会议后受到错误的批评，在"文化大革命"期间，又遭迫害，被诬蔑为"黑司令"，蒙受不白之冤。

1月，当周恩来逝世的噩耗传来时，90岁高龄的朱老总斜躺在沙发上，眼睛直勾勾地望着室外灰蒙蒙的苍穹，止不住热泪，嘴里不断地叨念着："恩来呢？恩来在哪里？……"

他不顾家人的劝阻，支撑着颤巍巍的病体，乘车去北京医院向周恩来的遗体告别。在那里，同样悲伤的叶剑英含着热泪，握着朱老总的手说："老总千万不要过度伤感。要多保重！"老人家回答说："现在恩来走了，主席身体又不好，我们要更加努力，多做些工作，不然就对不起恩来同志！"从此，他果然更加努力，带病坚持工作，照样会见外宾。

6月12日，朱德会见马达加斯加民主共和国总统迪迪埃·拉齐拉长。由于过多的伤感和过度的劳累，他的病情迅速恶化。6月21日，按照原先安排，还要会见外宾，人们劝他休息，另行安排，他不同意说："这是党的安排，我怎么能够因身体不好，就随便不去呢？"他还是吃了药，坚持会见了澳大利亚联邦总理马尔科姆·弗雷泽。因活动太久，加重了病情，不得不于 25 日住院治疗。

7 月，朱德病情更加严重，但他仍让别人给他读"七一"社论，并提出要看文件和报纸，询问外边的形势。这期间，叶剑英委托他的女儿几乎每天都打电话到医院，询问老总的病情。朱德虽然说话困难，但心里明白，"四人帮"要打倒邓小平和一大批老干部，闹得国无宁日，怎能让人放心的下？

1976 年 7 月 8 日，叶剑英无比悲痛地站在灵床旁边，向朱老总最后告别，百感交集，思绪万千。他回忆起自己从 1927 年在南昌与朱德初次相会，1931 年以后，长期在他麾下战斗和工作的情景。总司令那威武的身躯，慈和的面容，善良的秉性，长者的风度，卓越的才能，还有那优美的诗句，在他脑海里翻腾起来。现在这位举世闻名、德高望重的革命家、军事家安详地躺在他平生喜爱的兰花丛中，那严肃的表情，微阖欲睁的双目，留下了终生遗憾。叶剑英想起朱老总晚年所受的"窝囊气"和凄凉境遇，想起他老人家豁达宽厚，保持晚节，寄情兰花，不禁含着热泪，深情地默哀：安息吧！总司令，让君子兰伴您长眠。让我们把您想办的事情办完。

1976 年 7 月 11 日举行追悼大会。叶剑英和其他党和国家领导人及首都人民群众 1.5 万人前往劳动人民文化宫吊唁。中共中央第一副主席、国务院总理华国锋致悼词。在悼词中除了称颂朱德同志一生为党为人民建立了不朽的功绩之外，最后自然少不了这样的词句：我们要化悲痛为力量……在毛主席为首的党中央领导下，以阶级斗争为纲，坚持党的基本路线，坚持无产阶级专政下的继续革命，深入开展批判邓小平反革命的修正主义路线，反击右倾翻案风的伟大斗争……

将星陨落，举国哀恸。

"四人帮"却庆幸朱德去世，因为又搬走了一块"绊脚石"。

就在朱德逝世的第二天，《人民日报》在公布朱德同志讣告和治丧委员会名单的同时，在第一版发表《发扬井冈山的光荣革命传统》的文章，介绍解放军驻井冈山地区某团指战员"批判邓小平反革命的修正主义路线斗争的经验"，一是学习当年红军战士同反动派斗争的坚定性，树立把批邓斗争进行到底的决心；二是回顾井冈山斗争时期地主武装"还乡团"反攻倒算的历史教训，提高批判邓小平的反革命修正主义路线的自觉性……要把这条修正主义路线"批倒批臭""批深批透"，彻底肃清其流毒和影响。

除了利用舆论阵地，"四人帮"还利用中央召开计划工作座谈会之机，授意上海市委、辽宁省委的个别领导人在会上发难。整理了20份材料，涉及国家计委、建委、外贸部、交通部等12个部委。7月16日、20日在会上首先提出："当前，广大干部和群众认真学、深入批，同邓小平对着干。但是，他们担心上边有些人'批归批，干归干，还是照老样子干'。""去年的经济工作'务虚会'，在邓小平的指挥棒下，究竟务的是什么'虚'？务的是哪个阶级的'虚'？搞的是哪个阶级的政治？名曰规划国民经济，实为策划右倾翻案。有的同志，同邓小平那一套货色，岂止是共鸣？分明是合唱了！经济领域里右倾翻案风的风源，盖出于此吧？"他们怀疑"国家机关的领导权，是不是都掌握在真正的马克思主义者手里"。"务虚会是资本主义泛滥，计划会议是掩护邓小平退却"。

会议期间，王洪文4次到京西宾馆了解会议情况，听取汇报，说："批得很好，问题提得很尖锐，批判就要直捅，不要不痛不痒，怕什么？""国务院务虚会的问题很值得研究，看务的什么虚，'二十条''十八条'，同一时间各部门都搞这种东西，搞'管、卡、压'。"又说："要斗，不斗就不能取胜，在这可以斗，回去还可以斗。不斗，修正主义老爷就拆你的台。"按照王洪文的旨意，会议有些人串连在一起，追"风源"，批"邓小平为头子的少数人对多数人专政"。张春桥则在政治局会议上说："有意见让大家讲嘛，要允许人家讲话嘛！"在会议结束时，中央领导人接见会议代表，王洪文公开说："有的同志在这次会议上开了一炮，开得好！"

叶剑英没有出席这次会议，知道情况后，非常气愤。

1976 年 7 月，"四人帮"拟定了一个以王洪文名义提出的"计划"，"计划"的要点是：

> 积极创造条件，区别不同情况，建立和完善老中青三结合。有三种情况。一种是较好的，只需在斗争中逐步完善即可，不必把组织问题作为运动的一个组成部分去搞。一种是需要作些充实、调整的，主要依靠省委自己去搞。再一种是一、二、三把手都问题较多，群众已不大那么信任，需要中央直接去帮一手的。

> 国务院各部的问题，这次铁道部让万里同志不管事，专心检查自己问题，又调了两个青年干部去当核心小组副组长，运动有了生气，看来是得人心的。这个经验需要总结，并在实践中进一步完善。其他各部，也要积极创造条件，有领导地逐步参照解决。这些部自建立以来，大多没有好好触动过。现在的情况是下面变了，上面不变或有变也不大，矛盾越来越尖锐。趁这个机会变一下，广大基层干部、群众是高兴的。

> 军队问题，基层是好的，主要问题在上面。比较起来，总参的事情更紧迫些。

为了配合这个"计划"的实施，王洪文在这期间还口授一封给毛泽东的信，让秘书班子代为起草，大意是："毛主席最近指示'国内问题要注意'。我看国内问题还是要批邓。全国运动有几种情况，一种搞得好的，一种比较一般，还有一种是问题比较多的。这后面两种，占全国多数，都需要解决领导班子问题，特别是第三种不解决不行。国务院有些部，军委有些部门，也是这样。解决的办法要像有的部门已经做的那样把主要领导干部换掉。"

凭自己的政治嗅觉，叶剑英预感到，"四人帮"要向党和国家最高权力发起攻势了。

朱德逝世两周刚过，康克清带着女儿朱敏离开万寿路甲 15 号的住宅，乘车向西疾驶而去。

人们熟知的这位红军"女司令"，从1927年加入共产主义青年团，并参加万安农民暴动以后，拼杀在井冈山，拉起一支200人左右的女子义勇队。在长期的作战与革命斗争中，她与朱德患难与共，生死相依。尤其在"文化大革命"中遭到诬陷迫害的那些苦难岁月，她支持朱老总，为他分担忧愁，给予他无微不至的体贴和照顾，成为他最大精神慰藉和生活保障的后盾。

送走了亲人后，康克清第一件事想到的就是要把朱德的最大心愿和最后嘱托，迅速转告叶剑英和聂荣臻两位元帅。

北京的7月，天气闷燥。康克清上了西山。

叶剑英走出门外，亲自迎接客人，他带着康克清走进客厅里边的小办公室。

两个人坐定以后，叶剑英顺手打开了收音机。康克清不理解这个举动，心想：这是什么意思？她不住地用眼睛盯着看，好像要探寻什么秘密。叶剑英用手指指外面，把收音机的音量开得更大一些，轻声地问道："老总临走时有什么交待？"

康克清这才会意，把身子往前挪了挪，告诉叶帅：老总对"四人帮"十分憎恨，有一次，他在神志还清醒的时候，嘱咐我："你不要害怕！那几个人，谁都讨厌。你去问问农民，他们愿不愿意让地主回来？去问问工人，他们愿不愿意资本家回来？去问一问社会上所有的人谁愿意要'四人帮'？都会回答，不要！别看有些人一时闹得挺凶，总有一天，他们会被人民抛弃的！"

康大姐回忆朱德当时担心"四人帮"把手已经伸到了军队，老总还说："你不要怕！军队里绝大多数是好的。地方上的绝大多数干部和广大群众也是好的。县以上的干部不会跟他们走，我们的军队，有老同志在，靠得住！"

叶剑英听了深受感动，十分敬佩朱老总的胆识，连连赞叹说："老总有这样的分析啊！"并且以目示意，表示明白了，请大姐放心。

此时，康克清虽然还不知道眼前这位元帅正在考虑对付"四人帮"的大计，但是当着他的面，说出了老总要说的话，心里踏实多了。她告别叶剑英，离开 15 号楼，转向 1 号楼，去看望聂荣臻，又向他表达了朱老总对"四人帮"的态度。

两位老战友正作深谈的时候，叶剑英也急匆匆地过来了。康克清看出两位老帅有机密相商，就到隔壁房间同聂荣臻夫人张瑞华话"家常"去了。

天崩地裂

7 月 28 日 3 时 42 分 53.8 秒，一道蓝色的电光穿越太空，伴着轰隆隆的巨响，闪过河北冀东大地。狂风呼啸，惊雷震荡。在距离唐山地下 16 公里处的地壳中，发生了强烈地震。顷刻间，唐山这座百万人口的城市被夷为平地。

整个华北大地在剧烈震颤。

京郊西山和北京其他地区一样，发生猛烈的摇撼。窗户玻璃哗哗作响，办公桌上的茶杯和书籍互相撞击。

刚刚入睡不久的叶剑英从震颤中惊醒。他立刻意识到是大地震，遂霍地下床，喊周围的同志快起来，并拿起电话机，亲自询问国家地震局，查明情况。

办公室人员根据叶剑英指示，不停地拨打电话号码，发出一系列问号：什么地方发生地震？震级有多大？人员伤亡情况怎样？……这些都是叶剑英迫切想知道的。他关切地守候在电话机旁。

"地震可能七到八级。"

"震中距北京大概不会超过 200 公里。"

......

断断续续的回答，不能令人满意。

第二天，叶剑英才知道，根据国家地震台网测定，这次地震为7.5级。几天以后，国家地震局再次公布经过核定的地震级为 MS7.8 级。又过了很久，确切得知，在这次地震中，死亡 24 万余人，重伤 16 万余人。一座重工业城市毁于一旦。当时估算，直接经济损失 30 亿元。唐山大地震的死亡人数，是举世震惊的东京大地震的 2.4 倍、智利大地震的 35 倍、阿拉斯加大地震的 1300 多倍。而在这些数字背后的物质财产损失是无法估量的。这是迄今为止，400 多年世界地震史上损失最为惨重的一次大地震。被称为"20 世纪全球十大灾难之一"。

地震当天，以毛泽东为首的党中央向灾区人民发出慰问电，紧接着派出了以华国锋为总团长的中央慰问团。来自全国各地的 200 多支医疗队、1 万多医护人员来到唐山的废墟上。国务院调 159 列（次）火车，470 架（次）飞机，将唐山 10 万余名伤员迅速运往全国 11 个省、市。各地的救援物资源源不断运到唐山，各地的救援队伍马不停蹄地赶赴唐山，公路上挂着各省车牌的车辆穿梭如织，机场上摆放的四面八方的物品堆积如山。10 万名中国人民解放军指战员奋战在唐山抗震第一线，拯民于水火，解民于倒悬。

然而，就在 7 月 12 日，唐山地震前 16 天，国家地震局党的领导小组还在召开"批邓反右"会议，中心议题是批判领导小组组长胡克实。距地震到来前 17 个小时，在预报人员一再要求下，地震局领导才有工夫坐下来，听取分析预报室的汇报。但是为时已晚。地震那天夜里，江青钻在桌子底下不敢出来，后来进了地震棚，还感到不保险，专门做了一个大桌子，四周放了不少巧克力，光练习钻桌子就花了半个月时间。

地震过去之后，"四人帮"还在私底下表示：

"全国有 8 亿人口，960 万平方公里，抹掉个唐山算什么？"

"唐山地震不过 100 万人的事，唐山才死亡 10 万人有什么了不起，批邓是 8 亿人的大事！"

他们是想借唐山人流的血涂抹"左"的口号。甚至要战士、民工们"在废墟上批邓"！

8 月 11 日，《人民日报》发表了《深入批邓，抗震救灾》的社论。

姚文元抄录了洪秀全的《地震诏》"山崩地裂，视若等闲。愈经磨炼，意志愈坚。"和另一首诗："地转实为新地兆，天旋永立新天朝。"根据他的意思，那群御用文人们也加紧炮制出《地震实为新地兆》《山崩地裂视若等闲》等文，声称《地震诏》是"宣言书""声讨书"和"进军令"，它"庄严地宣布地震是摧毁旧世界，诞生新世界的征兆"，因此，应该"热烈地欢呼自然界和社会的大变动"，并由此"创造出一个新天地、新世界！"

很显然，"四人帮"在利用唐山大地震为自己制造舆论声势。江青等授意清华大学、北京大学大批判组撰文批判未定稿《论全党全国各项工作的总纲》《关于加快工业发展的若干问题》和《科学院工作汇报提纲》，诬之为"三株大毒草"，印成三个小册子在全国各地发行。叶剑英说他们这是在"欢呼"地震灾难。正如洪秀全诗中所写，地震中的"四人帮"是在"欢呼""新天朝"的到来。

唐山大地的自然震动止息了。但是，由此造成的"恐震症"却蔓延全国。各省地震局频频发出地震预报。北京城，在空旷的天安门广场，在长长的长安街两侧，在所有的公园、草坪和空地上都搭起了防震棚。上自国家领导人，下至平民百姓，都从高楼大厦和低矮平房里搬出来，住进了各式各样的窝棚。叶剑英在西山的 15 号楼门前也搭起了两个绿色帆布的房间，以供他和随员临时办公休息。

不止北京如此，当时全国有 17 个省（市）的大中城市中数亿人露宿户外，大批工厂停工停产，经济损失难以估量，甚至连香港人都惶惶不安。

中国人民在秋风秋雨中，共赴国难。

"人生能有几多愁？"

叶剑英在关心抗震救灾和毛泽东病情的同时，继续和山下的老战友、老同志酝酿解决"四人帮"的问题。

政治局委员苏振华和他的夫人在地震前就住在西山 7 号楼，离叶剑英住的 15 号楼相隔不远。茶余饭后，不时互访。地震的余波为他们之间架起了无形的"热线"，来往更多了。

黄昏。夕阳缓缓地隐退在西山背后，留给人间一抹紫红，透过层林的缝隙，洒落在山间小径上漫步的行人身上。叶剑英不知不觉地来到了 7 号楼前，那里同样搭着一顶绿色帆布帐篷。

苏振华夫妇循着叶剑英的脚步声早已走出帐篷，迎候在门前的林阴小道上。

在将军夫人布置得精巧舒适的帐篷里，叶剑英透过暗淡的灯光，打量着眼前这位身着便装的海军上将。40 年前，叶剑英和苏振华在中央苏区初次见面时，苏振华还是一个英俊壮实的小伙子。如今已是两鬓斑白、年过花甲的老将军了。这中间经历了多少战乱的风霜啊！苏区几次大的反"围剿"，铁流两万五千里，然后是抗日烽火。叶剑英还依稀记得，苏振华曾担任八路军第二纵队兼冀鲁豫军区政治委员，参与领导冀鲁豫边区反日伪军的"扫荡"和反对国民党顽固派军队的进攻，坚持和发展了抗日根据地。解放战争时期，他奔驰在中原战场，先后与杨得志、杨勇等率部参加邯郸战役、进军大别山和淮海、渡江、西南等许多战役，中华人民共和国成立后，他出任中共贵州省委书记等职，为巩固人民民主政权尽心竭力。以后转到人民海军担任政治委员，对海军建设作出了重要贡献。在"文化大革命"期间，当苏振华遭到迫害时，叶剑英给他以很大的关怀和支持，彼此加深了了解和信任。现在两人是"西山夜话"，无所不谈。

七　『人生能有几多愁？』

209

苏振华望了望帐篷外边的远方西山，满目愁云，轻声地问道：

"主席的病有什么起色吗？"

"尽人力以待天命吧。"

"那怎么好哟！万一……"

"车到山前必有路。"

"路是靠人走的，叶帅，你得带个头走啊！"

"还是像当年长征一样，互相搭帮着走吧，可一定朝正路走！"

两个人密谈了一阵，叶剑英觉得帐篷里的空气似乎太沉闷了，终于立起身来。

"忙什么呢？刚来就走！"将军夫妇还想挽留元帅多坐一会儿。

"改日再来，反正每天散步都要路过你们的帐下，随时可以报到的。"叶剑英风趣地打哈哈，"振华，主席不是说你是振兴中华吗？道路曲折，前途光明！"他用手指点西山最顶上的灯光，"你们看哟，那灯火阑珊处，不是离制高点不远吗？无限风光在险峰嘛！"

"留步吧！"叶剑英快步转向崎岖山路。又回头，对苏振华夫人陆迪伦嘱咐说："小陆！多给振华唱一唱，跳一跳，让他开心，可别愁眉苦脸！人生能有几多愁哟！"

叶剑英的一席话说得文工团员出身的陆迪伦咯咯笑起来。

"叶帅，请你放心吧！"

"旧时东坡留句处，椰树凌霄，扫净长空雾。海角天涯今异古，丰收处处秧歌舞。"

她高声朗诵元帅的《蝶恋花》词，望着叶剑英说："有你在，我们会重新打起锣，唱起歌，扭起秧歌舞的！"

叶剑英走到半山上，仿佛听到山腰的帐篷里传出了红军的小调……

命途多舛。谁能料到3年之后，在"扫净长空雾"、粉碎"四人帮"后的日子里，这位能歌善舞的夫人，竟带着将军临终前亲笔写给元帅的一封未写完的书信，又一次来到西山，向叶剑英诉说她生离死别的苦衷呢！

"兴兵讨群凶"

在此前后到西山避暑、避震的老同志，还有杨成武、陈锡联等，他们也同叶剑英时有交往，互通消息。这期间，从山下上山看望叶剑英的人接踵而至。来人多半是借口问候地震后的老帅平安，实际上是来探听"风声"，摆"龙门阵"，明里暗里提出对付"四人帮"的各种建议的。叶剑英总是同每位客人亲切交谈，但关于"除害"的具体方案，由于事涉机密，且未成熟，半点也不对外透露，守口如瓶。

大多数时间，他都用来读书。一位搞外事工作的客人来访，看他正在帐篷里读《三国演义》，便开玩笑地问："首长，俗话说'少不读《水浒》，老不看《三国》'，怎么看起《三国》来了？"

"《三国》里的学问可多着咧！你应该知道，主席就是个'三国通'！"接着，他介绍毛泽东过去同他讲三国，谈论曹操和诸葛亮等人的往事。

"主席很佩服曹操和诸葛亮。他的《浪淘沙·北戴河》词'往事越千年，魏武挥鞭，东临碣石有遗篇'，就是化用曹操的《观沧海》而成的。"叶剑英停顿一下，又说，"但是，主席强调对任何人都要一分为二，不能迷信，这是非常正确的。对古人如此，对现代人更该如此，不能搞个人崇拜，尤其不能搞过了头！"

客人洗耳恭听。

叶剑英谈兴正浓，他又介绍曹操的另一首诗《蒿里行》：

关东有义士，兴兵讨群凶。

初期会盟津，乃心在咸阳。

军合力不齐，踌躇而雁行。

势利使人争，嗣还自相戕。

…………

他一边念一边讲东汉末年军阀混战，祸国殃民的历史背景，赞叹"关东义士"兴兵讨伐"群凶"的义举，然后问道："你当然知道诗里的'群凶'指的是谁了？"

"奸凶董卓及其部将。"客人答道。

叶剑英感叹地说："现在也是天下大乱，群凶未除，正像曹操诗中说的，'势利使人争，嗣还自相戕'啊！有私心、有野心的大有人在。"

"是的，有志之士也应该'兴兵讨群凶'，变大乱为大治！"客人终于明白了叶剑英背诵这首曹诗的用意。

叶剑英讲完曹操，又说诸葛亮。他问客人记不记得武侯祠的两副楹联。客人回答只去过成都武侯祠，记得那副上联："能攻心，则反侧自消，从古知兵非好战"……

"不审势，即宽严皆误，后来治蜀要深思。"叶剑英读出下联说："光绪二十八年云南人赵藩在成都武侯祠所作这副对联，脍炙人口，含义很深。诸葛亮的军事思想确有高明之处，你知道其中的奥妙吗？"

客人回答："我理解，那上联就是颂扬诸葛亮采用攻心手段瓦解敌军，消除战乱，不知对不对？"

"是的。孙子兵法上说'不战而屈人之兵，善之善者也。'诸葛亮治蜀期间，常说：'攻心为上，攻城为下；心战为上，兵战为下。'七擒孟获，便是攻心政策的成功运用。"

"那下联呢？"

"下联是讲要借鉴诸葛亮严明的法治思想。诸葛亮用法严明。陈寿在《三国志》中评论他'尽忠益时者虽仇必赏，犯法怠慢者虽亲必罚，服罪输情者虽重必释，游辞巧饰者虽轻必戮，善无微而不赏，恶无纤而不贬。'这就是有法必依，执法必严，宽严适度。"他深有感触地说，"可惜，我们现在是天下大乱，就是'无法无天'，这怎么得了？！"

客人不知不觉地掏出笔记本，边听边记起来。

叶剑英看了客人一眼，继续说："当然，立法执法都要符合客观实际，失之于宽失之于严都不好，'即宽严皆误'。赵藩这副对联是对当时四川总督岑春煊、刘秉璋的影射，因为岑宽容而无度，刘严酷而无法，致使蜀地人民怨声载道。"

"是的，可是，现在有些人心中根本没有法制观念，任意抓人整人，甚至私设公堂，滥杀无辜，这怎么得了啊！"

"所以，现在，中国缺少诸葛亮啊！诸葛亮不仅法度严，而且执法不徇情，你看他在失街亭斩马谡、自贬三级，多么了不起！纵观诸葛亮一生，确实有许多值得我们借鉴的地方。"

> 收两川，摆八阵，七擒六出，五丈原设四十九盏明灯，一心只为思三顾
>
> 取西蜀，征南蛮，东和北拒，中军帐按金木土爻之卦，水面偏能用火攻

客人听叶剑英随口读出这副对联，忙问出自何处？叶剑英告诉他，这在南阳武侯祠。知道的人不多，这副联也写得不错，但还不是对诸葛亮的"盖棺定论"。

客人十分敬佩元帅见多识广和惊人的记忆力。顺势请教一个问题："人们都称道，诸葛亮的两篇《出师表》写得好，但后人考证《后出师表》不是出自诸葛亮之手，真伪莫辨，究竟应该怎样看呢？"

"那是专门家的事。'志在出师表，好为梁父吟'，郭老（沫若）游隆中写的这副联，就承认《出师表》的嘛！诸葛亮确实有非凡的政治抱负，当时他在南阳隐居，不过是待时而出。后来他六出祁山，北伐中原，明知'今天下三分，益州疲弊'，还是不避艰险，迎难而进，这是多么可贵的进取精神！"

"不伐贼，王业亦亡，唯坐而待亡，孰与伐之？"

叶剑英背诵《后出师表》说："从这两句话可以看出诸葛亮北伐中原

并无胜利的把握，但他坚守'汉贼不两立，王业不偏安'的原则，我们对邪恶势力就是不要妥协，要有'讨贼'精神！"

客人听明白了主人的意思，频频点头。

"我觉得这篇《出师表》确实是'古文观止'，不朽之作。"

叶剑英太喜爱这篇文章，从头背诵起来：

> 高帝明并日月，谋臣渊深，然涉险被创，危然后安。今陛下未及高帝，谋臣不如良、平，而欲以长策取胜，坐定天下，此臣之未解一也。……

他一口气背完文中那6个"臣之未解"，一个一个地解释，然后说，"诸葛亮的这几个不解的问题，立论精辟，很发人深省，可惜还有一个大问题，他未能意识到，既未提出来，也未能解决。"

"那是个什么问题呢？"

"接班人问题。本来刘备托孤之时，就曾说过刘禅不才，请他自取的话，诸葛亮明知'后主'不才，既不自取，又不另找接班人，既未找到蜀国之君的接班人，也未找到他自己'继之以死'的接班人。结果，蜀国后期干部老化问题非常严重。'蜀中无大将，廖化作先锋。'诸葛亮又不放手提拔年轻接班人。后来急了，好容易才发现姜维是个人才，让他接班。"说到这里，叶剑英接过服务员送过来的茶，一饮而尽，继续说道，"诸葛亮一生，事必躬亲，到了晚年，还是事无巨细，都要亲自过问的。到六出祁山时，司马懿打听他的饮食起居，知道他吃得很少，就采取'蘑菇战术'，避而不战，等待他死了！"

"诸葛亮就这样累死了！"

叶剑英叹息道："是的，他死时才54岁！'死诸葛吓走活仲达'，难怪陈寿说他是'天下奇才'！"

"我们现在的接班人问题总算解决了吧？"客人试探着问。

叶剑英点点头，不想评论，只是说："苏联在这方面的教训太多了！值得引以为戒的。主席说过，他百年之后，有人要闹事的。"

客人明白元帅说的什么人，有意安慰说："不怕的，只要有开国元勋们健在，有老帅们健在，不论是谁也闹不起来的。"

"但愿如此，'臣鞠躬尽瘁，死而后已，至于成败利钝，非臣之明所能逆睹也'。"叶剑英引诵《后出师表》的最后一句话，补充说："尽人力而听天命吧！"

连续发生的天灾人祸，使病中的毛泽东遭受巨大的震动。他在唐山大地震的第二天，在半睡半醒的状态中被身边的工作人员和医护人员紧急搬到中南海另一个别墅式的小庭院。这里被称为202号，据说可以抗八级以上地震。尽管如此，为了保险起见，还是在房前搭起了一个更为牢固的地震棚。此刻，这位伟人躺在宽大的床铺上，忧思百结，心事重重。他已经预感到马克思在向他招手，他的时间已经不多了。

地震灾区的人民怎么样？有多少人在一夜之间失去了亲人？华国锋亲赴救灾前线解决问题，虽然提高了威望，但以后会怎样呢？老同志们会真心拥戴他吗？江青和张春桥会服气吗？……他一想到江青，心里就一阵绞痛。越是怨懑这个女人，越是怀念过去的两位妻子：坚贞不屈的杨开慧和刚毅温情的贺子珍，尤其对贺子珍总觉得有些内疚，但为时已经太晚了。当女儿李敏来看他时，只能含着眼泪握住她的手，问候她的妈妈，说出她准确的出生日期，嘱咐好好工作、学习，除此之外，还能说什么呢？

此时此刻，江青并不在毛泽东的身边，他们夫妻间的感情早已十分冷淡了。1976年10月22日，毛泽东的机要秘书张玉凤回忆道：

> 1973年10月，江青来见主席，提出要一笔钱，江青走后，主席对我说："他们看我不行了，为自己准备后路。"然后主席流着泪，从自己过去的稿费中批了三万元钱，让我去办。我把钱给江青送去。她看到钱马上对我说："小张，这些钱对我来说是不够的。我跟你不一样，将来我是准备杀头、坐牢的，这个我不怕。也可能不死不活地养着，这个难些。"这笔钱主席批给江青已有三年。在这三年里江青变化无常，经常借着钱的事来干扰主席，一会儿说"让小张替我保管存

单"。一会儿又"不要小张管，要远新管"。过些天又让我管，来来去去，江青无数地打扰主席，直到毛主席去世前两天她还在闹。江青说："我要限制资产阶级法权，这些钱我不要了。你（指主席）要是一定要给我，那就让小张代管。"这笔钱本来就是江青在主席患病期间要的。事过几年她又改口，企图把这个资产阶级法权的罪名加到主席头上，用心多么恶毒。

毛泽东让江青读书学习，一天看两本参考资料，研究国际问题。她是个野心家，嫌"官"小，说自己是个"闲人"。"文化大革命"以来，她进入中央政治局，更没有心思读书看报了。偶尔翻一翻，也是为"批"而看。一看对她有用的标题和内容，尤其能用来整人的，批得更快，而且批了就送。毛泽东多次批评她，不要到处送材料，不要到处出风头，不要接见外宾。但是，她每次接见外宾，都站在突出的位置，跟周恩来总理比高低。毛泽东看了说：恶心得要死！

随着毛泽东病情加剧，江青也在奔走着，忙碌着。她以毛主席、党中央的代表身份，忽而来到新华印刷厂，忽而窜到清华、北大，忽而带上崂山矿泉水、特制西餐点心和沙发式的专用厕所，"深入"到小靳庄，忽而又"蹲点"到军队的基层，到处发号施令，俨然以毛泽东的代理人自居。

8月下旬，地震救灾告一段落。9月1日，在唐山丰南召开地震抗震救灾先进单位和模范人物代表会议。叶剑英与其他党和国家领导人同来自唐山、天津、北京抗震救灾第一线的3500多名代表出席大会。会议由王洪文主持，华国锋作了重要讲话。

就在开过大会的当天晚间，名列党和国家领导人第五名的江青在钓鱼台17号楼召开紧急碰头会。

"四人帮"其他三人和毛远新，望着江青白灰色的脸，预感到有些不妙。

果然，坐在长桌后面的江青，破口大骂：

"他凭什么坐第一把椅子？还发表重要讲话？还有那个老家伙竟然也出来亮相，坐在第三把交椅？真是太不公平了！"

原来，脾气是冲着华国锋和叶剑英发的。自从华国锋当上国务院总理和中共中央第一副主席之后，江青一听到他的名字就反感，何况在今天的大会上，他俨然摆出中国"第一号人物"的架子，使她难以忍受。她坐在大会主席台上，连看都不想看他一眼，偏偏他的浓重的山西口音在空中飘荡。

江青瞪了一眼王洪文说："我真看不惯你那副毕恭毕敬的尊容！你是大会主持人，何必对他那样低三下四呀！"

"敬爱的江青同志，"王洪文站起来，完全放下了"第二副主席"的架子，急忙解释说："几千人群众大会的场合，大面上总得过得去啊！那还不是逢场作戏！"

毛远新在一旁打圆场："那个人是主席指定的人，对主席的指示还是认真执行的。他个人算得了什么，不是尊敬他，而是尊敬主席，当然不能做得过分！"毛远新一边说一边用手摸着衣袋里的小本子，他自信只要打开这个装着毛泽东最高指示的"宝葫芦"，华国锋是要乖乖照办的。他凭着这个"衣带诏"，凭着"联络员"的身份，目空一切，根本没把"第一副主席"放在眼里。

江青听侄儿一番话，仍不放心，嘱咐说："远新，你也要注意那个人，他表面看来老实，骨子里并不买账，在大是大非上摇摇摆摆，主席百年以后，还说不上怎样呢！你别太天真了！"

"是的，还是江青同志看得远！"正在探讨斯大林逝世后，赫鲁晓夫上台经验的张春桥，干咳两声，摸摸深度近视镜，说："看问题既要看现在，又要看发展，主席百年以后，形势会发生很大变化。现在政治局还存在着没有邓小平的邓小平，那个执掌军权的是个核心人物，华也要靠他才能立得住。最令人头痛的是军队。好像十年前'文化大革命'刚开始时一样的北京城，针插不进，水也泼不进，这是最大的祸害！"

江青对"军师"的话十分赞赏，又朝着王洪文说："洪文，你现在要紧的是抓紧上海的第二武装！"

"上海没有问题。我刚回来，已经布置就绪。过几天，还准备再去检查落实。现在最大的问题是北京。如果这里的军队控制在我们手里，就什么也不怕了。"

"谈何容易！只要汪东兴掌握的'8341'能听我们的就行！"江青看看张春桥、姚文元。

"汪东兴靠不住，越来越往那边靠！"张、姚几乎同声回答。

"汪东兴的工作我正在做，凭我们多年的老交情，总会有希望的。"江青似乎很有把握，稍停一下，交待说："这样吧，我看主席的病就那样了，有你们在，我也不陪了。明天准备去山西大寨看看，做做下层的工作，造造舆论"，她又望望张春桥、王洪文说："你们在主席身边值班可要注意，对刚才提到的那几个人也要严密监视，有什么异常，随时告诉我！"

说这话的第二天，9月2日，江青不顾毛泽东病情恶化，带上大批亲信和演员、作家，乘专列去往大寨。她逢会必讲逢人必说一个永恒的话题："女人掌权"。汉朝的吕雉、唐朝的武曌，是她极力推崇的。她布置写作班子加紧炮制吕后、武后和慈禧太后掌权执政的材料，什么《古代杰出的女政治家武则天》《法家人物介绍：吕后》等纷纷出笼。她要求《人民日报》《北京日报》发表"中共中央政治局委员江青代表毛主席、党中央看望首都人民"的消息，还要求从生产力的发展规律上论证："到了共产主义也有女皇。"她究竟要干什么？岂不是司马昭之心吗？

毛泽东的心情与江青完全不同。不到半年时间，接连失去了周恩来、朱德等并肩战斗过近半个世纪的老战友，唐山大地震又死了那么多人……老人家的精神饱受刺激和重压。在他病情趋于平稳，稍有好转时，只有用诵诗读赋来排遣心灵上的寂寞悲苦。

毛泽东吟诵最多的是庾信的《枯树赋》：

殷仲文风流儒雅，海内知名。世异时移，出为东阳太守。常忽忽不乐，顾庭槐而叹曰："此树婆娑，生意尽矣！"至如白鹿贞松，青牛文梓，根柢盘魄，山崖表里。桂何事而销亡？桐何为而半死？昔之三河徙植，九畹移根。开花建始之殿，落实睢阳之园。声含嶰谷，曲抱云门。将雏集凤，比翼巢鸳。临风亭之唳鹤，对月峡而吟猿。

况复风云不惑，羁旅无归。未能采葛，还成食薇。沉沦穷巷，芜没荆扉。既伤摇落，弥嗟变衰。淮南子云："木叶落，长年悲。"斯之谓矣。乃歌曰："建章三月火，黄河万里槎，若非金谷满园树，即是河阳一县花。"桓大司马闻而叹曰："昔年种柳，依依汉南；今看摇落，凄怆江潭；树犹如此，人何以堪。"

毛泽东十分欣赏庾信的才思文采，他曾说过，南北朝作家，妙笔生花的远不止江淹一人，庾信就是一位。他爱《枯树赋》，百诵不厌，尤其对最后几句"昔年种柳，依依汉南；今看摇落，凄怆江潭；树犹如此，人何以堪。"可以说是口不停吟。他在重病之中，深知大限将至，自然规律不可抗拒，难免流露出"树木摇落""生意尽矣"的迟暮之感。是啊！"树犹如此，人何以堪！"以枯树寓病己，这位怀抱伟大志向的历史巨人，此时的心境该是何等凄苦！

毛泽东在病重期间，有一次望着华国锋、王洪文、张春桥、汪东兴等四个担任常务看护的政治局委员，回顾自己的一生，感叹地说："'人生七十古来稀'，我80多岁了，人老总想后事，中国有句古语叫盖棺论定，我虽未盖棺也快了，总可以论定了吧！我一生干了两件事。一是与蒋介石斗了那么几十年，把他赶到那么几个海岛上去了。抗战八年，把日本人请回老家去了。打进北京，总算进了紫禁城。对这些事持异议的人不多，只有那么几个人，在我耳边叽叽喳喳，无非是让我及早收回那几个海岛罢了。另一件事你们都知道，就是发动"文化大革命"。这事拥护的人不多，反对的人不少。这两件事没有完，这笔遗产得交给下一代。怎么交？和平交不成就动荡中交，搞得不好，后代怎么办，就得血雨腥风了。你们怎么办，只有天知道。"

毛泽东讲这段话时，虽然叶剑英没有在场，但他事后听说，深为感动。他知道毛泽东在交待后事，难过得他忧心积虑，寝食不安。

八

九月

毛泽东弥留之际召见叶剑英

保存遗体，矛头指向华国锋

叶剑英盯住"文""武"两线动向

毛泽东病危

秋风萧瑟，草木摇落。

9月5日，毛泽东病危。叶剑英和其他中央领导同志非常着急，准备安排后事。而这一天，远在山西的江青上了虎头山。

晚间9时半，中央紧急通知江青火速从大寨回京。

9月7日，江青回到毛泽东身边。在202号一间宽阔的房间里，笼罩着一种可怕的不祥气氛。医护人员急得团团转，束手无策，政治局委员来去匆匆，忙着料理后事，几乎所有的人都提着一颗心。

9月8日，毛泽东病情加重，再次进入弥留状态。

医生发出最后病情通报。

毛泽东的生命烛光已燃到最后，在灰暗中颤抖。

1976年10月14日，医疗组陶寿淇、吴洁、陶桓乐、周光裕、方圻、王新德、翟树职、潘屏南、朱永寿、薛世文等人回忆道：

> 每次主席生病治病，江青都一再干扰破坏。1972年主席病重时江一再干扰说："主席没有病，医护人员谎报病情"，还说："医务人员都是反革命特务"，气得主席停止了一切治疗，延误治疗二十多天，造成对主席健康严重损害。
>
> 今年9月2日，主席病情加重，江青要去大寨，给主席写报告，主席未同意，第二次又报告，硬要主席同意。
>
> 9月7日，主席的病已很危重，我们心情很沉重，而江青与医务人员每人握手，并连声说："你们应当高兴"。我们听了很气愤。主席刚入睡，江青不顾医生的劝阻，老给主席又擦背，又活动四肢，抹爽身粉。当日晚，江青进来就找文件，找不到就发脾气。我们主张毛主席多休息一下，江尽送一般参考资料，硬要主席看。当时主席床头灯

光已很强，主席怕热，但江又硬再加上一座灯。江离开后我们即将灯拿走。

9月8日，江青一定要主席翻身，医护人员坚决说不能翻，翻了危险。江硬给主席翻身，结果翻身后主席颜面青紫，血压上升，江看情况不好，扬长而去。

8日晚我们在抢救过程中，大家分头紧张工作，江青进来大吼"不值勤的都出去"，我们没有听她的。

在毛主席病重的时候，江青拉毛主席医疗组的医生给她查体。她还要把主席正在使用的心电图示波监护器拿去她自己用，我们没有同意。去天津小靳庄时，不顾主席病重，还要医疗组一些医生陪她去，我们坚决不同意才作罢。

主席生前江青对医护人员横加指责，经常谩骂"医生是资产阶级的，护士是修正主义的"，干扰治疗。主席逝世之后，我们都很悲痛，江青却说："你们不要愁眉苦脸啦，看我现在就很高兴。"

主席病重，张春桥值班守护时，很少进主席的房门，也很少过问主席的病情。有一次他值班时，主席病情突然变化，我们到处找不到他。一次医疗组在汇报毛主席病情时，提出需要查血、打针，张春桥声色俱厉地说："不打针不查血，你们给治。"采取不负责任的态度。后来我们查了血，打了针。

"临终召唤"

连日来，政治局委员们守候在毛泽东的卧室，排着队走到病榻前，一个一个看望他，准备最后诀别。

叶剑英走过来了。他默默地望着这位自己跟随多年的领袖，想不到昔日那高大魁梧的身躯，变得如此消瘦，昔日那满面红光的容颜，变得如此憔悴。那蜡黄发灰的脸上，流露出难过的表情，黯然失神的大眼淌着伤感的泪水，半张开的嘴角抽搐着，似乎要作新的指示。

这时，意识仍然清醒的毛泽东双目微睁，看到了站在他面前的叶剑英，眼睛突然睁大，并且试图活动手臂，轻轻相招。可是，叶剑英只顾伤心，并未察觉。待他走出病房时，毛泽东再次吃力地抬起胳膊，他的手颤巍巍地摆动了几下，嘴微微地动了动。身边工作人员见此情景，揣摩出毛泽东的意思，马上跑到休息室找到叶剑英说："首长，主席招呼您呢！"

叶剑英霍地站起来，立刻转身回到病榻前："主席，我来了，您还有什么吩咐？"他凝神贯注，准备聆听最后遗教。只见毛泽东睁开双眼，嘴唇微微张合，呼吸急促，想要说什么，只是说不出来。叶剑英握着他逐渐变冷的右手，又急又悲，断断续续地说："主席，您多保重啊！……您会好起来的！……"他在床边伫立良久，觉得毛泽东的右手在用力握自己的手，还想用力抽出左手来，那面孔因为用力涨得发紫，宽阔的额头下面紧锁着双眉，吃力地转动着双眼。看到毛泽东如此激动，叶剑英不好再待下去了，他蹒跚离开病房，回到休息室，大家围过来，探询病情。叶剑英一言不发，陷入了沉思：主席的心脏还没有停止跳动，头脑还在思考。为什么特意招呼我呢？要说什么呢？还有什么嘱托？……

关于这一段细微的传奇的情节，作者曾听叶帅亲口讲过，当时在场的吴德向作者讲述了他亲眼看到的具体经过，孟锦云等也作过同样的忆述。

"一生一死，乃知交情，一贫一富，乃知交态，一贵一贱，交情乃见。"毛泽东晚年常常吟诵《史记·汲郑列传》中这几句话，并录以示人。毛泽东在弥留之际，依然念念不忘单独召唤叶剑英，欲语不能，可见两人"生死之交"的深情了。

叶剑英离开病房不久，毛泽东的意识完全失去了自我控制。9月9日0时10分，他的心脏终于停止了跳动。

9月9日下午4时，中共中央、全国人大常委会、国务院、中央军委发出了《告全党全军全国各族人民书》。无线电波将毛泽东逝世的噩耗传向了全国全世界。

这一天，正是秋收起义的发动日。这位中国共产党和中国人民解放军的创建人，伟大的马克思主义者、无产阶级革命家、战略家和理论家，领导中国人民与国内外阶级敌人苦战二十八年，建立了中华人民共和国，然后，作为共和国实际的最高领导者又连续执政二十七年。在这长达半个多世纪的岁月里，他为党和军队的创立和发展，为共和国的缔造和社会主义建设事业的发展，建立了不可磨灭的功勋。正如叶剑英所说："半个多世纪以来，毛主席领导我们党进行了二十二年革命战争，二十七年社会主义革命和社会主义建设。毛主席在哲学、政治经济学、科学社会主义方面，在军事理论、文艺理论等方面，都总结了很多很宝贵的经验，具有很高的马克思主义水平，对中国人民和世界人民都有很大的贡献。"

但是，毛泽东毕竟不是完人，也曾有过一些失误和错误。新中国成立后，从批判胡风开始，开展了一系列的"左"倾的政治运动，特别是在晚年亲自发动和领导的"文化大革命"，使中国人民陷入了灾难的深渊。

所以，对毛泽东也必须一分为二，即按照他生前自己所说的"三七开"。

1980 年 8 月 21 日、23 日，邓小平会见意大利记者奥琳埃娜·法拉奇两次谈话中说道：

> 尽管毛主席过去有段时间也犯了错误，但他终究是中国共产党、中华人民共和国的主要缔造者。拿他的功和过来说，错误毕竟是第二位的。他为中国人民做的事情是不能抹杀的。从我们中国人民的感情来说，我们永远把他作为我们党和国家的缔造者来纪念。

> 毛主席的错误和林彪、"四人帮"问题的性质是不同的。毛主席一生中大部分时间是做了非常好的事情的，他多次从危机中把党和国家挽救过来。没有毛主席，至少我们中国人民还要在黑暗中摸索更长的时间。毛主席最伟大的功绩是把马列主义的原理同中国革命的实际

结合起来，指出了中国革命夺取胜利的道路。应该说，在60年代以前或50年代后期以前，他的许多思想给我们带来了胜利，他提出的一些根本的原理是非常正确的。他创造性地把马列主义运用到中国革命的各个方面，包括哲学、政治、军事、文艺和其他领域，都有创造性的见解。但是很不幸，他在一生的后期，特别在"文化大革命"中是犯了错误的，而且错误不小，给我们党、国家和人民带来许多不幸。你知道，我们党在延安时期，把毛主席各方面的思想概括为毛泽东思想，把它作为我们党的指导思想。正是因为我们遵循毛泽东思想，才取得了革命的伟大胜利。当然，毛泽东思想不是毛泽东同志一个人的创造，包括老一辈革命家都参与了毛泽东思想的创立和发展。主要是毛泽东同志的思想。但是，由于胜利，他不够谨慎了，在他晚年有些不健康的因素、不健康的思想逐渐露头，主要是一些"左"的思想。有相当部分违背了他原来的思想，违背了他原来十分好的正确主张，包括他的工作作风。这时，他接触实际少了。他在生前没有把过去良好的作风，比如说民主集中制、群众路线，很好地贯彻下去，没有制定也没有形成良好的制度。这不仅是毛泽东同志本人的缺点，我们这些老一辈的革命家，包括我，也是有责任的。我们党的政治生活、国家的政治生活有些不正常了，家长制或家长作风发展起来了，颂扬个人的东西多了，整个政治生活不那么健康，以致最后导致了"文化大革命"。"文化大革命"是错误的。

我们要对毛主席一生的功过作客观的评价。我们将肯定毛主席的功绩是第一位的，他的错误是第二位的。我们要实事求是地讲毛主席后期的错误。我们还要继续坚持毛泽东思想。毛泽东思想是毛主席一生中正确的部分。毛泽东思想不仅过去引导我们取得革命的胜利，现在和将来还应该是中国党和国家的宝贵财富。所以，我们不但要把毛主席的像永远挂在天安门前，作为我们国家的象征，要把毛主席作为我们党和国家的缔造者来纪念，而且还要坚持毛泽东思想。我们不会像赫鲁晓夫对待斯大林那样对待毛主席。

邓小平在这个谈话中提到，在评价毛泽东时，要把毛泽东的错误和林彪、"四人帮"的区别开来。历史事实正是这样。

由于林彪、"四人帮"长期以来搞毛泽东的个人崇拜（自然，还有其他的原因，列宁曾批判过"造神运动"，从某种意义上说，这是一种人类社会历史的悲剧现象），在"文化大革命"中政治狂热的人们把毛泽东看作是至高无上的"主脑"，空前绝后的"完人"。"造神派"和他的成千上万的信奉者们手捧小"红书""早请示"，"晚汇报"，听从他的"最高指示"，紧跟他的"战略部署"。他的思想渗透进每个人的头脑，他的语言成了全国最流行的语言。可以说，在当时许多人心目中，毛泽东成了共和国的象征，全体公民的化身。

可以想象，在70年代中期沉浮在"红海洋"之中的中国，突然间失去了这样一位舵手，会带来多么巨大的政治震撼，其震撼程度绝不亚于3月的吉林陨石雨和7月的唐山大地震。习惯于"毛主席挥手我前进"的人们，似乎失去了方向，失去了"主心骨"，不知怎样生活下去。

从9月11日至17日，在人民大会堂举行七天隆重的吊唁仪式。叶剑英与党和国家的其他领导人，在毛泽东遗体旁轮流守灵。党和国家的领导人，首都党、政、军机关干部、工农兵和各界群众，以及各地代表、爱国民主人士、台湾同胞、在京的华侨、港澳同胞等30多万人前来吊唁。

每天凌晨，天色微明，参加吊唁的各界群众就排队默默地等候在天安门广场上。从6时开始，身着素装、臂戴黑纱的人群，在悲壮的哀乐声中，缓缓走进人民大会堂。毛泽东的遗体由中国共产党党旗覆盖着，静静地安放在松柏常青树中。川流不息的人群在毛泽东遗体前鞠躬、默哀、瞻仰遗容。许多人心情悲痛，泣不成声。

然而，就在此时，9月16日，经过"四人帮"精心筹谋，三家报刊发表了《毛主席永远活在我们心中》的社论。在这篇文章中，第一次抛出了"按既定方针办"的毛泽东临终"嘱咐"，大声疾呼"要把毛主席亲自发动的批判邓小平、反击右倾翻案风的斗争继续深入地开展下去"。

9月18日，天安门广场庄严肃穆，毛泽东的巨幅遗像挂在天安门城楼中央。遗像下面层层排列着苍翠的松柏、常青树、万年青。各级党政机关领导人和各界人士敬献的花圈陈放在遗像两侧，一直摆满了整个东西观礼台。天安门广场中央和全国各地一律下半旗致哀。"伟大领袖和导师毛泽东主席追悼大会"的大幅黑色挽幛横贯在天安门城楼。

一大早来到天安门广场参加追悼会的黑压压的人群从广场东西长安街一直延伸到东单、西单，男女老幼一律臂戴黑纱，胸佩白花，列队肃立，等待着大会的召开。大会由王洪文主持，这是他继周恩来、朱德之后，第三次主持党和国家领导人的追悼会了。他宣布请中共中央第一副主席、国务院总理华国锋致悼词。此时江青一身黑衫黑纱，站在临时主席台上。追悼大会结束，天安门广场响起了气势磅礴的《东方红》乐曲。

"东方红，太阳升，中国出了个毛泽东，他为人民谋幸福，他是我们的大救星……"

在高昂激越的颂歌声中，整个中国沉浸在毛泽东逝世的巨大悲痛之中。

"苍凉唱大风"

叶剑英同样陷入哀痛和沉思之中。早在半个多世纪之前，他从苏联留学回国到中央苏区，第一次见到毛泽东，就对这位卓越的领袖人物产生了良好的印象。从此长期接受毛泽东的领导，十分敬佩毛的为人和才智，与他建立了深厚的感情和友谊。但他并不迷信毛泽东，也不相信他是个"完人"。

他的女儿凌子曾向作者讲过这样一个故事：在60年代初，中国经济困难时期，她在读书，因为营养不良，得了浮肿病。有次回家，与父亲共进午餐。桌上的饭菜很简单，她端起碗大口吃饭，过了一会儿，才发现父亲根本没动筷子，只是用一种异样的眼光看着女儿。女儿问他为什么不吃呀？父亲说："女儿，你知道不知道，这几天，毛主席都不吃肉了。他对炊事员讲：'全国人民都没有肉吃，为什么还要给我肉吃？'每次端上肉来，他都让端回去……"父亲的声音开始颤抖，眼圈都红了。

自然，叶剑英和毛泽东之间，有时也有些认识上的分歧。如对待毛泽东批评广东省"和平土改""反地方主义"等问题，叶剑英就曾持不同意见，保留自己的观点（后来，中央平反，证明叶剑英是正确的）。1954年，叶剑英受某人"告状"，从南方调回北京，他曾一度"隐居"青岛养病，写过一首五律：

> 小楼明一角，
>
> 深隐绿丛中。
>
> 海阔天如盖，
>
> 山遥岛似熊。
>
> 轻波垂钓叟，
>
> 旭日弄潮童。
>
> 忽忆刘亭长，
>
> 苍凉唱大风。

这首律诗妙在尾联的最后两句。诗中说的"刘亭长"，即汉高祖刘邦。这位主公，秦末曾任泗水亭长（乡村小吏）。陈胜、吴广起义后，他在沛县起兵响应，成为起义军首领之一。秦亡以后，他先后消灭项羽的军队及其割据势力，统一全国，创立了汉王朝。因他当过亭长，故称其为"刘亭长"。这位"亭长"当了皇帝以后，为了巩固其统治，削平异姓王的势力，杀戮有功之臣韩信、彭越等。淮南王英布疑惧，举兵反汉。刘邦亲征平乱，途经故乡沛县，邀集父老亲朋饮宴。酒酣，刘邦击筑（一种用竹击的乐器），自为陈歌："大风起兮云飞扬，威加海内兮归故乡，安得猛士兮守四方!"并令众人唱和，慷慨伤怀，泣数行下。

叶剑英在自己的诗里采取隐喻的手法，引用这个典故，意在讽谏"刘亭长"式的人物。那么，这个当代的"刘亭长"是谁呢？30年之后，当作者和另外几位同志为了编辑他的诗集，当面请教时，不料他竟毫不假思索地吐出了三个字"毛主席"。当时在场的人几乎不敢相信自己的耳朵。如果倒退到中国"红海洋"时代，这不是犯了"天条"吗？可是，他在50年代竟是这样说的。《岁寒堂诗话》中有云："情在诗外曰隐，状溢目前曰秀。"这首叶诗可谓兼有隐秀之风，壮采潜发，充满了敲击心弦的警策力量。幸亏这首诗当年没有公开发表，免遭一场非难，否则叶剑英可能早就被错误批判了。在毛泽东逝世后的第六个年头，它终于脱箧而出，公开问世，诗人终于吐出长期郁闷在胸中想表露的心声。

然而，从这首诗里，我们也可以看出这位元帅诗人还是与人为善的，用心良苦，意在警策和规讽，并无恶意。叶剑英讲过一句格言："别人为你做一件好事，你要记一辈子，千万不要忘记；你为人做一千件好事，一件也别记住，千万不要挂在心上。"他对为中国人民做无数件好事的毛泽东，无论如何是不肯忘记的。而他自己在长征路上曾救过毛泽东的命，救过党中央，这件大好事，却是有意忘记的。如果不是毛泽东、周恩来后来一再提起，他是从来不讲的。尽管"文化大革命"中，他从"紧跟"到"抵制"，到拍案而起，被打成"二月逆流的急先锋"，遭到流放潇湘之苦，也不过作诗发发"泽畔行吟放屈原"的牢骚，抒发"行廉志洁泥无滓"（叶剑英《怀屈原》）的志趣而已。即使在这种情况下，他对于毛泽东仍然是热爱的，写出了"六亿同胞呼万岁，五洲志士称导师"（叶剑英《观光韶山》）诗句。他一直非常关心和爱护毛泽东的孩子毛岸青、邵华等，尤其在毛泽东逝世后，更加极力保护他们的安全。直到晚年，他在谈到毛泽东的错误时，仍然念念不忘他的功德。他回忆自己在毛泽东领导下走过的战斗历程，曾沉痛地说："我的事业做得少，如果不跟毛主席，很平庸，不过还在南洋做生意呀！在家里教书啊！一想到毛主席，我就伤心。……现在有人批评毛主席，不能说他一无是处。我们还是要仰仗毛主席，如果没有毛主席，我们今天可能还在黑暗里徘徊，还在上海的租界里过生活呢。没有毛主席，长征过不去，到陕北也站不住。后来，打日本，打蒋介石，没有毛主席是不行的。没有毛主席就没有中国的今天和未来……"在叶剑英八十寿辰时，他写道："导师创业垂千古，侪辈跟随愧望尘……"（《八十书怀》）首先想到的还是毛泽东。

这就是叶剑英对毛泽东的基本态度。也许正因为这样，他总是从维护大局出发，维护毛泽东的威信。为此，在党的斗争中他总是站在毛泽东一边，曾违心地批评过别人，也曾违心地作过多次自我检讨。在毛泽东一度重用江青和毛远新之时，他虽曾听人传闻毛泽东有意"传位"给亲人，要立"少帅"，但暂时仍抱着观察和怀疑的态度。当他看到毛泽东批评"四人帮"，阻止他们抢班夺权时，便诚心诚意接受毛泽东之托，扶助华国锋了。

这就是毛泽东逝世时的叶剑英，一位胸有成竹的老革命家。

"国丧"与"批邓"并举

列宁说过："历史上常有这种情形，当那些在被压迫阶级中素享盛名的革命领袖一旦逝世以后，他们的敌人便企图窃取他们的名字来欺骗被压迫阶级。""四人帮"正是这样做的，他们商量如何窃取毛泽东的威望来欺骗群众，玩弄阴谋。

"主席去世，虽然是一件坏事，但也可一分为二。"

"现在国内形势如同俄国1917年4月一样，处处需要自己的领袖。"

"现在最要紧的，要打着毛主席的旗号，打击反对力量！"

"形势对我们有利，他们找个头也难。"

"过去主席一说，有些事很不好办，也不好反对。现在好办了。"

在"四人帮"看来，邓小平被打倒了，叶剑英靠边站了，李先念休息了，华国锋又刚刚上台，掌权不稳。这真是天赐良机，大权唾手可得！"四人帮"长期以来推行"稳住上海，搞乱全国，乱中夺权"的反革命阴谋，现在迫不及待地要搞乱全国，乘机夺权。

目标首先瞄准华国锋、叶剑英和中央政治局。

在毛泽东逝世后的第一次政治局会议上，"四人帮"对讨论毛泽东治丧问题横加干扰，设置障碍。江青以毛泽东遗孀的身份说："今天会议忽略了一件头等大事，就是要继续批邓，这是主席临终前一再嘱咐的大事，是关系到党和国家变不变颜色的大问题，不抓这件大事，就是对主席的不忠，如果让邓小平复辟了，无产阶级'文化大革命'的成果就保不住了！"

张春桥、姚文元、王洪文也跟着附和，逼华国锋表态。

华国锋先是沉默不语。停了一会儿，终于表了态："对邓小平当然要继续批下去，但是现在首要的是研究治丧问题……"

"治丧当然要搞，但是批邓决不能停止，批了快一年了，批而不倒，很不得力！"江青没等华国锋说完，就插话说，"我建议现在就研究邓小平问题，政治局作个决定，立即宣布开除邓小平党籍，以绝后患！"

江青这个突如其来的"建议"，给政治局出了个大难题。许多委员都是不同意的，但是考虑到毛泽东刚刚逝世，对他的遗孀总要"照顾"一下，不好立即驳回。于是纷纷把目光集中到叶剑英身上。

叶剑英此时已经是怒不可遏，但还是尽量克制。用劝慰的口吻说："江青同志，请你放冷静一些，好不好？毛主席走了，我们都很悲痛。毛主席的丧事是国丧，一定要安排好。现在我们要办的事很多，但是第一位是治丧。"他望望大家，继续严肃地说："毛主席不在了，我们处在最困难最严峻的时刻，在这种时候，最要紧的是要加强团结，要团结在以华国锋为首的党中央周围！"

叶剑英的话说得既合情又合理，首先得到了华国锋的赞同，他说：

"是啊！主席逝世了，我们要更好地团结在一起，渡过这个困难时期！"

与会者纷纷表示赞同华国锋、叶剑英的意见。

见此情景，"四人帮"只能默不作声了。会议过程中，江青又站起来高呼："团结在以华国锋同志为首的党中央周围！"

没过几天，江青到清华大学发表讲话，继续煽动批邓。她说："我在主席逝世后的第一次中央会议上，就控诉了邓小平，要开除他的党籍，没有开除，要以观后效，还会有人要为他翻案。"影射攻击叶剑英和拥护邓小平的一大批从中央到地方的领导干部。

出难题，使绊子，整倒华国锋和叶剑英，是"四人帮"在毛泽东逝世后的新战略。正如汪东兴所说："对华国锋同志围攻、打击、贬低、出难题，逼他交权，采取了卑鄙的手段。他们抓住毛泽东遗体保存问题大作文章，向华国锋继续发难。本来中共中央早已作出决定，毛泽东主席的遗体作永久性保存，尽快在天安门广场建立一座纪念堂，安放遗体，以供中国子孙后代和全世界人民瞻仰。但是由于某国当局在保存领袖遗体的经验方面封锁中国，在保存毛泽东遗体的技术问题上遇到了一些困难。江青一伙明明知道这一点，开始时他们觉得保存不了，怕负责任，采取不理不问的态度。过了几天，听说遗体开始'变质'，不能作永久性保存，突然在政治局会议上提出此事，并追查责任，逼问华国锋，要第一副主席华国锋'负责'。"

江青气急败坏地说，这是有人故意破坏，是卑鄙的政治阴谋，必须严肃处理，否则，她不答应，全国人民也决不会答应。

一些出席会议的不明真相的政治局委员听江青、张春桥等人起哄，也着急起来，感到这是个重大的政治问题，如果真的出了差错，无法向全国人民交待。有的当场呜咽流泪，要华国锋赶紧拿出办法。

当时，保存毛泽东遗体，尽管采取了一些相应措施，但是能否达到圆满效果，确无把握。

华国锋被"四人帮"搅得心里没有了底，情绪很紧张。他表示，宁可辞去中央第一副主席职务，也承担不了这个责任。

就在这个紧迫时刻，叶剑英挺身而出。

他向华国锋建议，速向越南取经，采取防腐措施。

他这样说是有根据、有把握的。1969年9月2日，越南领导人胡志明逝世后，他随周恩来率领的中国共产党代表团赴越南河内吊唁，亲眼看到胡志明遗体是停放几天后决定作永久性保存，采取防腐措施，保存得很好。

华国锋采纳了叶剑英的建议，经与汪东兴等紧急磋商，组织医疗组和专家从多方面迅速了解和研究越南和苏联保存领袖遗体的经验，立即采取科学的防腐措施，赶制一只玻璃罩，将遗体紧密封闭起来，以防止吊唁大厅出入人多，空气严重污染。

国务院通知地质局立即选调国内优质水晶制作毛泽东的水晶棺。随后，由东海县一〇五矿选出最好的水晶，再由北京六〇五厂、上海新沪玻璃厂、锦州一五五厂共同熔制。

经过医疗专家和有关机关部门、厂家等各个方面的配合，毛泽东的遗体终于妥善地完好地保存下来了。

"四人帮"的这一次发难，以失败告终。

武装民兵

在党史上，张国焘曾经另立中央，"四人帮"则要"架空中央"，达到另立中央之目的。

在毛泽东逝世的第二天，王洪文要他的办公室人员米士奇到中南海"值班"，以中央办公厅名义通知各省、市、自治区，要求重大问题直接向他报告。1976年10月7日，米士奇回忆道：

9月10日晚7点多，王洪文的秘书告诉我，王洪文让廖祖康带我到中南海值班。廖祖康告诉我，王洪文说，中办秘书处就不来人了，就你一个人值班。廖还说，王洪文说了，有两个事，一是在毛主席吊唁期间各省市发生的重大问题，要及时报告；二是在此期间有些解决不了、需要请示的问题，要及时请示，就说是中央领导同志说的，让你给各省、市、自治区打个电话。另外，各省、市有事打电话就找你。我说：电话以咱们办公室的名义打吧。廖说：不、不、不，以中央办公厅的名义打。11日晚和12日上午，我即按王洪文的指示，向全国各省、市、自治区打了电话。

1976年9月12日上午10点多，陕西省委书记李瑞山接到了中"中办"的长途电话，当即亲自作了记录：

中办：米士奇电话：

中央领导同志指示：

主席丧期发生重大问题及时报告。有重要问题不好解决及时请示。

找米士奇同志联系。

李瑞山接

同一时间，在9月11日晚和12日上午，全国各省、市、自治区负责人都接到了米士奇的电话。米接电话后报廖，廖再报告王洪文。这在1976年12月中央印发的王、张、江、姚专案组关于《王洪文、张春桥、江青、姚文元反党集团罪证（材料之一）》中有专门记载。

湖南省委书记张平化接到电话，感到事情有些蹊跷，立即与华国锋直通电话，问华是怎么回事？华国锋大为震惊，当即问叶剑英，叶也不知道此事。他们决定以中央名义通知各地，澄清是非，并发出通知：发生重大问题，应向华国锋请示。

这一招不灵了，"四人帮"另出一招。他们把北大、清华和上海的华东师大、复旦当作"窗口"，大搞特务活动，搜集情报。江青布置清华、北大、新华社、人民日报社直接给她送材料。凡是给中央的信件，都要送她过目，再作处理。正如汪东兴所说，当时有三个中央办公厅：一个是真正的、由汪主持的，另一个是米士奇的，再一个是清华大学。

迟群、谢静宜等从 9 月 12 日起就用清华、北大两校全体师生员工和革命家属的名义，向江青写"效忠信"，同时向各地打招呼，姚文元亲自布置新华社给江青写"效忠信"。于是"效忠信""劝进表"，雪片般飞来。上海的一些余党表示："以战士的身份"，要"统帅保重身体"，"指挥战斗"。其中的一封"效忠信"写道：

毛主席的中共中央、江青同志：

我以极其悲痛的心情，向党中央写这封信。我们这些小人物最担心的是毛主席逝世以后，党中央的领导权落到什么人手里？

我恳切地向党中央建议：江青同志担任中共中央主席和军委主席；增加春桥同志担任中共中央副主席和军委副主席；增加洪文同志担任军委第一副主席……

类似这样的数不清的信件，说出了江青的"心里话"。

在"四人帮"编的"党史"中写到江青有 18 处之多，并将它编成教材，在大中小学的学生中进行灌输。为了编写这部"党史"，仅在上海市公安局，因工作接触到江青 30 年代的历史问题，被定为敌我矛盾抓起来的干警就达 1700 人之多，被整死和自杀的 66 人。上海音乐学院部分师生，由于揭了江青、张春桥 30 年代的历史，就被指责为"炮打无产阶级司令部的大本营"，全院 700 多人，受审查的有 110 多人，被逼死逼疯的有 25 人。

还有一起著名的"抄家案"：30 年代曾与江青有过交往的郑君里、赵丹、孙维世、王莹、顾而已以至唐纳的挚友夏其言等人，多次被抄家，将搜出的"材料"送到北京，付之一炬。有的人因此而锒铛入狱，横遭杀身之祸。连 30 年代曾经照顾过江青生活的保姆"阿桂"（秦桂贞）也不能幸免，被关押达七年之久……

江青曾在钓鱼台的 17 号楼召集七名政治局委员，作过这样的"自我介绍":"我生长在一个贫农家庭,以后到济南的学校旁听,参加革命工作。30年代到上海搞文艺工作,和鲁迅站在一边……"

多么奇怪的逻辑:既然30年代与鲁迅"站在一边",为何在30年后,又要将这段"光荣历史"的记录,"焚尸灭迹"呢?

江青还派毛远新每天到毛泽东的秘书张玉凤那里软磨硬泡,索要毛泽东的文件手稿,甚至要保密柜的钥匙。为此还特意请她到钓鱼台吃饭,甚至有时一天请几次。张玉凤很为难,报告了汪东兴。汪东兴不同意给。叶剑英知道此事后,一针见血地指出,他们索要文件无非有两个目的:一是心虚,怕那里有涉及他们历史问题的致命的东西。如林彪叛逃时企图带走的江青提级报告,就是一个。二是要整人,找打人的"炮弹"。"四人帮"的如意算盘是,一旦把毛主席的文件档案搞到手,就拿到了"尚方宝剑",可以用死人压活人,可以歪曲篡改"最高指示",可以销毁他们的罪证。叶剑英亲自打电话给汪东兴,严肃地说:"毛主席生前,你保卫了他的安全,主席去世了,请你看管好他的文件档案,暂时来不及清理,也一定要好好封存起来,千万不能遗失,这关系到党和国家机密的大事。"汪东兴照办了。

毛泽东逝世以后,"四人帮"自然要抓武装力量,这是夺权的关键一着。王洪文来到上海,以"城市民兵创始人"的姿态,亲自检查落实,返回北京后,遥控指挥。

南京军区司令员丁盛听说毛泽东病危,对马(天水)、徐(景贤)、王(秀珍)说:"我在南京很孤立,准备被杀头的,因为有的军不听我的……这个军从南京一直摆到苏州,发生什么事件,对上海是一个大威胁,你们要有所准备。"马、徐、王听了此人的话以后很紧张,第二天王秀珍就到民兵指挥部,要他们提高警惕,有所准备,把几个大厂武装好。

经马天水批准,上海民兵指挥部突击发放武器。指挥部8月31日向市委、市革委会报告说:"根据市委领导指示精神,8月11日和13日,我们分别召开了武器发放工作会议,进行讨论、安排,重点是加强边防和反空降地区。共计下发五六式半自动步枪 5.3 万支、六三式全自动步枪 22642 支、五六式轻机枪 200 挺、六三式六〇炮 300 门。目前除了宝山、崇明因防震未领回之外，其余的均已下发完毕。各单位对此工作较重视，成立了武器分发领导班子，对如何加强武器弹药管理制订了措施，使这次武器下发工作顺利进行。"就这样，7 万多件武器突击发放到上海民兵手里。

至于为什么这样急？马天水泄露了天机。他在 1976 年 12 月 15 日交待的材料中说："又批了'立即发'，将 7 万条枪都发下去了。为什么这么急，主要是今年以来，特别是主席病重后，我们受'四人帮'的毒很深，我和徐景贤、王秀珍同志也曾议论过主席百年之后的形势，担心万一发生内战或闹乱子，手里有点力量。"

北京也加快了步伐。就在毛泽东逝世的当天，迟群在清华大学发出信号："警惕还在走的走资派的破坏和捣乱。要求民兵树立高度的战备观念，一旦有了什么情况，能够做到要多少人就出多少人，要到什么地方就到什么地方。"这并不是虚张声势。在清华和其他地方，在"四人帮"能控制的"民兵"中也开始了动员和戒备。

有人将这一情况密报给叶剑英。

叶剑英以高度的警觉，密切注视着"四人帮"的一举一动，观察北京和上海"文""武"两个方面的动向。

一场围绕着党和国家最高权力的争夺战展开了。

九

众志成城挽危局
叶剑英不负众望挺身而出
与华国锋、汪东兴取得共识

人心思治

人心思治，人心思定。要结束十年浩劫的"文化大革命"、清除"四人帮"，

人们把希望的目光一齐投向北京，投向党中央，希望能有人站出来，振臂一呼，带动千军万马，涤荡妖雾，重整乾坤。

然而，毛泽东逝世以后，中国再没有第二个人能像他那样，在天安门城楼上一挥巨手，亿万群众就发动起来了。

党中央第一副主席、国务院总理华国锋是否能担此重任呢？一些人期待着华国锋能成为"毛泽东第二"。而华自己也很快接受了别人加给他的"英明领袖"的桂冠。

但是，华国锋毕竟不是毛泽东。由于种种原因，华国锋在"批邓"运动中受命主持中央和国务院的工作以后，虽然在抗震救灾以及其他方面作出许多贡献，对"四人帮"也抵制和斗争，但毕竟未能完全摆脱"四人帮"的制约。

相反地，"四人帮"却得寸进尺。如果说，毛泽东在世时，他们尚有所顾忌，那么，现在则迫不及待地要搬掉华国锋这块"绊脚石"，取而代之。

关于这一点，匈牙利传记作家巴拉奇·代内什（《邓小平传》作者）写道：

8月11日，《人民日报》还把由华国锋总理亲自指挥的抗震救灾和深入批判邓小平的运动结合起来。后来，华国锋也遭到攻击。他曾是"四人帮"反对邓小平的同盟者，但现在却妨碍"四人帮"夺权。由姚文元控制的报刊刊登有关文章，从中国历史浩瀚的宝库中选了这样一段故事，说有个被指定的接班人辜负了统治者的信任，破坏了统治者的大业。他们曾对周恩来和邓小平使用过这种把人搞臭的伎俩，现在却明显地影射华国锋。当然这些历史巧合也反映了炮制者的弱点。他们之所以被迫使用这种手段，是因为他们不敢公开讲。当时华

国锋的地位是稳固的。

这个评论未必完全准确。而华国锋的地位也并不十分稳固，就在毛泽东逝世的当天，张铁生，这位反潮流"英雄"就向"群众"说：

现在，我们的国家好像一个大家庭一样。父亲去世了，家里有老大、老二、老三，只能靠老大领着过日子。现在的问题是，老大是不是可靠！我说的充满着担心就在这里。

华现在是第一号人物，已经是很显赫了，但不知他到底要干什么？我给党中央和人大写过信，没想到主席会去世这么早。他在计委会上的讲话，与洪文的讲话就不一样，不能说绝然不同，但起码有差距。

我真担心这样一个思想路线是右的，满脑子旧东西，大搞唯生产力论的人，是不是在政治局也有些他这样的人在支持拥护他。

华的讲话对右的人是个鼓舞。有的省有人来信说，他们全省传达，而不是内部传达，反响很大，二老爷很猖狂。他可是国家的一把手了。

这份"讲话"记录还被特意抄送给了毛远新。

毛远新将它转给了江青。

1976年4月30日，毛泽东接见新西兰总理马尔登之后，华国锋向他汇报了全国总的形势大好，有几个省不太好的情况，毛泽东当即亲笔给华国锋写了三条指示：一是"慢慢来，不要着急"；二是"照过去方针办"；三是"你办事，我放心。"华国锋向政治局进行传达，"四人帮"都有亲笔记录，几乎全国都知道这三条"最高指示"，这也是华国锋作为法定接班人的重要"依据"。"四人帮"将"照过去方针办"改为"按既定方针办"，并称其为"临终嘱咐"。在毛泽东逝世后，中央讨论《告全党全军全国各族人民书》和华国锋致悼词的时候，"四人帮"也参加了讨论，从来没有提出过要在这两个文件中写上"按既定方针办"。而在此后的两报一刊社论中，凭空塞进一个"临终嘱咐"："按既定方针办"，并且利用他们掌握的舆论工具，连篇累牍地大肆宣扬。

所谓"按既定方针办"，就是按"四人帮"的方针办，任意解释、任意摆布。有了"临终嘱咐"这个"尚方宝剑","四人帮"就可以乱砍一气，主宰一切了。

"周公辅成王"

"四人帮"处处给华国锋施加压力。

在政治局会议上，每次开会前，他们都事先密谋，定下调子，待到开会时，他们众口一词，一人提议，三个拥护，强迫华国锋和其他委员表态。他们有一个惯用的手法，叫"摆平"。凡是对他们不利时，就大叫"摆平"。摆来摆去，就是要摆在"四人帮"一边。叶剑英在各种场合始终从大局出发，维护华国锋的威信，坚持正确的主张，抵制"四人帮"的胡作非为。

叶剑英之所以这样做，固然考虑到反对"四人帮"的政治需要，同时，更主要的是考虑到华国锋是毛泽东选定的接班人。毛泽东生前谈论周勃的故事，曾引用汉高祖刘邦的话说："周勃忠厚少文"，"安刘氏者，必勃也"。后来评价华国锋时，也说他"厚重少文"，又说他"办事不蠢"。毛泽东不仅选了华国锋，还交待要宣传华国锋，让全国逐步认识华国锋。叶剑英是从国家的长治久安出发，从保持党和国家的最高领导层的稳定出发，从党的事业出发来宣传和拥护华国锋的领袖地位的。他多次说过："毛主席为什么提出'安定团结为好'呢？就因为首先国家要安定，社会要安定，才能把国家建设好。国内外的阶级敌人经常挑拨我们党中央的关系，就是制造混乱，把思想搞乱，生产搞乱，工作搞乱，这是绝对不能允许的。要安定团结，首先就要团结在以华国锋为首的党中央周围。"

对于毛泽东选择华国锋当接班人的过程，以及对华国锋的评价，叶剑英是清楚的。毛泽东在世时，他照办；毛泽东去世了，他便拥护毛主席选

245

定的接班人华国锋，希望他能主持政治局与"四人帮"斗争，把中国的事情办好。他曾向人说：华国锋是第一副主席，这是第一；第二，华国锋同志年轻，人还老实，有工作经验，还讲民主；第三，还有许多老同志在，可以帮助他。当然，要像"周公辅成王"，可不能像"诸葛亮扶阿斗"那样。我们党里有许多周公嘛！他还多次引用毛泽东的话说，"一个好汉要三个帮，一个篱笆要三个桩。"

叶剑英当时确实是想"周公辅成王"，诚心帮助华国锋的。对于华国锋，叶剑英过去知之甚少，交往不多。大概是 1970 年的时候，叶剑英这个所谓"二月逆流的急先锋"，被流放到湖南长沙、湘潭、岳阳等地，大有"屈原放逐"的味道，含辛茹苦，颠沛流离。当时作为湖南省革委会负责人的华国锋，站在忠于毛泽东革命路线的立场上，是按照毛指示办事的。尽管他对叶剑英这样的老帅、尚未明令"罢官"的中央领导人，内心里是敬佩的，也想给予更多的关照，但毕竟不敢越雷池一步，要保持"距离"。就是在这种悲剧式的境遇中，叶剑英在公开场合，会过一两次华国锋，但没有机会促膝交谈。

后来，华国锋调到北京，开始一段也没有机会更多地与叶帅接触。只是华国锋到了中央，到了毛泽东身边，叶剑英才开始与他有更多的接触和交谈的机会，有意识地接近他，逐渐了解他的为人和才干。

就在周恩来逝世、华国锋当上国务院总理不久，叶剑英经过一番考察、试探，提出要去看望新总理。华国锋知道了，表示要先去看他。叶剑英说："你住得远，你工作忙，还是我去看你！"当晚就驱车来到了东四史家胡同。华国锋恭候在门口，亲自给叶剑英打开车门，迎接到房间里。

叶剑英打量一下眼前这位年轻的领导人，说："我老了，身体又不好，可能帮不了你什么忙。"

华国锋谦虚地说："你是八亿人民的老帅，德高望重。听说身体欠安，不敢去打搅，今后请多指点。"

叶剑英最关心的是中央人事安排问题，不知华国锋在"组阁"方面有什么打算，会不会重用江青、张春桥这帮人，于是开门见山问道："主席身体越来越不好，不知中央和国务院人事问题有什么考虑没有？"

华国锋回答："没有新的考虑，一概不动！"接着，他反问叶剑英军队的情况怎么样。

这也是叶剑英想要谈的问题，便把军队的情况大致向华国锋作了汇报，请他放心。随后他试探地问道："你对民兵有什么看法？"

"这方面，我没有经验，请叶帅指点！"华国锋很谨慎，只是不停地请叶剑英喝茶。

叶剑英看得明白，现在还不便于展开讨论这个问题，于是耐心地说："我们还是要按照主席的一贯教导办，要坚持野战军、地方军、民兵三结合的武装力量的传统体制，要紧紧依靠解放军，不能搞什么'第二武装'！"

华国锋点点头，表示赞同。

叶剑英看到他听进去了，松了一口气。接着就其他问题，同他交换了一些意见。从这次交谈中，华国锋给叶剑英留下了较好的印象。

还有一件事，加深了叶剑英的这种印象。大概是在 7 月初，政治局为向党内高级干部通报毛泽东的病情而发生了激烈的争吵。

在毛泽东病情日益加重的情况下，一份经过"四人帮"炮制的"通报"竟然说，毛主席健康好转，不久可以恢复工作……

叶剑英坚决反对这样写。他说："这不是事实，在主席健康问题上应持郑重的态度。"

江青和张春桥等人激烈反对，一定要坚持按原样发出。

汪东兴等人支持叶剑英的意见。

双方争论得不可开交，华国锋坐在那里一言不发。过了一阵，宣布散会。

会后，他在签署这份通报时，删去了"健康好转，可以恢复工作"的字样。

从诸如此类的事情上，叶剑英发现华国锋和"四人帮"是有区别的，逐渐加深了对华国锋的认识和理解。如果说，在开始阶段，他是秉承毛泽东的嘱托，凭着毛泽东"厚重少文""办事不蠢"，"你办事，我放心"的评语来认识华国锋的，那么，经过一段亲自交往，他凭着自己的感观对华国锋得出了"年轻、人老实、有工作经验，还讲民主"的印象。

当然，认识一个人是不容易的，需要一个过程，有时需要很长的过程。由于对华国锋缺乏长时间的全面的了解，叶剑英根据毛泽东的交待，在宣传华国锋方面也有些过头的地方。对于这一点，叶剑英在以后的一次中央会议上，曾袒露他当时的处境和心情，并且作过自我批评。

他说："据《三国志》第三十五卷《诸葛亮传》里记载，刘备在白帝城临终托孤时，对诸葛亮说：'若嗣子可辅，辅之；如其不才，君可自取。'之后，诸葛亮并没有照刘备的话去办，而是竭股肱之力，效忠贞之节，继之以死。毛主席临终的时候说：'我不行了，快完了。'政治局的全体同志到主席那个房子，排队一个一个见主席。那时，他的心脏还没有停止跳动。看完后，退回到休息室。过了一会儿，护士又把我叫到主席面前。当时主席看了我一眼，说不出话来，我又退了出来。不久，主席心脏就停止跳动了。当时我就想，主席为什么要第二次看我呢？还有什么嘱托？（叶剑英讲到此处，心情很激动，流下了眼泪）我剖析毛主席去世时自己的心情，我确实把华国锋同志当作'后主'看待，尽管我自己精力不足，水平不高，还是想尽力扶助他。我对他还讲过一些过誉的话。这是一种旧的封建思想在作怪。借此机会，我应作自我批评。"

这说明，叶剑英确实是光明磊落的，同时也说明，他是人，一个伟人，又是一个凡人，并不是"神"。他头脑里也确有"封建思想"存在，因为他也是从封建社会脱胎过来的人，一点也不足为怪。一个信奉共产主义的人，头脑里同时残存着封建的、资产阶级的各种各样的东西。几种不同的思想经常在脑海里摆开战场，互相撞击着，又互相补充着，有时相反而相成。用毛泽东的术语来说，这就叫"思想斗争"和"思想改造"。

叶剑英既然是个凡人，就不能脱离凡人的常规。在他的头脑里也确实保留着中国几千年的道德观念，如他自己说过的"无故加之而不怒"的"忠恕"之道一类，其中自然也不乏传统的美德。尤其是对于诸葛亮、岳飞等古人的言行，他是赞赏多于贬斥。有过这样一件事，在广东讨伐陈炯明的第一次东征中，叶剑英当时是粤军二师参谋长。他率部打进海丰城陈炯明的帅府。陈炯明仓皇出走，留下来许多金银财宝。叶剑英什么也未相中，分文不取，偏偏看中了岳飞手书的诸葛亮《前出师表》。他甘冒军纪，携文以归，一直珍藏着。他常常向人称道诸葛亮。直到晚年，谈起这位"羽扇纶巾"的军师，依然津津有味。

当然，叶剑英作为一个无产阶级革命家并不完全赞同诸葛亮式的"忠"和岳飞式的"孝"，但他自己确是一位为人忠厚、和善友爱的人，更可贵的是，他在政治上没有野心。作者就曾听到叶剑英生前多次谈过，他没有"山头"，没有"嫡系"，一切都听从党的安排，跟着毛主席走，所以尽管常常受到排挤，也曾忽升忽降，被委以"收拾残局"的重任，竟能不计前嫌，泰然处之。这也许是他能够成为德高望重的"三朝元老"，能够保持晚节的原因之一吧。

毛泽东逝世以后，中国政治舞台上出现了极其错综复杂的局面。按照一些外国评论家分析，在以邓小平、叶剑英等务实派与以江青等人为代表的极左派之间，出现了以华国锋为代表的中间势力。英国研究中国问题的一位专家认为："华国锋1976年的提升可能是左右两派妥协的结果"，"受到双方的信任"，"几乎可以说是一位完美的政治家"。他这样写道："在北京，他（华国锋）成功地在对立派别的矛盾斗争中开辟了自己的航道，人们很难把他从哪一派中清楚地区别开来。……1976年他开始在文职与军职干部中树立自己的权威，他悄悄地进行着努力，取得了显著的成效，他毫不困难地得到那些受到'文化大革命'以及左派冲击的干部的支持，也争取到汪东兴、吴德的支持……"

很显然这位"专家"的分析和结论是值得商榷的：第一，华国锋究竟是不是一位"完美的政治家"，历史会作出结论；第二，说他"得到双方的信任"，不是事实。"四人帮"并不信任他，而是想拉拢他，利用他，及至发现他并不是理想的"同盟者"，便一脚踢开他，要取而代之；第三，华国锋在干部和群众中树立自己的"权威"。说得不全面，当时叶剑英等人执行毛泽东关于"宣传华国锋"的指示，曾树立领袖权威。

华国锋的地位变了，思想也发生了变化。在新形势下，这位新领袖的意向如何？叶剑英曾作过这样的估计：在他面前摆着三条路：一是慑于"四人帮"的压力，委曲求全，维持下去；二是与"四人帮"又斗争、又联合，最终来个"权力再分配"，让出一部分权力；三是坚决同"四人帮"斗争，彻底打垮他们。在这几条道路面前，叶剑英希望华国锋同自己一样，能够选择最后一条路，并且根据斗争形势的发展，越来越坚定地走下去。

要按照毛泽东的意愿和嘱托，扶助华国锋，支持华国锋，打垮"四人帮"。这是叶剑英经过深思熟虑得出的唯一结论。

然而，华国锋究竟是怎样想的呢？能顶住"四人帮"的压力，挺身而出，战而胜之吗？这需要继续观察和试探，需要做工作，并耐心等待。在同"四人帮"的这场激烈斗争中，一定要争取华国锋的支持与合作，但又不能操之过急。

基于这样的考虑，叶剑英从毛泽东病重时开始，就主动接近华国锋，华国锋有时也去看望老帅。毛泽东逝世后，叶剑英一次又一次地与华国锋接触和交谈。一天晚间，他又特意乘车登门拜访。华国锋听说叶帅来了，赶忙迎进客厅。两个人的交谈自然从毛泽东的治丧问题说起，由治丧转入谈形势。从北京说到上海。从上海又说到民兵指挥部，"第二武装"……

从交谈中，叶剑英察觉到华国锋对"四人帮"的做法表示反感，也正在考虑如何处置他们，但似乎内心里还有顾忌，认为时机尚不成熟。

一层窗户纸虽然没有捅破，但是已经窥见到房间里的秘密，叶剑英心里有了底。

众智积力、众志成城。叶剑英想到处置"四人帮"这样的大事，关系到党和国家的前途、命运，决不是一两个人能够决定的。需要在政治局内部统一认识，力争取得多数人的支持。

经过长时间的观察和思索，叶剑英还意识到，解决"四人帮"不是轻而易举的，需要有一个从酝酿到决策的过程，需要有准备有步骤地进行：第一步，在酝酿准备阶段，接触面可以宽一点，搞些调查摸底，听取各方面的意见，来个"民意测验"；第二步，酝酿成熟，找到对付"四人帮"的办法，作出决策，只限极少数几个人，要绝对保密，守口如瓶。这里来不得半点含糊，否则将误大事。

现在最紧迫的是时间。"四人帮"在行动，"第二武装"在集结。时不我待，不能再拖延了。拖延等于任人宰割！

英雄所见尽同

就在叶剑英警惕地注视着"四人帮"的动向，苦心思索着在什么时机、采取什么办法来解决"四人帮"问题的时候，其他同志也正在考虑如何清除"四人帮"这个关系到党和国家前途、命运的大事。每个人都作了最坏的准备。

英雄所见略同。他们虽然各在一方，受到"四人帮"的监视和"软禁"，但是"心有灵犀一点通"，思想是共通的。在毛泽东病危和治丧期间，有些人就悄悄地互相关照，酝酿此事。邓小平、陈云、聂荣臻、谭震林、李先念、邓颖超、康克清等几位老同志都曾与人商议，并找过叶剑英交谈。

邓小平，这位杰出的老一辈无产阶级革命家，1976年再次被打倒。现在，他退居在家里，但他的意志并没"退"，仍然时刻关注政局的发展。社会上"批邓""开除邓小平党籍"的叫嚣声，时时飘进院内，传入他的耳朵里。对此，他倒不在乎，在国势这样衰微的时候，个人进退荣辱还算得了什么。国外评论家艾伦·罗乌克斯在他的书中引用邓小平7月间讲的一段话："如果让他们把我们杀光（指党的健康力量和邓小平的支持者），如果我们任其分裂党和国家，那么就会把用革命无产阶级的心血和精神建设起来的国家推入'四人帮'设计的黑暗的深渊，历史将倒退 100 年。"这是邓小平最焦虑的问题。

从 4 月份被视为天安门事件总后台之后，邓小平基本上处于被"软禁"状态，很少外出。毛泽东逝世以后，"四人帮"把主要矛头转向了华国锋，也许是以为邓小平已被"批倒搞臭"，成了"死老虎"，对他们一向最害怕的这个人倒有些放松了警惕。

这一天吃过早饭，邓小平正在院内散步。

王震忽然驾到。主人喜出望外，亲自到门口迎接。

王震照例恭恭敬敬地鞠上一躬，问候小平同志身体健康状况和生活起居。一阵寒暄过后，主人关切地问了问"外边"的情形，话题一转，突然打听起叶剑英来。

"叶帅那里，你最近去过吗？"

"常去。"

邓小平接着提出了一连串的问题：

"叶帅现在常住在什么地方？"

"他每天的起居活动是怎样安排的？"

"身体怎么样？"

王震尽自己所知，一一作了详细汇报。他告诉邓小平，毛泽东逝世前后这一段，叶剑英从西山下来，经常住在小翔凤。

邓小平点了点头，没有再说什么。

至于邓小平为什么对叶剑英如此关心，问得如此详细，王震没有打听，不知用意。据他后来回忆，第二天邓小平连电话也没有打，竟单独去看望了叶剑英。

对于两位老人此次会晤，作者访问王震将军时，听他亲口讲述，并曾向他核实。

在当时的形势下，这次会面很不容易，但又是必要的。

在邓小平被撤销党内外一切职务，再度被打倒之后，叶剑英虽然被宣布"生病"停止工作，但他利用尚未正式"罢官"的权力和影响，想尽一切办法，包括通过子女的交往，与邓小平暗中通气。正因为这样，邓小平今天才有可能"溜"出来与叶剑英会面。两位老人坐在小翔凤元帅的书房里，悄悄地交谈着。

他们对斗争形势的发展和如何解决"四人帮"问题，交换了看法。被毛泽东称为开"钢铁公司"的邓小平，经过一场大的政治风波，虽然变得更加谨慎起来，但他对叶剑英必能"收拾残局"，报以极大的期望。

王震受叶剑英之托，要完成的另一项重大政治使命是看望陈云。这位开国元勋，也是几起几落，被毛泽东称为"老机""老右"，长期搁置，弃而不用了。这一点，连外国的学者也看得很清楚。美国出版的《马克思主义人物传记词典》（侯德邻译）写道："50年代初，他既是新政权的主要经济官员，又是党的政治局委员。他的经济主张既同毛泽东的主张相对立，又同苏联斯大林的发展模式（这种模式在1958—1960年的'大跃进'中造成了巨大的损失）相对立。在'大跃进'政策破产后的国民经济调整、恢复时期，他重申了自己的经济主张。由于这些主张继续与毛对立，随着'文化革命'的开始，他在政治上再次黯然失色。"

当时，陈云虽然挂着全国人大常委会副委员长的头衔，但在那些"势利眼"的人看来，早已有职无权，不屑一顾。而在另一些人的心目中，他并没有被遗忘。相反的，他越是被冷落，越是遭到林彪、"四人帮"的迫害，他的威望反而更高了。

这位党的元老，虽然年事已高，但他的身体依然健康，神志依然清醒，眼看"四人帮"无法无天，又不能有效制止，他又急又忧，食不甘味，寝不安席。

由于长期以来处于"与世隔绝"的状态，他非常盼望着有人来传递消息，议论国事。而王震正是替他"消愁解忧"的最好的一个"门客"。他时不时地来看望这位孤寂的老人。尤其在充当叶剑英的"联络参谋"之后，前来讨教的次数就更多了。

这一次，王震又驱车来到陈云家中。

他按照事先与叶剑英商量的"谈话方案"，先从形势说起。

"现在的局势这样严重，总得想个办法，不能听之任之。"

"是啊！你有什么妙计可以安天下？说说看。"陈云说道。

"我以为，最简单的办法就是把那几个闹腾最凶的……"客人把伸开的手紧紧地攥起来。

"那样，简单是简单，但不一定合法啊！"

"合法?!"王震毕竟是一位久经征战的老将，习惯于用武力解决敌我矛盾。听陈云提出合法不合法的问题，感到很有道理。

"可不可以先斩后奏，弄起来再说？"

"不可以，不可以，不可以！"陈云连声制止。

"既然不可以，是不是召开政治局会议来解决？"

"更不可以，那样会打草惊蛇！"

"那么究竟怎样解决才好呢？"

"这需要找几个人议一议。"

"现在各在一方，又不好开会，只好个别交谈。"王震建议："我提议你串串门子，到小平、叶帅那里走一走！"

陈云听了点点头。接着问了问邓小平和叶剑英的情况，然后说："那好，他们出来，目标大，还是我去看他们，你先给我打个招呼！"

王震高兴地完成了"联络"任务，向叶剑英作了汇报。

叶剑英一向敬重陈云，把他看作是老领导。叶剑英想起，在毛泽东病重期间，陈云特意来到自己家里，交换对形势的看法，感到很受教益。眼下，时间不容许再拖延了，但怎样"合法"地解决问题？他很想再听听陈云的意见。于是过了几天，又派王震去看望陈云。

陈云说："现在斗争很复杂，主席刚刚去世，弯子很难转啊！尽量争取合法解决，震动小一些。"

王震一再请示具体办法。

"我正在思考这个问题。现在只有叶帅的身份是'半合法'，究竟怎样办，大主意靠他来拿，我相信他这个'智多星'会有办法的。"陈云最后说："等我想好了，会去告诉他的。"

想不到，陈云未来，邓颖超却来了。

本来，头一天，叶剑英接到电话听说邓颖超要来，于是立即告诉秘书，转告大姐在家等着，他要亲自去看她。邓颖超知道叶剑英事情多，还是离开中南海，来到西山，登门拜访了。

在周恩来逝世后的这段时间里，邓颖超很少出访。但面对"四人帮"的横行肆虐，眼看党和国家遭到厄运，她不能等待了。她意识到，当前唯一能带头除害的人只有叶剑英。不久前，她已经去过小翔凤，向叶剑英讲过自己的想法。这一次，她又主动来到西山。

叶剑英知道邓颖超的来意。没等她开口，就把自己最近一个时期的想法作个交底。

"比较难办的是那个'演员'。这个人最会演戏，她会利用主席的关系扮演角色，演出一场'贺后骂殿'。她还会利用群众对主席的感情，倒打一耙，嫁祸于人！"邓颖超对江青的手段实在是太熟悉了。

"是的，不过对付这个'三点水'也不难。解铃还须系铃人。主席生前不是多次严厉批过她吗？只要把事实真相公布于众，她的戏就演不下去了。"叶剑英胸有成竹。

"还有那个'眼镜'，诡计多端，也很难对付。"

"'秀才造反，三年不成'，这个话要重新解释。"叶剑英回答说，"我担心的则是上海的'第二武装'，还有北京的民兵指挥部。天安门事件，已经表演一次了。不过，只要三军岿然不动，他们那一点点'御林军'是成不了什么气候的。"

邓颖超听了，十分钦佩叶剑英的韬略。对眼前坐着的这个人的胆识，她是很信得过的。自从大革命开始，她就熟悉这位文武兼备的"儒将"：云南习武，黄埔执教，东征北伐，坚持苏区，抗战统战……他长期战斗、工作在周恩来的身边，文韬武略，才智过人。尤其是长征路上截获"密电"，智斗张国焘，挽救党中央的壮举，周恩来称之为"疾风知劲草，板荡识诚臣"。她凭经验的直觉，坚信今天要对付"四人帮"，只要他在，就会成功。

不过，有一件事，她还是不放心，故提醒说："叶帅，你说力争合法，这是上策。要合法，有一个人首先需要站出来。"

叶剑英知道她说的"这个人"是谁，悄悄地告诉她说："请你放心，这个人的工作，我正在做。估计到时候，会站出来的。"

邓颖超也小声告诉他说："早在地震期间，地震棚在一个院子里，我就向他打过招呼，人家在搞鬼，要他提高警惕。"

谈到这里，两位老人会心地笑了。

做个"民意测验"

古人云：仁者乐山。此刻来往于西山的"仁者"一下子多了起来。

在毛泽东逝世前后，叶剑英除了通过王震这个"联络参谋"继续沟通联系之外，利用西山这个隐蔽所，同能够接触的政治局委员和其他一些老同志个别交谈。

今天，宁静的西山又迎来了两位"客人"。全国人大常委会副委员长谭震林和乌兰夫几乎同一时间与叶剑英相约，脚前脚后来到西山。

谭震林这位"大闹怀仁堂"的英雄人物，吃尽了苦头，全家被迫搬出中南海，"妻离子散"，被"软禁"在广西桂林，直到林彪葬身于蒙古之后，1971年11月，毛泽东在成都为"二月逆流"翻了案，他才得以回到北京。

1975 年，他重新以党和国家领导人身份出现在中国的政治舞台上。

叶剑英十分敬重这位正气冲天、铁骨铮铮的老人。两人相见，回首当年两次"大闹"的情景，历历在目，感慨万千。如今反对"大闹"的毛泽东已经走了，但"四人帮"却闹腾得更加厉害了。

"对付那几个人，您有什么高见？"

谭震林伸出一个巴掌，然后紧紧握紧，快人快语，斩钉截铁："只有如此！"

叶剑英完全明白了对方的意思。

"可是，事情不那么简单，要想出一个可行的合法的万全之策。"

"现在无须顾虑怀仁堂的后遗症了！您就下决心吧！"

"众智积力，这还要靠大家下决心！"

"我投你的票！"

"谢谢您的信任！"

…………

…………

两人推心置腹地交换了意见。

"等您好久了！欢迎之至！"

叶剑英从门口把乌兰夫迎进客厅。

这位党的民族工作的卓越领导人，早在第二次国内革命战争和抗日战争时期就成为蒙古民族的杰出领袖人物。他率领同胞抵制民族分裂，走上民族解放、民族自治的道路。今天，他不是以国务院副总理、全国人大常委会副委员长的身份来会见叶剑英，而是以一个佩有上将军衔的老将军来拜谒叶帅的。两人首先从军队加强战备说起。

"现在，军权还在我们手里，无论如何不能放松！"

"放权就等于自取灭亡！"

叶剑英概略地谈了自己对形势和战备的看法。

乌兰夫明确表态说："目前形势这样紧张，斗争这样复杂，首长考虑得细致周全。我完全拥护，随时听从调遣！"

"有什么情况和想法，欢迎您随时来坐坐！"

"老帅身负国家、民族重托，一定要多多珍重，多多珍重！"

据乌兰夫的女儿云杉告诉作者，那一天两人谈得很深。最后叶剑英送乌兰夫到门口，目送他离去，久久伫立。

现在，让我们把视线移向解放军总医院——三〇一医院的高干病房。

这个坐落在五棵松附近的被称为"文化大革命"中"避风港"的现代化医院里，此刻住着一群有病没病、"小病大养"、以病"躲风"的老将军，而且多数是由叶剑英介绍、"批准"入院治疗的。王震、罗瑞卿、陈再道、张爱萍、韩先楚、钟汉华、萧华、刘志坚、傅崇碧……这些知名的将领前前后后，进进出出，都在这个医疗"保险箱"里逗留过。至今，汪石坚、牟善初等院里老领导、老专家还能讲出一串串当年将帅们住院时的故事。

作者听到的故事中最奇最多的恐怕是，将军们如何邀好几个"病友"——汪石坚院长就曾当过串连的"通讯员"，又如何偷偷"开会"议论对付"四人帮"，又如何去西山找叶剑英提建议。

且举一例：傅崇碧将军上西山的真实故事，作者曾听他亲口讲述过。

前面说过，"文化大革命"之初，就是这位北京卫戍区司令收容了叶剑英的小女儿文珊在他手下当电话守机兵，又是他得知江青欲加害文珊时，悄悄把她放走解救，可见他与叶剑英的深厚交情。但是没有过多久，他和代总参谋长杨成武，空军政委余立金三人，竟以"莫须有"的罪名被打成"杨、余、傅"事件，被罗织入狱。直到"九一三"之后，毛泽东对"杨、余、傅"事件才改变了看法，1971年12月21日，他在军委会议上说："杨、余、傅也要翻案的。都是林彪搞的，我是听了林彪一面之词，所以，我犯了错误。"傅崇碧出狱之后，重新工作。这一年也住进了三〇一医院高干病房。

一天下午，他和几位将军战友密议国事之后，躲开治疗时间，向医生请个假，悄悄地乘车向西山驶去。

太阳，像一轮金盘斜挂在天边，映衬着连绵起伏的群山。

傅崇碧只身一人来到山下，经过通报，刚走进 15 号楼庭院，叶剑英就亲自迎了出来，请入客厅，拉他坐在沙发上，首先感谢他在危难时刻救了小女儿，然后问他身体怎样，医院里有哪些老战友，外边的情况有什么变化，大家有些什么议论……？傅崇碧就自己所知向老帅一一吐露。

叶剑英听了，很高兴，夸奖老部下说："好，崇碧，你没有变。你记得吗？我们是同党哟！"随后伸出两个手指："我是'二月逆流'，你是为'二月逆流'翻案的'杨、余、傅'，我又成了'杨、余、傅'的黑后台！"

傅崇碧说："是我连累了首长！我差一点被他们整死，真是欲加之罪，何患无辞！"

叶剑英摆摆手说："究竟谁有罪，鹿死谁手，还说不定，我们走着瞧吧！"说罢，哈哈大笑起来。

"首长，大家都很关心你的健康处境，形势这样发展下去怎么得了！我们这些在战场上拼过刺刀、打天下的人都等得不耐烦了！……"傅崇碧正想请示"办法"，叶剑英从轮椅上俯下身来，小声地说：

"不要急，你都看到了，我很好，他们说我生病，就生病呗！除此之外，他们抓不住我什么把柄！"说到这里，顺手打开收音机，掰着手指继续讲下去："那几个人积怨甚多，坏事作尽，快到尽头了！但是需要斗争，还要看准时机，讲究方法。"最后叮嘱说："记住，要提高战备观念！还是那句老话，眼睛要明，耳朵要张，嘴巴要紧！"

傅崇碧起身作个军人立正姿势，严肃地说："请首长放心！我们随时听从命令，作好一切准备！"

叶剑英高兴地笑了。

傅崇碧谢绝了叶剑英挽留共进晚餐，在三○一医院开晚饭前赶回了病房。顺利地"销"了假。

从此，叶剑英那三句"眼、耳、嘴"的箴言在老同志中间更广泛地流传开来。

这一时期，叶剑英不仅约进来，也不断走出去，主动向一些靠得住的同志交换对形势的看法。有一些军队和地方上的同志，或拜访，或探病，或捎口信，采取各种方式向叶剑英反映情况，提出扭转危局的建议。中央的一些部门负责人和老同志，根据作者访问所知，如耿飚、李强、罗青长、熊向晖、王诤等，也或上西山，或到小翔凤，会见过叶剑英。三总部的杨成武、韦国清、吴克华、梁必业、华楠、史进前等，还有在京的各军兵种负责人，如空军的张廷发、吴富善，海军的萧劲光、苏振华，以及向守志、吕正操、余立金、吴忠、吴烈等都利用各种机会、各种途径同叶剑英接触。有的利用湖边垂钓（如倪志福等），有的相约北海品茶（如黄华等），有的利用住院治疗（如张爱萍等），向老首长一抒己见。

这段时间看望叶剑英次数最多的恐怕要数粟裕和宋时轮两位将军了。这不只是因为他们所在单位的驻地毗邻西山，叶剑英所住的 2 号楼在他们的管辖圈里，更重要的是两位将军都觉察到形势和事态的严峻。

不用多费笔墨来介绍，人们大都知道粟裕和宋时轮是闻名中外的战将。1958 年，叶剑英创办全军的科研中心——军事科学院，并担任院长兼政治委员，特意选拔这两位名将来担任副手。"九一三事件"以后，叶剑英忙于中央和军委的工作，就把"军科"的领导重担交给了他俩。在"文化大革命"的岁月里，他们和叶剑英一起被"火烧"，被"打倒"，然后又先后被起用、复出。将军和元帅，患难与共，互相保护，结下了"生死缘"。

"叶帅，上边有什么新精神吗？"

"你们听到什么反映？"

三位将帅见面总是这样开头。他们议论的话题已经根据事态的发展转移到"加强战备"上了。

"你们在首都附近还有什么老部下吗？"

"有！"将军齐声回答，掐着指头算起来。

"那好。要个别打招呼，提高战备观念！"

"一定照办!"

两位将军虽然不便多问,但已经意识到局势的严重和肩负的使命。

刘志坚,这位当年的解放军总政治部第一副主任,早在土地革命战争时期就与叶剑英相识,尤其在长征路上,叶剑英截获张国焘企图危害党中央"密电"后,立即给在红三十军执行任务的红军总政治部宣传部副部长刘志坚发电报,要他迅速返回总部。从此,他们建立了战斗友谊。"文化大革命"开始,刘志坚当了七个多月的中央"文革"小组第三副组长、四个多月的第二任全军"文革"小组组长。曾多次参加党中央、中央军委、中央"文革"小组的会议活动,并经常就有关军队"文化大革命"的问题亲自向叶剑英和其他老帅请示汇报。他协助几位老帅、总政党委,为保持军队稳定做了许多工作。

1966年"五一六通知"发出后,军队该怎么办?刘志坚请示叶剑英后,主持起草了《关于执行中央五月十六日通知的通知》,于5月25日以总政治部(66)三十二号文件下发部队。这个通知明确指出运动要在全军各级党委"加强领导"下进行,"在连队和一般机关干部中,着重进行正面教育",并且规定:对于要点名批判的,包括报刊上公开批判和在内部批判,都应经党委批准。有的由各大单位党委批准。凡属全军范围有影响的人物要经总政党委批准。这在一定程度上限制了乱揪乱斗的行为。

1966年6月20日,刘志坚又同"全军文革"的同志起草了关于军队院校"文化大革命"的指示。规定"整风彻底"的院校不开展"四大",这个指示由叶剑英批准下发。7月8日,叶剑英又在刘志坚批报的《部队文化革命动态》上加了一个批语,把军队院校"文化革命"限制在23所院校中进行。

1966年冬,北京相继发生了多起冲击军事机关、揪斗领导干部的事件。有些来京造反派学员到各军种、兵种机关和总部,不分昼夜地轮番要求领导接见,要求解答问题。如不接见,就静坐、写血书、绝食。还有的"造反派"把一些领导揪到国防部大门外,把装有文件的铁柜也抬来,称文件柜里藏有镇压学员的"黑材料"，非要"全军文革"接见不可。在这种形势下，叶剑英在西山召开各大单位领导同志汇报会。各军兵种、各总部领导同志纷纷反映没法工作，没有时间看电报，连吃饭、睡觉的时间都没有保证。刘志坚根据叶剑英的指示精神，主持起草了11月6日《关于各总部、国防科委、军种兵种机关必须经常保持战备状态的通知》，要求"我军必须经常保持高度的警惕和战备状态，随时准备对付敌人的突然袭击。各总部、国防科委、各军种的主要领导同志，在完成上述任务中担负着重要的责任。必须保证他们对部队实施经常的指挥，不能中断。未经军委许可，他们不能离开指挥岗位。""在'文化大革命'期间，院校的革命师生，向他们反映情况，要求他们解答问题，对他们提批评意见等，应该和接待机关商量，根据领导同志的工作情况，安排接待时间、地点，每次谈话或开会的时间不要太长；对于机关的办公室、通信设施、保密设备要妥为保护，以免影响他们对部队的指挥和日常工作的进行。"这个通知，林彪转送给"中央文革"，被陈伯达以"借战备压革命"为名扣压了。为了控制日益混乱的局面，刘志坚根据叶剑英的指示精神，曾组织"全军文革"先后起草过五份电报，但都被陈伯达扣压了。

在最紧张的阶段，叶剑英让刘志坚搬进西山"保护区"，后来"四人帮"怪罪他离开中央"文革"，另立"资产阶级司令部"。由于刘志坚靠拢叶帅，和林彪、江青一伙"对着干"，最终被他们以所谓"刘邓资产阶级反动路线在军队的代表""中央文革中的奸细"等罪名所打倒，被关押审讯，遭到残酷迫害。直到1974年国庆节前夕，经周恩来亲自提名，才得以解除"监护审查"，并参加国庆活动。

刘志坚被"解放"后，第一个见周恩来，第二个见叶剑英。他出席国庆宴会，第一个走过来同他握手的是叶剑英。为了安排他的工作，叶帅四次找他谈话。他到昆明工作后，每次回京都要去看望叶帅。1976年"四五"运动以后，他对解决"四人帮"问题非常关心，曾积极提出建议。他回忆说：

"1976年，天安门事件以后，我住在医院里。后来主席逝世后，我们就估计到了，'四人帮'一定要发难，'四人帮'一定要抓人，老干部们，特别是坐'牛棚'的人都提心吊胆，觉得动手晚了我们要遭殃，所以说先下手为强。我也知道有些人到叶帅那里去，我也想去，但我又怕暴露目标。去的人太多了，暴露目标，万一'四人帮'知道了，可能不利，所以我就叫叶帅的一个儿子到我家里来，我相信他是可靠的，我就把我的意思，把我接触到的老干部们的意思，即觉得主席去世以后'四人帮'肯定要动手，如果我们不赶快动手，就要遭殃。现在能领导办这件事情的就是叶帅，因为聂老总身体也不大好，徐帅也有病。真正有这个魄力，有这个胆量的还是叶帅，因为小平已被打倒了，软禁起来了。叶帅又很长时期主持军委工作，对军队的干部情况也熟悉，还能指挥动，我们是寄希望于他，希望他能够勇敢地、大胆地把这个事领导起来，搞掉'四人帮'……我后来才知道，叶帅当时这个决心早就下定了。"

人生得一知己足矣。

1976年，在严峻的形势面前，在艰巨复杂的斗争漩涡里，叶剑英获得了多少真挚的"知己"，能够互通心曲，共商大事啊！

在酝酿策略的过程中，他有意识地倾听各方面的心声。用现在的话讲，进行了一场多层次的"民意测验"。

如果说，同在京的老知己、老战友、老部下接触和交谈还比较容易做到，那么，同外地的同志谈心就相对困难一些了。因为，粉碎"四人帮"这样的话题，既不便于用现代工具，如电报、电话、传真通信之类，也不便于书信往来。主要靠外地的同志来京开会或办事的机会，在互相访问中才好面谈。叶剑英正是依靠平素长时间积累起来的人脉，利用一切可以利用的机会，同全国各地来京的各大军区负责人以及其他党政军各界的领导进行了个别的会谈。其中，交往较多的有广州的许世友、李坚真，以及赛福鼎、乌兰夫，韩先楚、陈丕显、杨得志等。

沈阳军区司令员李德生将军曾告诉作者，他有一次来京开会，特意来看望叶帅。

这位红四方面军的老战士，新中国成立后参加抗美援朝，曾获朝鲜民主主义人民共和国二级国旗勋章、一级自由独立勋章。回国后，在担任南京部队军长期间，积极组织战术训练改革试验，发现和总结了"郭兴福教学法"。1963年，负责组织全军军事训练的叶剑英，从报道上得知这一典型经验，亲自到部队训练现场考察，并向军委建议在全军推广"郭兴福教学法"，受到了毛泽东的赞同和支持。

从此，叶剑英了解并熟悉了李德生，又在全军大练兵运动中，彼此加深了信任。李德生在"文化大革命"中调任人民解放军总政治部主任后，时时登门拜访，聆听叶剑英的教诲。叶剑英也十分支持总政的工作。"批林批孔"运动中，"四人帮"把矛头同时指向了李德生，诬蔑他为"大军阀"，进行批判斗争。不久，李德生被迫辞去了党中央副主席的职务，并由张春桥接任总政治部主任，他调往沈阳军区。

在李德生处于极端困难的境况时，叶剑英尽自己的最大努力，处处给他以关心和保护。有人提出要把他揪回北京批斗，叶剑英得知后，气愤地说："德生同志是前线的司令员，你们要把他揪回来斗，这不是要搞乱军队吗？"在"四人帮"的数次迫害中，正是由于周恩来和叶剑英的制止，李德生才免于遭难。因此，他在内心里十分感激老帅，每次从外地来京，只要有机会，总要看看他。

叶剑英看到这位从外地来的政治局委员，分外高兴，向他介绍了中央发生的一些情况，谈起"四人帮"利用窃取的权力打击迫害邓小平等问题。

李德生听了深有同感。他还记得过去叶剑英不止一次地向他谈起小平同志具有安邦治国的卓越才能，还几次向党中央、毛主席提议，尽快让小平出来担任党和国家的领导职务。

李德生回忆不久前叶剑英特意安排他去看望邓小平的情景，愤愤地说："小平同志虽然被撤销一切职务，但他在人民心目中永远不会被撤职的!"

接着两个人又议论起日益恶化的政治形势。

叶剑英沉思片刻后，突然打开身旁的收音机，向客人问道："当前全国形势这样严峻，你看到底是抓组织重要，还是抓生产重要？"

李德生一下子愣住了，他似乎没有听懂问话的意思。为了听清他的话，就动手关上收音机。

怎能关收音机呢？这是绝对不可的。1976年以来，从周恩来逝世，邓小平重新挨批，叶剑英迫于逆境，从小翔凤到西山，已经养成习惯，在与人进行"政治谈话"时，总要顺手打开收音机、录音机，或扭开水龙头，用杂音来干扰，以防被窃听。

果然，叶剑英又故意打开了收音机，而且加大音量，让"样板戏"的高腔喊叫起来，他压低声音说："现在斗争很复杂，开着好。"并重复了刚才的问题。还没有等李德生开腔，他自问自答地说："依我看，还是抓组织重要。"

李德生终于听明白了：叶剑英说的"组织"不是一般的组织，而指的是"中央"，暗示当务之急要果断解决那几个人的问题。

李德生谨慎地说："现在抓组织，就抓到根上了，但这件事需要叶帅深谋远虑，运筹帷幄。要我做什么，提前给我打个招呼。我一定照办！"

这里要特别交待一笔，在这段日子里，来看望叶剑英的，不只是那些党和国家、军队的高级领导人，也有一些普普通通的"小人物"，一些一般干部和知识分子。这些人多半是叶帅从前的警卫人员、医护人员以及老战友、老部下、老朋友的子女，即所谓"小字辈"的"忘年交"。他（她）们多半是通过叶帅的子女介绍而来。

冯玉祥将军的女儿冯理达夫妇的来访就是一例。

叶剑英与冯玉祥是北伐战争时期的老朋友。1938年第二次国共合作时期，在武汉举办"中央训练团"，叶剑英常去讲课，冯玉祥常去听课，二人常常探讨抗战大计，成为知己。

父辈的情谊传到下一代。冯玉祥的女儿理达恰好与叶剑英的大女儿楚梅是同学好友，她担任海军总医院的副院长。叶楚梅告诉作者，叶剑英一直把冯理达视如亲生女儿。那时，每到春节，老人家都让楚梅接小冯全家去他家里"团年"，好像接女儿回娘家一般。自然，在平时这个做医生的"女儿"总是挂念着叶剑英的健康，只要有时间也总记着去看望叶伯伯。

那是一个狂风怒吼的晚上，冯理达和丈夫罗元铮驱车来到西山。通报之后径直走进院落。

老人家已站在门口等候，一看见这对年轻人格外高兴。

谈话从拉家常说起，讲到时势与命运，冯理达和罗元铮一下子把他们积郁胸中的迷惘与愤懑讲了出来："形势刚好一些，又反过来，天天批小平同志，这是怎么回事？"

讲到这里，罗元铮以习惯挨整的敏感，下意识地环视四周，目光停在"嗞嗞"作响的暖风机上。

"啊，你是不是担心这个……"叶帅用手摸摸耳朵，做一个窃听器的比示，"据说别处发现过，这里，我侄子检查过一遍，没有！"说着招呼理达夫妇站起来巡视四周，审视那一件件插销、开关之类的东西，然后释然地笑了。

归座。叶剑英说："现在是这样一个形势，复杂、严峻，但命运掌握在谁手上，谁主宰党？"说着，他伸出左掌，用右指清清楚楚地画了一个"江"字，声音放慢说："这个人，毛主席、党中央对她是有看法的，毛主席是掌握分寸的，群众对他们也有看法，她周围那一帮上海人也不得人心。不要看他们一时得意，终究不会改变中国历史的进程，也根本不可能主宰我们党，不会长，成不了气候！"

这些话使理达夫妇先是一惊，他们没想到叶伯伯会和他们谈论这样重大的事情！他们感谢叶剑英在凄风惨雨的形势中，对自己一家在政治上的关心与指点。用过点心，已是深夜10点，叶剑英冒着寒风把冯理达夫妇送到门口，说："记下这两个电话号码，可以直拨找我，有事就来！"

由于篇幅的限制，对于众多的来访者、陈情者、交谈者，恕不一一介绍了。这里只想说明一点，粉碎"四人帮"的重大决策不是哪一天突然作出来的，而是有一个较长时间的酝酿过程，同时，也不是叶剑英或者某一个人坐在房子里想出来的，而是集体的智慧，是党和人民意志的产物。

恩格斯在《路德维希·费尔巴哈和德国古典哲学的终结》中分析历史进程和历史事件时曾经指出："在表面上偶然性在起作用的地方，这种偶然性始终是受内部的隐藏着的规律支配的，而问题只是在于发现这些规律。"历史事实正是这样。

在同"四人帮"的斗争中，许多老同志把希望寄托在叶剑英身上，这不是偶然的。

只要稍微回顾一下 1976 年的情景就清楚了。经过史无前例的十年浩劫，当时我国的政治、经济、文化教育已濒临崩溃的边缘，社会出现严重危机，群众情绪剧烈动荡。推倒"四人帮"已成为历史的大潮流、大趋势。中国面临着新的转折点。

正是在这种特定的历史条件下，叶剑英挺身而出，发挥了其个人的作用。这就是"时势造英雄"。粉碎"四人帮"的斗争，把叶剑英推向 70 年代中期历史舞台的中心，使他发挥特有的卓越才能，成为左右和驾驭这场斗争的风云人物。

之所以出现这种状况，与叶剑英当时所处的政治地位，也是分不开的。普列汉诺夫在《论个人在历史上的作用问题》一书中说过："个人只有在社会上占有为此所需的地位时，才能够表现出自己的才能。"

1976 年，周恩来、朱德、毛泽东相继谢世，邓小平已在反击右倾翻案风中被打倒，这就使得在党的最高领导层即中央政治局常委中，叶剑英所处的位置越来越突出，越来越显要。虽然他之后也被宣布"生病"，由陈锡联代替他负责主持中央军委的工作，但仍然保留着党中央副主席、政治局常委、中央军委副主席和国防部长的职务。而实际上，他并没有"生病"，陈锡联也未能凭一纸空文取代他的地位。相反地，陈锡联照旧与他保持联系。在处理重大问题时，陈还暗中与他通气，取得他的支持。叶剑英既不像完全被打倒的邓小平，又不像长期无职无权，处于"休息"状态的陈云等人，也不像早已被排除在中央政治局之外的徐向前、聂荣臻两位老帅，他是处于"半打倒"状态的党和国家、军队的领导人。实际上，他仍然控制着军权。

还有一个情况值得注意：随着毛泽东逝世，"四人帮"与华国锋之间的斗争，愈演愈烈，政治局成员的情况也在变化。在这种局势下，华国锋越来越倚重叶剑英。此时"四人帮"对叶剑英也不同了。他们虽然阻其复出，但慑于他在国内外、军内外的威望，已不能像过去那样利用毛泽东任意摆布他了。叶剑英所处的"半打倒"状态无形中在解除，他在党和国家最高领导层所处的地位在不断上升。尽管他面前还有许多困难，但在左右政治局势的天平上，他可以说是举足轻重的砝码。这点，他自己也许没有工夫去想，但历史偏偏选择了他。

然而，历史的选择是一回事，作为历史的个人，其政治素质和性格特征诸因素是否具备所需要的主观条件，能否担当起历史重任，又是一回事。

多谋善断

古语云，虑不先定，不足以应猝。叶剑英作为一个战略家，深知解决"四人帮"这样大的政治事变，仅有"集众思、广众益"是不够的，必须多谋善断，深思熟虑，虑而有定。

经过长时期的酝酿，同老同志秘密接触和商谈，叶剑英心里有了谱。

夜不成寐。天安门广场、英雄纪念碑前，"四五"运动的人群诗海在眼前浮动，一个一个熟悉的老战友、老知己的谆谆忠告在耳旁回响。周恩来、毛泽东临终时的身影又一再显现……

尽管毛泽东在晚年错误地发动和领导了"文化大革命",但他后来毕竟察觉了"四人帮"的阴谋活动,并说过要解决"四人帮",而且还不止一次地说过。叶剑英回忆起毛泽东至少在三年前,就已察觉江青政治上的问题,不同她生活,不同她见面,不准她进门。夫妻间的感情纽带已经断了。

想到这里,叶剑英倏地披衣而起,坐到宽大的写字台前,从抽屉里取出笔记本,重新翻看起来。这里记录着几年来毛泽东对江青一伙的批评:

1974 年 3 月 20 日,毛泽东就江青伸手要钱,要见面,批复:"不见还好些。过去多年同你谈的,你有好些不执行,见何益?有马列书在,有我的书在,你就是不研究。我重病在身,八十一了,也不体谅。你有特权,我死了,看你怎么办?你也是个大事不讨论,小事天天送的人。请你考虑。"

7 月 17 日,毛泽东在中央政治局会议上说:"江青同志你要注意呢!别人对你有意见,又不好当面对你讲,你也不知道。不要设两个工厂,一个叫钢铁工厂,一个叫帽子工厂,动不动就给人戴大帽子。不好呢,要注意呢。""你也是难改呢。"又说:"你们要注意呢,不要搞成四人小宗派呢。"他两次讲:"她(指江青)并不代表我,她代表她自己,总而言之,她代表她自己。"明确表示同江青划清界限。

11 月 12 日,毛泽东在江青的信上批示:"不要多露面,不要批文件,不要由你组阁(当后台老板),你积怨甚多,要团结多数。至嘱。""人贵有自知之明。又及。"

在中央准备召开四届人大,酝酿国家机构的人事安排期间,江青托人向毛泽东转达她的意见,要王洪文当全国人民代表大会常务委员会的副委员长。毛泽东说:"江青有野心。她是想叫王洪文作委员长,她自己作党的主席。"

12 月 24 日,毛泽东批评"四人帮"说:"不要搞宗派,搞宗派要摔跤的。"

1975年5月3日，毛泽东又一次指出，"四人帮"的问题"上半年解决不了，下半年解决；今年解决不了，明年解决；明年解决不了，后年解决。"

然而，"四人帮"对毛泽东的这些批评，是"东风吹马耳"，根本听不进。

更重要的是，毛泽东还从组织安排上堵住了"四人帮"爬上党和国家最高领导位置的通路。周恩来病重以后，"四人帮"以为，按照原来的次序，政治局应该由王洪文主持，国务院应该由张春桥主持。毛泽东就是不给，给了邓小平。所以他们集中力量打击、诬陷邓小平。直到周恩来逝世，邓小平被推下台，他们以为，这下应该让王洪文主持中央政治局了吧，张春桥应该是总理了吧。但是，毛泽东硬是不给。

叶剑英从毛泽东对"四人帮"的态度上，联想到他生前多次讲过汉朝周勃、陈平平吕氏之乱，巩固汉室的故事。他眼前顿时出现了一张《周勃仗剑图》——老英雄周勃，跃马执剑，器宇轩昂，豪气干云。左手撩开红色披风，神情威武严峻，右手握剑，仿佛一道寒光闪耀。叶剑英十分喜欢这张画，尤其喜爱两句题诗："魑魅魍魉无处逃遁，万家佑福玉宇澄清。"他反复吟诵这气度恢弘的诗句，又想到毛泽东弥留之际欲语不能的嘱托，决心做一个"仗剑除害"的当代周勃。

民惟邦本。"政之所兴在顺民心，政之所废在逆民心。"现在到了解决"四人帮"的时候了。任何犹豫观望就等于犯罪。

但是，这位政治阅历和斗争经验非常丰富的老帅在思考另一个问题：粉碎"四人帮"这场斗争不是个别人的行动，而是在党的最高层组织内部的一场斗争，这在我们党的历史上是罕见的。经过"文化大革命"十年，在党的肌体遭到严重创伤的形势下，这场斗争有绝对胜利的把握吗？

叶剑英认为，在十年浩劫中，中共党的组织生活虽然停滞过一段时间，但党实际上存在着。根据历次党内斗争的经验和现实，相信可以依靠党内健康力量，清除毒瘤，解决"四人帮"问题。他对政治局的状况作出这样的分析："四人帮"在政治局中是少数，但一个是党的副主席，一个是中央政治局常委。一个是假借毛泽东名义野心勃勃的阴谋家，一个是掌握全部宣传工具的吹鼓手。他们人数虽少，能量却颇大。而在毛泽东病重以后，又来了一个所谓"联络员"毛远新，政治局会议的情况由他向上传达，主席的指示由他下达。党内生活的这种长期不正常的状况，自然为通过正常途径解决"四人帮"带来了相当的困难。但是毛泽东逝世以后，形势有了变化，出现"投鼠不必忌器"的有利条件。只要政治局多数人团结一致，齐下决心，就可以使"四人帮"遭到毁灭性打击。

依靠政治局多数

叶剑英这个分析估计是符合实际的。

当时的政治局委员除了生病、逝世和"江、张、王、姚"之外，在位的有华国锋、叶剑英、韦国清、许世友、纪登奎、吴德、汪东兴、陈永贵、陈锡联、李先念、李德生十一人，还有候补委员吴桂贤、苏振华、倪志福、赛福鼎四人，绝大多数对"四人帮"是厌恶的，态度是明朗的，即使个别人态度暧昧，持观望态度，也不会死心塌地与"四人帮"为伍。但要齐心协力，取得彻底胜利，还需要时间，还需要做艰苦细致的工作。

叶剑英采纳聂荣臻、邓颖超等人的建议，认为在这件事上，首先要取得华国锋的同意和合作，而且必须由华国锋牵头。华国锋担任党和国家的主要领导职务，是由毛泽东提议，经过中央政治局一致通过的。既是历史，又是现实。从党的组织原则出发，现在要解决"四人帮"，理所当然地要尊重华国锋，获得他的支持与合作，并由这位党的第一副主席和国务院总理最后拍板。这是个重大的组织原则问题，是力争合法解决"四人帮"

的必要条件。

一次，叶剑英见到华国锋，交谈中点出了题目：

"国锋同志，现在那几个人净出难题，干扰太大，政治局的会议有时开不下去，这样下去不行啊，得想个办法。"

"是啊！可是主席刚刚去世，善后工作还没做完。"

"但是，等不得了，他们活动得越来越厉害了！"叶剑英单刀直入，联系党内历次斗争和苏共斯大林去世后的经验教训说："现在，他们迫不及待地要抢班夺权。主席不在了，你就要站出来，和他们斗！"

华国锋没有马上表态，继续在思考。

"最近，我闭上眼睛老是想到主席临终的情景……"叶剑英动之以情，希望华国锋不负众望。

华国锋也坦诚地说："叶帅，你是知道我的底子的，在老同志面前，我是个晚辈。我倒不是不敢和那几个人斗，就是担心老同志不支持。"

"请你放心，我支持你，许多老同志都支持你，只要你站出来，大家都会全力支持你的！"并且劝他多到老同志那里走走，还告诉他，想找谁先打个招呼。

听了这些话，华国锋情绪高起来，表示只要有老同志撑腰，有军队撑腰，就好办。最后说："不过，事情很复杂，究竟怎么办，让我再考虑考虑。"

打通了华国锋这一关，叶剑英心里的一块石头落了地。他想到还有一个人的工作要继续做。此人就是中共中央办公厅主任汪东兴。

汪东兴，这位红军老战士，从1947年3月转战陕北开始，长期负责毛泽东的警卫工作，对毛泽东忠心耿耿，是"有功之臣"。随着"文化大革命"中对"红太阳"信仰的兴起，他的地位和权力也在上升，到毛泽东卧病时，达到了高峰。现在情况虽然有所改变，但由于他主持中央办公厅的工作，且直接掌管着毛泽东和中央的警卫部队——8341部队，对华国锋甚至对中央政治局仍然有着很大的影响，特别是他与中央警卫部队的关系，决定着他在即将进行的这场决战中起着别人不可代替的重要作用。有人向叶剑英建议，一定要取得汪东兴的合作。

对于汪东兴，叶剑英过去直接接触不多。总的印象是个好同志。前一阵子，通过王震的摸底沟通和自己亲自接触，更加深了这个印象。特别是毛泽东逝世后，在保护党内核心机密、重要文件等方面，汪对"四人帮"是抵制的，彼此合作得不错。但是，现在要从根本上解决"四人帮"问题，他的态度会怎样呢？会有什么想法呢？会不会完全站到这一边来呢？

叶剑英带着这一堆问号到中南海来找汪东兴。像开始同华国锋交谈一样，从试探转到正题。

出乎意料的是，汪东兴表示得很爽快很坚定："我听华总理和叶副主席的!"

原来，汪东兴早有思想准备，也正在考虑这件大事。早在毛泽东病重期间，有一次，胡乔木到中南海中央办公厅来找汪东兴，问他知道不知道江青在大寨讲了什么？上海的《学习与批判》上的文章看了没有？那里边透露了有人有野心，并且专门送了一套杂志给他。胡乔木放低声音，出主意说，张春桥闹得很厉害，应该先把他搞起来。汪东兴也有同感，暗示说，只搞一个人不行，这次谈话，对他思考如何同"四人帮"作斗争，大有帮助。在为毛泽东治丧守灵期间，还有些人向汪东兴提过类似的建议，出谋划策。所以，这一次听叶剑英一讲，他就明确表了态。汪东兴回忆当时的情景说：

> 我们商量，分析形势，分析"四人帮"的力量，考虑对他们怎么办。当时，叶帅亲自到中南海我家来过两次，他还找华国锋同志商量。当我们了解到张春桥也两次到江青住处，中南海长谈的时候，我们认为已到了很紧迫的时候了。叶帅提出要万无一失地办事。我们认为这是一件有关中国党和中国革命的大事。如果让"四人帮"得势，党和国家就要遭难。但当时还不是很有把握，有些提心吊胆，我们说，个人的命运就不考虑了，要考虑党和国家的命运。这是一步险

棋，必须果断，更要周密。大家商量后认为，要绝对保密，范围不要大。

叶剑英分别找华国锋、汪东兴商量，并取得共识，迈出粉碎"四人帮"斗争的重要一步。后来，叶剑英回到家里兴奋得睡不着觉，竟哼起京剧《空城计》：

我本是卧龙岗散澹的人，论阴阳如反掌保定乾坤，先帝爷下南阳御驾三请，算就了汉家的业鼎足三分。……闲无事在敌楼我亮一亮琴音，我面前缺少个知音的人。

我正在城楼观山景，耳听得城外乱纷纷。……你连得三城多侥幸，贪而无厌又夺我西城。……左右琴童人两个，我是又无埋伏又无兵。……

叶选平曾对作者说："那时爸爸和国锋，东兴同志商议解决'四人帮'大计已定，暗自高兴，但对家人却守口如瓶，直到解决了我们才知道。"

十

魔高一尺，道高一丈
王洪文"坐探"西山
叶剑英论"佛禅"作赋吟诗

江青发难

反击步伐的进逼，使"四人帮"也感到决战将至。他们争分夺秒，加紧从政治上、组织上、武装力量上进行夺权准备。

9月19日，首都百万群众在天安门广场举行毛泽东追悼大会的第二天，江青首先发难。

她给华国锋打电话，要求召开紧急常委会。像这样的事，党中央第一副主席已经司空见惯。毛泽东的遗孀，经常半夜三更打来电话，不是提出这个问题，就是提出那个要求，俨然是上级对下级发号施令。如果稍微提出异议，她就会歇斯底里大发作，一缠就是几个小时，不达目的，决不罢休。

这一次又是如此，华国锋被她缠不过，就问她："为什么要开紧急常委会？"

电话里开始了"马拉松"式的对话：

"为什么开会，先不要说。"

"那么，会议讨论什么问题？"

"要讨论的问题多了，十分复杂……你来中央不久，讨论你不知道，也不可能知道的问题。"

一方沉默。

"喂，你听懂没有？事情紧急，不能拖了，你要立即答复！"

一方不答。

沉默了一分钟，这边的山西口音开了腔：

"那么，既然要开会，总得通知人参加……"

"叶帅病了，不要参加！……洪文、春桥当然要参加……我和文元也要参加……还有，远新也要参加！"

党中央副主席不参加常委会，而不是政治局常委的姚文元，不是政治局委员的毛远新却硬要参加！这是哪一个党的党章党法规定的？

没等这边回答，只听对方的红机子"咔嚓"一声撂下了。

这就是江青向华国锋下达的一个"命令"。一个政治局委员向党中央第一副主席发出的"指示"。

华国锋作为党的最高领导人、中央政治局常委会主持人，竟无权过问开会的缘由、开会的内容和参加人员！既然他什么也"不懂"，还要他主持会议干什么呢？在江青的眼里根本没有什么党中央第一副主席，有的只是一个召集开会的"御用工具"。政治局也是她的"工具"！

华国锋被这位遗孀折腾得实在没有办法，当天下午来到人民大会堂躲风头。他按原计划，同汪东兴、王洪文、张春桥一起讨论毛泽东遗体保存问题。

电话铃声又响了。工作人员告诉华国锋，是江青打来的，要他亲自接。

华国锋无奈拿起话筒，只听里面大声责问道：

"究竟开不开会？我还等着咧！……你知道，我的神经不好，不答复就睡不着觉！"

华国锋放下电话，只好求"救兵"，问在座的几个人怎么办？特意把电话记录给王洪文、张春桥看。

王洪文、张春桥早就与江青密谋过，齐声回答："按江青同志交待的办！"

华国锋说："她要来就来，有什么问题当面说一下嘛。"

汪东兴奉命回电话给江青。只听对方问："姚文元来不来？"

汪东兴回答："这个我不清楚。华总理没有交待，就说请你来。"

江青来到人民大会堂。

华国锋请她谈谈意见。

于是，不是法定的中央政治局常委会的"常委会"开始了。会上，江青谈天说地，东拉西扯，说了半天，中心意思是要把毛泽东的文件书籍交给她和毛远新清理。理由是她是毛泽东的妻子兼秘书，妻子整理保存丈夫的文件、书籍、手稿是理所当然的，而且国际上也有惯例，列宁的文稿就是以他的夫人克鲁普斯卡娅为主整理的。

华国锋说："毛主席是党中央的主席，不是谁家的问题。汪东兴是中央办公厅主任，毛主席的文件理应由他处理。"

汪东兴说："主席的文件，不是讲好要封存的吗？现在保存遗体问题还没有解决，没有时间清理！"

江青看华国锋不表态，就耍个花招说："这样吧，文件还由小张保管，她为人可靠，让她给我当秘书吧！"

王洪文、张春桥立即表态："这样好，大家都放心。"

华国锋、汪东兴当然不同意。

华国锋说："主席的文件由汪东兴负责，现在先封存！"

"哎呀！你们不同意呀！是不是怀疑她有问题，可能是个'特务'吧！"

江青给张玉凤扣上个"偷文件"的罪名，说她很不可靠，毛泽东的文件处在危险之中，要求采取"紧急措施"。

华国锋说："今天的会议，连剑英同志都没有参加，不算常委会。等下次他来了，人到齐了，再讨论。"他想用叶剑英来压一压江青等人，接着说："汪东兴同志跟主席几十年，对主席的东西非常熟悉。按党中央过去的决定，主席的文件属于国家机密，应由办公厅负责清理，并向中央写出报告。现在大家忙于治丧，来不及清理，暂时还是由东兴同志封存起来。"

张春桥接着说："我看是不是可以这样子，我们腾不出手来，先叫毛远新帮助小张登记一下嘛。"

江青立即说："我也参加。"又说："毛远新来最合适，他最懂得毛泽东思想，常来找我问这问那。我相信他。"

华国锋没有同意。

"会议"足足争吵了四五个小时，最后华国锋坚持毛泽东的一切文件、材料和书籍由汪东兴负责，暂时封存。

这次"会议"，叶剑英虽然没有出席，但事后汪东兴向他作了报告。

然而，"文件大战"并未收兵。

9月21日，当中央办公厅清查文件时，发现江青、毛远新以"看一下"为名，从张玉凤那里取走的两个文件并未退回。一件是江青同外国记者谈话记录副本，另一件是1974年毛主席在武汉与杨得志、王六生的谈话记录稿。这是两份重要机密文件，一定要追回。

经过一番"争夺战"，江青只好交回文件，说这是一次"误会"，但又提出一个条件：要华国锋看后正式批转给王洪文、张春桥传阅。她写了一张条子给华国锋，提出了这个要求，华国锋没有理她，把文件扣下了。

结果，送回的文件，被江青改得一塌糊涂。

关于这场"文件大战"的始末，张玉凤曾回忆道：

> 江青阴谋盗骗毛主席的手稿和文件。主席逝世后，江青一反常态，每天到毛主席住处找我，多次要看毛主席的九篇文章的原稿及修改稿和毛主席的一些手迹。我觉得不妥，这不合组织手续。主席逝世后中央还没有决定文件怎么办，我不好随便给，没给她，我推说原稿不在我这儿。江青、毛远新看在我这弄不到文件，就给我安上个"偷文件"的罪名，要对我采取"紧急措施"，进行迫害，以达到他们盗骗文件的目的。追悼会后，江青又找我要，要得很紧。我很为难。江青走后，我立即通过电话报告了汪东兴同志，请示怎么办，并请他来。东兴同志来后，我报告了江青要文件的事和江青、毛远新以要看一下的名义骗取了毛主席和杨得志、王六生同志的两次谈话记录稿。汪主任指示要追回这两份文件，并向我传达了政治局已经研究，准备封存文件。

9 月 21 日

就在 9 月 21 日，封存文件这一天，王洪文转移了"战场"，悄悄返回上海。

他以党中央副主席的身份，在大力督办"第二武装"的同时，又到处散布说："保护主席遗体是不容易的。在这个问题上，江青、春桥和我对有些人的疏忽很有意见。"他说的"有些人"指的是华国锋等人。一旦出现遗体保护不周，"四人帮"就可以把反毛泽东的罪名加在华国锋的头上了。

毛泽东逝世后，"四人帮"步步进逼，连连发难，弄得华国锋寝食不安，他意识到，不能一再忍让，是该进行反击的时候了。

这位党和国家的主要领导人开始认真考虑叶剑英的意见，反复思索如何对付"四人帮"。

叶剑英曾建议华国锋，应当多到老同志那里走一走。那段时间里，华国锋和中央政治局不少人都进行了接触，他主动找过一些老同志交换意见。叶剑英、邓颖超、李先念、汪东兴、陈锡联、吴德等人都向他提出过一些建议，酝酿治国安邦的大计。

李先念当时虽然仍挂着政治局委员和国务院副总理的头衔，但也只剩下一顶好听的空头"桂冠"，时而在医院，时而在家里"休息"了。他有病，原来想到外边去治病，华国锋劝他说："你留下吧，希望老同志在斗争中能多作些参谋，多想些办法。"他听从华的意见，留下来了。

俗话说，无巧不成书。

就在华国锋找李先念的几乎同一时间，聂荣臻找来杨成武，要他传话给叶剑英。

自从毛泽东病重以后，聂荣臻就从西山迁回城里居住。下山之前，他与叶剑英互相约好，有什么消息要多通报，多联系。他以一个政治战略家的眼光，时刻关注着中国政局的变化，越来越感到"那几个东西"折腾得要翻天了。这一天，他把总参代总长杨成武特意请到家里，面授机宜。

杨成武，这位出生福建长汀农村、闽西红军的老战士，中国著名的现代军事家，抗日战争爆发后长期在聂荣臻领导下战斗，是率部击毙日军"名将之花"阿部规秀中将的著名将领。新中国成立后有很长一段时间在北京军区和总部工作。不仅对聂老总有着特殊的感情，对叶剑英和其他几位元帅也保持着密切的联系。毛泽东逝世后，他仍然担任着人民解放军总参谋部代总参谋长，因为工作关系，常住在西山，与聂、叶两位老帅接近得更多，更密切。聂荣臻下山之后，他很自然地成了两位老帅的"联络员"。

"我离西山好久了，最近那里的情况怎么样？叶帅好吗？"

杨成武将军告诉作者，那时他在西山仍住 5 号楼，离叶剑英的 15 号楼也不过几十米远。他时常穿过山路去看望叶帅。杨成武回答说："我前天还去看望老人家，精神满好的。"

"那个人走了吗？"他看杨成武有点愣神，吐出三个字："王洪文"。

"此人常来常往，行踪不定。"

聂荣臻听了说："要有所警惕！这几个东西是一伙反革命。他们什么坏事都干得出来的，防止他们先下手。如果他们把小平暗害了，把叶帅软禁了，那就麻烦了。他们几个依靠江青的特殊身份，经常在会上耍无赖，蛮横不讲理。采用党内斗争的正常途径来解决他们的问题，是无济于事的，只有我们先下手，采取果断措施，才能防止意外。"

接着他交待杨成武，赶紧返回西山，把这个意思传给叶剑英，并且再三叮嘱切实保密，说："这个意思，我上次在西山议论过了，事不宜迟！"

杨成武告别聂荣臻，连夜上山，来到 15 号楼。叶剑英听说"联络员"有要事转告，他怕隔墙有耳，领着杨成武到房前的小花园里，听完汇报后，他高兴地说："听明白了，明白了。"

西山的夜，宁静安谧。

叶剑英坐在庭院的水池旁，望着眼前压满枝头的苹果，暗自想到：熟了，熟了，就要成熟了。

过了一会儿，他走近杨成武，说：

"你告诉聂总，请他放心。他跟我想到一起了，有事随时通报商量。"

9月21日，是粉碎"四人帮"斗争史上很值得记载的一天。这不只是因为这一天发生了"文件大战"，党中央政治局取得了胜利，更有意义的是几位重要决策人之间进行了紧张的秘密"串连"。他们最终要去的一个地方是西山，最终要找的一个人是叶剑英。

"文战""武战"

此时此刻，华国锋这位身负重任的党和国家主要领导人处于一种临战前的准备状态，心情既紧张又焦虑。"四人帮"的问题非常复杂，毛泽东在世时，说要解决都未能解决，如今能解决得了吗？特别是那个"夫人"会俯首听命吗？解决她的问题，在国内外舆论界会有什么样的反响？……

阿拉伯有句谚语：你想谁，谁就来。就在他为这些问题而困惑的时候，那位"夫人"的电话又来了。

"文件大战"再次打响。

原来江青获悉中央办公厅封存文件的情报，怒火中烧，半夜两点，通过"热线"电话，向华国锋质问："你为什么对我搞突然袭击？"

华国锋压住心头火，平静地说："封存文件不是你参加讨论，我们一起谈过的吗？我也在政治局会议上报告过，这怎么叫突然袭击呢？"

江青强词夺理，硬说封存的文件占了她的房子，又大哭大闹："主席尸骨未寒，你就要赶我走吗？"

华国锋继续耐心劝说："东兴同志暂时查封的地方是毛主席存放文件的屋子，你早就有你自己的房子，怎么能说是赶你走呢？"

江青继续胡搅蛮缠，闹得华国锋一夜心烦意乱。第二天，张春桥来到中南海找华国锋打圆场："你要理解江青的心情，主席刚去世，她很悲痛。要安排她的工作。我们应该多关心，多体谅！……"

在这件事上，叶剑英看得很清楚，他一眼就看穿了江青等人千方百计抢夺文件是他们抢班夺权的一个重要步骤。现在这个步骤没有完成，转而更加仇视华国锋、汪东兴等人，蓄谋报复，甚至企图"杀人灭口"。

一位美籍华人的传记作家在他的著作中说到这个"暗杀未遂计划"。

叶剑英得悉这方面的情报，提高了警惕。他分析，"四人帮"没有群众，抓不到军队，有可能铤而走险，搞暗杀，然后利用手中的宣传工具嫁祸于老同志。他警告华国锋、汪东兴要注意安全，加强保卫工作，并想方设法从澳门进口几支左轮手枪交给汪东兴等同志。当他后来得知汪东兴手枪子弹已经用完时，就特意派警卫参谋马西金，给他秘密送去 500 发子弹，并嘱咐他严防不测，一定要保护好毛主席的文件档案。

"文件大战"毕竟是一场文战。"四人帮"夺权策略的重点还是"武战"。

他们自始至终把更大的希望、更多的力量放在"第二武装"上。"养兵千日，用兵一时。"现在，就要派上用场了。身兼总政治部主任的张春桥，对王洪文的上海之行并不放心，要亲自出马，加强"领导"和"指挥"了。

9 月 21 日，也就在中央"封存文件"、王洪文飞往上海的同一天，下午 3 时半，张春桥在北京钓鱼台单独接见了上海市委书记徐景贤，听取他与马天水同南京军区司令员等一起密谋武装暴乱的情况汇报，他对马天水"已经给民兵增发了原定入库的枪支"，表示默许，并指示徐景贤"要谨慎小心，要注意阶级斗争动向。"22 日夜，又找到王洪文办公室工作人员肖木，要他去上海把一封亲笔信交给马天水，信中写道：

马天水同志并市委有关同志：

伟大领袖毛主席的过早逝世，给我们造成的损失是无法估量的。只有时间的推移，才能使我们深刻地感受到，失去毛主席究竟意味着什么。

上海是具有光荣革命斗争传统的城市，是毛主席发动"文化大革命"的起源地。毛主席始终认为，上海大有希望。现在，毛主席和我们永别了，你们要警惕党内出修正主义，主要是中央，在上层。像林彪那样的人物，确实是大有人在的。

希望你们切实准备好对策。

9月23日，王洪文匆匆从上海返回北京，还是放心不下，又给王秀珍打电话，叮嘱她："要提高警惕，斗争并未结束，党内资产阶级他们是不甘心失败的，总有人会抬出邓小平的。"

形势越来越紧。时间跨入9月下旬，"四人帮"和叶剑英等人的较量逐步升级，已到了最后的阶段。双方都在抓紧准备，和时间赛跑。这是一场关系到党和国家命运的重要决战！

三个方案

"毛主席逝世以后，全党、全军、全国人民，全世界的革命人民，都非常悲伤。正在我们沉浸在悲痛之中的时候，'四人帮'认为篡党夺权的时机已到，疯狂地开始了篡夺党和国家最高领导权的罪恶勾当。因此，政治局同'四人帮'的斗争，趋于白热化。"

叶剑英对当时斗争形势作了这样的估计。同时，他继续在寻求解决"四人帮"的途径和办法，酝酿如何消除党内的隐患。在京的、外地的一些党政军负责人，不断向叶剑英反映情况和提出要求，希望果断采取行动。

但是究竟采取怎样的果断措施呢？

根据这一时期听到的反映和意见，叶剑英经过综合分析，主要有三个方案：一、按照正常的组织程序，立即召开政治局会议或扩大会议，作出决定，正式罢免"四人帮"。二、"先斩后奏"，先由少数中央领导人商量决定，对"四人帮"采取果断处置，再召开政治局会议正式通过。三、采取突然手段，行使军委领导职权，下令逮捕，再依法处理。

这三个方案，究竟哪一个更符合斗争实际，能迫使"四人帮"就范，更易于办到？还有，不论采取哪个方案，都要考虑既不惊动太大，又力求合法？难！实在是难啊！这道难题一直萦绕在叶剑英的脑际。连日来为这个难题百思不得其解，又不便与人公开商量，万一泄露出去，会误大事。

一天，王震来了，叶剑英又征求他的意见，他还是倾向原来的主张，但又觉得没把握。

叶剑英想了一会儿说："那样做，倒是痛快，就是容易打草惊蛇，又不合法！"

"那怎么办呢？"

"还得请你跑一趟！"

"找谁？"

"解铃还须系铃人。"

"联络参谋"奉命去请教陈云。

陈云这几天正在读《郑板桥集》，撇开正题，向王震说："吃亏是福，难得糊涂。这两句值得玩味的咧！"

"是啊，这两句话，用在对待个人问题上，不计较名利，不纠缠身边琐事，是有启发的，但是对敌斗争就不管用了！"

"对，还是要像剑英那样。大事不糊涂！"陈云说。

"可是，对付那几个人，决心不好下呀！"

陈云说："剑英是个'智多星'，一贯细心谨慎，相信他会处理好的。让我再考虑考虑。"

…………

"坐探"来了

"四人帮"的嗅觉也很灵敏。

为了监视叶剑英的行动，"四人帮"决定派刚从上海回京的王洪文再度住进西山。这个党中央的副主席选择了 25 号楼。25 号楼坐落在西山半腰，在叶剑英住的 15 号楼东南几十米的地方，王洪文在这里可以窥视上山过往人的行踪，观察 15 号楼的动静。

对于王洪文，叶剑英是有个认识过程的。起初由于毛泽东的多次推荐，叶剑英对于这个集"工农兵于一身"的年轻人并无恶感。及至十大以后，一跃而成为仅次于周恩来的中央第二位副主席，从党的组织原则出发，对他表示尊重。王洪文刚来北京，表面上对叶剑英也很敬重，有时来看望叶剑英，和他一起到北海船坞去钓鱼。他爱好打猎，有时打了兔子还派人送来一两只。后来，他的地位变了，就和叶剑英平起平坐了。他看见周恩来、叶剑英出门有保险车，就问：为什么我没有？他的官瘾也越来越大。当上军委常委还不满意，要求当军委第一副主席，便不把叶剑英放在眼里，叶剑英察觉他与江青等人在一起，便改变了对他的看法。

王洪文是中国社会新生的年轻野心家爬上高位之后的一个典型代表。

他早在上海时，武斗之余，就懂得办学习班，培养"小兄弟"，壮大队伍。用他的话来说：要"和当年蒋介石办庐山军官训练团一样，用我们的观点去培养自己的骨干，再去影响别人，还可以影响下一代人"。

王洪文到了北京，如法炮制。1974 年在"批林批孔"运动中，王洪文亲自主持办起了所谓"中央读书班"。他在"读书班"上交底说："这次运动要解决九次、十次路线斗争没有解决的问题"，"要解决复辟回潮的问题"，"要解决中央出修正主义怎么办的问题"。江青也亲临视察，作"指示"："你们回去要发动群众，揭盖子！"他们办一期"读书班"，就提拔一批，有的连提三级，有的连提四级，极力培养自己的班底。

叶剑英很快发现了这一情况，便交待张廷栋秘书去摸情况：看看都提了哪些干部，哪些人可以争取，有多少是"文化大革命"中的"造反派"？有多少是死硬派？经过了解，分门别类作出统计。叶剑英看了情况统计，非常气愤地说："这是为篡夺各级领导权作组织准备。"并在军委召开的一次会议上提出批评："不能通过办两三个月的学习班，就大批破格地提拔干部。这样做，不符合党管干部的原则。干部的任免、提升、调动要由各级党委来管。"并采取果断措施，加以制止。由于叶剑英出面干涉，"中央读书班"只办了四期，就寿终正寝了。叶剑英对王洪文也更加警觉了。

现在，王洪文进了西山，住到叶剑英的身旁。叶剑英告诉警卫参谋"马头"说："你给我盯着一点儿！"

说曹操，曹操就到。王洪文住下以后，没有休息，就来"看望"叶剑英了。

本来只有几步路，这个新贵还是坐着红旗驶进 15 号楼院内。随身警卫打开车门，王洪文披着一件绿色军大衣，从车里钻出来，习惯地用手梳理一下又黑又亮的分头。

"马头"出来迎接他走进客厅。

"叶副主席，我一住下，第一件事就是来看望您，向您报到。"

王洪文自毛泽东逝世之后，改变了过去"剑英同志"的称呼。

叶剑英也想借机摸一摸他的底细。

"好久不见了，最近忙什么呢？"

"去上海转了转，刚回来。"

"上海的形势怎么样？"

"很好。"王洪文支支吾吾说上几句，显然是在应付，两眼不住地打量室内的环境，忽然看到写字台的案头上一大摞线装书，移开了话题。

"叶副主席这么大年纪了，还是这样用功，有时也下山走走吧？"

"老了，不济事了，最近很少走动，在研究西山呢！"

叶剑英说罢，抽出《宸垣识略》《天府广记》几本古籍给他看，评点古人描写西山那些掌故和诗句。每读罢一首，还告诉他说，这是元朝许衡写的，这是胡广写的，越说兴致越高。而王洪文却是一窍不通，兴味索然，两眼不住地向外张望。叶剑英猜出他是想"侦察"一下周围环境，索性领他走出客厅，来到院内，转了个圈，又带他来到西边的小亭子上，同他一起欣赏那几首题诗。

如是真元成亥已，

浩然正气满乾坤。

叶剑英说："这是慧济道人写的，下联写得好，孟老夫子的话。正气总是要压倒邪气的，这是真理。"

王洪文连连点头。叶剑英接着，又读下一联：

道垂三玄静观自在，

佛空五蕴如是我闻。

"这是云山散人写的，我很欣赏，我现在在西山就是'静观自在''如是我闻'，不像你们年轻人壮怀激烈。"

王洪文没有听出话里有话，说："是呀！叶副主席年事已高，身体欠安，比不得我们年轻人了，有些活动可以不参加了。让我们替您干吧！"

叶剑英听了，全然不动声色，只是顺手指一指东边山上的一处隐约可见的古迹，问道："你知道那是什么吗？"

王洪文答不上来。

"据说是古时候的烽火台，也有说是点将台的，我正在考证。"叶剑英继续说，"别小看那一堆残垣断壁，当年能够预警战火，点兵遣将呢！"

王洪文似懂非懂，枯坐一会儿，便告辞了。

过了几天，叶剑英特意交待办公室，请总参谋部主管通讯联络工作的戴镜元部长等来从周围环境、房上地下，直至下水道，里里外外，再细细搜查一遍，看看是否有人安装了"窃听器"之类的东西。检查结果，未发现异常，才放心了。

如今好端端的一个西山来了个"坐探"，真是大煞了风景！王洪文的随员和"保镖"到处探听风声，真是像许衡那首西山诗所描绘的：大山如"蹲龙"，小山如"踞虎"了。在这种复杂的困境中，叶剑英正在进行的计划和行动，自然受到了影响。

> 老渔翁，一钓竿，
>
> 靠山崖，傍水湾；
>
> 扁舟来往无牵绊。
>
> 沙鸥点点轻波远，
>
> 荻港萧萧白昼寒，
>
> 高歌一曲斜阳晚。
>
> 一霎时，波摇金影，
>
> 蓦抬头，月上东山。

叶剑英口里哼着郑板桥的《道情》，摆出一副"老渔翁"的姿态，探山钓水，溪边洗耳，优哉游哉，故意示人以缓。

这时的西山好像一个美丽的仙女在悄悄地打扮换装。满山的枫叶和黄叶渐渐由绿变黄又变红，烟岚苍翠，五彩缤纷。任何人身临其境，都会感到云气荡胸，心神缥缈。如果在平时，叶剑英早已诗兴大发，挥毫淋漓，而在此时此地却一句也吟不出。跟随叶剑英一起垂钓的警卫参谋马西金（人称"马头"），告诉作者，他那时发现叶剑英虽然守着鱼竿，却总是陷入沉思之中，脑子里似乎在想着别的事情。漂沉了，鱼上钩了，他总是没发现，直到"马头"大声提醒时，他才如梦初醒，急忙伸手去抓竿，结果，鱼竿却被鱼拉走了……原来"渔翁"之意不在鱼，也不在山水之间。大好山河惹人爱，也令人愁。"不觉愁从何处至，觉得眼前都是。"叶剑英带着满腹心事，疾步赶回 15 号楼。

"有山下的电话吗？"

"没有。"

听到值班员的回答，叶剑英又回到写字台边，静静地坐下来，翻开正在读的列宁的《怎么办？》。几行不知嚼过多少遍的字句又重新收入眼底：

全部政治生活就是一串无穷无尽的环节组成的一条无穷无尽的链条。政治家的全部艺术就在找到并且紧紧掌握住最不容易从手中被打掉、目前最重要而且最能保障掌握住它的人去掌握整个链条的那个环节。

是的，眼前这场斗争"整个链条的那个环节"已经掌握住了，现在需要用力一击，将它打碎！怎样才能费力最小，一举成功呢？叶剑英又陷入苦苦思索之中。

"心之忧矣，其谁知之？"

夜色朦胧。叶剑英放下书本，毫无倦意，心里有事睡不着，他披着大衣，沿着山间小路信步走去。山色迷蒙，松涛阵阵。遥望山下远方孤零零的几个亮点，灯火阑珊，不觉游兴愈浓。

"古人秉烛夜游，良有以也。李太白斗酒诗百篇，他那样的诗仙做不成，做个夜游仙吧！"

"游仙"在独言独语。

随行人员担心他不安全，有点嘀嘀咕咕。

"用不着担心！我是大难不死。"他摸摸自己的臀部，风趣地说，"我这里还有敌人的纪念品呢！"

这是在长征路上，敌机空袭给他留下的"纪念"。那次敌机一颗炸弹落下来，他右手拎着的军大衣被炸了大大小小几十个洞，一块弹片钻进靠臀部下边的右大腿上十多公分深，当时由于环境和技术条件的限制，只做了简单的包扎，以后一直没有取出来。每当谈起这次负伤，他总是风趣地说："身上留下这块弹片作纪念，可以使人不忘过去！"

可是，现在面临的这场斗争，和过去真枪实弹的战争不大一样。他一边走着一边回忆9年来"文化大革命"的遭遇，一件件、一桩桩在眼前闪过。他长叹一声，归结道："唐僧取经，九九八十一难都过来了，不但进过老君炉，让火烧过，还下过油锅，被油炸过，还被炮轰过……"

突然间，他向身边的同志问道："你们说，《西游记》里面，那帮妖精为什么要吃唐僧哟?"

随员们一下子被问住了,还没来得及回答,只听叶剑英淡然一笑,回答说:"你们猜不到吧,都只因唐僧的肉好吃嘛!"

国防部长"亮相"

其实,这一段时间,叶剑英并没有"隐遁"在深山水滨,更没有在政治上"销声匿迹"。9月27日,这位久已"生病"挂职的国防部长突然出面接待美国外宾。新华社为此发出的通讯:

> 新华社1976年9月27日讯:中共中央军委副主席、国防部长叶剑英,今天下午会见了美国前国防部长詹姆斯·施莱辛格一行。会见时,叶剑英副主席同施莱辛格先生就其关心的问题进行了交谈。
>
> 会见时在座的有中国人民解放军代总参谋长杨成武。

这是1976年叶剑英第三次出面会见外宾。

前两次是:1976年5月27日,叶剑英副主席会见巴基斯坦参谋长联席委员会主席穆罕默德等一行;1976年6月6日,叶剑英副主席会见法国三军参谋长居伊·梅里上将等一行。

不过,这一次会见外宾发生在毛泽东逝世、华国锋继任主席、与"四人帮"斗争"白热化"时期。

此时发表这则消息,特别引人注目。叶剑英的公开亮相,至少告诉人们:第一,叶剑英并未"生病"不能理事,而是健康地活跃在中国政坛上;第二,叶剑英仍然是军队统帅、最高负责人之一,仍然牢牢控制着陆海空三军的领导权和指挥权;第三,正因如此,这个举动本身就构成了对"四人帮"的最大威胁,也是对反"四人帮"力量的鼓舞。

这次外事活动在人民大会堂新疆厅进行,参加会见的美方有:理查德·珀尔、威廉·惠策恩、弗朗西斯·韦特斯、查尔斯·贝诺瓦等，还有美方三名记者。中方出席陪见的，除杨成武外，还有柯柏年、林平等，唐闻生担任翻译。

会谈从下午4时40分至6时30分，将近两个小时。

会谈内容，涉及国家机密，不便透露，但有一点值得注意，"王、张、江、姚"的"四人帮"却无一人参加。据说，姚文元事后想方设法看到了会谈记录，并与张春桥交谈。他们对会谈中谈到"海军"问题，表现不安，认为还是"过去的老一套"。这是指1973年叶剑英接见基辛格时谈过海军问题，表示愿意同美国合作，受到"四人帮"的攻击。事过三年，叶剑英不改初衷，旧话重提，这无疑对"四人帮"是一个有力的反击。

"没有调和的余地"

一天下午，天高气爽，日暖风清，正是出游的好日子。李先念以逛西山植物园为名，乘车在通往香山的大道上急速奔驰，过了颐和园、卧佛寺快到植物园不远的地方，他悄悄告诉司机迅速折回向北，直奔西山深处。车子停在象鼻子沟。他吩咐随员，通知15号楼，有事要去见叶帅。

"马头"接到电话，立即报告首长。

叶剑英感到非常突然。王洪文就在身边监视。见还是不见？本想不见，又觉得不妥。他犹豫了。

叶剑英和李先念早在战火纷飞的年代就相识了。在长征路上，一、四方面军会合以后，叶剑英是红军前敌总指挥部的参谋长，李先念是总指挥部率领的第三十军政治委员。在极其恶劣艰险的条件下，他们率领先锋部队，越过茫茫草地，向班佑进军。从那时候起，两人就建立起了友谊。

叶剑英被宣布"生病"以后不久，李先念也遭到"四人帮"嫉视，因病"休息"，不便轻易走动。有一次，王震和余秋里找他一起去看叶剑英，他也没有去。有好长一段时间彼此没有联系了。

"马头"来报告："首长，先念同志已经来了！"

叶剑英赶紧出迎。

"哎呀！是哪股风把你吹来了啊？"叶剑英迎到走廊里，风趣地问。

"当然是东风喽！我是无事不登三宝殿。"李先念幽默地答。

两个人一问一答，说着走进了内间坐下。

叶剑英习惯地扭开了收音机，放大音量，《红灯记》的唱腔又高叫起来。

李先念谈了对形势的看法。

叶剑英说："我们同他们的斗争是你死我活的斗争，只有你死，才有我活，没有调和的余地。"

李先念赞成叶剑英的看法。他们密谈一会儿，感到事关重大，需要妥善处置，周密部署，当机立断。由于时间和环境不允许他们多谈，这次会晤很快就结束了。

这里需要说明一点，对于李先念受华国锋之托来会见叶剑英一事，有些"传记"和"纪实"互相间出入很大，甚至有一本"纪实文学"里说，李先念当时竟要求华国锋给叶剑英写个"便条"，以便"他好组织人马行动"。华国锋随即从桌上拿起一页信纸，用铅笔迅速写道："剑英同志：我们同'四人帮'的斗争迫在眉睫。事情太紧急了，一切由你下决心办。"华国锋亲自把信叠好，装入信封，密封后，交到李先念手里。后来李先念从皮包里取出那封"密信"，交到叶剑英手里。还绘声绘色地说，叶剑英看了，思索了足足5分钟，才下决心。这还不够，还说叶剑英伸出指头，在茶几上写了"三个字"（只是未说这"三个字"是什么？——作者注），并"约定一个地点"，叶剑英、李先念、华国锋三个人"几乎同时"到达，在一间高悬马、恩、列、斯、毛画像和军用地图，摆着十几架高频电话机的大会议室里，经过一番紧张秘密的策划，李先念提出几条"智取"办法以后，"他们又就实施这一行动计划的人选和具体办法进行了研究和部署，决定由叶剑英和华国锋分头安排，共同指挥。"

关于这一段"纪实"，据作者迄今为止掌握的材料看，很值得商榷：第一，叶剑英并没有接到过华国锋写的那张"便条"和"密信"，经有关档案部门再三查找，也未发现。第二，叶剑英在与李先念那次会晤时，并未在茶几上写过"三个字"，当然也无从知道写的是什么了。第三，叶剑英也从未出席过叶、李、华三人"事先约定地点"的会议，更没有在这次会议上研究和部署粉碎"四人帮"的"行动计划"以及"分头安排""共同指挥"的问题。顺便说一下，上面提到的那篇"纪实文学"还写道在粉碎"四人帮"的决战前夕，叶剑英和聂荣臻、徐向前三位元帅曾在一起开会研究对策，以及说叶办秘书"张航"（查无此人）与王洪文秘书肖木是老同学，并在一起交谈等等，这些事也是没有的。

有关这方面的事实，《李先念文选》第157条注释，有个说明，特此摘引：

> 1976年10月6日，中共中央政治局执行党和人民的意志，毅然粉碎了这个反革命集团。在这一斗争中，华国锋、叶剑英、李先念等起了重要作用。是年9月，毛泽东逝世，江青反革命集团加紧夺取党和国家最高领导权的阴谋活动，许多老同志对此深感忧虑并酝酿解决办法。9月21日，华国锋到李先念住处，商讨解决"四人帮"问题，认为同他们的斗争不可避免，并请李先念代表他去找叶剑英，请叶剑英考虑以什么方式、在什么时间解决为好。9月24日，李先念到叶剑英住处，转达了华国锋的意见，并同他研究此事。

这是迄今为止能够见到的当年华、叶、李三位领导人在粉碎"四人帮"斗争紧急时刻互相联系的唯一的官方正式文献材料。但据作者调查了解，对当时活动的一些细节（包括时间、地点、方式）仍然存在着不同的说法和看法。如华国锋找李先念的时间，有的知情人说是9月11日，而不是21日，会面地点不是在李家，而是在中南海的某一个小会议室，也有说是因受到监视，二人是借如厕之机紧急会晤的。至于李先念找叶剑英的时间，有的知情人说是9月13日，据叶剑英办公室当事人回忆，肯定不是9月24日，而是更早一些。因为尚未查到确切根据，作者在此书中对一些细节也只好省略了。

"西山不可以久留"

落日衔山，晚霞满天，层林尽染。

叶剑英同往常一样，晚餐后总要在山间漫步。随员们已经熟悉他要走的路线，绕过15号楼向北一条狭小的碎石小路，攀登而上，到达一个亭子，小憩一会儿，再转向西，再折向南返回。正好走一个马蹄形。这条路虽然不算太远，但向北上时，要爬一个慢坡，走起来并不轻松。叶剑英给它起名叫"好汉坡"。年近80的老帅不服老，一步一步地攀登而上，只是遇到实在难走的地段，才让随员挽一挽，或者停一停，看看迷人的山色，听听小溪的细语，口里低吟着别人听不清的诗句，怡然自得。

人逢喜事精神爽。今晚叶剑英好像遇到了什么喜事似的，心情爽朗，谈笑风生。在爬坡最吃力的地方，他忽然停住脚步问道：

"你们谁知道这个坡为什么叫'好汉坡'吗？"

随员们虽然天天走，也听叶剑英这样叫过，以为随便说说而已，从来没有细想过为什么，一时答不上来。

"你们想想看，路这样难走，天天攀登不止，不达目的，决不罢休，难道这还不算是英雄好汉吗？"说完又补充说："上得山来是好汉，半途而废是孬种！"

几个人听老帅这样一说，更加奋力向上，很快到了半山腰上的凉亭。

这个亭子有点古怪，既不是木亭，又不是石亭，而是个砖瓦亭，它由砖瓦垒起的四根浅灰色柱子支撑起来，上面又覆盖着一个镶着蓝边的黄色八角尖屋顶。远远望去，活像一个穿西装戴瓜皮帽的现代"怪杰"。亭子的底座倒是由石块垒起来的，并用水泥固定，相当结实。亭中间摆着一个石桌、四个石凳，四面围着木制的座椅兼作栏杆，看上去倒还顺眼。

叶剑英很喜欢这个亭子，每天登山必达的目标和转折点。

有一天，走到这里，叶剑英突然给这个亭子起了个名字，叫"风雨亭"。

随员们不理解："现在也没有刮风下雨啊？"

"很快会有的。山雨欲来风满楼。"

其实，叶剑英的寓意是很明显的。反"四人帮"斗争需要"英雄好汉"，可以信赖的同志们需要经得起风风雨雨的考验，同舟共济。

今天经过这个亭子，叶剑英在石凳上坐下以后，突然提议："给这个亭子改个名字好不好？"

"改什么名字呢？风雨亭不是很好吗？"

"叫放鹤亭吧！"

人们不解其意。

叶剑英忽然立起身来，极目远眺，左望颐和园的昆明湖，清波荡漾，右望玉泉山的琉璃塔，高耸云天，心情非常激动，不禁放声高歌起来：

> 鹤飞去兮，西山之缺，
>
> 高翔而下览兮，择所适。
>
> 翻然敛翼，宛将集兮。
>
> 忽何所见，矫然而复击。
>
> 独终日于涧谷之间兮，
>
> 啄苍苔而履白石。
>
> 鹤归来兮，东山之阴，
>
> 其下有人兮，黄冠草履，葛衣而鼓琴。
>
> 躬耕而食兮，其余以饱汝，

> 归来归来兮，
>
> 西山不可以久留。

"这是谁的诗呢？"有人问。

叶剑英笑一笑说，这是大文豪苏东坡《放鹤亭记》里写的山人"放鹤招鹤歌"。然后一句一句地解释起来。他介绍"放鹤亭"有两个，一个在徐州云龙山，是自号"云龙山人"的张天骥修建的，苏东坡文中所指的就是这一个；另一个"放鹤亭"在西湖孤山北麓，深藏在几棵千年古樟阴下，原是北宋诗人林逋植梅放鹤处。这个"放鹤亭"比较出名。林逋通晓经史子集，做得一首好诗，画得一手好画，恬淡寡欲，孤芳自赏，后隐居西湖孤山，结庐而居。性喜赏梅养鹤，终身不仕，也不婚娶，时人称其为"梅妻鹤子"。叶剑英吟诵林逋咏梅名诗："疏影横斜水清浅，暗香浮动月黄昏……"吟罢又自我介绍说，他也喜欢梅和鹤，年轻时曾作过一首《咏梅》诗："乞得嫦娥一片痴，孤山风雪自怡怡……"就是引的这个典故。他说罢，又反复吟诵"放鹤招鹤歌"。

平时人们议论叶剑英，常常称赞他的天赋好。其实，他的才华主要是靠勤奋学习得来的。长期在他身边负责文电机要工作的李俊山不止一次地向作者倾诉自己的体会，他在《平凡而伟大的光辉形象》一文中写道：

> 叶副主席知识渊博，学问高深。他自己那么高龄，还孜孜不倦地学习。政治、经济、军事、哲学、文学，无不涉猎。虽然他精通俄文，懂得英语，到了垂暮之年，还在深钻英语。他不仅自己刻苦学习，对身边的工作人员也严格要求，常常向我们讲述学习的重要性，教导我们学习马列、学习哲学、学习中央文件。他说：只有加强学习，保持清醒的头脑，才能在思想和行动上自觉地与党中央保持一致。在学哲学时，我和其他几个文化低的同志觉得这门课深奥、枯涩、难懂，他老人家嘱咐我们要知难而进，并亲自为我们订了学习计划，像老师对小学生一样耐心细致，要求我们按章分节熟读、讨论，并要写出学习心得。还要求每个人既当先生又当学生，在学习讨论时

各着重谈一个问题，一人发言，大家受益，做到互帮互学。这样学习，使我受益匪浅，增强了认识事物、分析问题的能力，在不少问题上克服了盲目性，减少了工作上的差错。

可是今晚，叶剑英在西山"放鹤亭"，反复吟诵"归来归来兮，西山不可久留"这两句诗，却让人一时琢磨不透。

过了两天，杨成武要下山，临走前特来见他。叶剑英微笑着说："你转告聂总，先念来过了。我正在考虑聂总上次说的意见。"并诙谐地补充说："狡兔三窟哟，我要立即搬家，你告聂总，也要注意安全！"

但是，究竟采取什么办法来收拾"四人帮"？叶剑英心里还未定盘子。他对"眼镜""三点水"等人一个一个地翻过来倒过去掂量。根据几个人不同的情况，设想了各种不同的办法，既想过"一起解决"，也想过"个别处置"；既想过采取紧急措施，从"隔离审查"到公开逮捕；也想过采取过渡办法，把他们分别调离中央，到外省，再视情况，慢慢处理。最后倾向于还是"一网打尽"。

他又叫人请来了"联络参谋。"

王震一向是叶剑英有令召之即来，来了以后又是深深一鞠躬。

"胡子，你的任务还未完成。"

"好，我这就去唱'二进宫'！"

叶剑英悄悄告诉他，李先念来过了，事情不能再拖了。王震即刻又到陈云那里去请教。

陈云沉思良久，缓慢地说："也只好如此了。"紧接着又补充一句："下不为例！"并再三嘱咐，请叶剑英快下决心，以稳妥为上策。

"联络参谋"回来，向叶剑英复命。①

---

① 王震也不是所有的任务都完成得顺心如意。他曾向作者说过，在进行"联络"的过程中，也有人表示"摇头"，或者耍滑头，不敢表态，不想参与这场斗争。最可笑的是有人在平时见到江青等人，两条腿绷得直直的，夹得紧紧的，而在粉碎"四人帮"后竟吹嘘自己是"最早提议"的，斗争是"最坚决"的。

叶剑英经过深思熟虑，成竹在胸。

"鹤飞去兮择所适。西山不可以久留！"晚间散步，他又多次复诵这句"放鹤招鹤歌"，随行人员终于明白首长意在"择所适"，就要离开西山了。然而山路漫漫，何处是归程？

十一

三人同心
叶剑英、华国锋、汪东兴想到一块了
几经密议，制定战略决策，决意为民除害

"狡兔三窟"

玉泉山，本是西山东麓的一个支脉。因有皇家园林静明园和燕山八景之一的"玉泉垂虹"，而名扬遐迩。又因为多年未开放，属于"禁区"，更使它披上了一层神秘的色彩。

叶剑英看中了这个去处。"九一三事件"后，为了处理军机大事，他就从西山的2号楼移住此地。今天，他又从西山从容不迫地转移到这里，落榻在周恩来住过的9号楼。

叶剑英过去几次住在这里时，利用闲暇，特意翻阅过古书，考证过玉泉山史，习诵过"玉泉垂虹"的诗句。

史籍记载，早在金章宗时就建行宫于此。元明以来，皆为历朝皇帝游幸之所。后经清帝修葺，康熙钦命，先赐名澄心园，后更名为静明园。《日下旧闻考》说："山有石洞三，在山之西南，其下有泉，深浅莫测。一在山之阳，泉自山而出，鸣若杂佩，色如素练，澄泓百顷，鉴形万象，莫可拟极。一在山之根，有泉涌出，其味甘冽。洞门刻'玉泉'二字……以兹山之泉，逶迤曲折，蜿蜒然其流若虹，故曰'玉泉垂虹'。"康熙帝不仅乐于此澄心静处读书习字，而且在此频繁举行阅兵，可见玉泉山早已是兵事要地。

叶剑英就自己研究所得，曾向人谈起过，玉泉山有"三绝"，即山泉、石洞和宝塔，确实不假。山以泉名，沙溏石隙，随地此泉。至今玉泉池旁仍留有乾隆御书"天下第一泉""玉泉趵突"和制诗。诗曰："玉泉昔日此垂虹，史笔谁真感慨中，不改千秋翻趵突，几曾百丈落云空！廊池延月溶溶白，倒壁飞花淡淡红。笑我亦尝传耳食，未能免俗且雷同。"现在玉泉已干涸，玉泉池改用井水灌满，依旧澄澈清碧，潜鳞了然，仍是不失为一绝。再加上石洞和宝塔相伴，静明园内的楼、阁、亭、寺林立，山水交融，秀丽和谐，实在令人心旷神怡，流连忘返。

叶剑英是一位喜欢游历的人，妙高峰上雕刻佛像的华藏白石塔，玲珑剔透的七级琉璃塔，还有雄伟壮丽的玉泉塔，都曾留下他的足迹。

但是叶剑英此番前来，身负重托，心事重重，已无意留恋于山水之间。他轻装简从，来去无踪，时而去西山，时而去2号楼和小翔凤，真像他自己说的"狡兔三窟"，同"四人帮"打起"游击战"来了。

且说王洪文一觉醒来，发现叶剑英在西山上消失了，大为吃惊。一打听，知道搬到玉泉山，就质问汪东兴："为什么让他搬到那里去了？"汪东兴告诉他，周恩来生前交待过，剑英同志可以住那栋房子。

王洪文无可奈何，只好向江青、张春桥报告。此时"四人帮"在活动方式上也注意"隐蔽"。江青自毛泽东逝世后，又搬回中南海。张春桥在钓鱼台坐镇，汇总情报，出谋划策，与王洪文、姚文元商量之后，再由他进中南海报告江青。

这一天，张春桥在钓鱼台17号楼召集王、姚碰头，王洪文谈了在西山、玉泉山所见所闻，张春桥听了大为光火，造谣说叶剑英在西山也有个"军人俱乐部"，图谋不轨。另一方面，亲自出马抓"枪杆子"。江青到昌平某师，王洪文到保定某军，张春桥到通县某部队，分头去"串连"，拉拢、煽动部队跟他们走，但是谁也拉不动。

与此同时，他们用更大的努力巩固上海的"根据地"。

9月27日，张春桥亲自出马，给上海作了"三点指示"：一、要警惕中央出修正主义；二、今后中央搞集体领导；三、《毛选》五卷不出了，可出单行本，先出接班人五项条件。他所说的"集体领导"，就是"四人帮"领导；"接班人"条件就是"四人帮"上台的条件。

9月28日，张春桥不放心，又派肖木送口信给上海市委领导人，说：要提高警惕，准备打仗。徐景贤认真传达贯彻，并且下了两个反革命武装暴乱手令。下面是徐景贤亲笔记录的肖木向上海市委常委传达的张春桥的"指示"：

阶级斗争形势要经常研究，一方面要提高警惕，一方面要提高信心。马克思主义刚出来时，中国这么一个大国还没有人知道；后来到了列宁，中国懂得马列的也很少。现在毛泽东思想在中国在世界传播了，比起那时候来，懂得的人不知道有多少，所以要建立信心。当然要看到曲折，看到资产阶级还有力量，问题是谁挂帅。

上海的工作，转告上海不要急，不要多出头，许多事让外地去搞，我们要把工作做得扎实一些。上海不搞，别人还会拿出几条来讲你。老实说，上海还没有真正经受过严重考验，林彪、邓小平要搞上海，都没搞成。林彪搞成的话，上海有大考验，要打仗。

张春桥是个善于"正话反说"的大阴谋家。在这里隐晦地告诉上海准备真正经受"严重考验"，要准备"打仗"。他提出"问题是谁挂帅？"就是暗示解决"挂帅"问题，就要动手夺取最高领导权了！张春桥的这个"口信"，实际上是"四人帮"要武装夺权的信号，也是给上海同党下达反革命武装暴乱的动员令。

这一天，江青从昌平某地返回，带着失望的情绪回到中南海。

晚间，张春桥来到中南海江青住处 201 号。二人酝酿发动一场新的"夺权战役"。

大闹政治局

9 月 29 日，这场"战役"在大闹政治局的喧嚣中打响。

出席这次会议的有叶剑英、李先念、汪东兴等在京的和外地的一些委员。午夜，时钟敲过 11 响。会议一开始，气氛就很紧张。主持人华国锋想通过会议解决"四人帮"连日来吵吵闹闹提出的问题，要压一压他们的嚣张气焰。"四人帮"经过充分准备，决心大闹一场。会议在讨论如何过好毛泽东逝世后的第一个国庆节问题之后，江青开始发难："毛主席逝世了，党中央的领导怎么办？"她批评华国锋处理所谓"保定问题"优柔寡断，没有能力。王洪文、张春桥一唱一和，要求加强集体领导，安排江青的工作。所谓"安排工作"，就是让江青当党中央主席。这是毛泽东逝世后，"四人帮"酝酿良久，迫不及待要解决的第一个大问题。"四人帮"心里明白，只有打出江青这面旗帜，才能压倒华国锋。

但是他们错误地估计了形势。在多数委员心目中，过去碍于"投鼠忌器"，关照并谅解江青，而现在情况不同了，特别是毛泽东选定了第一副主席以后，江青等人继续无理取闹，毛泽东逝世20余天，越闹腾越厉害，使人再也无法忍受了。毛泽东生前说过，江青，这个小小的经验主义者，整人有经验，搞阴谋有经验，她什么本事也没有，不懂工，不懂农，连字典都不会查。怎么能让她当党中央主席呢？

华国锋坐在那里，对江青问题不好表态，但他心里很明白，江青早已有工作，何须再安排？她的意思就是要夺权。而叶剑英、李先念等多数委员理所当然地表达了反对和否决。

主持会议的华国锋立即表示这次会议不再讨论这个问题。会议接着讨论毛远新是否回辽宁工作的问题。

毛远新曾为此事给华国锋写了一封信，说作为毛主席的"联络员"，他已经没事可做了，是留在北京，还是返回辽宁？如果有事，他可以留下。这封信是个"问路石"，想试探华国锋，让他表态。真实意图当然是留在北京。

华国锋在会上念了毛远新的信，并明确表示同意毛远新回辽宁。这一下打乱了"四人帮"等人的如意算盘，强烈表态："毛远新应该留下！"

江青强调说："毛远新留下，还要他处理毛主席的后事！"

华国锋也不示弱："你不是说过，毛主席的后事你不参加，毛远新也不参加吗？怎么现在又说毛远新要留下参加后事呢？"

江青一听，极力否认。但江青忘记了，她说此话时，汪东兴、王洪文、张春桥都在场，而她一口咬定"根本没有讲"。

在会上，汪东兴出面作证，王、张一声不吭．

江青又说："你们这是要赶我走，我偏不走，我要留下！"

会议陷入冷场。过了一会儿，善于"揩屁股"的张春桥又摆出调解的姿态说："还是这样吧，要毛远新暂时留在这里，他熟悉情况，主席写的东西只有他能看懂。"

江青立即学舌："对！还是把毛泽东的文件、材料交给毛远新。这样做，我放心。"

叶剑英听在耳里，看在眼里，一直在观察"四人帮"。他心里非常清楚：毛远新是主席晚年重病期间在身边接触最多的一个人，掌握大量核心机密，"四人帮"想把他留下，一起闹事，这怎么得了？何况毛泽东生前就叮嘱过毛远新不要和江青搞在一起，而他又偏偏同她搞在一起！想到这里，他斩钉截铁地说："我同意国锋同志的意见，毛远新还是回辽宁，文件仍由办公厅负责保管。"有几位委员也都附议，支持华国锋。

"四人帮"继续摆出种种"理由"，坚持要毛远新留下。

会议僵持不下，从头一天的午夜已经跨入第二天凌晨了。激烈的争吵，无理的纠缠，使与会人员疲惫不堪。

这时江青突然发作，大声说："喂，你们不想讨论了！好吧，有关的留下，无关的都走！"

谁"有关"？谁"无关"？说穿了，江青眼里只他们几个"有关"，其他人都无关，统统赶走。只留下华国锋，好由他们"逼宫"。

接着，"四人帮"其余三人也一起起哄。

华国锋被逼不过，只好说："叶副主席年纪大，先念同志身体有病，两位可以先走，其他同志还是不要走。"

江青寸步不让："不行。"

王洪文也跟着说："无关的都走！"

叶剑英一看会议主持人已经陷入困境，且已宣布他退席，如果坚持不走，将影响华国锋的威信，又势必和江青等人发生正面冲突。这样的会议不会有好结果，再参加下去，将毫无意义。他从大局出发，起身愤然离去。接着有几个委员也相继离去，会场上只剩下六七个人。

华国锋招呼大家坐下，继续开会。

汪东兴为了保护华国锋，坚持不动。

会议再度陷入僵局。

有的委员在会议室外面等了一会儿，看没有结果，又走进会场，说华国锋身体不好，会开长了不好，建议休会。

"四人帮"坚持不散会。

江青一看叶剑英和一些委员果真被"赶"走，继续滔滔不绝，一会儿说毛远新不能走，一会儿说要毛远新帮助整理文件档案，所有文件应该统归她保管，一会儿又说要召开中全会。张春桥、姚文元、王洪文随着江青的调子，一呼一应，帮腔作势。华国锋、汪东兴等刚一插话，就被她强词夺理，从中打断。后来，他们以沉默相对，索性听对方讲，不吭声了。这哪里是中共中央政治局会议？

华国锋耐心等待"四人帮"说累了，不说了，最后问江青："你究竟想要干什么？"

"要讨论起草三中全会的政治报告。"江青一语泄露了天机。

张春桥紧接着说："毛远新不能走，要他准备三中全会的报告！"

事实上，三中全会问题，政治局还未讨论，根本没有"报告"可以准备。可是，"四人帮"在上海的写作班子已经准备起草报告，并内定了中央和国务院的人选名单。今天，他们大闹政治局，就是要逼华国锋交出中央领导权。华国锋终于看穿了今天的"大戏"，再也不能退让，决定最后摊牌了。

这位中央第一副主席以会议主持人的身份，坚定地说："会议开到这里，不要再争吵了。我认为毛远新应该回辽宁去，这是政治局多数同志的决定。"他强调指出，由于叶副主席和其他一些委员不在场，关于三中全会问题根本不能讨论。最后他说:"即使三中全会要作政治报告,也应该由我来作,应该由我来准备,至于党中央的人事安排,应该由政治局讨论决定。"说完站起身来,宣布散会。

9月29日这一次中央会议是"四人帮"最后一次参加的中央政治局会议。这次会议,唇枪舌剑,短兵相接,两派人马展开了一场面对面的激烈斗争。这是中央政治局和"四人帮"围绕夺权与反夺权问题又一次公开较量。

叶剑英在会后知道了结局,表示支持华国锋的最后态度。会后,江青继续逼着汪东兴要毛泽东的文件手稿。汪东兴请示叶剑英怎么办?叶剑英回答说:坚决顶住!并且一再叮嘱他,要提高警惕,防止发生任何意外事件。

国庆"批判会"

叶剑英的担心完全是有根据的。"四人帮"在大闹政治局前后,还以纪念毛泽东逝世后的第一个国庆节为名,提议中央领导同志分头到工厂与工人共同学习劳动,并召开座谈会深入"批邓"。叶剑英被点名到长辛店二七机车车辆厂,其他领导人也都一一分配到另外的工厂。叶剑英知道后,认为这是个阴谋,"四人帮"可能利用这个机会搞鬼,马上给汪东兴打电话,要他更改计划。后来北京市委一位领导又来邀请叶剑英去工厂同"工人见面",叶剑英问是怎么回事?回答说是张春桥的意见。叶剑英气愤地说:"他想搞什么?我哪里也不去!"

国庆前夕,在天安门城楼举行了工、农、兵、学、商各界群众代表参加的国庆座谈会。9月30日凌晨3时,姚文元给新华社打电话,通知这个会议主要内容是"学习毛主席著作,继承主席遗志……按主席的既定方针办。"

这一年的国庆，因为连续的天灾人祸，使节日黯然失色。秋风劲吹，落叶飘零。天安门广场一片萧瑟，观礼台上空空荡荡。共和国在冷清中度过了自己第27个生日。没有贵宾满座的国庆招待会，没有各式各样的集会和游行，也没有喜庆跳跃的欢呼声。

9月30日晚7时，400多名群众代表在暮霭浓重、肃穆庄严的气氛中，列着队登上天安门城楼。华国锋身着中山装，仪态大方，步履稳重，紧跟着的是中共中央副主席王洪文，这个年仅41岁的"第二号人物"，在高级领导层的队伍里显得格外年轻帅气。第三个走过的是叶剑英。原本他压根儿不想出席今天的会议，但接到中央办公厅的最后通知，知道华国锋和其他党和国家领导人也将与会，只好顾全大局，奉命前来。紧跟他后面的是张春桥、江青、姚文元。

中央政治局委员、中共北京市委第一书记、北京市革命委员会主任吴德宣布开会。

代表们按照"四人帮"定调准备的稿子，逐个发言。最惹人注目的是一个闻名全国的中学生代表发言，她以稚气的尖锐声音，猛烈地批判"师道尊严"……

叶剑英微闭双目，似乎根本没有听到这些一个调子的"传声筒"在讲些什么。

最后是第一副主席讲话：

同志们，今天，在伟大的领袖和导师毛主席创建的中华人民共和国成立二十七周年的前夕，我们参加首都工农兵学商代表举行的座谈会。我们向同志们学习，向同志们致敬。在庆祝中华人民共和国成立二十七周年的时候，我们更加怀念伟大的领袖和导师毛主席。我们要化悲痛为力量，继承毛主席的遗志，把毛主席开创的无产阶级革命事业进行到底。毛主席永远活在我们心中！马克思主义、列宁主义、毛泽东思想万岁！中国共产党万岁！中华人民共和国万岁！

华国锋这个只历时一分钟的国庆讲话，显然事先经过仔细推敲的，既有力又简短。"四人帮"没有料到，他竟不讲"以阶级斗争为纲"，不讲"党的基本路线"，不讲"无产阶级专政下继续革命"，更不讲"深入批邓，反击右倾翻案风"，因而越听越气。相反的，叶剑英越听越满意，觉得这个讲话，一反"四人帮"规定的"革命高调"，实在难得。他高兴地笑了。

然而，第二天，在姚文元把持下，新华社却发表了与华国锋讲话完全唱反调的消息报道。

通栏标题是：

首都工农兵学商群众代表在雄伟的天安门城楼上举行国庆座谈会　决心永远高举毛泽东思想伟大红旗奋勇前进

下面写道：

今天晚上，首都工农兵学商群众代表400多人在雄伟的天安门城楼上举行座谈会，隆重庆祝中华人民共和国成立27周年。大家热情歌颂毛主席的丰功伟绩，畅谈伟大社会主义祖国在毛泽东思想的灿烂阳光照耀下生气勃勃、欣欣向荣的大好形势，回顾在毛主席领导下我国社会主义革命和社会主义建设取得的伟大胜利，愤怒批判邓小平反革命的修正主义路线。大家表示一定要继承毛主席的遗志，……遵照毛主席的嘱咐"按既定方针办"，坚持以阶级斗争为纲，坚持党的基本路线，坚持无产阶级专政下的继续革命，坚持无产阶级国际主义，深入批邓、反击右倾翻案风，把毛主席开创的无产阶级革命事业进行到底。

这篇报道足足占了半个多版的篇幅，要比华国锋真正的讲话长了好几倍。

陈云来了

谗邪害公正，浮云翳白日。

国庆后的一天，夕阳刚刚拖着疲惫的身体躲进后海，邓颖超就轻车简从来到小翔凤。二人谈兴正浓，突然办公室紧急报告：陈云同志要来。

叶剑英闻讯，又喜又惊。他盼望这位老革命家好久了，已经联系几次要去看他或接他前来，均未成行。但此时要来，目标太大，会惹来麻烦。

"马上通知他，暂时不要来！"叶剑英在屋内踱几步，停下来，又交待："不，告诉他在家里等着，我立刻派车去接！"

派谁去呢？司机？不合适。

叶剑英环顾左右，此刻恰好侄儿选基在身边。

"你知道陈云同志的住处吗？"

"在北长安街，我可以找到。"

"那好，你要当作头等重要的政治任务，把他安全接来，路上一定小心，注意隐蔽！"

叶选基听完伯父的嘱咐，同司机驾驶一辆不大显眼的普通轿车一溜烟儿地出了后海。

叶剑英停止了与邓颖超的谈话，在楼门前徘徊，焦急地等待着，瞭望着。等了一会儿不见踪影，又回到室内与邓颖超叙谈。

暮色浓浓，庭院深深。在夜幕的掩护下，陈云悄然来到15号庭院。叶剑英和邓颖超听到汽车响，赶忙迎出来，像见到久别的亲人一样，紧紧握住他的手，热情问候。陈云看到叶剑英的身体依然如故，非常高兴。邓颖超知道陈云此来定有要事，随即抱歉地说：

"我好久不见叶帅了，今天过来看看，已经谈过了，就失陪了！"

"我也是来看看叶帅的。"陈云和邓颖超握别。

叶剑英送走邓颖超以后，请陈云到客厅里落座。

"现在的形势怎么办啦？"陈云迫不及待地问。

叶剑英概略地谈了一下对形势的看法，拿出一份毛泽东前两年在中央政治局会议上多次批评"四人帮"的谈话记录，送给陈云看。

陈云一页一页地翻着，看得很认真。

叶剑英向他一一介绍当时谈话的背景和"四人帮"阳奉阴违的态度。

陈云越听越气。

叶剑英说："毛主席生前说过要解决他们几个人的问题，没有解决，现在各方面的情况很复杂，时间很紧迫，不容许再拖了。到了非解决不可的时候啦！很想再听听您的意见。"

"我的意见以前讲过了，现在怎么办？"

叶剑英谈了解决"四人帮"的大致设想，然后问："您看怎么样？"

陈云略为沉思后，明确表态："我赞成。"接着压低声音说："最近我找谷牧谈话，谈到国民经济的状况，问他：经济还能维持多久，一年行不行？谷牧说，恐怕连一年都维持不下去！所以，他们那几个人的问题不解决不得了，这场斗争是不可避免的。"

叶剑英频频点头，深表同感。

夜深了。

外面的风声更紧了。

陈云起身告辞，临走时，关切地问："这件事是不是告诉了聂帅、徐帅？"

"我这就要打招呼。"

叶剑英亲自送他上车。

叶选基和司机小心谨慎地踩下了油门。

这时叶剑英才想起还未吃饭，感到肚子"造反"了。

叶剑英与陈云这次紧急会晤和交谈，对最后实施粉碎"四人帮"行动方案有着重要作用，有必要大书一笔，但又要符合事实。本书作者调查所得的素材大致如此，有待进一步探索。对于这件事，说法不一。有一种说法：对陈云此次来访的目的，叶剑英全然不知，原是汪东兴请陈云到后海"摸摸"叶剑英的"底"，而秘书张燕又报告叶剑英说"客人"特地来送土特产的……，作者为此请教张秘书，回答是"未曾与闻"。

"决策人"在行动

翻过叶剑英与陈云后海会晤一页，让我们再来看看 1976 年 10 月初的中国政治大舞台。

"四人帮"夺权"逼宫"，步步进逼，日甚一日。

华国锋的处境越来越困难。叶剑英了解到他的困境和态度，给他以更多的关心。彼此之间在粉碎"四人帮"的问题上有了共同的思想和语言，互相支持，进一步密商战略决策。

商谈的焦点是采取什么方式来处置"四人帮"最为有效，最为妥善。

开始，华国锋考虑召开中央政治局会议来解决问题。9 月 29 日的中央政治局会议再一次证明此路不通。那么，召开中央全会怎么样？到底还能不能通过党内斗争来解决？他们经过慎重考虑，否定了这个设想。叶剑英分析形势，认为江青、张春桥、姚文元、王洪文是长时期在中央政治局内公开结合的一个集团。他们在中央人数虽然很少，但能量却很大，善于虚张声势，拉帮结派，上呼下应，翻江倒海。他们既然能够搅散政治局会议，也就能搅散中央全会，让你什么也办不成。"我们同'四人帮'的斗争是势不两立、你死我活的斗争，已经超出党内思想斗争的范围，不宜采取党内斗争的正常手段来解决。"

那么，能不能采取简单的办法，公开动武，"一抓了事"呢？他们经过商量，认为这个办法也是不可取的。

叶剑英认为，铲除"四人帮"是在非常形势下采取特殊方式进行的一场斗争。应当考虑到各种可能发生的复杂情况。毛泽东刚刚去世，江青依仗特殊身份，甚难对付；张春桥，身兼国务院副总理、总政治部主任数职，老谋深算；姚文元，横扫文坛，操纵舆论；而王洪文，党中央副主席，仅次于华国锋的"第二号人物"，大小"兄弟"跟班，扬言"要搞我是不容易的"。还有一层不可不虑，"四人帮"虽然没有控制军队，但在机关、部队和警卫人员中不乏一些"效忠"的人物，尤其有上海的"第二武装"做后盾，加上中南海、钓鱼台戒备森严，公开动武既不合法，又容易打草惊蛇，弄不好会酿成大乱。

叶剑英说："兵法讲究，'上兵伐谋'，只能智取。我们要给后人留下一个好的榜样，注意斗争的合法性。无论如何，要避免动乱，一定要稳定首都和全国的局势。"华国锋非常赞成他的观点。

对待"四人帮"，既然不能采取党内思想斗争的正常手段来解决，又要尽量争取合法，那么究竟采取什么方式为好呢？叶剑英对这个问题，反复思考了很久。他想起林彪叛逃后，处置黄永胜等"四大金刚"的办法。那时他奉毛泽东、周恩来之命，出席有"四大金刚"参加的有关会议。在会议上突然宣布其罪名，断然处置。对付"四人帮"是否可以借鉴参考呢？叶剑英终于谈出了自己的想法——以召开会议的方式，"请"他们到会，宣布对他们实行"隔离审查"，然后立即召开政治局会议讨论决定。这与华国锋想的不谋而合。

那么，召开什么样的会议？会议又由谁来主持？都要什么人参加？在什么时间，什么地点？……

面对这一系列问题，叶剑英和华国锋经过慎重研究，作了预案。考虑到汪东兴对情况比较熟悉，又掌管中央办公厅和警卫部队，有关事宜由他负责办理，并拟定过了国庆节，准备十天，视情况再定。

大计已定，两位决策人又重新估量了一下眼前的形势和双方的力量。他们认为，总的看，形势对我们有利，对"四人帮"不利，最根本的是"天怒人怨"，党心、军心和民心所向。特别是军队掌握在党的手里，固若金汤，就什么也不怕。当然也有些困难，不好说有绝对把握。叶剑英说："这是一步'险棋'，而且是一步很险的棋，但又非走不可。"

华国锋深有感触。他回顾"四人帮"的所作所为，特别是毛泽东逝世后的"逼宫"，气愤地说："张春桥、江青、姚文元、王洪文他们几个人纠缠不休，就是要把我换下来。他们要'安排江青的工作'，是什么意思呢？江青已是政治局委员，还要安排什么工作，无非是要我下台！"

叶剑英点点头，补充说："他们的矛头是对着你的。"

华国锋激动地说："这次我们下决心要解决'四人帮'的问题，也是继承主席的遗志。主席生前讲过多次。根据毛主席的思想，实在要解决。不解决，他们篡了权，后果不堪设想。"

"'得民心者得天下'。我们同他们进行这场你死我活的斗争，会得到全党、全军、全国人民的支持。主席不在了，你是第一副主席，只要你站出来领导这场斗争，大家都会拥护的。"

"我早就想好了。只要叶帅给我撑腰，军队支持我，我就不怕。好吧！我们就按照刚才商量的去办。"

"东兴同志，我和国锋同志商量的这些办法，你看怎么样？"

叶剑英坐在汪东兴室内的靠背沙发上，已经有一会儿了。这位中央办公厅主任的住处是中南海内南船坞的一栋"水上家屋"，环境幽静，谈话不受任何干扰。叶剑英扼要地向他谈了同华国锋商定的大计，征求他的意见，并商量具体落实计划。

汪东兴细心倾听着，越听越兴奋。在此以前，他也在琢磨如何对付"四人帮"，也同华国锋密议过，但没有想得这样细微周到，不禁暗自敬佩这位老帅。

"我坚决拥护华总理和叶副主席，你们怎么领导，我们就怎么干。"

这位办公厅主任说的是心里话。他对叶剑英是真心实意地信服的，对毛泽东生前选定的接班人华国锋，也是很敬重的。早在"四五"运动之后，他就曾向毛泽东说过"你选了一个好人"，表示"你选他当第一副主席、总理，我举双手"，他也确实举了双手。在实际行动上，他像对待毛泽东一样对待华国锋。当江青等人"逼宫"时，他以高度的警惕，怕有人"杀人灭口"，经常提醒华国锋注意安全，并采取措施，加强警卫。他感到，处置"四人帮"固然要冒很大的风险，但这是关系到党和国家命运前途的大事，如果办不成，让"四人帮"得势，国家要遭难，人民要遭殃，毛泽东创建的大好江山要被毁掉。在这种生死存亡的紧急关头，个人的一切只好置之度外了。他向叶剑英说："现在虽说不是很有把握，但我坚信，只要华总理、叶副主席带头干，事情办得周密，就一定会成功！"接着，他汇报了最近掌握的动态和8341部队的情况，满怀信心地表示："情况我熟悉一点，具体的事情应该由我来做，请首长放心，我一定做好！"

叶剑英对汪东兴的态度很满意。又关照他制定具体行动部署，确定在动手之前要做好一切准备，包括执行任务的人员、场地、警卫，以及善后工作；做这些事必须果断而周密；参与人员的范围不宜过大，要物色绝对可靠人选；绝对保密，嘴巴要紧，要对党负责……

两个人正在深入研究的时候，电话铃突然响了，汪东兴接过电话说："妖婆要来了，叶副主席得赶快走！"

"她来干什么？"

"准是又来大闹一场！"

叶剑英又向汪东兴交待几句，要他务必一项一项落实，遂迅速乘车离开中南海。

关于叶剑英同华国锋、汪东兴最后商定粉碎"四人帮"的决策和行动方案，以及叶剑英当时的活动和心态，本书作者所了解的情况，概如上述。在具体情节上也难免还有些出入，只有留待当事人和知情人加以校正。

但是，有一点可以肯定，即最后作出粉碎"四人帮"决策和行动方案的，只有叶、华、汪三人。对于这一历史真相，到目前为止，国内外有关的史论以及"传记""纪实""报告文学"等作品中流传着种种不同说法。概括起来，不外两种，一是"政治局会议决定论"，认为在采取措施前，召开了中央政治局会议，作出决定。如高皋、严家其在其所著《文化大革命十年史》中就写道："在华国锋、叶剑英、李先念等人商量研究出基本对策的基础上，十月五日，华国锋、叶剑英、李先念等人在总参所在地西山，召开了除'四人帮'以外的政治局会议。与会者一致同意采取果断措施，把王、张、江、姚抓起来。并决定具体计划由汪东兴执行。"严家其的依据不知出自何处？尤其令人不解的是，至今还有人说，不但开过政治局会议，而且有记录可查。可惜，迄今为止，尚未发现党中央正式文件里有记载此事，也未发现会议记录。二是"少数中央领导决定论"。这少数人，有说是五人的，即由华国锋、叶剑英、李先念、陈锡联、汪东兴五人参加的高级秘密会议讨论决定，这五人又有指名，有不指名的，如有一本"纪实"说，"五位政治局委员"，在中央军委"作战室"讨论，"持续了三个多小时"，"迟迟下不了决心"，最后由叶剑英拍板。唯独不提华国锋的名字。有说是四人决定的，如香港的一家杂志就说"叶、李、华三人经过商量决定采取断然措施"，"汪东兴到来以后，四个人继续商议直到东方既白，整个计划才定了下来。"有说是三人决定的，这三个人又不一样，一说是叶剑英、华国锋、李先念；一说是三位元帅；一说是华国锋、李先念，还有其他的什么人一起讨论定下来再通知叶剑英执行。另外，还有说是一人决定的，即由华国锋单独决定，没有经过酝酿和商议，临时通知叶剑英去办，等等。这些说法，在党中央正式文献和有关的中央领导人的谈话、回忆文章中找不到根据。

至于叶剑英与华国锋、汪东兴这三个关键人物是如何商议并形成最后粉碎"四人帮"的战略决策和行动方案的呢？已出版的其他有关著作中记述的又不尽相同。为了进一步弄清史实，有提出来再加以探讨和商榷的必要。如有的说，10月4日汪东兴提出行动方案，与华国锋商量，华反对告诉叶剑英。这是因为华包庇吴德、贬低叶剑英、抬高自己、优柔寡断、瞻前顾后。但又说华国锋第二天晚上和汪东兴一起带着拟定好的行动方案秘密地上了玉泉山。

这里前后自相矛盾，有三个问题值得商榷：第一，解决"四人帮"的行动方案的形成和制定，排除叶剑英是绝对不可能的。要除掉权势深重的"四人帮"及其庞大的党羽，没有国防部长叶剑英和他所统率的强大解放军的支持是不可能成功的。第二，事实上，华、汪在这个关系党和国家前途命运的大事上，都与叶剑英通气的。正如汪东兴回忆所说："当时（10月5日前）叶帅亲自到中南海我家来过两次（据汪后来说，不止两次），他还找华国锋同志商量。"华国锋也证实了这一点。他于1977年3月22日的《在中央工作会议闭幕会上的讲话》中说："叶副主席同'四人帮'斗争是很坚决的。他找到我那儿，和我商量，他说，我们同'四人帮'的斗争是你死我活的斗争。在那段时间里，我和政治局不少同志都进行了接触，进行过酝酿。"第三，10月5日晚上，华国锋、汪东兴秘密上玉泉山一事，直到现在，查无实据。据核实，正好相反，这一天叶剑英离开玉泉山亲自找华、汪商议动手（这一点本书后面要详细叙述）。当时的紧急情况，已不允许他们三个人集会了。还有的说9月的一天下午，华国锋、叶剑英和汪东兴在中南海"南船坞"携手联盟，开会密谈，然后开小艇送华、叶到对岸，云云，这也是无实据，无有其事的。

还有一点需要澄清，有的说，在一次中央政治局常委会之后，华国锋、汪东兴两人进餐，华要汪主动多找叶剑英联系，而汪似有"难言之隐"，觉得这些年叶剑英一直对他有些看法。

这也与事实相悖。据作者了解，叶剑英与汪东兴之间的关系比较好，叶剑英颇器重汪，汪对叶剑英也很敬重，何来"难言之隐"！

更离奇的是，台北有家出版公司1994年出版一本住在美国的中国人写的《毛泽东私人医生回忆录》，该书标明原著李志绥，作者竟说，在粉碎江青反革命集团前三个月，汪东兴就把想除掉江青的计划透露给他，并说已得到华国锋认可，云云。这纯系子虚乌有。且不说，三个月前（即1976年7月），毛泽东还在世，连汪东兴本人也无从知道这个计划，即使知道也不会泄露，因为汪一再强调"这是一步险棋，要绝对保密"。事实上，汪东兴过去谈及"文化大革命"情况时，从未涉及该回忆录所谈的内容（连其名字也未提到）。后来，汪东兴等已在海外某家报刊发表声明辟谣，澄清事实，揭穿谎言。一位署名辛闻笈的作者写了一篇《历史的铁证粉碎捏造的谎言——答为李志绥传谣的隐名人士》的文章，于 1995 年 10 月 19 日发表在纽约《侨报》上。该文开头写道：

> 1995 年 8 月 6 日《世界日报》发表记者魂碧洲从纽约报导的消息说，据对李志绥生平了解极为清楚的一名隐名人士 5 日表示，"公开信"（引者按：指 135 人的《看法》）质疑李志绥怎么可能在"四人帮"被捕的 3 个月前就被告知机密计划，事实上看书（引者按：指李志绥所谓《回忆录》）就知道，当时泄密的就是汪东兴本人……

这位隐名人士自诩"对李志绥生平了解极为清楚"，然而他对中国当代的政治生活，可以说是毫无所知。如果要了解"四人帮"被解决的详细经过，至少有一篇文章他是应该读一读的。

该文接下去引用本书作者《运筹帷幄，剪除"四凶"——粉碎"四人帮"斗争中的叶剑英》一文中列举的大量事实，批驳了所谓"隐名人士"的卑劣谣言。

该文最后写道：

> "阴冥"先生，读完了上述"文摘"，你难道不觉得你"了解极为清楚的"一个不见经传保健医生李志绥，要比身经百战的老将军王震还要高明还要伟大吗？李志绥"在四人帮被捕的三个月前就被告知机密计划"的可能性存在吗？……

除了辛闻笈的文章外，国内还有林克（曾长期担任毛泽东的秘书和英文老师）和徐涛、吴旭君夫妇（曾担任毛泽东的保健医生和护士长，与李志绥长期共事），合著《历史的真实》一书，由香港利文出版社出版。该书以个人亲身经历和无可辩驳的事实揭穿了李志绥编造的离奇荒诞的谎言。

马克思在 50 多年前就说过："相当长的时期以来，人们一直用迷信来说明历史，而我们现在是用历史来说明迷信。"今天的我们应当"用历史来说明迷信"，而不应当再用"迷信"和谣传来说明历史了。自然，更不能任意编造历史，篡改历史。

十二

十月

风雷激荡

叶剑英等决定先发制人，"以快打慢"

图穷匕首现

10 月，惊心动魄的 10 月。

10 月，在中国是个具有特殊历史意义的时间概念。这个月份常常带来电闪雷鸣，出现人们意想不到的奇迹！

不信吗？请回溯一下中国近代史每隔十年的 10 月的历史吧：

1926 年 10 月，第一次国共合作的北伐战争取得决定性的胜利，北伐军攻克武昌城；

1936 年 10 月，中国共产党领导的中国工农红军三大主力会师于甘肃，伟大的长征胜利结束；

1946 年 10 月，蒋介石发动全面内战，国民党军对解放区的全面进攻达到了高潮。中国人民解放军被迫反击，在各个战场展开激战；

1956 年 10 月，中国共产党刚刚结束第八次全国代表大会，确定党在新形势下的根本任务是在新的生产关系下保护和发展生产力，社会主义建设面临一个新的起点；

1966 年 10 月，毛泽东错误发动和领导的"文化大革命"，在全国掀起了批判所谓"资产阶级反动路线"的高潮。

这 50 年间，还有许多个 10 月发生过包括"开国大典"那样的伟大事件。这难道完全是历史的巧合吗？作者的战友将军诗人姚成友写道："不知是历史选择了 10 月，还是 10 月选择了历史？"这的确是一个有趣的反思题目。正如诗人回答的："反正，在中国，10 月是一声惊雷，一片闪电，一个奇迹，一道昭示！"

那么，1976 年的 10 月，又是怎样的一个 10 月呢？

在这个月里，中共中央政治局与"四人帮"之间的斗争进入了决战阶段。

图穷匕首见。

按张春桥的说法："历史与现实""革命与专政""批邓与镇反""反对毛主席就是现行反革命"，千百万人头就要落地。

姚文元说过："为什么不能枪毙一批反革命分子呢？专政究竟不是绣花。"

王洪文说："在上海找一百条狗困难，捉一万个、十万个反革命容易。上海精选十万民兵，每人发给四十发子弹。"

"四人帮"此时与上海的余党一直保持着"一级战备水平的联系"。几个月来，上海方面与王洪文、张春桥"热线联系"（通电话）达146次之多。

"四人帮"已准备了"告人民书"，政变后即通知广播电台向全世界发布。

列夫·托尔斯泰说过："上帝要那些人死亡，必先使他们发狂！"即将覆灭的"四人帮"完全疯狂了！

"四人帮"从9月底开始，策划撤换北京郊区某装甲兵部队师参谋长，准备随时指挥坦克兵从东南、西北方向开进北京城，造成掎角夹攻之势。

10月1日。国庆节。江青到清华大学发表讲话，继续宣扬"文化大革命""三七开"，说自己作为"中央文革第一副组长"，对"三分不足"有所认识，污蔑刘少奇、邓小平"迫害毛主席"，"邓小平是自己跳出来的""天安门事件给他作了总结"，称要"开除邓小平党籍"，并发誓"一定要锻炼好身体"，和他们"斗"下去，要提高警惕。

10月2日。王洪文要新华社摄影记者拍摄了穿便服、穿军装的标准像、办公像，洗印114张，并从27张8寸样片中选定了标准像，指示按照周恩来标准像的样子进行修改。摄影记者问他过去为什么不照，而现在照？他说准备追悼会用。

10月3日。

王洪文来到平谷县，说："中央出了修正主义，你们怎么办？打倒！""建国以来，中国就出了高岗、饶漱石、彭德怀、刘少奇、林彪、邓小平，不出是不可能的。今后还可能出什么唐小平、王小平之类，要警惕！不只是邓小平搞修正主义，出是可能的，不出是奇怪的。要把眼睛睁得大大，看着修正主义"。

……

放下"四人帮"这一边，让我们把镜头移向玉泉山。

胜似闲庭信步

玉泉山 9 号楼，灯光黯淡。

已经是子夜时分，年近八旬的叶剑英依然正襟落座在写字台前。他在干什么呢？冷静地思索。这是一位统帅进行战役部署后的思索。平静而深远。他似乎一切都放心了，又似乎一切都放心不下。

连日来，叶剑英表面上深居简出，闲庭信步，读书吟诗，沉静如常，但内心却一点也不平静。笔下写着"眼前近似无聊赖"的诗句，并不能遮掩他的"心潮逐浪高"。他以百倍的警惕，留意山下的动静，提醒秘书加强值班，有闻必报，一事一报；提醒身边人员加强戒备，以防不测。白天，警卫参谋双枪在身，寸步不离。晚间，叶剑英亲自检查周围环境和门窗是否关闭上锁。他还规定除秘书一天两次送文件外，谢绝会客，包括子女在内，没事不上山，不要来打扰，以便集中精力读书思考。

夜深了，耳旁只有山泉流水的淙淙细语，一切是这样的安静，然而，越是平静，叶剑英越是没有睡意。处理完山下送来的公文，他信手打开一部《玉泉诗钞》的手抄本，批阅起来。多年来，他看书读诗，养成一个习惯，喜欢边看边读，边读边批。每读一句，按照书中的逗、顿、句，用红毛笔点一点；每看完一段，写眉批、边批；一本书中圈圈点点，淋漓满纸，黑红相映，倒也鲜艳成趣。他用的红色墨汁也很特别，既不是红墨水，也不是书法家们讲究的朱砂，而是自制的"桃胶墨"。他平日告诉身边人员到山上采来桃胶，再买来普通的红墨水，搅拌在一起，用一个小锅细心煮熬。开始，他不放心，还要手把手教给"小鬼"们如何看火候，如何看稠度，熬成备用。到玉泉山来，他就命张燕熬了几次"桃胶"，因为整天关起门来读写，还有点"入不敷出"呢！

叶剑英聚精会神地读着诗稿，忽然停下朱笔，肃然起敬。

殿阁嵯峨接帝京，

阿房当日苦经营。

只今犹听宫墙水，

耗尽民膏是此声！

这是李大钊在 1913 年 11 月 1 日写的《咏玉泉》诗。这首七言绝句，诗人还有段引言："玉泉流贯颐和园墙根，潺潺有声，闻通三海禁城等处，皆溯流于此。"

叶剑英从引言中猜度李大钊当年在北京大学图书馆任职时，可能一次路过颐和园墙根，并未进过玉泉山。然而他以愤怒的笔触，揭露慈禧太后骄奢淫逸，"耗尽民膏"，有甚于秦始皇的阿房宫！

由死去的慈禧很自然地联想到当代这个活着的"慈禧"。绝不能让历史重演，要赶快结束这种状况！

叶剑英拿起朱笔，工工整整地把李大钊这首诗抄录在一张宣纸上，又吟诵了一遍。"耗尽民膏是此声！"他拍案而起，"此声"将变，"此声"即变！"于无声处闻惊雷！"

叶剑英舒展双臂，躺在床上，笑了。笑得那样自信。

翌日醒来，叶剑英

睁开眼后的第一件事，就问山下有消息来吗？

张燕摇摇头："暂时还没有。"

叶剑英起身走出室外，围绕庭院踱步散心。他偶尔停下脚步，重新打量这座高级别墅式的灰白色建筑，思忖着：解决"四人帮"以后的政治局会议是不是要在这里召开呢？他好像既熟悉又陌生起来，似乎有什么新发现。是的，这个 9 号楼比起西山 15 号楼，气势更加雄伟。它屹立在山、水、亭、塔之间，隐藏在绿树花丛之中，不仅在外观上前廊顶檐，栏柱玉立，显得优美秀丽，而且在"楼"里面，房间也更多更大，尤其那间大会议室更有气派，庄严典雅，宽敞明亮。当年周恩来曾在这里会见来宾，商讨政务。想不到再过几天，在这宽阔的大厅里，党和国家最高领导人将再一次决定国务大事呢。

叶剑英走进室内，小张正在欣赏写字台上那首玉泉诗。

叶剑英见这个年轻人酷爱诗词，便讲起李大钊的道德文章如何之好，他为党的事业如何忠心耿耿，讲到他壮烈牺牲时，非常激动，竟然声泪俱下。

> 浪写风怀浪赋诗，
>
> 吟成竟作断肠时。
>
> 国仇家恨填胸臆，
>
> 哪有闲情哭古人！

他擦干眼泪，反复念着这首七绝。

小张受到很大感动，赶紧抄下来，也跟着背诵起来。

"首长，这首诗出自谁的手笔？"

"南社诗人……"

叶剑英刚想讲下去，山下的几位秘书来了。他们像往常一样，每天都来轮流向首长汇报情况、送文件。

这是当今第一要事。还有什么事能比了解山下的动态更紧急呢！

在许多消息和情报中，叶剑英非常关心有关"四人帮"调动部队的传闻。他让办公室转告作战部，一定要查清楚。一旦发现任何人有非法调动部队的动向，立即坚决制止。

只要"四人帮"指挥不了解放军部队，他们就成不了气候，没有什么可怕的。他相信毛泽东生前说过的话："我就不相信我们军队会造反，我就不相信你能够指挥解放军造反！"这是真理，一条铁的定律。只要人民解放军性质不改变，就不会造反，"四人帮"就指挥不动。叶剑英在玉泉山之所以临危不惧，临战不慌，"悠然见南山"，根本原因就在于此。

这一点，不只中国人，外国人中的有识之士也是这样认为的。《邓小平》一书的作者就这样写道："国防部长叶剑英，政治局委员、毛泽东的警卫部队的负责人汪东兴，另一位政治局委员、北京军区司令员陈锡联和华国锋把部队调到首都周围，使激进派得不到任何军事支持。"

至于部队当时究竟做了如何调动部署，"四人帮"最后搞了哪些小动作，又是如何被制止的。事属军事机密，不便多言，但有一点是肯定无疑的，那就是在同"四人帮"斗争中，解放军这座钢铁长城，岿然不动，严守纪律，始终听从叶剑英及其他军委领导人的调动和指挥。这对"四人帮"是最大的威慑力量，也是以赖粉碎"四人帮"的一个极其重要的条件。

这一天，一阵雷雨过去，10月的阳光变得更加灿烂绚丽。

叶剑英中午小憩之后，神采奕奕，兴致特别高。医生护士为他量过血压，劝首长出外散散心，老是在室内看书，会闷出病来的。叶剑英接受"医嘱"，在几个随员的陪同下信步来到苹果园。

"首长和我们一起照个相吧！"不知哪个"小鬼"提出这个建议。

"好！"叶剑英和几个同志照了个合影。不过，这绝不是"标准相"，至今那"小鬼"手里仍然珍藏着这个宝贵镜头。

走出苹果园，穿过桃林，叶剑英来到9号楼前的玉泉湖边。

一阵秋风扫过，水面荡起一片涟漪。有几条鱼游了过来，似乎在向元帅点头报到，然后又摆尾游去了。

叶剑英在水边石凳上坐下来，随员悄悄地把鱼竿递过来。

钓了一会儿，竟毫无所获，随员们有点急了。

"当年姜子牙垂钓渭水边，就不急，愿者上钩嘛！只要耐心等到一定时候，总会有几条大鱼上钩的！"叶剑英说完发问道：

"你们知道，这里的鱼为什么不愿上钩呢？"

随员们各说各的理。

"不对！因为这里的水太甜太好了，它不但养鱼，还养人呢！"说到这里，叶剑英又问："你们天天喝玉泉水，可知道这水的可贵吗？"

年轻人摇摇头。

于是，"老渔翁"又信口讲起古来："我国古时候，人们衡量水质好不好常以水的轻重为标准，轻者优，重者劣。清朝皇帝乾隆下令内务府做了个银斗，称量天下有名的泉水，发现玉泉水最轻。从此玉泉水定为清宫专用御水。乾隆亲笔赋诗一首：'功德无双水，名称第一泉。'后来，直到西太后，还用毛驴子从玉泉山往紫禁城拉水喝呢！民国以后皇帝不再拉水了，'玉泉流入百姓家'。相传20—30年代'双合盛'的五星啤酒就是用的玉泉水，还标着'天下第一泉水'的商标呢……"

"按既定方针办"

10月的北京，并不总是风和日丽，有时也会骤然间阴霾密布，黄沙漫天。

10月4日，"四人帮"以"梁效"名义在《光明日报》头版头条发表了《永远按毛主席的既定方针办》。这是他们蓄谋已久的大作。从9月16日，抛出用黑体字印的所谓"按既定方针办"后，第二天，9月17日，新华社在发给全国的《内部参考》上就定了调："'按既定方针办'是毛主席的临终嘱咐。"

从这一天开始，姚文元几乎每天都打电话或口头指示新华社，强调反复宣传"不要怕重复"，规定处理各省市在追悼会上的重要讲话、表态，"凡有这句话的都要摘入新闻，没有者，要有类似的话。"于是各种报刊像连珠炮似的发表文章，大吹大擂，至9月30日止，仅六种主要报刊不完全统计就登载宣扬"按既定方针办"的各种专文236篇，占全部发表悼念毛主席的报道和文章的59%。许多报纸把"按既定方针办"用作通栏大标题，有的把它当作毛泽东语录登在报头上，有的为此登了大幅宣传画……使人读不胜读。为了让人读懂，报刊上用醒目标题加以大肆宣扬，"按既定方针办"就是"坚持毛主席的无产阶级革命路线和各项政策"，就是"要坚持与走资派作斗争"，就是"要坚持学习，深入批邓"……一句话，"按既定方针办"就是按"文革"的方针办，就是按"四人帮"的"总纲领"办。

华国锋很快察觉了异样，于10月2日，在乔冠华9月30日送审的《中国代表团团长在联合国大会第三十一届会议上的发言（稿）》上特意批示：文中"引用毛主席的嘱咐，我查对了一下，与毛主席亲笔写的错了三个字。毛主席写的和我在政治局传达的都是'照过去方针办'，为了避免再错传下去，我把它删去了。"不料，这一"删"却激怒了"四人帮"。由张春桥出面阻止传达华国锋的批示，他公然在文件上批："国锋同志的批注，建议不下达，免得引起不必要的纠纷。"江青说，马克思逝世以后，恩格斯始终不渝地坚持马克思的"既定方针"，而恩格斯逝世以后，列宁坚持了马克思、恩格斯的"既定方针"。果然，10月4日，"梁效"炮制出了上述《永远按毛主席的既定方针办》的长文。文章写道：

> 学习毛主席"按既定方针办"的嘱咐，我们信心满怀，斗志更坚。毛主席的这一嘱咐，金光闪闪，字字万钧。它对于中国共产党人、中国无产阶级、贫下中农和一切革命群众，这一代和下一代，本世纪和下世纪，在整个社会主义历史时期，永远是前进的指南，赢得胜利的保证。

> 篡改毛主席的既定方针，就是背叛马克思主义，背叛社会主义，背叛无产阶级专政下继续革命的伟大学说。

> 一切修正主义头子要篡改这一既定方针，必然要篡改马列主义、毛泽东思想，阉割它的革命灵魂，磨灭它的革命锋芒。

> "走资派还在走"。这个"走"的基本内容，就是反对党在整个社会主义历史时期的基本路线，颠覆无产阶级专政，复辟资本主义，也就是篡改毛主席的既定方针。

> 我们一定要牢记毛主席"不斗争就不能进步"的教导，团结百分

之九十五以上的干部和群众，准备迎接二十次、三十次的路线斗争，在同党内资产阶级，同以苏修叛徒集团为中心的现代修正主义的斗争中，把毛主席开创的无产阶级革命事业进行到底。

任何修正主义头子胆敢篡改毛主席的既定方针，是绝然没有好下场的。

乍看起来："照过去方针办"与"按既定方针办"，只三字之差，而意思又差不多，似乎只是提法不同，没有本质上的差别。

但这里边是大有学问的：第一，"四人帮"凭空制造了一个"既定方针"，说这是毛泽东的"临终嘱咐"，从根本上否认了毛泽东病中抄给华国锋的"三点指示"；第二，既然"临终嘱咐"是给"四人帮"的，那么，他们就是毛泽东的合法继承人，是毛泽东思想的"正统"，而华国锋则是非正统、非法的；第三，更有甚者，华国锋胆敢篡改毛泽东的"临终嘱咐"，而篡改就是"背叛"，就是"修正主义头子"。

在这样的逻辑之下，华国锋罪大恶极，就该打翻在地！

这就是"按既定方针办"的要害所在。

叶剑英一眼就看出了这篇社论的"背后动机"。这篇"社论"也使华国锋震惊了。他看了一遍又一遍：那里面说的"修正主义头子"指的谁？要准备"二十次、三十次的路线斗争"，又是斗谁？……他越发觉得这场斗争就在眼前，是不可避免了！

"要快打慢"

叶剑英驻地的几部电话机，红色的、黑色的、白色的，响个不停，秘书、参谋和随员们应接不暇。这些多半来自党政高级领导和老同志的电话，几乎是一个声音：

"叶帅看到今天的社论了吗?"

"首长审查过这篇社论吗?"

"叶副主席对今天社论有什么看法?"

这些电话最后总忘不了说一句:"祝愿叶帅健康长寿!"

叶剑英此时实在顾不得亲自接电话,听电话了。但秘书们接完电话必向他报告,且有回复。

多年来担任统帅部"参座"养成的习惯,他全局在胸,临战不慌,在他头脑里现在已经进入"一级战备"状态。这位战略家在检查战斗前夜的每一个细节。他找来驻地的军事科学院主要领导人粟裕、宋时轮将军,叮嘱他们注意掌握各方面的动向,随时通报,提高战备观念;他向总部杨成武等再次打招呼:"眼睛要明,耳朵要张,嘴巴要紧";他还与空军、海军领导人张廷发、吴富善、萧劲光、苏振华以及北京军区、北京卫戍区的傅崇碧、吴忠、吴烈等,以及各大军区领导人保持密切联系,下令机关、部队切实"加强战备"。

办公室的同志根据叶剑英的布置,一个环节一个环节、一件事一件事向他汇报。当他听到空军司令员张廷发正在生病住院时,非常焦急,立即派王守江主任去空军医院探望。

王守江询问张司令病情后,传达了叶剑英的指示:"病要治,部队也要管。"

张廷发将军领会了老帅的意图,立即出院,亲自坐镇作战值班室。当他向叶剑英办公室拨通电话,报告自己的指挥位置时,叶剑英听到后,满意地点点头,笑了。

"叮叮……"红机子的电话铃又响了。

这个电话来自海军司令部。

这个电话数次打来,只有一个要求:速见叶帅!

警卫参谋再一次报告首长,叶剑英最后说:"这个司令真是急先锋!好!答复他,请他在小翔凤等候!"

说罢，叶剑英乘车下山，走迂回路线迅速赶回家里。

　　等候在客厅里的不是别人，而是海军大将萧劲光。这位年过七旬的老将军，是人民解放军海军创建人之一。早在1920年在长沙参加"俄罗斯研究会"，加入社会主义青年团。曾先后两次赴苏联学习，并在那里加入中国共产党。后毕业于列宁格勒军政学院。回国后，在中国革命根据地担任中央军政学校校长，中国工农红军第5军团政治委员，率部转战闽赣地区，与叶剑英并肩战斗。新中国成立后，萧劲光奉命组建中国人民解放军海军，为人民海军的建设和发展作出了重大贡献。在他出任国防部副部长以后，与叶剑英的交往增多。1973年叶剑英出席海军的一次重要会议，应萧劲光之请，赠诗一首："沧溟列舰耸层楼，王濬年高雪满头。应向青年寻后继，不拘一格莫嫌仇。"在毛泽东病危期间，萧劲光预料江青、张春桥等人在毛泽东身后会有动作，借领袖名义干不可告人的篡权勾当，便冒着风险到叶剑英那里建议，请叶剑英下命令调集军队，采取"分割围歼"的方法，解决"四人帮"。叶剑英当时沉思良久，摆了摆手，示意主席病重，现在还不是时机。但是，时机到了，萧劲光这次读了"按既定方针办"的文章，感到事态严重，立刻要求来见叶剑英。

　　"等急了吧？"叶剑英同将军握手。

　　"什么时候了？急死人了！"

　　萧劲光来不及更多的问候，将自己的想法和盘托出，严肃地建议说："叶副主席，事不宜迟，再不动手，他们就要动手了！"

　　"我们正在商量采取措施。"

　　叶剑英请将军坐下，从"社论"谈到形势，一再叮嘱，要加强战备，听候命令。

　　萧劲光此刻虽然尚不知对付"四人帮"的全部战略部署，但心里总算有了底，高兴地笑了。

　　"请叶副主席放心，千万保重身体！"说罢就要告辞。

　　"急什么呢？"叶剑英留他吃午饭再走，又问了问苏振华的情况，请代向他"吹吹风",要提高警惕!

萧劲光带着嘱托,离开了后海。

《永远按毛主席的既定方针办》的社论像一股瘴天雾地的龙卷风,刮遍华夏大地。

老一辈革命家和落难的"老家伙"们,焦心积虑,加紧酝酿着应变良策。

素有政治头脑和文化素养的千百万干部、群众预感到一场更大的暴风雨即将来临。

另一边,

张春桥、王洪文也正在调兵遣将。

"民兵指挥部"昼夜值班,"第二武装"开始行动了。

"四人帮"放风,社会上传闻:十月八、九、十日有"特大喜讯"。

蛊惑人心,要"准备庆祝"。上海一些商店里,鞭炮、红纸被抢购一空。好一派热闹景象!"四人帮"错误地估计了形势。他们以为控制了舆论工具,掌握了"第二武装",文武齐全,做好一切准备,包括暗杀在内的一切手段和措施,就可以实现其夺权的欲望。他们是过高地估计了自己,过低地估计了人民群众的力量,过低地估计了叶剑英等"老家伙"们,也过低地估计了他们要取而代之的华国锋。

但将冷眼看螃蟹,看你横行到几时!

叶剑英冷静地观察着事态的变化发展。从已经察觉的种种迹象表明,"四人帮"就要动手,一场政变正迫在眉睫。在此千钧一发之际,他以一个战略家的眼光,断定"这是'四人帮',篡党夺权的先兆"。"见而不发,人将先发,发而不敏,人将先收。"他感到不能再等待了,若再推迟下去,则不是我们解决他们,而是他们解决我们了。

"'马头'!今天晚上提前吃饭,准备车子!"

这天下午,叶剑英给警卫参谋下了命令。

什么时候走?到哪里去?马西金已摸到了首长的脾气,现在是"非常时期"，不便问，也不必问，听招呼就是了。

黄昏。叶剑英坐进红旗轿车，向后望望西山落日，小声说道："我们要来个'夸父追日'！"叮嘱司机赵绍贤，要和落日赛跑，抄近路开往东交民巷。

红旗飞速急驶。在夕阳西下前，到达目的地附近，故意转了几个圈子，进到东交民巷 15 号院。

这是华国锋的新居，曾是西哈努克的旧居。

华国锋在宽大的客厅里来回踱步，正为"四人帮"心烦意乱。

叶剑英的突然到来，赶走了满室的闷气，室主人顿时精神为之一振。

"看到他们发出的信号了吗？"

宾主落座以后，几乎同时提出了这个问题。

于是，话题由此说起。叶剑英把这几天的所闻所见以及从各个渠道掌握的可靠情报，尤其是"四人帮"派人到北京郊区部队活动的情况和盘托出。

华国锋聚精会神地听着，不时点头、插话，将自己了解的情况告诉老帅，彼此交换着意见。

"国锋同志，看来事态的发展，现在解决他们的问题已经到了刻不容缓的时候啦，他们就要下手了，我们不能再等待啦。必须当机立断！"

"是啊，原来设想还有几天，恐怕来不及了。"

"军事家最忌讳的是贻误战机。现在要根据情况改变原来的部署，要提前采取行动，我们要'先发制人，以快打慢'！否则会坐失良机，陷于被动。"叶剑英怕对方未听清楚，又重复着说："要快打慢，快打慢！"

很显然，这是粉碎"四人帮"的一个新的战略部署。叶剑英在催促这位主要领导人，时间要往前赶。

华国锋脸上出现严肃的表情，沉思片刻，说："叶帅，看来，我们是有把握的。你看哪一天动手好？请你决定！"

"根据我们准备的情况，我提议 6 日或 7 日下决心，一破一立除四害，你看怎样？请你最后下决心！"①

"那就这样吧，"华国锋仍然不太放心，他想起不久前与汪东兴交谈的情形，说："只是不知道东兴那里准备得怎么样，不知能不能来得及？"

正说间，秘书来报告：苏振华就要来见。

叶剑英听罢起身："我这就准备到东兴那里去。"

华国锋送叶剑英上车，并嘱咐他多保重身体。

"谋成于秘，败于泄"

"大事不糊涂，小事更周到。"这是萧克将军对叶剑英的一个评语。的确如此，叶剑英这位身经百战、惯于运筹帷幄的军事家，像对待革命战争年代的重大战役一样，来对待这次与"四人帮"斗争的最后一役。这一役虽然只解决了几个人的问题，但在某种意义上，比大兵团作战，还要难一些。因为情况不同，战法不同，又没有先例。在"临战"前夕，有许多特殊问题需要精细缜密地研究解决。

诸如：那几个人都能按时到会吗？他们住地又不在一起，会同一时间来怀仁堂吗？会顺从地接受"审查"吗？要采取哪些预防措施？对江青是否需要"特殊照顾"？执行特殊任务的人选物色得怎么样？可靠程度如何？会议定在晚间还是深夜恰当？参加"会议"的人员和内容什么时候发通知？怀仁堂的场地怎么样？警卫要不要加强？甚至连怀仁堂有几道岗、正厅有几道门，开哪个，关哪个，进哪个，出哪个，他都想到了。再者，除了

---

① 叶剑英与华国锋最后商议，叶剑英提议 6 日或 7 日下决心。"一破一立除四害"这句名言，完全有据可查，在 1976 年 10 月 8 日中央召集武汉、南京、济南、山东、湖北、江苏、上海有关负责人"打招呼"会议记录中写得清清楚楚。

"四人帮"之外，还有哪几个人非要解决不可？自然是人数越少越好。是同一时间解决还是放后一步？这些人解决之后，安置在什么地方进行"隔离审查"？如何依法处置，如何向政治局报告，如何向人民群众交待？还有，对一些重要机关和机要部门要不要采取紧急措施？……

这一系列问题，看来很小很细，未免有点烦琐，但正如列宁说过的那样，是整个"链条"中的若干个"环节"，直接关系着这场斗争的全局，都需要认真去安排和解决，稍有疏忽，一着不慎，则满盘皆输。

为了取得决战全胜，叶剑英又一次来到中南海汪东兴的家里，倾听他汇报最后一切准备工作落实的情况，对遇到的难题摆开来一一解决，使行动计划更臻完善，更为可行。

汪东兴又将进一步落实的情况，及时报告华国锋、叶剑英。最后经过紧急磋商，确定提前到 10 月 6 日晚 8 时采取行动。"会议"事先由中央办公厅发出通知，主要有两个议题：一、审议《毛泽东选集》第五卷的清样。二、研究毛主席纪念堂的方案和中南海毛主席故居的安置。按照规定，政治局常委出席会议的，只有华国锋、叶剑英和王洪文、张春桥。姚文元不是常委怎么办？为了让他参加，以改动文献的名义，通知他列席会议。姚文元不住在钓鱼台，他在城里的住处属北京卫戍区管辖范围。为防万一，作两手准备，先通知他来怀仁堂开会，把这条鱼调到中南海，万一来不成，再临时通知卫戍区领导负责就地解决，特意通知吴忠作好准备。对于江青这个特殊人物以及另外的几个死党分子也提出了可靠的处置方案。

"谋成于秘，败于泄。"叶剑英谙熟历史，深知历史上有许多"谋成泄败"的先例，而且有切身体会。1922 年陈炯明在广州炮轰总统府，他那时跟随孙中山，组织反击，不料海军司令温树德会后告密，使革命舰队遭到损失；1927 年，广州起义中也有内奸几次捣鬼，险些误了大事；最严重的是 1935 年长征路上，张国焘制造"密电"事件，经过党中央紧急果断处置，才化险为夷。前车之鉴，不可不慎。叶剑英一再叮嘱汪东兴，这次对"四人帮"采取紧急的重大政治行动，在党的历史上是绝无仅有的，须虑之周详，妥善安排，严密组织，实际做起来，人不能多，越少越好，要绝对可靠，守口如瓶。万一走漏风声，就会打乱一盘棋，招致失败。他和汪东兴反复磋商，周密部署，从警卫人员的挑选到"隔离审查"的措施，每一个细节都不放过，慎重敲定，再由汪东兴负责主办，检查落实。

事后汪东兴回忆说："本来计划在国庆后准备十天再动手，后来考虑拖得越久越危险，便改为六天，定在6号。10月5日下午决定按事先设想的行动方案办，即以在怀仁堂正厅召集政治局常委会（华、叶、王、张四人）的名义解决。当时发了文件，一是审议毛选五卷的清样；二是研究毛主席纪念堂的方案和中南海故居的安排。计划用找姚文元来改动文字的名义，把姚文元从钓鱼台或住地调到中南海。

……

"战争"前夜

中南海。

红墙绿水，金碧辉煌，庄严典雅，气势宏伟。

这个金、元以来的宫苑胜地，明清以后列为"禁苑"。民国初年曾在此设总统府，新中国成立以后，这里就一直是党中央和国务院所在地。数百年来，这个"圣地"虽几经朝代更迭，宫廷政变，刀光剑影，但依然保存得金瓯无缺，在占地1500余亩宽阔园林的湖面周围，分布着丰泽园、崇雅殿、瀛台胜境，西南两岸分布着怀仁堂、紫光阁、武成殿和宝月楼……殿台楼阁布局有序，建筑风格变化万千。它们依山就势，掩映错落，纵横擘画，曲折有致，真是"翡翠层楼浮树杪，芙蓉小殿出波心"，呈现出一派幽静平和的景象。

然而，谁能料到，就在这古老的"宫廷"里，正在悄悄地酝酿着一场特殊的"战争"。这个地方不是别处，就是中共中央办公厅。

办公厅主任的办公室里，气氛有点异常，人们进进出出，神情紧张。连日来，汪东兴根据华国锋、叶剑英的指示，与张耀祠、武健华、李鑫等有秩序地进行着"战前准备"和"战斗动员"。这位当年曾被毛泽东称为"有办法挡江青"的第一线指挥员，分别召集负有特殊使命的行动组，逐个部署"战斗"任务。小组成员都是经过严格审查精选的。一个共同特点是对党忠诚，立场坚定，身体健壮，具有长期革命斗争和警卫工作经验。根据"隔离审查"的对象，分别编成几个小组，每个组有三四名组员。汪东兴逐个找小组负责人和组员谈话，交待任务，征求意见。这些"无名英雄"领受这项重大政治任务时，知道是叶剑英亲自交待的，心情激动，表示愿意保卫党和社会主义祖国的利益，为民除害，坚决服从命令，听指挥。没有一个人提出异议和反对的。经过深入细致的思想工作和组织工作，各个小组统一了认识，确定了各自行动方案，并严守纪律，绝对保密。

数十名整装待发的战士，如刀出鞘、箭上弦，随时准备听从党的召唤，投入一场"无声"的战斗。

早在抗日战争时期被国民党军将领和记者称为"游击战争战略家"的叶剑英，居然在1976年秋天又打起游击战来。

尤其这几天，他更是不断地变换阵地。为此，司机赵师傅车上的油箱总是灌得满满的，医护人员的药箱也整理得好好的，随时准备"开路"。

为了指挥解决"四人帮"的最后"战役"，为了保证这次"战役"大获全胜，万无一失，叶剑英今天又上了西山。

这里，地下战备设施更为严密。

这里，重峦叠嶂，云雾缭绕，比玉泉山更为幽深。

在这里，叶剑英召见总政治部副主任梁必业，告诉他最近同华国锋总理等商谈过，国内局势有点紧张，总政机关要提高警惕，保持稳定，同时要加强部队的管理教育。

梁必业这个"红小鬼"，早在中央苏区就熟悉"叶参座"，在红一军团，尤其在四野政治部工作期间，经常见到叶剑英，听取指示。今天，在这个关键时刻，又一次当面聆听教诲，接受任务。他现在实际上主持总政工作，受够了"空头"主任张春桥的"闷棍"，恨不得一下子除掉"四人帮"。听叶剑英一说，便领会了意图，感到责任非常重大，当即表示全力以赴，坚决贯彻执行。

在这里，叶剑英又一次请来了杨成武。

他首先关心地问了问聂荣臻的情况，然后说："你可以告诉聂总，已经商量好了，请他放心。"

杨成武还想再探听一下详情，未等开口，叶剑英又提出了一连串问题。

"现在总参机关怎么样？"

"军队战备怎样？"

"没有问题。"杨成武满有把握。

"你要同可靠的同志个别商量一下，切实掌握好三总部、陆、空军和沿海边防，务必搞好战备，无论如何要保证军队不出问题。"

杨成武像接受战斗命令一样，站起来："请叶帅放心，军队永远听党的话，听军委指挥！"

在这里，叶剑英又拿起电话机，亲自与有关可靠的老部下通话。

一位空军的领导人深夜在卧室里突然接到叶剑英的电话，坚决表示：提高警惕，听从命令，服从指挥！

十三

十月六日
一切就绪
叶剑英和华国锋坐镇怀仁堂
王、张、姚"自投罗网"，束手就擒
江青无奈只好交出钥匙

历史选择了这一天

10月6日，星期三。阴转多云。风力二三级。最高气温18度。风向北转南。

这是日历上的普通的一天。

然而历史选择了这个普通的一天。

这一天一切正常。

玉泉山9号楼的主人，像往常一样，起床、用餐、散步、看报、读书……一切有秩序地进行着。

上午10时，秘书们上山来依次汇报，送批文件。

中央的、军委的、各总部的。国际国内动态和各种简报……

叶剑英非常关注军事动态，认真听取，细心批阅。

中午，轮到"Teacher"陈效良汇报国际动态，叶剑英一边吃饭一边听。饭后，照样请他教英语。

文件处理完了，外语学过了，但叶剑英心里还装着一件事，一件惊天动地的事。他在等待电话通知。可是，桌子上的红机子静静地躺在那里，毫无动静。1小时过去了，2小时过去了……

3时30分。电话突然响了。

"晚8时政治局开常委会，请叶副主席提前一小时到怀仁堂。"

"马头"接到电话，立即报告叶剑英。

"好，作好准备！"叶剑英下令说。

整个下午，叶剑英守候在9号楼，心情极不平静，但又显得平静异常。这是"决战"前的那种平静。他早已得到汪东兴的报告，一切都按照部署正常进行。结果如何？只需等待。他想起拿破仑的一句名言：战场上见分晓。是啊，再过几个小时便见分晓。那将是一个什么样的场面啊！将对付的虽然只有几个人，可是牵连着亿万人民，关系着党和国家的命运。每念及此，叶剑英一颗悬着的心又怎能放得下呢？

6时15分，叶剑英换上灰色的军便服，带上办公室主任王守江送的文件出发。

黑色的红旗，向着与西山落日相反的方向，直奔中南海。

晚霞满天，金风送爽。红旗箭一般飞驰。

在车上，叶剑英神态严肃，提醒警卫参谋，作好应急准备。

"马头"立即握好枪，觉察到今晚有点异常，心情有点紧张，但又不知道会发生什么事。

"一路上，你们要留心，看看有什么动静！"

叶剑英双目直视车外，提醒警卫参谋和司机老赵。

车子临近西郊机场附近时，他又叮嘱："'马头'，看看机场上飞机有什么变化？"

老赵故意放慢车速，开到跟前，警卫参谋一架一架数过，报告："19架都在，原来是20架，最近摔坏1架。"

红旗全速行驶，路过五棵松。又听叶剑英问道："有什么变化没有？前面到木樨地要特别注意！"

为什么要特别注意木樨地？"马头"和老赵有点纳闷。

"未发现异常。"

叶剑英伸长脖颈，两眼一直盯着北边。来到木樨地路口，又叮嘱道："仔细看看，北边过来车没有？"

"没有看见。"

他松了一口气："好，我们赶在前边了！"

原来他说的"北边"是钓鱼台，关心的是张春桥、王洪文的车子是否跟上来或超过自己。

红旗驶上西长安街，稍微放慢速度，继续观察，未发现异常。到达六部口后向北直插中南海西门。

"'马头'，怀仁堂你不是很熟悉吗？最近有变化没有？"

"马头"是从中央警卫局调来的。对怀仁堂非常熟悉。不久前，他还去过，没有什么新发现，便简要地作了汇报，但不知首长为什么提出这个问题。

说话间，车子驶进了中南海。

夜色很美，天遂人愿。中南海的秋夜胜似春光，一轮明月穿透乌云，将一片皎洁洒向人间。

当年在炮声隆隆的战场上，曾经同毛泽东、周恩来、朱德一起运筹帷幄、决胜千里之外的叶剑英，今晚却又一次亲临前线。不过他没有带来千军万马，也没有准备消灭万千敌军，只是为了处置几个跳梁小丑，为民除害，又一次来到战场。这是一个十分特殊的战场。这里，没有堑壕，没有炮声，没有两军对垒。肃穆安谧，灯光闪烁。在隐隐的月光下，只有少数执行特殊任务的人员，担任着警卫。一切是那样和谐、平静、正常。

晚7时，叶剑英乘坐的红旗轿车停在怀仁堂门前。

这个始建于1888年的宫殿，原名"仪鸾殿"，曾与"勤政殿""瀛台"等齐名。它作为"引对臣工、总理机务、宴赉王公卿士"的重要场所，后为八国联军所毁，慈禧太后又耗用巨资重建，改名"怀仁堂"。建国前夕，中国人民政治协商第一届全体会议在此召开，以后一直成为党和国家的重要议事堂。

叶剑英走下车，向随员打招呼说："你们不要随意走动，听指挥！"他望着幽静庄严的怀仁堂，疾步来到门前，那拱立在两旁的石狮，依然那样威风凛凛，栩栩如生。

这时，警卫人员走过来向他敬礼，并拦住马头不准入内。这时随员们才感到情况有些"不正常"了。太液池平静的水面上泛起微澜。究竟发生了什么事？

按常规，警卫参谋拿着文件包，是要送首长到会议室后再出来的。这既是为首长安全，也是为文件安全。"马头"拎着黑色的文件包，继续紧跟首长往里走。突然警卫科长又来"挡驾"了，说什么也不让跟进去，"马头"无奈，只好赶紧把文件包递给首长。正在拉拉扯扯，叶剑英急了，怕耽误时间，甩下文件包，独自进去了。警卫科长一看文件包落地，才让"马头"拾起来，快步跟上，并小声告诉他，送到正厅立即出来，这是纪律。

叶剑英穿过高大的影壁，径直向院内走去。怀仁堂内，古雅富丽的殿台楼阁，披上了一层轻柔的夜幕，静静地立在那里。面对"怀仁堂"匾额，左侧走廊下高悬四个楷体大字"绮兰晨露"，右侧走廊下的行书横幅"光绚春华"，依稀可辨。只是让人感到"晨露""春华"与今晚的紧张气氛不大相称。叶剑英以多年养成的精细习惯，用敏锐的眼光扫视精美的戏台、庄严的厅堂和东西两廊，不见有人走动，才放心地直奔正厅而去。

在夜幕笼罩下，厅堂屋檐上雕刻的各式精美图案已经模糊不清。宽敞的大厅内却被莲花吊灯照得如同白昼。

叶剑英走进正厅，守候在东门口的四名警卫向老帅行注目礼。"马头"放下黑皮包，听从指挥，立即退到门口的值班室待命。

叶剑英从前熟悉的正厅，现在完全变了样。原先所有的桌椅，都不翼而飞。宽阔的殿堂，显得空荡荡。中间摆放着一扇屏风，将大厅一分为二，隔成两半。对着正门的这一半前厅里，厚厚的红色地毯上，只留下两张罩着白色套子的高背沙发，孤零零地立在那里，似乎在等待主人来临。

今宵的主人华国锋和叶剑英几乎在同一时间到达，而汪东兴带着警卫人员却已守候在大厅左右。他们碰了面，以目示意，尽在不言中。此刻叶剑英稳坐在沙发椅上，神态坦然，胸有成竹，指挥若定。他示意汪东兴找个椅子坐下，汪谦让地说："我不是常委，不能坐，再说我另有任务。"叶剑英小声说："噢，你要'埋伏'哟！"于是按照事先安排，汪带上警卫躲在屏风后面，注视着门口，负责"会议"的安全。

怀仁堂正厅的"会议"

"开会"的时间就要到了。

整个怀仁堂安静极了，静得可怕。警卫人员停止了走动，一个个立定在那里，凝神注视，血管绷紧，可以听到自己的心跳声，而远方偶尔传来的一两声秋虫唧唧，显得格外响亮。

党和国家的主要领导人华国锋和叶剑英坐在沙发椅上，焦急地等待着来"开会"的另外三个人。

人们不停地看表，而时间又好像故意放慢脚步，每一秒钟都使人感到难熬。

时针指向 7 时 55 分。

院内传来了脚步声。第一个出现在正厅门口的，将会是哪一个呢？警卫们屏住呼吸，揣度着。

王洪文在怀仁堂外下车，两手插在兜里，跨进门。待他来到怀仁堂正厅东侧门时，完全出乎他的意料，行动组的李广银、霍际隆等带着几个卫士从横刺里走过来。他一看势头不对，厉声道："我是来开会的！你们要干什么？"接着，使出浑身解数，拳打脚踢，拼命反抗，但是很快便被制服了。警卫人员将他扭住，押到正厅。从几米远的地方，他看到坐在那里的华国锋、叶剑英，预感到末日来临，两眼射出复仇的火焰，像一头发怒的野兽猛扑过去。警卫人员将他推倒在地。待他爬起来的时候，大概是从青云直上的梦境中忽然"清醒"了，只好乖乖地立在那里。这时华国锋立起身来，按照事先准备好的程序，宣布他的罪状和"隔离审查"的决定。他严肃地说：王洪文，你犯下了反党反社会主义的罪行！我代表党中央宣布，对你进行隔离审查！

叶剑英只是投以十分厌恶的目光，一声不吭。

就在王洪文被带去候审、离开正厅的时候，警卫人员听到他轻声地发出这样的叹息："没想到会这样快！"可惜，到了这个地步，快也好，慢也好，对于他已无济于事了。这只能反过来证明一件事，那就是对付他们采取"以快打慢"的战略方针，该是何等适时，何等正确。

正厅里的"会议"继续进行。

再说张春桥。他接到电话通知之后，原以为今天的会议讨论完规定项目之后，还有时间提出解决他的"人事安排"问题，故而带上材料，提前从钓鱼台出发，和王洪文几乎同时到会。他夹起黑皮包，走进了怀仁堂。突然间随身警卫被留在门外，他才嗅出一点异样，感到事情不大对头，心里犯了嘀咕，待到正厅东侧门，一看形势更紧张了，嘴里不停地问："怎么回事？""怎么回事？"还未弄清发生了什么事，只见行动组的纪和富、蒋廷贵等迎上去，"保护"他进了正厅。他迈进门槛，环视厅内，大概还想寻找自己的位置。一看那里已经没有他的座位，正襟落座的叶剑英目光严峻，冷冷地逼视着他，巍然直立的华国锋，满脸秋霜，俨然一位大法官在审视罪犯。

张春桥彻底明白了，自己已成了"阶下囚"。他正想申辩，只见华国锋严肃地说：张春桥你听着，你伙同江青、王洪文等反党、反社会主义，犯下了不可饶恕的罪行！接着宣读了事先写好的"隔离审查"的决定，郑重宣布立即执行！

纪和富告诉作者：此时的张春桥丢掉了黑皮包，双腿打战。他没有任何反抗，就乖乖地被监护人员拉出正厅北门，到一个候审的地方。

送走张春桥、王洪文，时针已指向 8 时 15 分。

姚文元还不见来。等待在正厅的人们有点发急了。是不是由卫戍区解决了？还是其他方面出了"故障"？事不宜迟，临时决定重新打电话通知姚文元本人，"请"他速来怀仁堂出席政治局常委会……

迟到究竟是哪里出了"故障"，也不必追究。只知道姚文元接到电话，嘴里嘟囔说："搞什么鬼？这么长时间不开会，早就该开这个会了！"他平时外出，总要戴帽子，可是今天听说请他开会，一时发急，竟忘了戴帽子，只穿上中山装，夹上皮包，跳进汽车，匆匆赶到了中南海。

他走进怀仁堂，一路上举着"毛选"送审本，准备大显身手。当他发现行动组的滕和松等向他围过来时，忽然觉得不对头，连声高呼自己的警卫员："小朱，小朱！"他大概忘了"小朱"早已被留在外边了。继而连声质问："我是来讨论'毛选'的，你们胆敢……？"回答是没有的。

不知道是因为他迟到被"处罚"，还是出于其他什么原因，对他的处置竟降了格：第一，没有让他进正厅，只在东廊的休息室里待命；第二，没有由华国锋宣布"隔离审查"的决定，而是经过请示，由中央警卫局一位副局长宣布的。据滕和松回忆，待到姚文元听到"决定"，弄清是怎么一回事之后，他立刻软了下来，像一条断了脊梁的癞皮狗一样，瘫倒在地。行动小组的几位卫士只好扶他起来，将他送到该去的地方。

万字廊 201 号的一幕

就在怀仁堂"会议"紧张进行的时候，另一个执行同样任务的行动小组来到了中南海万字廊 201 号。有一点不同的是，这个小组里特意安排了两名女警卫。

居住在这里的是江青。此刻，她穿着睡衣正仰靠在长沙发上，翻看着今天送来的一叠厚厚的"情况清样"。

突然，几个不速之客，未经请示，出现在大厅里。

江青斜睨一眼门口，打量几个"来客"，厉声喝道："你们来干什么？"

行动组的负责人中央办公厅副主任张耀祠和高云江带几名警卫已经跨进室内，向她宣读了"隔离审查"的决定。

还未等读完，江青一下子明白了怎么回事，顿时慌了神，蓦地站起来连问："为什么？为什么？"

"来客"回答："你去了就知道了！"

江青马上提出："我可以方便一下吗？"

高云江告诉作者，江青有一个习惯，一紧张就要如厕，这会儿神经高度紧张，惊慌失措，自然产生这种生理需要，但此刻她更主要的是借此拖延时间，到厕所里冷静一下头脑，想想对策。

"来客"清楚她的旧习，也明白她的目的，不能勉为其难，只能答应她的要求，但派护士马晓先陪着她如厕。

人们只好耐心等待。室内的空气似乎凝固了。时间一秒一秒地过去……

大约过了一刻钟，江青从厕所里走出来，故作镇静。

"来客"提出最后要求："请交出保险柜的钥匙！"

江青不答，拒绝交出。

双方对峙着，进入高度紧张状态。

行动组的等待是有限度的，连催几次，江青不高兴地说："要交，也不能交给你们！"随后，她要了一个大信封，把自己随身带的一串钥匙装进去，写上"华总理亲启"，交给行动组人员。

此时此刻，江青方感到交出了钥匙，就是交出自己苦心经营、抓住不放的手中大权，交出这里的一切……。她抬起头来，环顾左右，期待能够得到跟随自己身边的服务人员伸出保护救援之手，哪怕是一点点同情的目光……！

然而，所有"201"的工作人员再也不理睬她了。

办完"交接"手续，行动组人员还是请她快点收场，换一个地方。江青不得不跟随警卫人员钻进轿车，由两辆警卫车"监护"送到她应该去的地方。

对于江青的评价，"四五"运动以来，有些无名诗人的词，如《三宠三哭》《赠某女士》《秃儿想洲坟》《气死你》等，写得满有趣味，脍炙人口，尤其那首《终身误》，据说是出自名家赵朴初之手，当时争相传抄，广为流行。可惜洋洋洒洒数百言，这里只好割爱了。还有一首也为人广为传诵，那便是广东省文史馆胡希明先生写的七绝：

> 银幕华灯迹未残，
>
> 山呼万岁梦江南。
>
> 当年庆寿人如在，
>
> 记得尔家旧姓蓝。

这首七绝妙在揭露了30年代蓝苹在十里洋场，为蒋介石庆寿的往事。这是江青的一大心病，为此她曾将知情者王莹、郑君里等老电影工作者置于死地。此诗首句以蒙太奇的手法将人们的思绪拉回到灯红酒绿的旧上海之夜，末句模仿江青的口气，惟妙惟肖，令人拍案叫绝。[①]

到此为止，"四人帮"已经各得其所，各就其位，被关押在不同地方的不同地下室里（因属机密故略）。不过，他们自己并不知道，也没有人向他们透露半点消息。他们自然不习惯于"地下生活"，在"候审"中等得不耐烦了，未免仍然口出狂言、口出怨言、口出骂言，"地上"的人自然听不到，一直陪伴他们在地下的警卫人员只好"挨骂受气"。关于关押"四人帮"，已有许多"受审记"面世，本书无须多言。

这里，转引传抄一时的《快刀斩麻除四害》四首诗，为"王、张、江、姚"的覆灭作个小结吧：

> 王八乌龟梦发财，
>
> 洪水江波起上海。
>
> 文面鼠辈大流氓，
>
> 绞尽脑汁想上台。

---

① 在201室接管江青钥匙、封存文件的前后，在钓鱼台和姚文元住所，也安排专人分别到王洪文、张春桥、姚文元的办公室取钥匙、封文件，不过此事据说并不顺利，遇到了一些小的麻烦，不必细说。

张牙舞爪阴气露，
春风作面容狼豺。
桥上抽板设陷阱，
杀尽忠良心太坏。

江湖巫婆臭戏子，
青从蛇口毒牙栽。
碎骨吸髓欲称王，
尸落黄泉鬼不睬。

姚士叭狗爬得快，
文过饰非两面派。
元凶恶鬼徒遮日，
焚作骨灰粪中埋。

大江南北齐愤慨，
快刀斩麻除四害。
人民欢呼新胜利，
心花怒放乐开怀。

最后胜利的喜悦

闲话少叙，再说 10 月 6 日晚 8 时后发生在中南海这场"特殊战斗"的另外一幕。

时间：在处置江青之前。

地点：颐年堂后院。

颐年堂是丰泽园的一座主体建筑，清朝最初称崇雅殿，后改名颐年殿，到民国初年改为颐年堂。上刻横匾"红彩碧滋"，右联是："榴花照耀菖蒲岸"，左联是："竹影扶疏翡翠亭"。院内东西房上至今保留着慈禧太后书写的"云山画""烟雨图"悬匾。颐年堂，康熙初年为儒臣给皇帝进讲之处。新中国成立后到"文化大革命"前的十七年中，颐年堂一直是毛泽东、周恩来、刘少奇、朱德、陈云、邓小平和其他中央领导同志举行重要会议的地方，党和国家许多重要决策都是在这里集体作出的。毛泽东等人还常在这里会见党内外知名人士和外宾。

"文化大革命"开始，毛泽东搬到新建的"游泳池"，丰泽园便逐渐冷落下来。小小院落，几间宽敞明亮的房子，仍旧保持着当年陈设的原貌。苍松香菊，幽雅宜人。现在的屋主就是那位曾居于"一人之下，万人之上"的毛远新。此刻这位"联络员"已经无事可"联络"，外间纷纷传言他已回了老家沈阳。其实，他并没有走。一来，江青不让走；二来，他自己也觉得重任在身，走不开。他的妻子远在辽宁，身边只有一个原来给江青女儿看过孩子的老保姆侍候。晚间，他正独自一人埋头在电视机的荧光屏上，看得入神。

突然，李联青（作者尊重本人意见，改用化名）出现在门口。

李联青是跟随毛泽东多年的卫士，和毛远新是老相识了，常来常往。也许正因为这个缘故，毛远新开始并没有在意。后来仔细一打量，看到老熟人今天脱掉往常的便衣，换上了整齐的军装，后面还跟着几个军人，觉得有点异样。

"老李，有什么事吗?"毛远新有点坐不住了。

"准备给你另外换个地方住，不要住在这里了。""老熟人"慢慢地回答。

"那要收拾一下，还要带点东西。"

"不要了，什么也别带，现在就走!"

直到此时，毛远新才明白是怎么回事!

"啊！你来抓我？"他霍地站起身来，瞪大眼睛，质问"老熟人"。

"老熟人"实话实说："你说得不完全对，不是我来抓你，而是我奉命来向你传达一件事情。"于是把中央对毛远新实行"隔离审查"（当时区别于王、张、江、姚，叫"保护审查"）的决定复述了一遍。

此刻，毛远新并没有任何抗拒。接着，军人们搜出了他的手枪，然后将他带上汽车，送到候审的地方。

解决江青和毛远新的消息，很快回报到怀仁堂正厅。

焦急等待在那里的叶剑英脸上露出了笑容，高兴地说："好！没有放一枪，实在太好了！"他和华国锋、汪东兴及全体参加这次特殊"会议"的警卫人员，一起分享了胜利的喜悦。

再说，北京市委在北京卫戍区部队的配合下，由吴德、吴忠等主持，以召开市委紧急会议的形式，召来了"四人帮"的亲信迟群①、谢静宜、金祖敏等人，宣布了对他们实行"隔离审查"的决定，并采取了其他相应措施，保证了北京市局势的稳定。

这样的胜利是人们所期望的，但却是始料未及的。1966年开始的"文化大革命"，十年时间过去了；从1974年起毛泽东就说要解决"四人帮"，两年时间又过去了。谁能料到今天10月6日晚8时至9时，前后不到一小时，没费一枪一弹，没流一滴血，就从组织上打垮了这个反党集团，结束了"文化大革命"整整一个时代的灾难！

这是历史的偶然吗？不！这是历史的必然。

在这场斗争中，叶剑英和华国锋、汪东兴以及中央政治局的其他成员

---

① 前一天，迟群还在清华大学大肆吹捧江青，并带着挑衅的口吻大讲特讲斯大林死后苏联政权更迭的历史，说："有人讲主席在，一个个跳出来好办，主席不在了怎么办？无非修正主义上台嘛！我们再把他赶下来就是了。"他断言："'文化大革命'可能进行多次，有人说搞一次就够呛了，其实，是太好了，按革命派来讲，恨不得马上进行第二次'文化大革命'。"这个原8341部队的宣传科长在"文化大革命"中，一跃而当上清华大学党委书记。

一道，集中了人民群众的智慧，在关键时刻，再一次为党为人民作出了巨大贡献，他们的事迹永远载入史册。

关于对"四人帮"采取紧急措施，实行"隔离审查"，依法处置的问题，中外的一些史学工作者和传记作者，在论著中，有各种各样的记叙和评述。有说是叶剑英下令"逮捕"的；有说是传讯"扣押"的；有说是"软禁"的。至于最后解决"四人帮"的地点，更是"五花八门"。或说是在西山"军委作战室"，或说在钓鱼台，或说是分头在办公室或家里抓的等等。

如严家其夫妇在《文化大革命十年史》中写道："6日凌晨，汪东兴到钓鱼台，逮捕了王洪文、张春桥、江青、姚文元四人。"这自然是编造出来的。

还有一本名为《七十八天》的小册子，先是刊登在《中国》杂志上，后又由湖南某出版社印成单行本，流传甚广。这本书写道：

10月6日。

在这个宁静而温和的星期三的午夜，北京卫戍区和中央警卫团同时接到中央军委副主席叶剑英元帅的命令：

立即逮捕王洪文、张春桥、江青、姚文元。

立即接管公安部。

立即接管新华社、中央人民广播电台和钓鱼台某号楼（梁效写作组所在地）。

中央警卫团赵营长听到汪东兴传达这个命令后，十分镇定，立即赶回营区，下令紧急"集合"。

部队全副武装拉出营房，在操场上列队待命。……

7日凌晨2时左右，天空一片漆黑，有十几辆军车驶出营区大门。赵营长荷枪坐在指挥车上，戴着耳机，无线电天线在挡风玻璃前摇曳。车队行驶十分钟后，已接近中南海。

……

这位作者在后面接着写这个曾是朱德卫士的"赵营长"，如何一个一个向王、张、江、姚宣读"逮捕令"，实施武装逮捕。

对于这个显然失实的"纪实",许多知情的读者和严肃的史学工作者曾经提出过不同意见。中共中央文献研究室编辑出版的 1986 年第 4 期《文献与研究》上,曾发表陈一非撰写的《纪实文学作品应当尊重历史真实》的文章,提出批评:

《中国》1986 年第 4 期登载了×××写的纪实小说《中国:一九六七年的七十八天——"二月逆流"纪实》。以后,不少报刊纷纷转载,在社会上产生了相当大的影响。

这篇作品之所以会产生这样大的影响,很大程度上同它自称的"纪实"有关。作品里描述的都是"文化大革命"中的重大政治事件,有时间,有地点,用的是真实姓名,还有许多刻画入微的细节。这就很容易给人一种印象:似乎它所叙述的基本情节,都是真实的、可信的。读者之所以对它有兴趣,恐怕很大程度上也是从这里来的。作者在接受《南方周末》编辑部采访时曾表示:"我认为,纪实性文学的生命在于真实","作者应该严格按照历史的真实去反映历史事件,特别是重大的政治事件及其背景,不能胡乱虚构。"(见《南方周末》第121 期)可惜的是,作者自己的作品却违背了这一原则,这篇作品描述的历史事件中的许多重要情节或是作者任意虚构的,或是真假掺杂的。这里只举几个例子:

读过这篇作品的人都会记得,作者用了很长的篇幅,活灵活现地描绘了毛泽东主持 2 月 14 日的怀仁堂碰头会这一情节。这大概要算是作品中的关键性章节之一了吧!这里不仅写下了毛泽东在会上的多次讲话,还有他当时心理活动的细致刻画,以后又说他会后离京到南京中山陵小住,直到 2 月 28 日才回来,等等。可事实是怎样的呢?事实是:毛泽东当时根本不参加这一类的会议,在此期间也并未离开过北京。所以,作品着力渲染的会议中的许多情况是否"严格按照历史的真实去反映",实在是不言自明的。至于作品把 2 月 16 日"大闹怀仁堂"的许多内容挪到了 2 月 14 日来写,这里就不再多说了。作者在杜撰了毛泽东去南京小住后，接着又引出江青在他回到北京时向他告状这一段情节。这段对话写得波澜起伏，有声有色。可惜，也全是凭作者想象虚构出来的。实际上，2月16日怀仁堂碰头会散会后，张春桥、王力、姚文元立即整理出会议记录，在同没有参加这次会议的江青密谋后，于16日当晚向毛泽东汇报，江青并没有去。

再如，作品大概是根据西方记者的报道，用了整整一章的篇幅描述了3月18日在北京工人体育场召开的十万人大会，批斗陈毅、叶剑英、徐向前、聂荣臻等47人。事实是，2月18日深夜，毛泽东十分严厉地批评了在怀仁堂碰头会发言的老同志后，从2月25日到3月18日，在中央政治局碰头会的范围内，连续召开了七次"政治生活批评会"。根本不存在3月18日举行批斗陈毅、叶剑英等的十万人大会这个事实。至于其中的情节，有的是作者凭空想象出来的，有的则是用移花接木的办法从其他场合挪用过来的。

这篇作品中的"开篇"写了粉碎"四人帮"的经过。这又是一个重大的历史事件。其中，虚构和失实的地方同样也不少。

至于文中涉及的时间、地点、人物身份等，很多也是不确实的。例如，作品一开头就讲到毛泽东从70年代开始喜欢常住的地方是官园，最终是在那里去世的。这不是事实。事实上，毛泽东那时在北京总是住在中南海"游泳池"旁，一直到去世。又如，在写到1967年2月的怀仁堂碰头会时，说余秋里、谷牧是副总理，这也是弄错了的。

当然，纪实小说并不等于历史。但重要的历史事实，总不能任意编造，否则还叫什么"纪实小说"呢？这篇作品在这方面未免显得太过分了！

胡耀邦今年初在一个批示中专门说道：作家创作以党史为题材的文学作品，党允许作家在风格和艺术上的自由选择，不要干预，但在这类作品中，特别是在文学传记作品（包括小说、戏剧、电影、电视片）中，不应虚构重大的党史史实，对党的历史人物的描写，更不能歪曲。因为这不是什么艺术领域内的是非问题，而是政治领域的是非问题，也是作家的社会责任和职业道德问题。对此，党员作家必须模范遵行，不能含糊。

在这里，我并不想全面地评价×××这篇作品的成败得失，但我希望创作党史题材文学作品的作家，应该本着胡耀邦这个批示的精神，采取严肃负责态度，在不违背历史真实的前提下，进行合理的艺术加工创作。如果随心所欲地虚构重大历史事实，或者很不严肃地把捕风捉影得来的"内幕新闻"甚至西方记者的不实报道都拿来当作事实来写，并且宣布这是"纪实"，那就可能事与愿违，产生不良的社会效果。

本书作者为此也写过《评〈"二月逆流"纪实〉的真实性》一文（载1988年第6期《文艺争鸣》）。

值得注意的是，时至1989年出版的另一本记叙邓小平在十年动乱的"纪实文学传记"，在最后写到粉碎"四人帮"的情节中，几乎全文照抄上述《七十八天》一书的有关内容，并在"后记"中对该书作者"表示衷心的感谢"，时过十六年，这部《七十八天》的书仍被收入《梦魇》系列，广为传播，这种"梦魇"的故书未免有点同历史开玩笑了。

此外，还有的当代名人"文学传记"中，编造类似的故事情节（包括人名、地点、时间、对话等），对此，作家顾保孜在《中南海的秘密行动》（载《中华儿女》1993年第8期）一文中已经有所评及，不再赘述。

更有甚者，台北出版的那本个人回忆录，继续在同历史开玩笑。回忆录中谈到处置"四人帮"时竟"回忆"说：10月6日晚上8点，华国锋叫所有政治局常委和负责《毛泽东选集》第五卷出版的张春桥、姚文元、王洪文和江青在中南海怀仁堂召开中央政治局常委会会议。华国锋告诉江青等四人，要他们在玉泉山向政治局汇报《选集》的提议。这显然不对：第一，时间定在"8点"，但通知更早一些；第二，参加怀仁堂会议的人员面太宽了，而且没有江青；第三，通知"江青等四人"开会的内容也是不确切的。

该"回忆录"还说，华国锋和叶剑英早到，汪东兴不是常委，他躲在隔壁。这也不对，汪东兴不是"躲在隔壁"，而是在正厅屏风后面。

该"回忆录"接着说，张春桥先到，他的警卫员和秘书都被留在外面。……究竟谁先到？现在有两种说法。本书作者原来根据某人的回忆（不是叶剑英的回忆）和传统的说法，也认为是张春桥先到，后来从几位行动组当事人那里了解到：不是张春桥而是王洪文先到。可惜当时没有录像，权且留下这个"谜"，反正这是细微末节，无关紧要。

还有，该"回忆录"说，张春桥带来"秘书"，查无此人。

该"回忆录"写到姚文元就更离谱了：当晚 10 点，姚文元仍未到怀仁堂。由汪东兴派警卫团会同警卫师的人，到姚的家里，将姚逮捕。……很显然，不论时间、地点还是执行任务的人员都是错的。

据该"回忆录"作者交待，"逮捕"（"四人帮"）行动发生时，他并不在场，第二天听一位"朋友"告诉他的。可见，又是道听途说，生编硬造。

鉴于该书作者及其他"传记"作者都多次引用汪东兴的回忆，现将经过汪东兴本人审阅过的一段有关"怀仁堂会议"的回忆摘录如下，以供研究参考：

> 关于行动情况：1976 年 10 月 6 日下午 8 时在怀仁堂正厅开政治局常委会。华国锋、叶剑英同志坐在那里。事先已写好一个对他们隔离审查的决定，由华宣布，由我组织执行。张春桥先到，宣布决定就解决了。接着来的是王洪文，他有一点挣扎，他从 5 米远的地方向华、叶坐的地方扑过去，当只剩两米的距离时，我们的人也跟上去了，把他抓住，推倒到地下。姚文元住在家里，是卫戍区管的，因此事先请吴忠同志在我办公室等着，如果他不来中南海，就去他家住地解决。结果姚文元来了，顺利解决后，我就打电话告诉吴忠，让他回去了。与此同时，张耀祠、武健华同志负责在江青、毛远新住处解决，都没有什么抵抗。从 8 点开始、9 点半以前就全部结束了。因为准备工作做得比较细，比较扎实，当时都是先向他们宣布中央决定，中央认为你犯了罪，决定对你进行隔离审查……

十四

玉泉山

政治局紧急会议宣布特大喜讯

山河重光，举国欢腾

玉泉灯光

古希腊哲学家亚里士多德说过："历史不能只记载一个行动，而必须记载一个时期，即这个时期内所发生的涉及一个人或一些人的所有事件……"

在中南海处置"王、张、江、姚"这个政治行动，只不过是"文化大革命"十年最后一年这个历史时期内，一瞬间所发生的事件。与"四人帮"的斗争还在继续进行着。

1976年10月6日晚9时，粉碎"四人帮"之后，叶剑英和华国锋按照事先商定的计划，在怀仁堂召见了耿飚，命他带上一个营的兵力，立即去接管被"四人帮"控制的中央人民广播电台、新华社等新闻机构。然后又同汪东兴一起紧急布置了对"四人帮"实行"隔离审查"的善后工作。

对于耿飚，人们并不陌生。这位出生于湖南醴陵的大革命时期老共产党员、红军老战士，和叶剑英有点相像之处，就是长期担任部队参谋长职务，并曾跟随叶剑英出任北平军调部中共代表团副参谋长。新中国成立后，曾任中华人民共和国驻瑞典王国大使兼驻丹麦、芬兰公使，长期担任中共中央对外联络部部长等重要职务。耿飚行事胆大心细，加上他又在叶剑英直接领导下工作过，彼此非常了解信任，所以，叶剑英在解决"四人帮"的关键时刻选中他，向华国锋推荐他，并交给他在粉碎"四人帮"后立即带领部队武装占领中央人民广播电台大楼的特殊任务。同时，与华国锋商量，起用秦基伟、迟浩田等将领配合耿飚接管《人民日报》、新华社等新闻单位。

叶剑英在整个"文化大革命"期间，特别是在与"四人帮"斗争中，一直密切关注着新闻媒体的每一根神经，千方百计掌握控制舆论阵地，一旦从组织上打垮了"四人帮"，立即建议华国锋下令完全占领这块阵地，牢牢扼住国家政权的这根"中枢神经"和"咽喉要道"。这是叶剑英在与"四人帮"博弈棋盘上的又一着险棋。

耿飚奉命来到怀仁堂接受任务后,立即带上事先准备好的警卫部队去广播电台,迅速圆满地完成了使命。他曾向作者详细介绍了当时接管的情形,回忆说:

10月6日那天晚上,我正在看《新闻联播》,突然红机子急促地响起来,通知我立即到中南海怀仁堂。我坐车赶到怀仁堂,看见了华国锋和叶剑英元帅。华国锋对我说:"我们已经决定采取行动,并且已经取得了胜利。王、张、江、姚已被隔离审查。现在派你带卫戍区邱副司令,立即去接管中央人民广播电台、新华社等新闻单位。"叶剑英在旁也语重心长地嘱咐两点:一要防止内部混乱,二要防止向外泄密。你要防止发生异常情况,采取处理林彪事件的办法。华国锋又关心地问我:"你要不要带枪?"我看看邱副司令说:"枪就不必带,请给一个手谕。"华国锋提笔写道:"邓岗同志,为加强广播事业局的工作,特派耿飚、邱巍高来,有什么问题,你请示他们。华国锋。"我们和另一位副师长出门坐车前往广播事业局。这时,一个营的部队已经进驻该局广播大楼。我一到广播电台,带了几个哨兵,就把办公室围起来了。

我在广播电台办公室见到了当时的负责人邓岗,首先向邓岗宣读了手谕,接管了电台。随后又接管人民日报、新华社、红旗杂志社以及其他宣传口的工作。

分管中央宣传口工作的耿飚完成接管工作期间,曾多次向叶剑英等汇报情况。12月,他亲笔来信说:"人民日报社许多同志揭发了'四人帮'在天安门广场事件中,搞的欺骗毛主席和党中央的罪行,他们于12月10日整理了一份材料,现送上请参阅。"叶剑英十分珍视耿飚提供的材料,在中央政治局会议上进一步揭露"四人帮"的罪行,为迅速平反"天安门"事件创造条件。

当晚，中央发出了一个紧急通知：请在京政治局委员立即上玉泉山。

"马头"按照吩咐，在怀仁堂迅速通过保密机通知玉泉山9号楼：首长开完会，就要返回。

叶剑英又吩咐赵司机开车在前引路，请华国锋乘车同路返回玉泉山。

玉泉山以它稳重深沉的身姿欢迎英雄凯旋，重整河山。

9号楼灯光闪耀，笑语人喧。

留守的工作人员很快知道了山下发生的一切，一个个笑逐颜开。

叶剑英请华国锋进到自己的卧室休息。

"马头"端来了临时准备的夜餐。两位领导人边吃边谈，商议即将召开的会议议程。其中一项重要内容是提出党中央主席的人选。叶剑英说，主席生前已经有交待，你应当担此重任。华国锋谦虚地说，我提议，还是由叶帅主持中央工作。叶剑英坚定地说，你是主席生前指定的接班人。我们提交会议讨论决定吧。

叶剑英命令"马头"派老赵开车接叶办秘书迅速上山。

王文理等即带上战备和其他资料到9号楼。叶剑英见到王文理，高兴地说："'上海帮'搞政变，让我们解决了。"随后叮嘱，现在还需要极端保密，因为还没有发布正式决定。要立即与作战部、情报部等有关部门沟通联系，通知他们密切注意国内外动态，加强戒备。

一切布置停当之后，叶剑英终于想起了守候在山下、因失去联系而提心吊胆的孩子们。他要"马头"回个话，告诉他们："放心吧，上床睡觉。"

随着时针的转动，政治局委员们从9时以后陆续从山下奔往玉泉山，涌向9号楼。

9号楼的宽敞大厅灯火辉煌，顿时充满了紧张而热烈的气氛。由于紧急开会，内容保密，事先毫无准备，中央办公厅、中央警卫局、叶剑英办公室奉命前来的几位秘书、参谋和领导同志匆匆忙忙投入了会议的布置工作。他们把原来的客厅临时改为会议室，从各个房间搬来沙发和椅子，围成一圈，在叶剑英和华国锋的沙发前特意摆放茶几，充当会议桌。

会议室还没有布置完，委员们已经鱼贯而入。但多数人事先不知道发生了什么事，今晚开会解决什么问题。纪登奎和陈锡联来了。不一会儿，李先念也赶到了，这位老革命家很久以来一听说晚上开会，就顾虑不知又发生了什么事。汪东兴电话里通知他，他本来不想来开会，后来听说纪登奎要来，也来了。他到来之后，在走廊里还问王文理：为什么这样急？开什么会呀？叶帅的身体怎么样？……当他得知解决了"四人帮"之后，高兴地说："真痛快！好极了！"后面又有人来了，一时找不到座位。吴桂贤一边找椅子一边说，座位不够呀！陈永贵主动把沙发让给老同志，自己坐在椅子上。

又过了一会儿，参加会议的工作人员向汪东兴报告，应该到会的人员全部到齐了。

时针指向 10 时。

叶剑英和华国锋从里边的房间，微笑着走进厅里来。中共中央第一副主席华国锋庄严宣布：中央政治局紧急会议现在开始。出席会议的正式委员和候补委员有华国锋、叶剑英、李先念、汪东兴、陈锡联、苏振华、纪登奎、吴德、倪志福、陈永贵和吴桂贤，共 11 人。会议的主要议题是商讨粉碎"四人帮"后党和国家面临的重要任务和方针政策。

会议主持人华国锋首先讲话，接着由叶剑英报告粉碎"四人帮"的经过及其重大意义。

会场沸腾了！

华国锋、叶剑英的讲话被一阵阵掌声打断。与会人员听到解决了"四人帮"，欢欣鼓舞，异常激动。有些人流着热泪，互相握手拥抱，拍打着肩膀，嘴里不停地说着"好""好""这一下可好了！"有的激动得心脏病复发了。到会人员完全赞同对处置"四人帮"所采取的行动。会议在叶剑英提议下，一致通过华国锋任中国共产党中央委员会主席、中央军事委员会主席，以后提请中央全会追认。会议还决定出版《毛泽东选集》第五卷，永远保存毛泽东的遗体，决定在北京建立毛主席纪念堂等事项。对当时不在京的政治局委员韦国清、许世友、李德生、赛福鼎等，由汪东兴一一打电话通告，征求意见，他们都表示完全拥护政治局的决定。

会议从 6 日晚上 10 时一直开到第二天早上 4 时多，整整一个通宵。

散会后，与会人员都被安排在山上各号楼住宿。

千千万万正在梦乡里的人们，并不知晓这一夜在中国的大地上所进行的这一场"无声的战斗"，更没想到在中国的"心脏"发生了比唐山地震还要强烈得多的巨大政治震颤。当人们在不知不觉中送走了黑夜，迎来黎明，蓦然间睁开双眼的时候，将会看到一个新的世界。

重要讲话

10 月 7 日。

一轮红日喷薄而出，冉冉升起。

叶剑英熬过"十年浩劫"最后一个不眠之夜，迎着曙光，离开会场。他大步走出 9 号楼，口吟着李贺的《乐词》：

> 炎炎红镜东方开，
>
> 晕如车轮上裴回，
>
> 啾啾赤帝骑龙来。
>
> ……

新的一天开始了。

这一天，有多少事情需要急着去做啊！

这一天，叶剑英与住在山上 8 号楼的华国锋以及其他分别住在山上各号楼里的政治局委员们继续交谈，商量除旧立新的国家大事。

这一天，中共中央办公厅奉命通知上海的马天水、周纯麟等立即赴京开会。

这一天，即将召开从上到下的一连串"打招呼"会议。

叶剑英在驻京党、政、军高级干部会议上发表了与紧急政治局会议讲的同样内容的重要讲话。

他开头谦虚地说："我讲一点体会，1976 年 10 月 6 日至 7 日，在我们中国共产党的历史上是很有意义的日子，我们党中央、中央政治局在华国锋同志的直接领导下，办了两件大事：第一件大事，从组织上打垮了'四人帮'反党集团；第二件大事，中央政治局一致通过了华国锋任中国共产党中央委员会主席、中国共产党中央军事委员会主席的决定。这是全党全军全国人民的大事。"

接着，他强调指出："'四人帮'是毛主席 1974 年 7 月 17 日在政治局会议上讲的。我们清除"四害"，这不是政治局少数人的想法，也不是我们临时的决定，而是毛主席生前想解决而没有来得及解决的问题，我们是继承毛主席的遗志。

毛主席在世时，他们结成'四人帮'，进行分裂党的宗派活动。在毛主席重病期间和逝世以后，他们更加猖狂地向党进攻，迫不及待地妄图篡夺党和国家的最高领导权。因此，情况已经到了不破不立的紧急关头。在此关键时刻，不破了'四人帮'，中央就不能立起来……

这个时刻，不破'四人帮'我们这个党就很危险。在这关键时刻，以国锋同志为首的党中央采取了非常果断的措施，揭露和粉碎了'四人帮'篡党夺权的阴谋活动，挽救了革命，挽救了党。以华主席为首的党中央，是在与'四人帮'的斗争中产生的。随之而来的，将会产生一个新的作风，新的局面，真正达到像毛主席所说的'造成一个又有集中，又有民主，又有纪律，又有自由，又有统一意志，又有个人心情舒畅，生动活泼那样的政治局面'。"

叶剑英接着说：

"'四人帮'被清除以后，世界各国、全国各省都在看着我们。毛主席常讲，一个好汉要三个帮，一个篱笆三个桩。我们要紧密团结在以华国锋同志为首的党中央周围，把我们的工作做好。这次胜利是初战的胜利，是从组织上打垮了'四人帮'，至于从思想上肃清'四人帮'的余毒，还要长时间的努力。我们还要继续革命，继续前进。东北是'三北'中的一北，是国防前线，中苏边境斗争还存在，要常备不懈，要慎重。中央的精神要一步步地传下去，工作要一步一步地来，要把我们的事情办好。'四人帮'对主席的训示，当作东风吹牛耳，一吹就过去了，他们根本不放在心上。

我们党经过这次重大变革，以后的责任就更大了，担子更重了，还有很多艰苦的工作摆在我们面前，需要我们努力去做，所以任重道远。我们要继承毛主席的遗志，把毛泽东思想一代一代地传下去。如果让'四人帮'上台，就断送了我们党，断送了我们的国家。我们要继承毛主席的未竟之志。

毛主席逝世以后，我们很悲痛，要化悲痛为力量，要把各省、市、自治区的工作搞好。今后在党中央领导下，一定会把国际、国内的事情办得更好。还是毛主席讲的两句话，'前途是光明的，道路是曲折的'。"

叶剑英在讲话中就如何开展揭批"四人帮"的斗争，强调要执行正确的方针政策，他说：

"在揭发和批判'四人帮'反党集团的斗争中，国锋同志讲到要注意政策。这个问题很重要。揭发批判'四人帮'的斗争，我们要有步骤地、稳妥地实行扩大教育面、缩小打击面和有反必肃的正确政策。在这次揭发批判斗争中，集中揭发批判'四人帮'。

在批判和揭发'四人帮'的斗争中，不要打倒一切，要坚定地相信干部和群众的大多数，切实执行毛主席的方针：'惩前毖后，治病救人'，'扩大教育面，缩小打击面'，团结一切可能团结的人。上海是个重要的工业城市，'四人帮'企图把上海变成他们的根据地，但上海的绝大多数干部和工人群众是好的。上海在历史上是一个具有革命传统的城市，上海的工人，上海的人民，觉悟是高的。希望上海的同志通过这次清除'四人帮'以后，把上海的事情办好，把上海的革命搞好，把上海的生产、工作、战备促上去。

我们今后在党中央领导下，要全党一致、全国一致，坚决贯彻毛主席未竟之志。政治上要有纪律，作风上要民主，形成一种生动活泼的政治局面。各级党委、各级领导人，一定要以身作则，坚持毛主席提出的'三要三不要'的基本原则，要搞马克思主义，反对修正主义；要搞团结，反对分裂；要搞光明正大，反对阴谋诡计。只有这样的党，才能团结全国人民，把毛主席开创的无产阶级革命事业进行到底。"

叶剑英的讲话被阵阵掌声打断。会场气氛异常活跃，有些人激动得手舞足蹈，有的人甚至心脏病复发。空军司令员张廷发当场晕倒，送医院急救！

请小平复出

这一天，叶剑英想到的另一件大事，就是把粉碎"四人帮"的特大喜讯透露给长期被"软禁"的邓小平和其他被迫害的人。

邓小平由衷地感到喜悦。他舒了一口气，"看来，我可以安度晚年了！"

叶剑英派自己的孩子驾车，偷偷地把邓小平接到西山。对当时的情景，毛毛在《我的父亲邓小平》中写道：

> 记得，为了让我父亲第三次复出，叶伯伯让他的小儿子亲自驾车，把还在软禁中的我的父亲偷偷接到他的住处。当时我在场，清清楚楚地记得！他们两人见面之时，万分激动，父亲长叫了一声"老兄"，两人的手便紧紧握在了一起。

叶剑英亲自向邓小平传达了中央政治局会议精神，两人敞开心扉畅谈起来。为长远计，叶剑英安排邓小平搬到西山 25 号楼住下，一如既往关心他的身体健康，改善处境，解决其阅读中央文件等问题。他将自己能看到的中央文件，派办公室王守江主任和李俊山送给邓小平，以后设法又搞了一份，让李俊山按时送去，传递消息，加强联系。

邓小平安顿下来以后，给新任中共中央主席写了一封亲笔信：

敬爱的华主席、党中央：

　　最近这场反对野心家、阴谋家篡党夺权的斗争，是在伟大领袖逝世后这样一个关键时刻紧接着发生的。以国锋为首的党中央，战胜了这批坏蛋，取得了伟大的胜利，这是社会主义道路战胜资本主义道路的胜利，这是巩固无产阶级专政，防止资本主义复辟的胜利，这是毛泽东思想和毛主席革命路线的胜利。我同全国人民一样，对这个伟大的胜利感到万分的喜悦，情不自禁地高呼万岁，万万岁！我用这封信表达我的内心的真诚的感情。

　　以华主席为首的党中央万岁！

　　党和社会主义事业的伟大胜利万岁！

但是，这封信却长时间被打入了"冷宫"。叶剑英为邓小平再次复出，与其他老同志作出了艰巨的努力。他称赞邓小平说："小平同志在历史上对党作出过杰出的贡献。粉碎'四人帮'以后，在每一个重要关头，他都敏锐、果敢地提出一些正确的决策和主张。在我看来，小平同志具有安邦治国的卓越才能，他当全党的'军师'和全军的统帅，是当之无愧的。"叶剑英在接见英籍著名华裔女作家韩素音时，信心十足地说："邓小平肯定会出来工作。"他的预言不久以后就变成了现实。

"世上所同钦"

"四人帮"垮台了，被"软禁"和"隔离"的老革命、老同志也都感到兴奋、激动。

徐向前，聂荣臻元帅表示完全支持和拥护对"四人帮"所采取的果断措施。徐向前连声高呼："好得很！好得很！"聂荣臻激动地说："中国得救了!"他情不自禁地给中央写信说:"'四人帮'罪大恶极,罄竹难书。粉碎'四人帮'具有伟大的现实意义和深远的历史意义,我决心在党中央领导下,将这一斗争进行到底!"

陈云高兴地说,叶剑英是一个真正的共产党员,做了一个共产党员应该做的事情。

胡耀邦激动地说,叶老帅在关键时刻,又一次为党和国家立下了不朽的功勋!他向叶帅致祝词:"中兴伟业,人心为上",并表达了三条祝愿:第一条,停止"批邓",人心大顺;第二条,冤案一理,人心大快;第三条,生产狠狠抓,人心乐开花。

杨勇将军兴奋地说:"我原来准备同他们斗争十年,没想到中央解决得这么快!真是大快人心!"

因病休息一年多的余秋里,听到喜讯,立即表示:"我的病好了,可以上班了!"

香港、澳门各界人士,以及海外的爱国人士欣闻粉碎"四人帮"的喜讯,拍手称快。马万祺先生欣然命笔:"电闪鬼狐惊,将军一怒平。十年伤浩劫,今日破坚冰。"特填《沁园春》一首,向叶剑英致意。

曾经采访过周恩来、邓小平、叶剑英、华国锋等中国国家领导人的英籍著名华裔女作家韩素音在她的《再生凤凰》中写道:

> 10月11日,星期一,早晨8时左右,我接到英国广播公司从伦敦打来的电话,问我是否知道上周末江青被捕了。……我不敢相信这一消息简直太好了,令人难以置信。……那年冬天,我看见马海德时,他说:"这要归功于华主席的决策和叶剑英元帅。他们逮捕了'四人帮',使中国避免了一场大灾难。"在我看来,华和叶在这件事情上是不能分开的。

面对一片赞扬声、欢呼声,叶剑英并未被胜利冲昏头脑。相反,却异常冷静和谦虚。每当人们向他竖起大拇指的时候,他总是把这场斗争的胜利归功于党和人民,从不夸耀个人的作用。特别令人敬佩的是,在粉碎

"四人帮"前后，党内外一些领导人曾要求叶剑英主持党中央的工作，他婉言谢绝说："我是军事干部，搞军事的，如果那样做，不就让人说是'宫廷政变'吗？"

是的，叶剑英当时辅佐华国锋，团结政治局的多数同志，清除江青反党集团，并不是要取代华国锋的位置。不但如此，还积极推荐华国锋由第一副主席担任党中央主席。不用说"野心"，如果夹杂半点私心，能办得到吗？

诸葛亮《诫子书》中有言："非淡泊无以明志，非宁静无以致远。"叶剑英十分欣赏这两句话。他在1960年去越南时写的《赠胡志明主席》一诗中曾袒露"喜结林泉淡泊缘"之心志。淡泊为怀，不图名利，一生只为百姓谋，不爱乌纱不爱财，正是叶剑英为人的可敬之处。

"知兄者乃弟也。"粉碎"四人帮"以后，赞声不绝于耳，叶剑英的胞弟叶道英请"泥人张"捏了一个"三顾茅庐"送他，特在泥像下题写："世上所同钦"，并附以早年叶剑英的箴言："以视世之汲汲于名利者，何如也。"叶剑英看了颇感欣慰，倍加珍爱，可见他对诸葛公的"淡泊明志"向往之深了。

余波未平

令人不解的是，当时在国际舆论上确有粉碎"四人帮"是"宫廷政变"一说，国内也有些糊涂虫跟着嚷嚷。何谓"宫廷政变"？其本义原指在古代王朝内，由皇亲、外戚或掌权重臣，用流血或不流血的方式推翻国君或最高当权者的政权更迭。粉碎"四人帮"是在党的领导下，采取特殊方式，清除一个反革命集团。历史早已作出结论。

对王、张、江、姚实行"隔离审查"，只是采取了行政手段，暂时从组织上制止了他们的活动，粉碎"四人帮"的斗争并没有完全结束。

上海、北京和全国各地的"余党"还在苟延残喘，有的转入"地下"，准备负隅顽抗。

上海是"四人帮"的重要据点、"第二武装"的大本营所在地。

10月7日，马天水到京之后，听到传达，第一个反应："这是突然袭击、宫廷政变、右派政变！"他用"暗语"与上海通信。徐景贤、王秀珍等得知"老娘心肌梗死"的确切消息后，当即召开中共上海市委会常委会，决定举行武装暴动，并分头进行部署。在市区设立指挥部和多处指挥点，架设了15部电台，组成两个通信网，昼夜不断地进行通信联络。称"要炸毁桥梁，破坏铁路，堵塞港口，造成上海瘫痪"，或是"逼中央放人"，或是"一起完蛋"。他们制订作战方案，制作了第一、第二、第三道防线兵力部署图，三道防线共部署兵力3.3万余人，配备100辆卡车、200名司机，下令民兵进入"一级战斗状态"，与中央决一死战，发誓要"血战到底"！

这里有当时的上海市委常委、写作组负责人朱永嘉于11月5日交待的一份材料，从中可以窥见一斑：

> 从10月8日到13日，上海的反革命武装暴乱是"四人帮"阴谋篡党夺权的必然结果。9月下旬，张春桥曾通过徐景贤和肖木给上海传过两次话，张对徐说：毛主席去世了，要有像毛主席那样有威望的领袖是不可能了，张对肖说：现在批文件与过去不同了，没有人把关了，还说：现在比列宁去世时好，那时斯大林威信不高，托洛茨基做过红军总司令，威望比斯大林高。张的这些话无非是贬低华主席，抬高自己，以领袖自居，篡党夺权的野心毕露。张还对徐说：上海还没有经过如林彪上台那样的考验，如果我有什么事情总是要连累你们的。那就是说，如果谁要处置"四人帮"的问题，谁就是让林彪上台。怎样才能经受这个最严峻的考验，无非是举行反革命武装暴乱。姚文元在今年8月间，要《战后世界历史长编》编写组提前编辑赫鲁晓夫

如何上台的材料，他所指的赫鲁晓夫无非是我们的党中央。所以8日到13日上海的反革命武装暴乱，就是沿着张春桥这两次讲话的思想逻辑发展过来的。

上海反革命武装暴乱的过程。8日下午3点，我去康平路小礼堂开会，会议由徐景贤主持。参加会议的有王秀珍、冯国柱等常委和列席常委，徐说：给大家通一个气，马天水7日去北京开会，通不上消息，房佐庭（马的秘书）打电话回来，说是老胃病发了，估计中央可能出事，会议就散了。另外王秀珍还要金祖敏的秘书缪文金去北京打听消息，并约定暗号，如果情况严重，就说心肌梗死。同时王秀珍还对公安、民兵作了部署，准备反革命武装暴乱。

8日晚上，我又去康平路，在场的有徐景贤、王秀珍、冯国柱等，他们向北京打电话，探听消息，后来缪文金打电话来讲老娘心脏病发了，是心肌梗死，这样大家认为是"右派"政变，当时我跳出来说：我们得准备战斗，搞成"巴黎公社"，维持几天是可以的，我们可以发《告全市、全国人民书》，或者先发一点语录和赫鲁晓夫怎样上台的材料。王秀珍在会上说：民兵已经动员了，先动员2500人，31000人待命，要发枪发子弹，连夜搞巡逻，还说舆论工作叫我去准备。徐景贤和冯国柱、张敬标商量后，宣布几项决定：一、现在开始作武装暴乱的准备；二、为了防止意外，他和王秀珍分住两地，王秀珍与冯国柱去民兵指挥部，徐和王少庸去丁香花园；三、部队方面要做一点工作；四、张敬标仍留在办公室值班。

散会以后，我立即到文汇报，解放日报，广播电台分别打招呼，告诉他们，"四人帮"可能出事了，如果市委决定不发中央的消息，只发自己上海的消息，行吗？并要他们在少数骨干中个别打招呼，他们都同意了。回写作组也作了布置，要王知常准备语录和赫鲁晓夫如何上台的材料，至于《告全市、全国人民书》还没有来得及讨论。

12日晚，在上海的冯国柱、王少庸、张敬标、黄涛召集部分人员开会，这时，从各方面来的消息，都证实"四人帮"是出事了，于是又重新提出 8 日晚上那个方案，口号是"还我江青、还我春桥、还我文元、还我洪文"。要出动民兵保护报社电台，封锁交通要道，港口只要沉一条船就能把航道堵住，机场去几辆大卡车，便能封锁住跑道，还问了全市煤、电、粮的情况。

然而，"四人帮"余党在上海的阴谋，并未得逞。

叶剑英等中央政治局领导同志从 10 月 8 日至 13 日分批分地区召集党政军负责人继续"打招呼"，同时召开一系列会议，分析上海的形势，认为死心塌地为"四人帮"殉葬的死党只是极少数，上海民兵的绝大多数是受蒙蔽的，一旦明白事实真相，是会拥护党中央的。因此，决定发动强大的政治攻势进行分化瓦解，和平地解决问题。

10 月 12 日，中央将徐景贤、王秀珍召到北京。政治局同志出面，同马天水、徐景贤、王秀珍等集体谈话，要求他们与"四人帮"划清界限。在会上，华国锋、叶剑英等多次插话发言。

叶剑英说，上海的几位领导同志对过去的事情，受"四人帮"蒙蔽了，封锁了，毛主席讲："情况明、决心大、方法才对"。这次，国锋同志一件一件地讲，一点一点的情况告诉你们，你们就清楚了。全部情况知道了，你们就更清楚了。这不是政治局少数人的想法、做法。他们在主席生前、主席去世后，老想"党内有党"。王洪文他们向全国发指示，收集材料，到处抓军队，到处抓民兵。不是不要搞民兵，主席讲要大办民兵师嘛。他们这帮人，主席生前没有被打垮，10 月 6 日从组织上把他们打垮了！

叶剑英苦口婆心地开导说，上海是大革命开始的地方。上海的人民、工人觉悟高。对"四人帮"的活动，如果说以前不清楚，受蒙蔽难怪。现在清楚了，不能站在少数人的立场上，站在"四人帮"立场上没有前途，要站在多数人方面，把上海的事情办好。要和全国人民一起，把上海的革命、生产、战备工作促上去。你们要大胆放手，中央相信你们，把上海的工作做好！

叶剑英最后一再说，中央信赖你们！

上海来参加会议的人员听完叶剑英讲话，有的表示，回去以后，即召开常委会传达讨论。

华国锋接着说："我感到叶帅讲得很好。这次中央下决心解决'四人帮'的问题是一件大事。这是毛主席的遗志，主席讲今年不行，明年，明年不行，后年……主席生前没有解决。如果他们真的搞马列，搞团结，我们可以拥护他们，而他们搞阴谋，搞分裂，搞修正主义，篡改毛主席的指示和路线。我们这次继承主席的遗志解决了。以后你们要按毛主席的指示、路线办事，把立场转变过来，把上海的工作做好！"

上海来参加会议的王秀珍等感动地说："这样细致耐心地开导我们，这是真正对我们的爱护、关心"，并在会上初步揭发了王洪文、张春桥的罪行，表示回去以后一定要揭发，转好弯子，划清界限。

10月13日，中央让马、徐、王等返回上海做工作，平息事态。但一些人却辜负了华国锋、叶剑英的苦口婆心。回上海后，按照事先秘密商定的所谓"搞合法斗争"的阴谋，扬言可以"十年为期"，长期斗争下去，东山再起。为此，中央决定派苏振华、倪志福、彭冲等到上海工作。经过一番紧张艰苦的斗争，上海终于摆脱了"四人帮"的控制。

10月18日，中共中央向党内发出通知"十六号文件"，列举了王、张、江、姚反党集团的罪行和毛泽东1972年以来对他们的批评，宣布了对其进行隔离审查的决定。事实上，从粉碎"四人帮"的第二天开始，中央已经采取由上及下，由内到外，有步骤地传达和公布这一事件。消息早已不胫而走，飞向全国各地。长城内外，大江南北，举国相庆，万众欢腾。许多大城市，好酒被抢购一空。北京城盛传着"买螃蟹"的故事。上海的一位画家特意画了一幅《捉蟹图》送给叶剑英。人们把对"四人帮"的怒气一齐发泄到可怜的一只母蟹、三只公蟹的身上。为了纪念这件事，叶剑英后来给在外地的小女儿写信道："10月6日，又看戏，又吃螃蟹，吃三只公的，一只母的，作为纪念胜利。"

10月20日，党中央成立专案组，按照法律程序，审查王、张、江、姚的罪行。不久，向全党、全国下发了3批王、张、江、姚反党集团的罪行材料。

10月21日，北京市150万军民举行声势浩大的庆祝游行。

全国29个省、市、自治区的人民群众及解放军各部队纷纷举行盛大的集会和游行。

10月24日，首都百万军民在天安门广场举行隆重集会，庆祝伟大胜利。华国锋、叶剑英与其他党和国家领导人出席了盛会。这一天，首都北京阳光灿烂，晴空万里，红旗飘扬，普天同庆。

然而，叶剑英并未陶醉在胜利的狂欢中。他一再提醒人们：这次胜利是初战的胜利，只是从组织上打垮了"四人帮"，至于从思想上肃清"四人帮"的流毒还得经过长时间努力。他反复强调在揭批"四人帮"的斗争中，要注意政策，"惩前毖后，治病救人"，"扩大教育面，缩小打击面"，坚定地相信干部和群众中的大多数，团结一切可以团结的人，取得斗争的圆满胜利，把各项事情办好。他说："过去'四人帮'在时，有些人争权夺利，现在打倒了'四人帮'，要把争权夺利变成争分夺秒，把国民经济搞上去，把军队建设搞上去。"

1976年的龙年，临近岁终。撰写邓小平传记的作者这样写道：

按照阴历，1976年是龙年，但在中国历史上是多么不幸的一年啊！1月，周恩来逝世；4月，发生了天安门事件，对华国锋的任命，邓小平再次下台；经济、政治混乱，罢工和派性斗争；云南（应是"吉林"——作者注）下了陨石雨；7月28日，造成人类历史上最严重后果的地震几乎完全摧毁了离北京150公里的煤矿城市唐山，使首都也受到严重损失，死亡人数多达几十万。中国历史上，每当改朝换代时，常会发生这样的预兆。报刊上的文章提醒注意迷信的害处。这些事件的戏剧般的相互关系，并没有随着毛泽东的逝世而告终。还有后来的10月6日"四人帮"的被捕。

这一年不只有"不幸"的一面，也有"幸"的一面，确切地说，这一年是大悲大痛的一年，又是大喜大庆的一年。所"悲"者，天怒人怨，灾难不已；所"喜"者，"四人帮"覆灭，万民欢歌。

一位思想家曾说过："笑着的哲学家与哭着的哲学家丝毫没有对立；同样的情况会使人笑，也会使人哭。"

在这同一个龙年里，笑到最后的是叶剑英、邓小平。

"满目青山夕照明"

"百年赢得十之八，老骥仍将万里行。"

第二年春天，万物复苏，万象更新。

5 月 14 日，叶剑英迎来了 80 寿辰。这一天，在京的将帅们，给他祝寿来了。庆赞他在粉碎"四人帮"斗争中为人民立下新功。

第一个到来的是王震夫妇。随后到来的是余秋里、杨成武两位将军。接着聂荣臻元帅夫妇来了。徐向前元帅也被请来了。

背靠后海，小翔凤的庭院里，夕阳西照，桃花盛开，人声笑语，喜气盈门。

人们刚刚坐定，聂荣臻的女儿聂力透露了一个秘密，爸爸手里有一首诗。诗云：

揭竿羊城五十年，

风雨齐州步履艰。

川西传讯忠心耿，

京华除害一身胆。

行若吕端识大事，

功成绛侯有愧颜。

八秩寿翁犹继志，

旗展神州贺新天。

徐向前元帅也奉上一首诗：

吕端当愧公一筹，

导师评论早有定。

当年英，劲倍增，

八秩犹似四十前。

射虎屠龙宿有志，

二三鬼神一扫空。

千秋伟业继不坠，

辅佐堪称后者镜。

叶剑英捧读老战友的诗句，顿时心潮澎湃，不胜感激之情，连连说："惭愧、惭愧。不敢当啊！"

良宵美景，好友相聚，开怀畅叙，共贺新胜，乃天下第一快事。正谈笑间，邓小平和家人也赶来了，一进门就说："老帅们都在这里，盛会啊！我也来助兴。"

叶剑英赶忙迎上前去，高声说道："你也是老帅嘛，是我们老帅的领班呢！"

邓小平指着叶剑英向大家说："我来了，向这位在中国历史重要转折关头为人民建立功勋的战友表示祝贺！"

正说间，粟裕将军最后一个赶到。

邓小平开玩笑说："别让他进来，坐不下了！"

叶剑英起身，亲自迎他进来。

邓小平和叶剑英并肩坐下后，人们很自然地围拢过来。和家人、孩子们一起吹寿烛。原来只有八根，邓小平建议再插一根，变成九根，象征"长久"。广东"官话"（白话）中，"九"的发音为"够"，象征吉利。叶剑英听了很开心，也和大家一起吹起来。

叶剑英 80 寿辰这一天，前来祝贺赠诗的，当然不止将帅们。在众多来人和寿词中，有一首"竹筒诗"颇有情趣和韵味。那是王匡作诗，齐燕铭书写，由王子野用篆体镌刻于竹制笔筒上的精美"寿礼"。

诗曰：

> 新功垂宇宙，
>
> 远望好文章。
>
> 屡挽狂澜倒，
>
> 重扶治国纲。
>
> 琴心舒剑胆，
>
> 磊落见肝肠。
>
> 愿祝南山寿，
>
> 千秋日月长。

入夜，"寿星"送走了战友、亲朋和同志们，独自坐在写字台前，默默读着摆放在案头的祝寿诗。他心如潮涌，回顾走过的人生道路，情不自禁，奋笔疾书，七律一首跃然纸上：

> 八十毋劳论废兴，
>
> 长征接力有来人。
>
> 导师创业垂千古，
>
> 侪辈跟随愧望尘。
>
> 亿万愚公齐破立，
>
> 五洲权霸共沉沦。
>
> 老夫喜作黄昏颂，
>
> 满目青山夕照明。

这就是豪情满怀，脍炙人口的著名诗篇《八十书怀》。

"侪辈跟随愧望尘"，叶剑英以惭愧的心情来对待人们送来的颂功赞歌，避而不谈自己在粉碎"四人帮"中的作用。

回顾这场斗争胜利，他一再表示，首先要归功于毛泽东，归功于毛泽东的"两着棋",强调政治局多数同志团结一致的作用,特别赞扬华国锋、汪东兴的贡献。他说:"华主席下决心动手,亲自同汪东兴同志商量,要动用部队,使用8341部队。汪东兴同志把这一实施的重担,一个人挑上,亲自布置,一个一个地找人谈话,交待任务。结果,不露一点声色,不走漏一点消息,不放一枪,不流一滴血,就把这一很重大的任务完成了。"他多次表扬参与这场斗争的默默无闻的英雄们,尤其8341部队的英雄们,给党、给国家、给人民建立了很大的功劳。他还亲切接见他们,宴请他们,共庆胜利,并一起照了相,留下了宝贵的历史镜头。叶剑英意味深长地说,后人想问党的这段历史,我们可以用毛主席的一句话来回答:"无限风光在险峰"。

这一年,在党的十届三中全会,经过叶剑英和其他老同志的努力,终于作出了恢复邓小平职务的决定。全会通过了《关于王洪文、张春桥、江青、姚文元反党集团的决议》,决定永远开除王、张、江、姚的党籍。撤销他们党内外的一切职务。

三年以后,第四届人大常委会第十六次会议作出决定:成立最高人民检察特别检察厅和最高人民法院特别法庭,对林彪、江青反革命集团主犯进行检查起诉和公开审判。"四人帮"终于被押上审判台。经过42次法庭调查和辩论,有49名证人和被害人出庭作证,对各种证据873件进行审查,事实清楚,证据确凿。

但是,"四人帮"中,尤其是江青在审判过程中,极不配合,极力为自己争辩。

1979年11月至1980年5月,江青写了一份长达34页的"交待材料"《我的抗议与更正》,吹嘘她在"文化大革命"中的"光辉斗争历程",如"我同刘少奇的斗争","我同林彪的斗争","我同邓小平的斗争",并历数了她的这些"斗争"如何得到毛泽东的支持和赞许。

1980年12月24日,在特别法庭第一审判庭进行法庭辩论时,江青在为自己辩护时公然谩骂法庭,诬蔑法庭对她的起诉书"满纸胡说八道",

她"要为真理斗争"，并宣读了《我的一点看法》。她在"看法"中质问道：

你们借助国家名义，拼凑了一个什么特别法庭，给我罗织了一大堆罪名，这些罪名一条也不能成立。我过去的一切都是根据中央的指示做的，我在工作中有错误，有偏差，但绝不是犯罪。……古代有"项庄舞剑，意在沛公"，你们搞的就是这个伎俩。现在你们逮捕我、审判我，就是要丑化毛泽东主席，就是要把"文化大革命"中的红卫兵和红小兵压得抬不起头来，就是要为刘少奇翻案。关于这个问题（刘少奇一案），我的意见已经说过多次了，你们爱怎么定（罪）就怎么定（罪）吧，这个我也没什么。你们现在翻刘少奇的案，翻彭真的案，都是反对周总理，反对康老，都是反对毛主席，更对"文化大革命"。全国人民能答应你们吗？……

我现在还有一个问题，就是要向毛主席负责。现在整的是毛主席。我的家乡有句老百姓的话："打狗看主面"，就是说打狗呵，还要看主人的面子。现在就是打主人。我就是毛主席的一条狗。为了毛主席，我不怕你们打。在毛主席的政治棋盘上，虽然我不过是一个卒子，不过，我是一个过了河的卒子。我认为这是"造反有理"，"革命无罪"。过去我经常说：革命要有"五不怕"：一不怕杀头；二不怕坐牢；三不怕撤销党内外一切职务；四不怕开除党籍；五不怕老婆离婚。这第五条对于我不成问题了，二、三、四条已经三年多了，我经受了，第一条杀头，我久候了！……

江青最后读了她作的诗：

清君之侧，目的在"君"。

罗织陷害，血口喷人。

利用专政，搞法西斯。

精神虐待，一言难尽。

破坏政策，凶悍残暴。

造反有理，革命无罪。

杀我灭口，光荣之甚。

读完《我的一点看法》，审判长让江青把原文交给法庭。

1981 年 1 月 25 日，最高人民法院特别法庭根据《中华人民共和国刑法》对林彪、江青反革命集团成员作出如下判决：

判处被告人江青死刑，缓期二年执行，剥夺政治权利终身。

判处被告人张春桥死刑，缓期二年执行，剥夺政治权利终身。

判处被告人姚文元有期徒刑二十年，剥夺政治权利五年。

判处被告人王洪文无期徒刑，剥夺政治权利终身。

至此，粉碎"四人帮"的斗争终于在法制的轨道上走完了最后的里程。

这里流传一个小插曲：

当法庭宣布罪状时，读到"判处被告人江青死刑"时，江青没有听完后面的一句话，当即乱喊口号，闹起来。法警拖着她向外走，刚走一两步，江青就倒在地上打滚……一个法警告诉她："江青，你听清楚没有？判处你死刑，缓期二年执行……"江青这才明白过来，不闹了。

打倒"四人帮"以后，党中央用四年的时间，进行十分繁重而复杂的工作来审理该案。这次公开审判，是我国民主和法制发展道路上的一个里程碑，树立了一个依法办事、依法治国的光辉范例。

千秋功罪，人民自有公断，历史自有裁定。

在 960 万平方公里的中国土地上，在十亿中国人民的心中，早已树起一块历史丰碑，在那上面铭刻着叶剑英等老革命家和无名英雄们的伟大功勋。

望远忽不见，悠悠心永怀。

怀念叶剑英元帅，人们将永远记住他的诗句：

矢志共产宏图业，

为花欣作落泥红。

十五

忆往事，论功过自有人评说

辉煌生命中的短暂一瞬

时光悄然流去。

羊城陵园的巨幅石雕，叶剑英的高大形象，巍然矗立在眼前；他的睿智神思、音容笑貌，在脑海里浮现。

一个伟大人物短暂的生命，犹如屹立在一块小小地基上的大厦。人们站在大厦面前一时无法辨明它的高度，及至离去，走到远处，返身回望，与整个建筑群相比，才发现它真正高大。同样的道理，待到一个伟人的生命从地球上消失以后，随着时间的推移，人们会越来越认识到他生命的伟大价值。

经过无数次革命斗争大风大浪的考验，人们更清楚地看到叶剑英作为老一辈无产阶级革命家是我们党和国家的巨大脊梁，是抵御风暴狂澜的中流砥柱。

"论功业，几人晚岁能相况？"难忘的1976年，年近80高龄的叶剑英，在险象环生的政局面前，挺身而出，一举粉碎"四人帮"，固然为世人称赞，然而，正如古语所云"人生直作百岁翁，亦是万古一瞬中。"就粉碎"四人帮"这件大事来说，在叶剑英那充满传奇色彩的革命生涯中，不过是短暂的一瞬。纵观他的一生，踏过多少惊涛骇浪，经过多少暗礁险滩，可他总能拨开迷雾，把准航向，力挽狂澜，胜利到达彼岸。

"诸葛一生唯谨慎，吕端大事不糊涂。"毛泽东生前送给他的这两句话，可谓盖棺论定。聂荣臻曾这样写道："纵观叶剑英同志的一生，每逢革命的关键时刻，他总是挺身而出，义无反顾，以超人的无产阶级革命家的胆略，勇敢机智地捍卫革命利益。他的这种精神是何等的可贵啊！他的革命立场，他的原则性，是何等的坚定啊！吕端大事不糊涂，他是无产阶级的吕端！"信哉斯言！

　　半个多世纪以来，这位中国革命的"三朝元老"，在中国旧的和新的民主革命、社会主义革命和建设的各个历史时期，都做出了重要的贡献。翻开中国革命的历史，人们可以看到他所谱写的独特的光辉篇章。

　　叶剑英的青少年时代，有他的理想和追求。香港出版的《叶剑英评传》，说他出身"华侨世家""南洋富豪"。此说差矣！叶剑英出生于华侨之乡梅县的一个偏僻山村，他少怀大志，但家道维艰，被迫中途辍学。然而他不甘埋没，遂浪迹南洋，投奔伯父谋求出路，备尝艰辛，后辗转返国，投笔从戎。从云南讲武堂毕业后，"拔剑角群雄"，投效粤军，追随孙中山走上民主革命的道路。从1917年至1923年，孙中山曾先后三次在广东建立革命政权。叶剑英作为一个初出茅庐的爱国青年，积极参加后两次政权建设，为保卫和建设新生的革命政权，为促进第一次国共合作，做出了重大贡献。尤其在孙中山蒙难于广州之际，身为营长的叶剑英，率部登上宝璧舰，挺进白鹅潭，勇敢作战和巡防，护卫大总统凡五十余日，直至脱险。

　　"我来无限兴亡感，慰祝苍生乐大同。"年轻的叶剑英誓做一个为国为民的革命军人，坚定地站在第一次国共合作统一战线的旗帜之下。他受廖仲恺先生之邀，热心筹办黄埔陆军军官学校，并亲执教鞭。继而率部平定商团叛乱。在讨伐陈炯明的两次东征中，叶剑英作为粤军的师参谋长，协助张民达将军运筹帷幄，屡建战功，被誉为智勇双全的一代儒将。

　　北伐战争打响，叶剑英任国民革命军总预备队指挥部参谋长，随军转战湘、鄂、赣，攻克南昌后，任新编第二师师长。当时，他还不是共产党员，但他接受党的思想影响，在蒋介石发动"四一二"反革命政变后，立即通电反蒋，并筹划他领导的新编第二师英勇地举行了武装暴动。大革命失败后，他毅然来到武汉寻找共产党。

　　南昌起义前，汪精卫等策划一个阴谋，企图借开会之机，逮捕起义领导人叶挺、贺龙。叶剑英在庐山得知这一消息，立即告知叶、贺，使他们免遭暗害，从而保障了震惊中外的南昌起义得以顺利实现。南昌起义后，叶剑英又说服张发奎，将武汉军校赴南昌拟参加起义的部分学生编成教导团，使一批共产党员和进步师生得以保存下来，成为革命火种。教导团在他的率领下，挥师南粤，后来成了广州起义军的主力。

在群魔乱舞的广州，叶剑英利用自己国民党第四军参谋长的公开身份，秘密地进行暴动的准备。在极其危险和艰难的境况下，他与恽代英、黄锦辉等秘密接头，得到党的指示，为起义准备了教导团和警卫团两个"姊妹团"的武装力量，并巧妙地利用敌人内部的矛盾，捕捉战机，"调虎离山"，促成起义提前举行。起义后，他作为中共广东省军事委员会委员和工农红军副总指挥，协助张太雷、叶挺为保卫和扩大战果而战，一直坚持到最后。

广州起义失败后，叶剑英先是避难港澳，后又转道上海，赴苏学习。1930年回国后，进入中央苏区，历任中央革命军事委员会委员兼总参谋长、红一方面军参谋长等要职，参与指挥几次反"围剿"的斗争。

在长征路上，有一件与革命成败攸关的大事，值得大书一笔。

1935年6月，红军一、四方面军会师川西懋功地区。9月，张国焘违抗党中央的北上战略方针和历次决定，电令右路军南下，企图分裂和危害党中央。在这万分危急的严峻时刻，担任右路军参谋长的叶剑英截获了张国焘给右路军政治委员陈昌浩等的密电，冒着生命危险，火速报告了毛泽东。中央连夜紧急磋商，决定立即率红一方面军主力北上，脱离了险境，使红军日后有了北上胜利和抗日战争的发动。这件事受到了毛泽东、周恩来、朱德等中央领导人和广大干部的赞扬。毛泽东甚至说，没有叶剑英此举，就没有了脑袋，他救了红军，救了我们这些人。周恩来则引用古语说："疾风知劲草，板荡识诚臣！"

西安事变前，叶剑英密赴古城，落榻在张学良的贴身副官孙铭九家里，与张结成友好，做其工作，多方斡旋。西安事变发生后，他与周恩来、秦邦宪受我党派遣，在西安与张、杨两将军一起，迫使蒋介石接受"停止内战，一致抗日"的条件，力促国共两党再次合作，团结抗日。

卢沟桥事变爆发，全国形成了抗日救亡的新高潮。八路军总部委任参谋长叶剑英为驻南京的代表。以后，他又到武汉、长沙、衡阳、桂林、重庆等地，协助周恩来执行我党抗日民族统一战线的方针和政策，积极开展抗日救亡工作。在统战工作中，他坚持既联合又斗争的原则，与国民党顽固派的妥协投降和积极反共活动展开了坚决斗争。他奉党中央之命，积极参与举办南岳游击干部训练班，帮助国民党军培育游击骨干，被誉为"游击战争战略家"；此后，他应蒋介石之邀，出席重庆的全国参谋长会议，在会上宣传八路军努力抗战的事实，据理驳斥了国民党顽固派的谬论，冲破"围攻"，舌战群儒，使国民党高级将领当众出丑。

抗战中期，叶剑英回到延安，继续担任中共中央军事委员会参谋长兼第十八集团军参谋长的职务，参与制定了我党对日作战和武装反摩擦斗争的方针、政策，协助毛泽东、朱德指挥抗日战争和粉碎了国民党顽固派的历次反共高潮。

日本投降后，蒋介石邀请毛泽东赴重庆谈判。美国政府以"调处"中国内战的名义派来了前陆军参谋长马歇尔。面对这种形势，我们党采取"针锋相对、寸土必争"的方针。叶剑英先是出席政协会议，随后作为中国共产党的代表，参加军事调处执行部，与国民党政府代表、美国代表进行三方谈判，调处国共之间的军事冲突，力促国内和平。叶剑英不避艰险，有胆有谋，同国民党和美国代表进行了艰巨复杂的谈判斗争。

蒋介石破坏停战协定，发动全面内战，继而集中兵力重点进攻山东解放区和陕甘宁边区。根据中共中央的决定，由叶剑英、杨尚昆等同志组成中央后方委员会，进驻晋西北地区，以统筹中央的后方工作，叶剑英等同志为此做出了重大的贡献。

在解放战争取得最后胜利的形势下，党中央决定在华北军区办一所军政大学，派叶剑英担任华北军政大学的校长兼政委。叶剑英和一些同志克服种种困难组织教学，为我党我军培养和输送了大批人才，也为我军办学积累了宝贵的经验。北平和平解放后，党中央委派叶剑英担任北平军事管制委员会主任兼市长。他夜以继日地工作，为恢复北平的工农业生产、学校教育和正常的社会生活，建设首都北京奠定了基础。

新中国成立前夕，党中央决定组成新的中共中央华南分局，由叶剑英任分局第一书记。于是，叶剑英又投入了解放华南、恢复发展华南地区的生产和消灭残匪的艰巨斗争。从北平到广州，从军队到地方，一身多任，政绩卓著。其后，他又奉命调回军委，为我军和国防现代化建设的伟大事业，殚精竭虑，呕心沥血。

叶剑英是军事家，同时又是政治家。十年动乱期间，他在极端困难复杂的情况下，与林彪、江青两个反革命集团进行了坚决斗争。当"四人帮"加紧篡夺党和国家最高领导权的危急时刻，他挺身而出，团结众人，精心筹划，指挥若定，一举粉碎之，结束了"文化大革命"这场灾难，再次为中国革命事业立下功勋，受到全党、全军和全国人民的爱戴。

南宋爱国诗人辛弃疾有词云："渡江天马南来，几人真是经纶手?"叶剑英文韬武略集于一身，是中国少有的"打天下安天下"的"经纶手"之一。他在革命的重大历史转折关头，面临危难，从容自若，机智果敢，屡树殊勋。但他素以淡泊为怀，以"打杂"者自居，从不汲汲于名利权位。"矢志共产宏图业，为花欣作落泥红。"这是他奋斗一生的最高信条，也是他为自己作的最后总结。

雷霆一击中的决定作用

叶剑英特别喜欢《钢铁是怎样炼成的》一书的作者奥斯特洛夫斯基那句名言："人的一生可能燃烧，也可能腐朽。"他还很欣赏两首诗，一首是龚自珍的《己亥杂诗》："落红不是无情物，化作春泥更护花。"另一首是李商隐的《无题》诗："春蚕到死丝方尽，蜡炬成灰泪始干。"叶剑英的一生，像春蚕吐丝，至死方尽；像一支蜡烛，毫无保留地燃烧着自己。他那生命之烛，在燃烧的过程中，始终发着光，放射出无数连续的亮点。这些亮点连接起来，就形成若干个光辉灿烂时期。然而，最为璀璨夺目、达到光辉顶点的是1976年。

这一年，他岁至耄耋。俗语说的"风烛残年"，人生蜡烛已经燃到最后阶段，却放射出奇异的光彩，显得特别明亮。

然而，人们对叶剑英晚年这一功绩的了解也是有一个过程的。

在粉碎"四人帮"之后，由于党内未能从根本上摆脱"左"倾错误的严重影响，在两年零三个月的所谓"徘徊中前进"时期内，不论是中央领导人的讲话，还是报刊社论、文章在谈到粉碎"四人帮"斗争胜利时，很少提及叶剑英的贡献。而叶剑英也总是避开自己，强调其他中央领导人在这场斗争中所起的作用。

这种情况一直持续到党的十一届三中全会。1978年12月召开的这次重要的历史转折性会议，拨乱反正，从根本上冲破了长期"左"倾错误的严重束缚，端正了指导思想，重新确立了马克思主义的思想路线、政治路线。同时，对党史上一些影响大、涉及面广的历史遗留问题重新进行了评价。这就为公正地、实事求是地评价在粉碎"四人帮"斗争中某些中央领导人所起的作用创造了条件。

1979年9月29日，为了庆祝建国30周年，党中央确定由叶剑英发表讲话。在这次讲话中，叶剑英指出："林彪、'四人帮'，的破坏活动，一开始就引起许多老一辈革命家、广大干部和群众对他们的抵制。随着斗争的深入，他们的阴谋日益暴露，愈来愈多的人识破了他们的面目，同他们展开了规模愈来愈大的斗争。以毛泽东同志为首的党中央，先是领导全党、全军和全国人民揭露和粉碎了林彪反革命集团，随后又对'四人帮'进行了多次的批评和斗争。在极其复杂和困难的条件下，周恩来同志同林彪、'四人帮'进行了长期的、艰苦卓绝的斗争。邓小平同志、华国锋同志和其他一些老同志，先后在同'四人帮'的斗争中发挥了重大的作用。(华国锋同志插话："同志们，在这里我要指出，我们的叶剑英同志在同林彪、'四人帮'的斗争中是发挥了重大作用的，特别是在粉碎'四人帮'时是出了大力的。同他们站在一起并作为他们的强大后盾的，是全国的人民群众、广大的党员、干部以及党所领导的中国人民解放军。1976年4月5日前后北京天安门和全国其他许多地方的革命群众运动，为最后粉碎'四人帮'奠定了伟大的群众基础。1976年10月，以华国锋同志为首的党中央执行人民的意志，一举粉碎了'四人帮'。这一场持续十年的革命与反革命的大搏斗，终于以中国人民取得伟大胜利而告结束。"

在讲到同"四人帮"斗争的领导人时，除毛泽东外，叶剑英还列举了周恩来、邓小平、华国锋的名字，仍只字未提到自己。华国锋在插话中强调指出叶剑英在同林彪、"四人帮"的斗争中"发挥了重大作用"，特别是在粉碎"四人帮"时"出了大力"。这是自粉碎"四人帮"以来，中央领导人在公开讲话中第一次高度评价叶剑英所起的重大作用。

1981年6月，在党的十一届六中全会通过的《关于建国以来党的若干历史问题的决议》中更加明确指出："1976年9月毛泽东逝世，江青反革命集团加紧夺取党和国家最高领导权的阴谋活动。同年10月上旬，中央政治局执行党和人民的意志，毅然粉碎了江青反革命集团，结束了'文化大革命'这场灾难。这是全党、全军和全国各族人民长期斗争取得的伟大胜利。在粉碎江青反革命集团的斗争中，华国锋、叶剑英、李先念等同志起了重要作用。"这是在党的决议中第一次对这一问题作出的结论和评价。

此后，党对叶剑英在粉碎"四人帮"斗争中所起的重要作用又作了进一步的客观评价：

——1983年3月5日，全国人大常委会在给叶剑英的复信中，称他在粉碎"四人帮"这场严峻的斗争中作出了"重大贡献"。

——1985年9月，中共十二届四中全会在给叶剑英的致敬信中写道："1976年10月，在江青反革命集团阴谋篡夺党的最高领导权的紧急时刻，您挺身而出，与其他同志一道，根据政治局多数同志的意见，代表党和人民的意志，一举粉碎了江青反革命集团，从危难中挽救了党。"

——1986 年 10 月 29 日，胡耀邦代表党中央在叶剑英同志追悼大会上的悼词中作了这样的评述："1976 年，周恩来、朱德、毛泽东同志相继逝世，江青反革命集团加紧夺取党和国家最高领导权的阴谋活动。在这个危急时刻，叶剑英同志同中央政治局其他同志一道，根据政治局多数同志的意见，代表党和人民的意志，果断地作出重大决策，粉碎了江青反革命集团，结束了'文化大革命'这场历时十年的灾难，从危难中挽救了党。在这场斗争中，叶剑英同志起了决定性的作用。"这段悼词是经过中央和邓小平等人审定的。这不只是给叶剑英在这场斗争中的贡献作了中肯公正评价，而且也是对粉碎"四人帮"斗争胜利的历史意义作了高度评价。

"无限风光在险峰"

粉碎"四人帮"的斗争是我们党史上的重大历史事件。邓颖超在一次同日本诗人、作家清冈卓行谈话时，说过一句很形象、很深刻的话。她说，粉碎"四人帮"斗争的胜利等于打开了中国人民的"痖门"。在中医学里，"痖门"是脑后部的一个重要穴位。这个"痖门"穴通了，周身就活了。可见其意义之重大！

想当年，一夜之间，横行一时的"四人帮"全部成为阶下囚，举世震惊，舆论哗然。外国通讯社作为特大新闻纷纷发出惊叹的消息。南斯拉夫一家报纸称之为"人类近代史上最巧妙、最漂亮的一仗"。然而，这个"无声战斗"究竟是怎样打响的？叶剑英和他的战友们是怎样酝酿做出战略决策，又是怎样指挥这场特殊的战斗，一举获胜的呢？这在某些人心目中是个"谜"。有人形象地说，这是一座"政治迷宫"。随着时光的流逝，社会上种种传说、国内外种种猜测，使这一段历史又带上了神秘的色彩。直到现在，还有人提出这样或那样的问题。"为什么在毛主席刚刚逝世就逮捕'四人帮'？""谁首先提出动手解决'四人帮'问题的？"类似的问题不仅时有所闻，而且见诸报端。

这类问题，归根到底是如何看待个人在历史上的地位和作用问题。恩格斯在《路德维希·费尔巴哈和德国古典哲学的终结》中有一段十分精彩的话："如果要去探究那些隐藏在——自觉地或不自觉地，而且往往是不自觉地——历史人物的动机背后，并且构成历史的真正的最后动力的动力，那么应当注意的，与其说是个别人物、即使是非常杰出的人物的动机，不如说是使广大群众、使整个的民族以及在每一个民族中间又使整个整个阶级行动起来的动机；而且也不是短暂的爆发和转瞬即逝的火光，而是持久的、引起伟大历史变迁的行动。"在马克思、恩格斯合著的另一本书《神圣家族》中还说过："历史上的活动和思想，都是'群众'的思想和活动。"发生在中国 20 世纪 70 年代中期的粉碎"四人帮"的历史事件，也是一次群众性的思想和活动。这一点，叶剑英在庆祝建国 30 周年的讲话中早已指出，以天安门事件为代表的悼念周恩来总理，反对"四人帮"的强大抗议运动，即"四五"运动为最后粉碎"四人帮"奠定了群众基础。

革命领袖是引导群众走向胜利的旗帜和灯塔。早在 1971 年"九一三事件"之后，周恩来主持中央日常工作期间，就曾批判极左思潮，与江青等人展开了针锋相对的斗争，其后招来他们"批林批孔"的反扑；1974 年 7 月，毛泽东察觉"四人帮"问题，在中央政治局曾对其进行过多次批评，并提出要解决他们的问题；特别是在 1975 年，邓小平主持中央日常工作期间，与叶剑英等曾经团结政治局的多数同志同"四人帮"展开了面对面的激烈斗争。经过半年多的反复较量，在毛泽东不允许有人系统地纠正"文化大革命"的错误的背景下，他没有坚定地支持邓小平，以致这场斗争中途受挫，没有达到预期效果。邓小平再度被撤销了党内外一切职务。从这次公开较量之后，在党的最高层领导里面，同"四人帮"的斗争一天也没有停止过，而且有步步加紧之势，只是斗争的场合、方式有所改变罢了。时间跨进了 1976 年，这场斗争逐步升级。随着周恩来的病故、"四五"运动的兴起，特别是毛泽东的逝世，"四人帮"加紧了篡夺党和国家最高领导权的步伐，这场斗争达到你死我活的地步，直到 10 月 6 日一举粉碎"四人帮"。可见，这个"一举"绝不是偶然的，是老一辈革命家长期以来同"四人帮"斗争的必然结果。没有以前几年的"多举"，就没有 1976 年最后"一举"的成功。所以不能把这场斗争的胜利简单地归结到 1976 年 10 月 6 日这一天，而忽略这场斗争从酝酿到决策和发动的长期过程。10 月 6 日只是这场斗争胜利的终点，而不是起点。

同样的道理，当谈到粉碎"四人帮"的历史功绩时，不能把功劳简单地归结到某一个人或某几个领袖人物身上，而忽略广大干部和群众。否则是不公正和不准确的。

马克思主义者在承认历史是人民群众所创造的时候，从来没有否认杰出的个人在历史上所起的作用。正如列宁所说："历史必然性的思想也丝毫不损害个人在历史上的作用，因为全部历史正是由那些无疑是活动家的个人的行动构成的。在评价个人的社会活动时会发生的真正问题是：在什么条件下可以保证这种活动得到成功呢？有什么东西能担保这种活动不致成为孤立的行动而沉没于相反行动的汪洋大海中呢？"

毫无疑问，叶剑英是领导粉碎"四人帮"斗争的一位主要决策人。当斗争迫切需要有政治领袖出来组织和领导人民的时候，他挺身而出，团结众人，果断地作出重大决策并付诸实施。在这场惊心动魄的斗争中，他确实起到了"决定性的作用"。但他仍然是人民意志的体现者，而不是列宁批评的那种个人"孤立的行动"。党的文献清楚地指出：在涉及解决"四人帮"的问题上，强调叶剑英同其他同志"一道"，并没有说只他一个人；提到叶剑英"挺身而出"，这也是他"根据政治局多数同志的意见"，并没有说是他一人独断专行；谈到叶剑英和其他政治局成员一道作出粉碎"四人帮"的重大决策时，多次强调是"根据党和人民的意志"，进一步说明是"群体意识"而不是"个体意识"。

总之，党的历史文献，贯穿了一个基本思想，即强调党的集体领导和人民的集体智慧，而不侧重于某一个人的意志和决定。这符合当时特定历史条件下的实际情况，符合马克思主义的基本原理。对于这一点，叶剑英后来在1977年的一次中央会议上也讲得非常明确，他说："政治局同'四人帮'的斗争，趋于白热化。政治局全体同志除了'四人帮'之外，同'四人帮'作斗争，思想是统一的，认识是一致的，决心是大家下的。"

1989年《党校论坛》《党建文汇》《报刊文摘》等报刊刊载《谁先提出动手解决"四人帮"问题》一文，进行讨论。作者获悉后，曾给《党校论坛》写过一封信，阐明自己的观点：

《党校论坛》编辑部：

从《人民日报》广告栏目中见到贵刊1989年第7期要目中有《关于谁先提出动手解决"四人帮"问题》的"两个材料"的标题。经过询问，才得知这"两个材料"之一，便是拙著《风雷激荡的十月》一文的摘录（原文载中共中央文献研究室、中央档案馆办的《党的文献》1989年第1期）。我得知此事时，贵刊这一期已经印好发行，只好写点意见。

关于"谁先提出动手解决'四人帮'问题"，这个命题，如果我没有记错的话，是不久前上海、北京两家文摘报刊首先提出的。

我当时看了就有个感觉：这个命题很值得商榷。

"四人帮"是"文化大革命"中出现的反革命集团。祸国殃民，罪大恶极，它所造成的灾难至今尚未完全消除。除"四害"是全党全军全国人民的强烈要求。特别是在"天安门"事件、毛主席病重以后，有这种想法的人就更多了。所以，在众多愤怒的人群中，一定要寻找出"谁先提出"的那个"谁"，也就是"第一个"人，恐怕是相当困难的。即或有人冒叫一声，挺身而出，说自己是"第一个"，而人们要作出准确判断，予以公认，那也是不容易的。时过十三年之后，竟然提出这个命题，我感到既无多大历史意义，更无任何现实意义。

分析粉碎"四人帮"的历史过程，应当以党的历史文献和历史事实为依据。党的十一届六中全会作出的《关于建国以来党的若干历史问题的决议》在分析这一问题时首先指出，在全国范围内掀起的以天安门事件为代表的悼念周总理，反对"四人帮"的强大抗议运动，为后来粉碎江青反革命集团奠定了伟大的群众基础。然后强调粉碎"四人帮"是党的中央政治局的集体领导。虽然《决议》在后面指出了某几位中央领导人在这场斗争中起了"重要作用"，但没有只局限在这几个人，而是在他们名字后边加上"等同志"，更没有说"谁先提出"这个意思。

所以，我的意见是：探讨解决"四人帮"问题的着眼点似乎不宜放在"谁先提出"的某个人身上，而应该放在党的集体领导方面。事实上，叶剑英等老一辈革命家动手解决"四人帮"问题正是这样做的。他们是根据毛泽东主席的遗志，听取广大干部和群众的呼声，经过多方面、长时期酝酿，才作出粉碎"四人帮"的重大决定并付诸实施的。胡耀邦同志代表党中央在叶剑英同志追悼会上的悼词中也正是这样评述的。这与党的十二届四中全会给叶剑英同志的致敬信中的有关评述是一致的。中央文献中虽然肯定了叶剑英同志在这场斗争中起了"决定性的作用"，并没有肯定他"先提出动手解决"的。总的来说，在探讨这个问题时，一个基本思想是强调党的集体领导和人民的集体智慧，而不侧重某一个人的意志和决定。叶剑英从未说过是他"首先提出"动手解决"四人帮"的，相反的，他在一次中央会议上还特别强调不要单提某一位领导人。

正是根据这样一些基本事实，我在《风雷激荡的十月》中，也没有提出和回答"谁先提出"的问题，而是非常明确地说："粉碎'四人帮'的重大决策是经过较长时间的酝酿，是党和群众集体智慧的结晶，是党和人民意志的产物。"

我揣度，贵刊此次刊登的"两个材料"在前面冠以"谁先提出动手解决'四人帮'问题"的显赫标题，其用意可能在于引起读者注意，并为研究这一问题提供依据。如果是这样的用心，是可以理解的。但只就我的那篇摘录而言，肯定是满足不了这个要求的。因为迄今为止，我也不知道究竟是"谁先提出"的，更不消说去回答了。

拙文《风雷激荡的十月》是应《党的文献》编辑部同志之邀而写的，写好以后，又经过有关部门、有关领导审查、修改过的。尽管如此，仍不够完善。当时根本没有想到"谁先提出"这类问题，而且此文又是以宣传老一辈无产阶级革命家叶剑英同志为主线来撰写的，涉及其他人物方面的问题，只能以接触和掌握的可靠材料为限，不可能过多地展开。某些当时中央领导人之间的串连活动，大多是从访问和阅读有关史料中得知的，只知其概，未尽其详。后来见到披露有关这方面的具体材料，我已在另文中作了补充。

粉碎"四人帮"问题，作为我们党的历史上一个重大事件，无疑还有许多问题需要进一步探讨和反思，但我认为"谁先提出"这类问题并不是党史研究的重点课题，尤其在当前的形势下提出来研究，更不适宜。如果因此引起一场争论，更没有必要，弄得不好，我担心会带来某些消极的、甚至不利于党的团结的后果。

由于贵刊摘登拙著论文时，未来得及同我商量，摘录之后，至今又未看过，我提出撤掉此稿，已无法补救。因此不揣冒昧陈述一点意见，望记采纳并予指教。如蒙允许，恳请占贵刊一角予以登载，甚为感激。

据作者了解，《党校论坛》并未刊登此信。这个问题似乎没有引起人们的注意，也没有展开讨论。

其实，对于诸如"谁首先提出动手解决'四人帮'"这一类问题，早就有人（不只中国人，还有外国人）提出，而邓小平也早就回答过了。1980 年 8 月，意大利记者奥琳埃娜·法拉奇在与小平谈话时，就曾问道：

"到底是谁组织的，是谁提出把'四人帮'抓起来的?"小平答复说:"这是集体的力量。我认为首先有'四五'运动的群众基础。'四人帮'这个词是毛主席在逝世前一两年提出来的。1974年、1975年，我们同'四人帮'进行了两年的斗争。'四人帮'的面貌，人们已看得很清楚。尽管毛主席指定了接班人，但'四人帮'是不服的。毛主席去世以后，'四人帮'利用这个时机拼命抢权，形势逼人。'四人帮'那时很厉害，要打倒新的领导。在这样的情况下，政治局大多数同志一致的意见是要对付'四人帮'。要干这件事，一个人、两个人的力量是办不到的。"当然，小平称赞叶剑英在这场斗争中起了"决定性的作用"。

这里，不能不指出，在已经发表的大量论述粉碎"四人帮"问题的文章和纪实作品中，确实有经过某某人"提议""发起"一类的说法。甚至有一位当时在中央机关部门工作的同志，在公开场合谈到粉碎"四人帮"时，既不提叶剑英，也不提华国锋、李先念，更不提汪东兴，而是宣扬他自己，说自己在"幕后"如何如何出谋划策，等等。其实，某某人"提议"也好，"发起"也好，包括华国锋、叶剑英、汪东兴等在内，都不是偶然的。很难想象某个主要领导人的"提议"，是一个人"灵机一动"的突发意识，而不是听取和征得别人的意见，经过商谈酝酿和慎重考虑才正式"提议"的。我们不排除这样一种说法:在酝酿除"四害"过程中，开始时可能有两个"摊摊"(也有说"两条线三个关键人物")，即在西山，以叶剑英、聂荣臻等为一"摊";在中南海，以华国锋、汪东兴为一"摊"，分别在密议对策，后来随着形势发展，时机成熟，互相通气，形成一个统一的整体。总之，像解决"四人帮"这样重大的问题，这样极为复杂艰巨的斗争，不经过充分酝酿，不听取群众意见，单凭简单命令，断然不会有好结果的。

同"四人帮"的斗争，经历了一个极其艰难曲折的斗争过程，尤其对其最后一击，更是像叶剑英所说的"无限风光在险峰"，需要有非凡的胆略和高超的斗争艺术。这中间有许多经验和问题值得进一步探索。在探讨中，应当按照历史唯物主义的观点和实事求是的科学态度，把着眼点放在党如何在极其困难的条件下体现集体领导，体现老一辈革命家的团结合作，体现广大人民群众的意愿上面，而不应把侧重点放在某一个人的领导作用上面。

党和人民同"四人帮"的斗争横贯"文化大革命"十年之中，而最终结束在 1976 年。这一年的斗争是最后一役。由于叶剑英当时所处的历史地位和政治威望以及其他主客观条件，使他始终处在斗争的漩涡里，站在斗争的最前面。同"四人帮"作斗争，并要粉碎它，没有领导和群众相结合的强大革命力量是不可想象的。在当时的形势下，叶剑英响应时代的召唤，挺身而出，担负起组织各方面力量的历史重任。是他坚定地相信人民群众，把握群众的情绪和脉搏；是他紧紧依靠军队、掌握军队，稳定全国的局势；是他保持同党内、军内老同志的密切联系和交往，统一思想和行动；是他积极支持和扶助华国锋，形成粉碎"四人帮"的领导核心和最高指挥部；又是他经过充分酝酿，制定决策和措施，最后下定决心，掌握火候，亲临指挥，将"四人帮"一网打尽。所以，他是这场斗争中举足轻重、名副其实的关键人物。

如何正确分析和估量叶剑英在粉碎"四人帮"的斗争中所发挥的重大作用？叶剑英办公室机要秘书张燕曾向作者多次谈过自己的见解。她在叶剑英诞辰 95 周年之际曾经写过一篇文章《伟大的革命胆略与高超的斗争艺术相结合的典范——试论叶剑英在粉碎"四人帮"斗争中的作用》（载报刊，并收入军事科学出版社出版的《论叶剑英的革命理论与实践》）。文中第三部分专门论述了这一问题。文章写道：

叶剑英在粉碎"四人帮"的斗争中之所以能够发挥出重大的作用，有其历史的客观必然性，同时，也是与他个人的杰出才能、斗争经验和性格特征等因素分不开的。

（一）我国"文化大革命"后期的政治、经济、社会危机和群众情绪，构成了国家走向转折的客观历史条件，并呼唤能在转折中起重大历史作用的人物出现。从 1966 年开始的"文化大革命"内乱，延续到后期，给国家带来了严重的政治和经济危机。政治经济的危机，必然造成社会的危机，引起人民群众的强烈不满和反抗。到了1975年和1976年，这种不满和反抗已经越来越公开化，以致最后形成了1976年4月以"天安门事件"为代表的伟大的群众抗议运动。人民群众的根本愿望反映了历史发展的客观要求和趋势。这种要求和趋势，呼唤着杰出人物站出来带领千百万群众去排除障碍。这样，在当时出现能带领人民群众彻底战胜"四人帮"，结束"文化大革命"动乱，推动国家走向转折的杰出人物，就完全是一种历史的必然了。正如马克思引用爱尔维修的话所指出的："每一个社会时代都需要有自己的伟大人物，如果没有这样的人物，它就要创造出这样的人物来。"

（二）叶剑英适应时代的需要，正确认识和理解国家走向转折的历史条件，正确把握群众情绪，因而在历史转折关头发挥出重大作用，推动了历史的进程。首先，党和人民几十年波澜壮阔的革命斗争，将叶剑英锻炼成了一名成熟的党和国家领导人，具备了在社会政治生活中，特别是在革命转折关头发挥重大作用的品质和才能。他的这种品质和才能，在我们党的历史上，特别在紧急关头时已有充分表现。胡耀邦《在叶剑英同志追悼会上的悼词》对他的优秀的革命品质作出了公正的评价："他追求真理，服从真理，坚持真理，随着历史潮流不断前进。在对敌斗争、党内斗争和各种严峻考验面前，他置个人得失于度外，始终不渝地坚持党的原则，维护党和人民的利益。他有胆有识，深谋远虑，缜密周到，实事求是。在重大的历史转折关头敢于挺身而出，毫不犹豫地做出正确的决断，显示了他坚强的党性、非凡的机智、伟大的革命气魄和高超的斗争艺术"。他的这些杰出的才能和品质，使他在粉碎"四人帮"的伟大斗争中发挥了重大的作用。其次，1976年发生的一些重要事件，为历史选择叶剑英提供了机会和条件。前面已经谈到，我国"文化大革命"后期的客观历史条件，强烈呼唤杰出人物站出来同人民群众一起，推动国家走向转折。而在当时的情况下，党和国家的杰出人物周恩来、朱德、毛泽东相继去世，邓小平已在反击右倾翻案风的运动中被打倒，使得在党的最高领导层即中央政治局常委中，德高望重的老一辈革命家叶剑英处于举足轻重的地位。这真是一种历史的巧合或偶然性。不过，这种偶然性，归根到底仍是受历史的必然性支配的，它不过是必然性的"补充和表现形式"。再次，叶剑英在党内的领导地位和具有的解决党内危机的丰富经验，也是他能在斗争中发挥作用的一个重要原因。我们党自创建以来，曾出现过多次危机。这些危机，都是由于党的最高领导层出现派别、分裂分子，出现野心家、阴谋家而造成的。每次危机出现以后，又都是由党内最高领导层自己动手解决危机，而不是由党的下层或党外的人士、组织来解决。"四人帮"是一个反革命集团，但同时也是产生于党的肌体上的一个毒瘤。割除这个毒瘤，需要党的最高领导层来施行手术。在1976年9月毛泽东去世后的形势下，主刀施行这一手术的任务历史地落到叶剑英身上，这与叶剑英当时担任党中央副主席和军委副主席的职务是分不开的。正如普列汉诺夫所说："个人只有在社会上占有为此所需的地位时，才能够表现出自己的才能。"

（三）叶剑英个人性格中的一些特征，也构成了他在粉碎"四人帮"斗争中发挥决定性作用的条件。马克思主义经典作家在探讨个人在历史上的作用问题时，还注意分析个人性格对历史进程的影响。普列汉诺夫说："个人因其性格带有某种特点而能影响到社会的命运。这种影响有时甚至是很大的，但这种影响表现的可能及其范围，都要依当时的社会结构以及当时的社会力量对比关系来决定。个人的性格只有在社会关系所容许的那个时候、地方和程度内，才能成为社会发展的'因素'。"叶剑英个人性格的一些突出特征，是取得这场斗争胜利的"因素"。第一，心底无私，不计较个人名位。叶剑英早在北伐战争中，蒋介石妄图用高官厚禄拉拢他，他毫不动心，最后与蒋介石彻底决裂。在红军时期，周恩来就曾赞扬他是能下能上的好干部。以后，在漫长的岁月中，他个人的职务、地位曾多次发生变动，他都从不在意。在"文化大革命"中，他两起两落，也泰然处之。他从不拉个人山头，主张搞五湖四海。他的这种性格，在同林彪、江青反革命集团的斗争中，客观上起到了两方面的作用。一方面，林彪、江青一伙尽管对他十分仇视，但有时也觉得他并不拉山头，因而放松了对他的警惕。另一方面，晚年的毛泽东对叶剑英比较信任，几次起用他主管军委日常工作，赋予重任。这样，就使叶剑英得以保持在党和军队中的领导地位，在粉碎"四人帮"斗争中发挥出决定性作用。第二，胸怀宽广，豁达大度。叶剑英是一个具有博大胸怀的人。他站得高，看得远。小事不计较，大事不糊涂。如 1976 年 2 月，他在反击"右倾翻案风"运动中被迫以"生病"为由而休息。实际上他的身体健康如常。当时，党内军内的一些老同志，以及在他身边的工作人员都愤愤不平。而他却幽默地说："中央文件上说生病就是生病了嘛！"正因为他胸怀宽广，顾全大局，广泛团结人，所以在同"四人帮"的斗争中他能有效地组织和团结各方面的力量，共襄义举。第三，坚韧不拔。叶剑英在革命斗争中，特别能进行坚韧的战斗。遇到挫折，遭到打击或迫害时，他不灰心，不气馁，善于把暂时的忍耐与长远的奋斗目标结合起来。他的这种顽强斗争的坚韧性格，在同林彪、江青两个反革命集团的长期斗争中，表现得尤其明显。第四，谨慎，多思。毛泽东曾用"诸葛一生唯谨慎，吕端大事不糊涂"两句诗赞扬叶剑英。谨慎、多思，是叶剑英性格的又一突出特征。这是他长期在最高统帅部担任参谋长养成的。提出军事谋略，制定作战方案，常常关系到某一阶段、某一方面革命斗争的成败。因此，他总是瞻前顾后，反复思考，谨慎从事。正是这种性格，使他在同"四人帮"的斗争中，能审时度势，博采众议，制定出周密的决策和行动方案，保证了这场决战的胜利。

第一版后记

　　叶帅离开我们已经三年了。在纪念他逝世三周年之际，追记一下他在 1976 年的主要活动，缅怀他在粉碎"四人帮"斗争中的功绩，是十分有意义的。但是，由于迄今为止，还没有全部公开"文化大革命"的史料，还没有一部经中央批准的"文化大革命"的信史和权威著作，所以写起来也是相当棘手的。这本小册子，是以叶帅为主线来记叙的，涉及其他人（包括正面和反面）的事，只能以掌握到的材料为限，未能展开。因此，未免有不足之处，只好留待以后再补充修正了。

　　这本书得以在叶帅逝世三周年之际，奉献在读者面前，首先要感谢王震副主席、王诚汉上将、郑文翰中将以及许多老首长、老同志的关怀、支持和指导。王老不仅在百忙中为本书写了序言，而且耳提面命，受教良深。

　　在搜集材料和撰写过程中，得到了中共中央文献研究室和军事科学院军事百科研究部的领导同志的指导和帮助。

　　叶剑英元帅的亲属和办公室人员以及曾在叶帅身边工作过的许多同志非常热情地介绍了当年的历史事实，提供了较为详尽的素材，尤其张廷栋少将审读了全部书稿，提出了许多宝贵意见。

叶剑英元帅传记编写组的丁家琪同志自始至终帮助校阅书稿，改正纰漏，倪素英同志帮助核实部分资料。此外，还参阅了大量有关历史档案资料以及公开出版的书籍和文章。

末了，想起了一位哲人说过的话："历史总是被写错，因而总是需要改写。"这句话虽然不完全准确，但也不无道理。这本书作为记叙叶帅革命历史的一个片段，虽然自信没有大错，但由于1976年涉及的历史事件非常之多，斗争又非常复杂，加上受到主客观条件和时间的限制，肯定还有疏漏之处，因此恳请熟悉情况的同志和史学家、读者给予批评、指正。

作者

1989年12月

第二版后记

历史老人跨入 20 世纪 90 年代，挟雷携电，昂首飞奔。

不知不觉间，粉碎"四人帮"这段历史已经过去 20 个年头了。

作为记录这场斗争历史侧面的《叶剑英在 1976》一书也已经问世 5 年了。

为了纪念 1976 年这个历史性的重大胜利，缅怀叶帅等老一辈无产阶级革命家为这场斗争作出的巨大贡献和辉煌业绩，作者应中共中央党校出版社和广大读者的要求，对《叶剑英在 1976》这本书进行必要的删改、充实，加以修订再版。

出乎作者的意料，这本书初版问世后，得到学术界、新闻界和广大读者的重视和厚爱。两三年之间加印 10 次（后来因作者提出修改，暂停续印）。

在此期间，《南方日报》《文汇报》《沈阳日报》《今晚报》《西安晚报》等报纸曾予以连载，香港《大公报》《澳门日报》以及国内外多家报刊予以选载和评介。一些影视公司要求与作者合作，争取早日将《叶剑英在 1976》搬上银幕。还有些读者、学者就书中一些问题与作者探讨，提出许多进一步修改的宝贵意见。这就给本书的修改提供了有益的启示，同时也提出了更高的要求。

文以纪实。古人云："文不称实，未可谓是。""良史以实录直书为贵。"这次修订，本着历史唯物主义的求实精神，重新核对史实，增补了有关文献记载和当事人的一些谈话、回忆等第一手材料。鉴于粉碎"四人帮"斗争已经成为历史，笔锋所向应重在"王、张、江、姚"等主要人物身上，根据某些读者的意见和要求，适当省略了与"四人帮"有瓜葛的人物的活动，减轻了次要人物的分量。

史无文则行不远，文无理则义不深。本书在修订中，在尊重史实的基础上，注重文学的素描和哲理的阐发，俾"文、史、哲"三者融于一体，收到真实、生动、深刻的效果。这只是一次尝试和品学。

粉碎"四人帮"斗争是中国现代史上一个极为重大又极为复杂的历史事件。虽然事过20年，但许多历史档案尚未公布，许多历史情节尚未尽详，因此，书稿中牵涉若干史实（包括重大事件的细节）尚处在探索之中，暂时难作定论。本着实事求是的态度，这次修订继续提出一些有关这方面的问题，愿与有关传记作者和史学工作者商榷，以求在不久的将来能够全部或大部分解开遗留下来的历史之谜。希望继续得到参与粉碎"四人帮"斗争的英雄们和有关专家、学者的指点、校正，以便在适当时候对本书再作修改。

本书的主人公是叶剑英元帅。作者在他生前有幸聆听老人家多次回忆谈话和亲切教诲，铭刻在心。叶帅的子女和亲属也曾给予热心的指导和帮助。如果本书尚有可取之处，首先应归功于叶帅在"文化大革命"特别是粉碎"四人帮"斗争中的伟大的成功实践，是惊心动魄的历史事件产生的巨大影响吸引着、紧扣着人们的心弦。

本书在修订过程中，还得到许多老首长、老领导、老同志以及中央办公厅、中央警卫局、叶剑英办公室、《叶剑英传》编写组许多同志的关心支持和指导帮助，并继续得到中央文献研究室、中央党史研究室和其他文史、档案部门提供的有关资料进行核实，同时，还参阅了一些书刊。

在这次修订中，除了第一版后记中提到的同志外，还有魏巍、金冲及、谭宗级、叶心瑜、杨瑞广、安建设、金立昕等同志对书稿修改提出了许多好的见解，有的逐字逐句推敲，有的提供了自己珍藏的资料。

在此，向所有帮助本书再版的单位和朋友，致以由衷的感谢！

本书虽然经过修订，但错漏在所难免，诚恳希望得到批评和指教。

作者

1995 年 11 月

第二版后记

409

责任编辑：陈佳冉
封面设计：石笑梦

图书在版编目（CIP）数据

叶剑英在 1976 / 范硕著 . — 北京：人民出版社，2025.8
ISBN 978 – 7 – 01 – 019054 – 9

Ⅰ.①叶…　Ⅱ.①范…　Ⅲ.①叶剑英（1897-1986）- 传记　Ⅳ.① K827=7

中国版本图书馆 CIP 数据核字（2018）第 046840 号

叶剑英在 1976
YE JIANYING ZAI 1976

范 硕 著

人民出版社 出版发行
（100706　北京市东城区隆福寺街 99 号）

北京中科印刷有限公司印刷　新华书店经销

2025 年 8 月第 1 版　2025 年 8 月北京第 1 次印刷
开本：710 毫米 × 1000 毫米 1/16　印张：26.5
字数：366 千字　插图：8

ISBN 978 – 7 – 01 – 019054 – 9　定价：96.00 元

邮购地址 100706　北京市东城区隆福寺街 99 号
人民东方图书销售中心　电话（010）65250042　65289539